中国体育学文库

| 体育人文社会学 |

我国体育政策
与可持续发展问题研究

国家体育总局干部培训中心　编

北京体育大学出版社

策划编辑：吴　珂
责任编辑：吴　珂
责任校对：韩培付
版式设计：杨　俊

图书在版编目（CIP）数据

我国体育政策与可持续发展问题研究 / 国家体育总局干部培训中心编. -- 北京： 北京体育大学出版社，2022.1

ISBN 978-7-5644-3554-7

Ⅰ. ①我… Ⅱ. ①国… Ⅲ. ①体育事业—方针政策—中国—文集 Ⅳ. ①G812.0-53

中国版本图书馆CIP数据核字（2022）第009119号

我国体育政策与可持续发展问题研究
WOGUO TIYU ZHENGCE YU KECHIXU FAZHAN WENTI YANJIU　　　　国家体育总局干部培训中心　编

出版发行：北京体育大学出版社

地　　址：北京市海淀区农大南路 1 号院 2 号楼 2 层办公 B-212

邮　　编：100084

网　　址：http: //cbs.bsu.edu.cn

发 行 部：010-62989320

邮 购 部：北京体育大学出版社读者服务部 010-62989432

印　　刷：北京昌联印刷有限公司

开　　本：710 mm × 1000 mm　　　1/16

成品尺寸：170 mm × 240 mm

印　　张：29.5

字　　数：452 千字

版　　次：2022 年 1 月第 1 版

印　　次：2022 年 1 月第 1 次印刷

定　　价：99.00 元

编 委 会

前　言

2015年4月10日至7月10日，中央党校中央国家机关分校国家体育总局第三十四期处级干部进修班在总局干部培训中心举行，共有来自国家体育总局机关、直属单位20个单位的27名学员参加了培训学习。同年10月9日至2016年1月8日，中央党校中央国家机关分校国家体育总局第三十五期处级干部进修班举行，共有来自国家体育总局机关、直属单位26个单位的33名学员参加了培训学习。

在春秋两期的学习中，学员们深入学习贯彻党的十八大和十八届三中、四中全会精神，秋季学期的学员还学习了十八届五中全会精神。学员们认真学习贯彻习近平总书记系列重要讲话精神，系统学习了马克思列宁主义基本问题、毛泽东思想基本问题，特别是中国特色社会主义理论体系基本问题，深入思考我国改革发展和党的建设中的重大理论和现实问题，学习了当代世界经济、当代世界科技、当代世界法制、当代世界军事、当代世界思潮和当代世界民族宗教等课程和其他方面的必备知识，学员们深入学习研究我国体育和改革发展中的重大理论和现实问题，夯实了理论基础，拓展了国际视野，培养了战略思维，加强了党性修养，进一步提高了领导能力和水平。

学始在知，学贵在行，行需得法。学习期间，学员们将学习内容与自己的本职工作紧密结合，围绕我国体育政策与可持续发展，针对体育发展战略、体育服务保障工作、体育产业发展、体育文化教育建设等方面的问题进行了理论分析和对策研究，形成了观点鲜明、内容丰富、见解独到、对实际工作有参考价值的41篇论文和3篇研究课题。研究成果体现了学员理论联系实际和聚焦体育领域核心工作的实践思考。

为了加强与学员研究成果相关的交流，并向有关决策部门提供参考，我们汇编了本年度学员的研究成果。在收录的论文和研究课题中，有的对内容做了适当压缩，有的对文字进行了修改，但基本上都保留了学员研究成果的原貌，真实地反映了学员们对我国体育改革实践的理论研究和经验总结。尽管其中有些观点还不成熟或有待商榷，但它们无疑对我们进一步关注和研究此类问题，会有积极的启发意义和参考价值。

本书的编辑得到了国家体育总局、北京体育大学有关领导的关心、重视，还得到了北京体育大学出版社的大力支持，在此一并表示衷心感谢。

由于水平有限，书中不当之处敬请读者批评指正。

编委会

目 录

体育发展战略研究

体育服务保障工作研究

体育产业发展研究

体育文化、教育建设研究

小组课题成果

体 育
发展战略研究

对国家游泳队系统建设的思考与实践

国家体育总局游泳运动管理中心　许琦

摘要： 奥运项目国家队，它的内涵、目标和功能是什么？如何建设和打造一支真正意义上的国家队？研究这些问题具有重要的理论意义和现实意义。本研究采用文献研究法、访谈法、逻辑分析法、实地调查法等研究方法。主要结论如下：（1）现阶段国家队的主要功能包括展示竞技运动水平，争创佳绩、为国争光；展示体育与奥林匹克精神；展示国家和民族精神；振奋民族精神，促进民族团结与融合，树立榜样；对本项目的知识、智慧和文化起到聚合与传播、传承的作用。（2）国家队系统建设要坚持竞争性原则、公平性原则、先进性原则。（3）国家队系统建设的组成要素包括三个主要层次，即核心层次——管理制度和评价体系的建设；关键层次——管理模式和训练组织的建设；保障层次——训练理论和团队文化建设。这三个层次构成了国家队建设的系统，并相互作用和促进，其主要目标是共同创造和维护国家队内部公平、公开、竞争有序的发展氛围和环境，从而更好地推动国家队运动训练理论创新，提高整体运动水平，形成优秀的团队文化，促进项目协调、可持续发展。

关键词： 国家队；系统；建设；游泳

竞技体育是指在全面发展身体，最大限度地挖掘和发挥人（个人或群体）在体力、心理、智力等方面的潜力的基础上，以攀登运动技术高峰和创造优异运动成绩为主要目的的一种运动活动过程。而奥运会、单项世锦赛、世界杯等世界大赛则是展示人类竞技体育活动、展示人类竞技能力的重要社会活动。国际各单项世界大赛和奥运会，都是以国家为单位参赛并作为荣誉奖励单位的。因此，代表国家参加世界大赛的队伍，我们都称为某一个项目的国家队。就我国奥运项目国家队（以下简称"国家队"）来说，它代表了我国在这个项目上的最高水平。国家队的一个重要的任务就是取得优异的成绩、为国家争得荣誉。那么什么是国家队？国家队的内涵、目标和功能是什么？如何建设和打造一支真正意义上的国家队？国家体育总局（以下简称"总局"）前副局长段世杰同志多次在讲话中提出，建立真正意义上的国家队是需要我们认真思考和研究的。

研究这一问题，在理论上对一个竞技项目的可持续发展具有重要的指导作用，在实践上则有利于我们的具体工作。本研究计划对国家队建设进行考察和分析，并结合游泳项目的实际发展，对国家游泳队的建设进行理论阐述。

一、国家队的概念及具体目标

（一）国家队的概念

目前对国家队还没有准确的定义。根据相关的文献及研究，我们给国家队定义如下：所谓国家队就是由国家组织的，并代表一个国家参加世界大赛的团队，它代表本国在大赛上与其他国家进行国与国之间的竞技活动，以取得优异的成绩、为国争光为目的；这个团队应该代表了一个国家在某一奥运项目上的最高竞技水平，也是一个国家在该竞技项目上最高水平的人才及专业知识的集合，往往反映了一个国家和民族的精神面貌。

（二）国家队的主要目标

无论是以往还是如今，国家队的主要目标都没有改变，就是要在世界性大赛上，尤其是奥运会这样的综合性世界大赛上争创佳绩，获得更多的金牌和奖牌，取得更好的成绩，简而言之，就是为国争光。

二、现阶段国家队的主要功能分析

（一）展现竞技运动水平、夺取锦标与荣誉、为国争光

毋庸置疑，在世界大赛上，国家队最重要的任务就是争金夺银，获得更多的奖牌，取得荣誉，以此为国争光。

首先，国家队为国争光的目标是由国际性赛事的组织形式所决定的。根据国际单项比赛的规程和奥运会参赛的规定，国际性赛事都是以国家为参赛单位参加比赛的，运动员在赛场上的表现代表了这个国家和民族的形象、实力和精神。因此，为国争光就成为国家队的重要目标和价值导向。

其次，在我国，国家队为国争光的目标是因国家所处的历史阶段和发展环境而形成的。以为国争光为最高使命是我国近代以来竞技体育的历史选择。无论是近代史上的"体育救国"，还是中华人民共和国成立以来的"为国争光"，都是历史赋予中国竞技体育的光荣使命。中国曾经被称为"东亚病夫"。因此，在体育赛场上战胜对手，展示中华民族精神，争创佳绩，就有更重要的精神价值和意义。近代史上，1932年刘长春悲壮的奥运之行"单刀赴会"，其意义不仅在于体育层面的竞技展示，更重要的是，这是中华民族不甘落后、努力寻求国际认可的积极尝试，是一种民族抗争行为。竞技体育在为国争光、展示国家形象、扩大国际交往、为全民族发展提升正能量等方面有着其他诸如政治、经济、文化活动不可替代的作用。国家发展竞技体育时在特定历史时期对核心利益的追求及竞技体育的特殊作用使得国家在制定、出台及实施奥运战略的过程中，自始至终强调以"为国争光"为最高目标，并将国家利益放在首位。为国争光也就成为我国每一支国家队的重要价值体现。

（二）展示体育精神与奥林匹克精神

奥林匹克所提倡的"更快、更高、更强"的精神，体育运动中的追求卓越、执着奉献、团结一心、顽强拼搏、永不放弃、尊重对手、尊重规则等精神，都在比赛中得以体现。因此，在奥运会和其他世界大赛上，国家队是一个国家展示体育精神和奥林匹克精神的重要载体。

（三）展示国家和民族精神

在重要的国际赛事上，国家队的表现更是一个国家和民族精神的展示。当德国足球队在世界杯上再次捧杯时，人们感受到的不仅仅是场上12个运动员的精神，更感受到了他们所代表的德国这个国家、这个民族的精神和力量；当中国女排获得五连冠时，国外媒体惊呼，这是"移动的长城"。因此，一支队伍在赛场上所展现出的气质、精神是一个国家、民族在国际舞台上的精神展示。

（四）振奋民族精神、激励民族团结与融合、树立榜样

国家队的重要功能还体现在振奋民族精神、激励民族团结与融合、树立时代的榜样上。当容国团为中华人民共和国取得第一个世界冠军时，他的"人生能有几回搏"感动了无数国人，激发了全民族的自豪感；当1981年中国男排在亚洲杯战胜韩国男排时，北京大学的学生打出了"团结起来、振兴中华"的标语，激励了一代人，形成了一种撼天动地、席卷神州的力量；当中国女排获得五连冠时，她们的英雄事迹广为传播，"女排精神"也从此成为中国竞技体育的榜样，成为建设社会主义事业的一面鲜亮的旗帜。

段世杰同志指出，当今竞技体育既是民族文化、民族精神的反映和展示，又为民族文化、民族精神注入了昂扬向上、奋发有为的时代内容。我国体育界在长期拼搏中凝练的"为国争光、无私奉献、科学求实、遵纪守法、团结有爱、顽强拼搏"的体育精神，促进了社会主义精神文明建设，成为新时期中华民族精神的重要组成部分。①

（五）对本项目的知识、智慧和文化的聚合、传承与传播

国家队另一个重要的功能就是对本项目的专业知识的聚合与传播。国家队的水平代表了一个国家在某一项目上的最高水平。贺龙同志对国家队就提出过"出成绩、出人才、出经验"的要求。按照这一要求，国家队也成为训练、科研、医务、管理的"孵化器"，培养顶尖人才的"孵化器"，传承成功经验的"孵化器"。因此，国家队的一项重要功能就是汇集本项目的知识、智

---

① 段世杰.思考竞技体育 [M].北京：学习出版社，2013：135.

慧和文化，并进行传承、传播。①一个项目相关知识、智慧的汇集不仅仅是简单的叠加，而是需要整合、优化与不断创新的。同时，在我国竞技体育实行"举国体制"的背景下，国家队还承担着推广项目、推动事业发展、培养后备人才的重任，因此，对本项目的知识、智慧的传播也变得更为重要。

三、国家游泳队系统建设的研究

（一）国家游泳队系统建设的基本原则

所谓原则，即是说话、行事所依据的准则。在国家队建设的过程中，应遵循以下基本原则：

1. 竞争性原则

竞争性原则是指在建设队伍的过程中，要引入竞争机制，促进队伍内部的合理良性竞争，建立"能者上"的制度规范。由于竞技体育是一种制度化、体系化的竞争性活动，竞争性是竞技体育的重要内涵。作为国家队，参与竞技体育赛事的主要目标是取得最好的竞技成绩，因此构造内部环境的良好竞争性，可以有效地促进队伍的可持续发展，充分展现项目竞技水平。

引入竞争机制、建立有序竞争是世界各项目高水平运动队在管理中强化激励机制的有效形式之一。在社会主义市场经济条件下，优胜劣汰的竞争法则是普遍存在的。竞争可创造一种优胜劣汰的环境，使工作者感到压力，激发人们拼搏争优的斗志，从而提高工作效率和能力水平。同时，竞技体育运动更是提倡竞争与充分体现优胜劣汰的领域。

在队伍建设中，营造良性有序的竞争环境和氛围，主要依靠建立合理的制度体系、建立考核制度。依据本原则，在制定队伍的集训、参赛等选拔制度时，一定要体现出竞争性原则，即选拔成绩优异、综合素质高、能够代表国家该项目发展水平的教练员和运动员进入国家队。

2. 公平性原则

公平性原则是指在建设队伍过程中，能够充分重视每个参与者的合理权利，调动参与者及各方面的积极性和能动性。依据公平性原则，在制定队伍

---

① 段世杰.思考竞技体育 [M].北京：学习出版社，2013：135.

的相关制度时，应能够体现各方面的利益和权利，但是公平性并不等于平均思想。

3.先进性原则

先进性原则是指在队伍建设过程中，要能够体现本项目国家队在竞技水平、知识和智慧方面的先进性。即在队伍建设过程中，选拔本项目最优秀的和最具代表性的人员进入国家队。

（二）国家队系统建设的组成要素

基于系统理论的基本思想和观点，在国家队建设过程中，要用系统思维、整体思维和辩证思维来考虑诸要素的关系与构建。

国家队建设的系统要素应该包括三个层次：队伍管理制度和评价体系建设层次、队伍管理模式和训练组织建设层次、训练理论和团队文化建设层次。这三个层次是相互作用、相互依存的关系。

队伍管理制度和评价体系的建设是核心层次，就如同一个国家的法律制度体系。它既是一个队伍建设的基础，也是发展的纲领和核心，对一个项目的发展起着主导作用，是国家队建设的主要矛盾。"铁打的营盘流水的兵"，如果没有好的管理制度，那么队伍的发展就没有可持续性。

队伍管理模式和训练组织建设层次是队伍建设的关键层次，是队伍建设的主要方面。因为这个层次的建设关系着队伍的管理构架、队伍训练的组织方式，采用什么样的训练组织方式将决定着产生什么样的训练效果，这个层次是队伍建设中矛盾的主要方面。

训练理论和团队文化建设层次是保障层次，一个队伍的训练理论与创新对训练有着重要的推动作用。同时，团队文化的建设将对一个队伍的可持续发展起到重要的决定作用。

三个层次相互依存、相互作用，它们的建设与完善共同形成国家队系统。核心层次对队伍的发展起到核心作用，它决定了关键层次的工作行为、效率；而关键层次的发展也将促进管理制度的不断完善；核心层次和关键层次都对保障层次起到决定作用；保障层次的发展和完善反过来将促进核心层次和关键层次的发展和完善（见图1）。

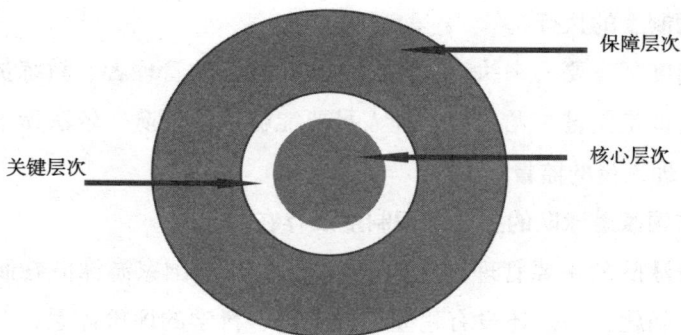

图1　国家队建设的三个层次

（三）核心层次——队伍管理制度和评价体系的建设

建立规范的司法制度体系是国家健康可持续发展的重要基础和保证。同理，依法治队也是目前国家队队伍建设的当务之急和重中之重。建立规范的、可操作的、符合项目特点和发展规律的管理制度，并按照规则制度执行，是队伍健康成长的重要保障，也是游泳项目可持续发展、良性循环的必要条件。

队伍管理制度建设的整体目标是构建科学的、完善的、符合项目发展规律和特点的管理制度体系，防止队伍建设过程中假、黑、兴奋剂等现象及腐败现象的发生，促进项目健康发展。管理制度的制定应具有合法性、可操作性、权威性和先进性。

1. 队伍管理制度制定的核心思想

管理规章制度的制定应遵守国家的法律规范、总局和总局游泳运动管理中心（以下简称"中心"）的相关规定要求。其核心思想应该是保证国家队营造公平有序竞争的环境和氛围，建立合理、公平、公开的奖惩机制；制度应具有公平性、先进性，提升训练效果，贯彻训练指导思想，预防腐败发生。

2. 建立评价体系

作为一个系统，评价体系的建立有助于对系统本身以及各要素进行定期的检查，有利于系统的稳定。评价体系应包括对赛事的整体量化评价、对教练员和运动员的评价、对攻关组的评价、对重要事件决策的评价等。

3. 管理制度的执行

任何制度都需要人来执行，因此加强对队伍的管理者、教练员、运动员的教育和培训是关键，尤其是管理人员要能够依法管队、依法做事，同时也要加强对管理人员的监督。

4. 目前国家游泳队的主要管理制度及存在的问题

国家游泳队的主要管理制度如表1所示。目前国家游泳队在制度建设上还存在几个问题：一是还没有建立比较合理、科学的评价体系；二是还没有建立比较系统、合理的梯队选拔制度，包括二线队伍、后备人才集训的教练员和运动员的选拔制度；三是非重大赛事的参赛选拔制度还不完善，今后需要对不同的赛事进行分级管理，尤其是需要针对青少年的比赛建立规范统一的选拔标准；四是各项管理制度还需要进一步细化和完善，如赞助物资发放的管理制度、办事流程等。

表1　国家游泳队主要管理制度

类别	主要内容
纪律方面	国家游泳队教练员、运动员管理规定 国家游泳队科研医务人员管理规定 国家游泳队反兴奋剂管理规定 国家游泳队运动员日常行为规范
训练管理	国家游泳队重大赛事指挥管理规定 国家游泳队出国训练管理规定 国家游泳队集训、代训管理规定
人员选拔	游泳项目奥运会选拔方案 游泳项目世锦赛选拔方案 游泳项目亚运会选拔方案
其他方面	赞助服装发放管理规定 运动员从事商业活动管理规定

（四）关键层次——队伍管理模式和训练组织建设

关键层次包括队伍管理模式和训练组织建设。

1. 管理模式——队委会领导体制

管理模式是指一个机构综合性的管理范式，也是指机构总体资源有效配置实施的范式。根据调查，目前国内绝大多数优势项目都施行的是队委会领导下的总教练或领队负责制或分工负责制。虽然各项目并不完全一致，但是也都基本属于此类型。队委会领导体制的优点之一就是可以在项目中心的直接领导下，对队伍施行高效的管理。一方面可以集体领导，群策群议；另一方面可以充分调动各成员，尤其是教练员参与队伍建设的积极性。

队伍采用什么样的管理体制还要根据一个队伍的实际情况、人员配置、项目特点等来决定。国家游泳队的管理体制大体经历了总教练负责制、队委会领导下的总教练负责制两种形式。总教练也从兼任总教练过渡到专职总教练。现阶段国家游泳队施行的管理体制是队委会领导下的总教练负责制。

2. 训练组织形式

一支队伍的训练组织管理非常重要，就好比一个产品的加工过程，训练组织的形式和方式就如产品加工的最后环节，对产品的质量起着决定性的作用。在设计训练组织形式时应考虑几个因素：第一是根据项目的特点和实际情况，以及教练员、运动员的实际需要进行设计；第二是训练形式要更有利于提高训练效率和训练水平；第三是要有利于培养人才，有利于训练创新。

2008年奥运会之前，国家游泳队的训练组织是以团组的形式展开的（见图2），在中心队委会的领导下，基本上以训练小组为训练单位，外围是科研医务支持和后勤保障支撑。

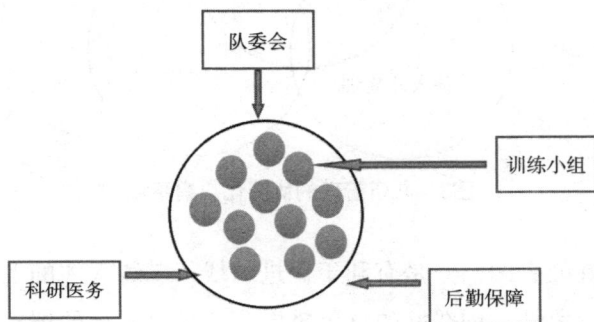

图2　2008年奥运会之前国家游泳队的训练组织示意图

在2008年奥运会之后，国家游泳队对训练组织进行了较大的改革与创新，提出了"大国家队"理念和做法，采用两种训练模式。

（1）"大国家队"的训练指导思想和训练组织形式。

针对游泳队后备人才薄弱的情况，在2008年奥运会之后，游泳项目开展了大规模的、连续的二线队伍后备人才集训工作，并促使游泳队将二线队伍纳入国家队整体管理范围。在此基础上，结合在游泳项目上向游泳强国迈进的目标，中心领导提出了"大国家队"的训练理念和训练组织形式。"大国家队"的训练指导思想内涵丰富，也是中国游泳在制度创新上的一项重要贡献。在此，主要讨论其组织形式。

"大国家队"的训练组织形式，实际上改变了以往项目中心对项目管理的垂直化体系，国家队对训练的管理有两个改变。

一是加强了队伍的协同管理。即国家队的训练管理以往主要是针对一线队伍，现在则是一线、二线队伍协同管理。二是管理更加扁平化、管理重心下移，由于加强了后备人才的集训和培养工作，国家队的管理更加向省市运动队和基层人才深入。（见图3）

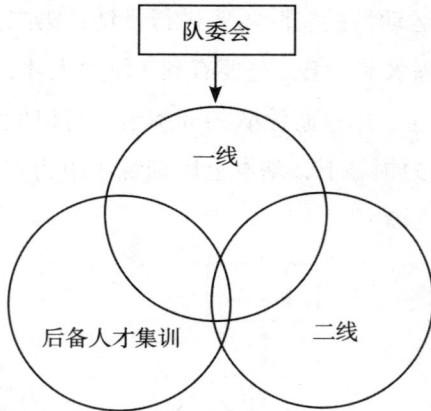

图3　队伍管理的协同化、扁平化

这样做的好处有四：一是有利于促进一线、二线人才的上下流动，加强了队伍内部的竞争性，创造好的竞争氛围。二是对人才的把控更加深入，有利于后备人才的培养。三是可以促使国家队的训练理念、经验、方法向省市运动队和基层辐射。四是储备了国家队资源，包括知识资源对省市运动队的辐射。国家队的拉动和扶持作用更加突出。

（2）两种训练模式。

首先是精英团队训练模式的产生。

"团队"作为一种特殊的组织形式，对于提升组织效率和增强组织竞争力具有积极作用。团队是组织为适应快速变化的环境的需要，解决复杂任务而产生的，其优势在于各成员拥有多样而且互补的才能，面对问题时能多样性思考，制订出多元解决方案。[1] 团队结构相对传统结构的优点是更少的部门间壁垒，较短的响应时间，更快的决策。[2]

在2008年奥运会后，游泳队以重点项目攻关组的形式，逐步建立起了重点运动员的团队训练模式。例如，张琳、刘子歌、焦刘洋等，都是以个人项目攻关组的形式，在人员配置、经费上得到充分的保障。这种方式是以该项目教练员和运动员为核心，集中训练、科研、医疗、保障系统的最佳资源组成固定的训练团队进行项目攻关。例如，目前比较典型的是孙杨的训练团队，包括教练员、体能教练、翻译、按摩师、辅助人员等。这种模式的优点是保障充分，缺点是把握不好容易造成过度保障，使运动员产生特殊思想。

其次是接力项目攻关团队保障模式。

目前游泳队的做法是根据奥运会的目标和承担的任务，将其余训练小组纳入不同的接力项目攻关组，在此基础上，以各训练小组为核心，配置基础保障人员，如按摩康复人员；同时，国家队在医疗、科研等方面进行统一支持。

这样的训练模式，优点是组与组可以任意结合，打破训练小组界限，统一攻关；在科研、医疗保障方面也比较机动灵活。不足的方面：一是对接力项目攻关还缺少强有力的管理力度，在执行方面和评估方面有不足；二是对攻关组组长在奖励等激励政策方面没有较好的措施，实践中的联合攻关的力度还比较弱。

（五）保障层次——队伍的训练理论和团队文化建设

在一支国家队中，项目的知识、理论和团队文化建设，就是队伍的软实

① 赵阳. 中国国家运动队科研团队运行机制研究 [D]. 太原：山西大学，2012.

② 明大阳. 我国田径国家队训练管理研究 [J]. 沈阳体育学院学报，2012，31（6）：86-90.

力建设，具有非常重要的作用。

1. 训练理论建设

我国许多优势项目在理论建设上取得了重要的突破是这些项目保持长盛不衰的重要保障。例如，乒乓球、体操、跳水等项目。

将我国游泳运动水平的发展轨迹与训练理论和方法的发展结合起来就可以清晰地发现这样一个规律：每次我国竞技游泳运动取得突破的背后都有训练理论与方法的发展和创新。每一次重大的理论创新、技术革新都有力地促进了游泳竞技水平的迅速提高，它是提高游泳成绩的一个核心因素。当我们注重训练理论与方法的研究和创新时，游泳竞技水平的提高速度就快，而当我们丢掉创新、盲目模仿时游泳竞技水平就会退步落后。[①]

2008年奥运会以后，我国在游泳项目上加大了"走出去、请进来"的力度，加强了与世界游泳强国的交流与学习，在训练理论的发展上取得了一定的突破，并总结了8点训练指导思想：①鼓励百花齐放的训练方法与理念；②突出有效强度的训练；③坚持以高质量有氧训练为基础的理念；④积极性恢复训练是一堂课的重要组成部分；⑤将技术训练放在重要的位置；⑥对周期训练的重新认识和思考；⑦坚持高原训练与创新；⑧正确看待运动员的保障，防止过度保障。

但是与此同时，中国游泳目前还没有形成比较完整的符合自身发展特点和规律的训练理论和思想，根本原因还是长久以来我们还没有形成良好的训练理念与方法的创新机制，对以往的成功经验缺少扎实的、深入的总结，对训练经验、理念和方法的理论化、体系化的认识还十分欠缺。这也是制约项目进一步发展的重要因素。

训练的创新取决于训练创新机制。而训练创新机制则受训练管理模式、组织方式及队伍管理制度的影响。因此，建立好的管理制度和训练方式有利于训练创新。建立训练创新机制有几点需要注意：首先就是要加强内部公平有序竞争，建立竞争机制，优胜劣汰，"能者上、差者下"；其次是要建立训练思想、经验、方法的总结和交流机制；最后是加强"走出去、请进来"的

---

① 许琦. 我国竞技游泳运动水平发展特征、影响因素及发展规律的研究 [D]. 北京：北京体育大学，2004.

深度、广度，加强训练的针对性、有效性。

2. 团队文化建设

团队文化是团队核心竞争力的源泉，建设良好的团队文化对于团队的发展至关重要。[①] 团队文化是在认同团队的发展战略的前提下，形成的一种积极、易沟通、易学习的精神状态，它会增强团队凝聚力，并使团队成员积极性最大化，最终促进团队成长和发展。高水平运动团队必须要加强团队文化建设。[②]

从我国优势项目的发展中，我们也可以发现，团队文化的建设在队伍发展中起到了对一个项目重要的精神积淀进行传承、传播的作用。例如，中国女排创造的女排拼搏精神激励了无数国人；中国乒乓球队创新进取、集体利益至上的大局观念，"人生能有几回搏"的精神，造就了中国乒乓球队的传奇；举重队展现的中国力量令人奋进；等等。纵观世界游泳强队，我们不难发现，每一支队伍都有其独特的团队文化：美国队奉行优胜劣汰、公平民主的竞技态度；澳大利亚队体现出对水的崇拜；日本队表现出一种永远追求极致的团队文化精神。因此，加强团队文化这一软实力建设，不仅是国家游泳队寻求自身团队文化的迫切需要，还是增强队伍综合竞争力的现实需要。

"中国国家游泳队团队文化"是在中国国家游泳队发展过程中形成的，为队内成员所共同理解并加以遵守的一系列价值观念、理念及奋斗目标等的文化集合体，它体现在运动队的制度、规范，以及与外部环境沟通的物质环境中。中国国家游泳队团队文化能够增强中国国家游泳队的凝聚力和战斗力，促进队伍和谐发展。[③] 我们将国家游泳队的团队文化定位为"铁军文化"。我们认为，团队文化的建设应从三个层面着手，包括核心、中层和外层层面。

国家游泳队团队文化建设的核心层次，就是打造"铁军文化"。国家队的主要任务和目标就是全力打造能打硬仗、恶仗、胜仗的"铁军"，塑造"信念如铁、意志如铁、团结如铁、作风如铁、纪律如铁"的"铁军文化"。具体

① 张俊荣. 从《三国演义》看蜀汉团队文化 [J]. 胜利油田党校学报，2009，22（2）：104-106.

② 周爱国. 我国国家队运动员人本管理理论研究 [D]. 北京：北京体育大学，2010.

③ 顾小叶. 中国国家游泳队团队文化的研究 [D]. 北京：北京体育大学，2012.

表现就是提升比赛气质，逐步使国家游泳队在赛场上表现出团队合作、坚韧、拼搏、充满斗志、自信的精神特质；而在赛场下成为谦逊、礼貌、大气、自信的文明之师。

团队文化的中层建设就是要创造队伍和谐文化——和谐也是生产力。一方面，加强教练员、运动员之间的团结合作。游泳项目是个人项目，队伍的团结就显得更为重要。另一方面，就是要创造公平、公正、公开的和谐竞争环境。

团队文化的外层建设，主要包括队伍训练环境的布置、统一的服装及口号、入队教育、公益活动、社会活动等，以此来提高队伍的社会美誉度，增强运动员进入国家队的归属感、自豪感和骄傲感。

四、结束语

综上所述，国家队的建设是一项系统工程，我们认为，其中的核心是建立队内合理高效的管理制度体系，从而建立符合游泳项目特点的良性竞争机制，保障队内公平、有序的竞争环境和氛围，体现出优胜劣汰、"能者上"的选拔机制、用人机制，从而促进队伍的健康可持续发展。队伍建设有三个层次，国家队建设需要从不同的层面去建设和维护良性竞争机制。只有这样，才能最大限度地推动训练理论和实践创新，提升运动水平，建设先进团队文化，打造真正意义上的国家队。

参考文献

[1] 熊汉 . 我国竞技体育奥运战略的历史演进与改革趋势研究 [D]. 武汉：武汉体育学院，2013.

[2] 段世杰 . 思考竞技体育 [M]. 北京：学习出版社，2013：135.

[3] 赵阳 . 中国国家运动队科研团队运行机制研究 [D]. 太原：山西大学，2012.

[4] 明大阳 . 我国田径国家队训练管理研究 [J]. 沈阳体育学院学报，2012，31（6）：86–90.

[5] 许琦 . 我国竞技游泳运动水平发展特征、影响因素及发展规律的研究[D].北京：北京体育大学，2004.

[6] 张俊荣 . 从《三国演义》看蜀汉团队文化 [J]. 胜利油田党校学报，2009，22（2）：

104–106.

[7] 周爱国 . 我国国家队运动员人本管理理论研究 [D]. 北京：北京体育大学，2010.

[8] 顾小叶 . 中国国家游泳队团队文化的研究 [D]. 北京：北京体育大学，2012.

[9] 国家体育总局干部培训中心 . 改革创新推动体育强国建设 [M]. 北京：北京体育大学出版社，2014.

对新形势下我国射击（步枪、手枪）项目可持续发展的思考

国家体育总局射击射箭运动管理中心　刘闯

摘要： 射击项目是我国竞技体育的传统重点优势项目，中国射击队在历届奥运会上，共取得了21枚金牌、13枚银牌、15枚铜牌，为我国体育事业发展做出了突出贡献。2012年伦敦奥运会后，国际射击联盟（以下简称"国际射联"）对射击规则进行了"颠覆性"改革，规则的改变无疑对国际射击格局产生了深远影响。中国射击队作为国际射坛的传统优势强国，新形势下，规则的改变给我们带来哪些机遇和挑战？本文拟对中国射击队在伦敦、里约两个奥运周期的国际比赛成绩进行对比，运用文献资料法、数理统计法和逻辑分析法进行研究，为促进射击（步枪、手枪）项目的可持续发展提出建议。

关键词： 射击项目；格局；可持续发展

党的十八大以来，习近平总书记多次发表重要讲话，强调从全面建成小康社会、实现中华民族伟大复兴的战略高度重视发展体育事业，这为我国体育事业发展提出了明确要求、指明了前进方向，对我国体育事业寄予厚望。国家体育总局局长刘鹏在2015年全国体育局长会议上，从扎实推进里约奥运会各项备战工作、创新管理体制机制、认真做好全国综合性运动会相关工作、努力提高"三大球"水平四个方面，提出要进一步增强我国竞技体育的综合实力。

射击项目是我国竞技体育的传统重点优势项目，自1984年洛杉矶奥运会

许海峰获得第一块奥运会金牌，实现金牌"零的突破"以来，中国射击队在历届奥运会上，共取得了21枚金牌、13枚银牌、15枚铜牌，较好地完成了中国体育代表团打好开局和夺取金牌的双重任务，为我国体育事业发展做出了突出贡献。

2012年伦敦奥运会后，国际射联对射击规则进行了"颠覆性"改革，规则的改变无疑对国际射击格局产生了深远影响。中国射击队作为国际射坛的传统优势强国，新形势下，规则的改变给我们带来哪些机遇和挑战？本文拟对中国射击队在伦敦、里约两个奥运周期的国际比赛成绩进行对比，运用文献资料法、数理统计法和逻辑分析法进行研究，为促进射击（步枪、手枪）项目的可持续发展提出建议。

一、射击（步枪、手枪）项目国际格局分析

（一）总体格局分析

每届奥运会后，国际射联都会根据项目竞技水平、普及发展、电视转播等综合因素，对设项或规则进行适度调整和改革。雅典奥运会后，17个奥运会项目调整为目前的15个，其中步枪、手枪项目10个。规则的改革以2012年伦敦奥运会结束为分水岭，此次修改最为全面、彻底，应该说是"颠覆性变化"。这些变化直接影响了国际射击格局，对传统射击强国产生了冲击。

从表1、表2可以看出：总体来说，规则改变后，在2009—2012年排名前五位的国家中，中国、德国、俄罗斯、韩国依然保持优势，中国始终位居金牌和奖牌榜榜首，塞尔维亚成绩上升速度较快，超过了韩国和俄罗斯。

表1　2009—2012年世界杯奖牌榜情况（15场）

名次	国家	金牌	银牌	铜牌	奖牌
1	中国	44	32	30	106
2	美国	14	12	9	35
3	德国	14	11	13	38
4	俄罗斯	9	11	13	33

名次	国家	金牌	银牌	铜牌	奖牌
5	韩国	9	6	8	23
6	意大利	8	7	8	23
7	乌克兰	8	5	10	23
8	塞尔维亚	5	10	6	21
9	法国	5	8	2	15
10	日本	5	0	1	6

表2　2013—2015年世界杯奖牌榜情况（11场）

名次	国家	金牌	银牌	铜牌	奖牌
1	中国	29	36	18	83
2	德国	13	7	10	30
3	塞尔维亚	10	8	10	28
4	韩国	9	6	5	20
5	俄罗斯	7	6	15	28
6	意大利	7	3	2	12
7	美国	5	4	4	13
8	法国	4	1	3	8
9	蒙古	3	2	0	5
10	保加利亚	3	1	4	8

规则改变后，随着各国射击项目竞技水平的不断提高，比赛难度加大，传统射击优势强国受到了冲击，国际射击格局发生了改变。

（二）各小项现状分析

每个射击小项的比赛都包括资格赛和决赛，资格赛成绩最好的前八（或前六）名运动员进入决赛。2012年伦敦奥运会后，资格赛成绩只作决赛前资格排名用，不带入决赛，且在决赛中施行末尾淘汰制，这无疑对运动员的竞技能力、专注能力、心理素质都提出了更高的要求，夺金的偶然性加大，比赛更加精彩激烈。

　　从表3、表4可以看出：在伦敦和里约两个奥运周期的国际比赛中，各国在各个小项的优势上也发生了改变。

表3　2009—2012年世界杯各国进入前三名的人次情况（15场）

项目	进入前三名的人次情况
男子10米气步枪	中国（16人次），意大利（5人次），法国、匈牙利、印度、以色列（各3人次）
男子50米步枪3种姿势	美国（8人次），中国（7人次），奥地利、挪威、塞尔维亚（各3人次）
男子50米步枪	美国（11人次），白俄罗斯（7人次），德国（5人次），意大利（4人次），中国（2人次）
男子10米气手枪	俄罗斯、韩国（各8人次），中国（7人次），塞尔维亚、乌克兰（各4人次）
男子50米手枪	俄罗斯（9人次），中国（7人次），韩国、塞尔维亚（各5人次），意大利（4人次）
男子25米手枪速射	中国（11人次），德国（10人次），俄罗斯（6人次），捷克（5人次），美国（4人次）
女子10米气步枪	中国（14人次），德国（9人次），捷克（4人次）
女子50米步枪3种姿势	中国（21人次），德国（7人次），美国（5人次）
女子10米气手枪	中国（9人次），乌克兰（7人次），韩国（4人次），法国、捷克（各3人次）
女子25米手枪	中国（12人次），保加利亚（5人次），德国（4人次），澳大利亚、法国（各3人次）

表4　2013—2015年世界杯各国进入前三名的人次情况（11场）

项目	进入前三名的人次情况
男子10米气步枪	中国（11人次），匈牙利（6人次），俄罗斯（4人次），塞尔维亚、以色列（各3人次）
男子50米步枪3种姿势	中国（9人次），俄罗斯（6人次），德国（5人次）
男子50米步枪	中国（6人次），德国、美国（各5人次），奥地利、法国（各3人次）
男子10米气手枪	俄罗斯、韩国（各5人次），印度（4人次），中国、葡萄牙（各3人次）
男子50米手枪	中国（9人次），日本、塞尔维亚（各5人次），韩国（4人次）
男子25米手枪速射	德国（10人次），中国（8人次），俄罗斯（4人次），美国（3人次）
女子10米气步枪	中国（14人次），塞尔维亚（5人次），克罗地亚（3人次）
女子50米步枪3种姿势	中国（10人次），意大利（6人次），德国（5人次），克罗地亚、塞尔维亚（各3人次）
女子10米气手枪	塞尔维亚（6人次），保加利亚、韩国、俄罗斯、中国（各4人次）
女子25米手枪	中国（9人次），韩国、蒙古（各4人次），保加利亚、塞尔维亚（各3人次）

　　中国依然保持强大的竞争优势，优势项目由伦敦奥运周期的6个上升为里约奥运周期的7个，男、女步枪5个项目占据了"半壁江山"，男、女气手枪两个项目受到了强烈冲击，优势不再。韩国、日本、蒙古、印度等亚洲国家在男、女手枪项目上迅速崛起。俄罗斯、德国、塞尔维亚、意大利等欧洲传统射击强国在各个小项也均有出色表现。总体来说，规则改变后，基本形成了亚洲以中国、韩国为主导和欧洲以俄罗斯、德国、塞尔维亚为主导的两大竞争阵营。

二、我国射击（步枪、手枪）项目现状分析

中国射击队作为国际射坛的一支劲旅，在各类国际大赛上均有出色表现。里约奥运周期项目规则的重大改变，既为我们的训练带来了一定困难，同时也为我们带来了新的发展机遇。

从表5、表6可知：一是男、女10米气步枪项目依然是优势项目，始终保持强大的竞争实力；男子50米步枪卧射和男子50米手枪进步明显，决赛百分率和金牌百分率两项均有较大幅度提高。二是男子50米步枪3种姿势、男子25米手枪速射、女子10米气手枪、女子25米手枪四个项目进入决赛的百分率提高，依然保持团体优势，但金牌百分率下降，"尖子不尖"现象明显。三是男子10米气手枪、女子50米步枪3种姿势两个项目在决赛百分率和金牌百分率两项上均有所下降，整体实力和夺金能力有待进一步提高，应引起高度重视。

表5　2009—2012年世界杯中国射击队进入决赛、获奖牌情况（15场）

项目	进入决赛人次	金牌	银牌	铜牌	奖牌	决赛百分率（%）	金牌百分率（%）
男子10米气步枪	24	6	6	4	16	53.33	40.00
男子50米步枪3种姿势	13	5	2	0	7	28.89	33.33
男子50米步枪卧射	5	2	0	0	2	11.11	13.33
男子10米气手枪	17	2	2	3	7	37.78	13.33
男子50米手枪	18	2	2	3	7	40.00	13.33
男子25米手枪速射	18	3	3	5	11	40.00	20.00
女子10米气步枪	23	7	5	2	14	51.11	46.67
女子50米步枪3种姿势	28	5	6	10	21	62.22	33.33
女子10米气手枪	15	5	2	2	9	33.33	33.33
女子25米手枪	19	7	4	1	12	42.22	46.67

表6　2013—2015年世界杯中国射击队进入决赛、获奖牌情况（11场）

项目	进入决赛人次	金牌	银牌	铜牌	奖牌	决赛百分率（%）	金牌百分率（%）
男子10米气步枪	18	6	4	1	11	54.55	54.55
男子50米步枪3种姿势	18	3	5	1	9	54.55	27.27
男子50米步枪卧射	8	3	3	0	6	24.24	27.27
男子10米气手枪	12	0	1	2	3	36.36	0.00
男子50米手枪	20	3	4	2	9	60.61	27.27
男子25米手枪速射	16	1	5	2	8	48.48	9.09
女子10米气步枪	22	7	4	3	14	66.67	63.64
女子50米步枪3种姿势	18	1	6	3	10	54.55	9.09
女子10米气手枪	12	2	2	0	4	36.36	18.18
女子25米手枪	16	3	2	4	9	48.48	27.27

三、结　论

　　规则的变化带来了新的挑战和不确定性，挑战无处不在，形势十分严峻。射击项目的国际竞争格局也发生了深刻变化，欧洲强国的优势犹在，亚洲各国的崛起也给我国带来了前所未有的冲击；我国步枪、手枪项目的整体实力仍然是世界第一，传统优势项目面临挑战。射击项目取得的成功经验如下。

（一）"举国体制"是射击项目可持续发展的重要保障

　　中华人民共和国成立之初，国家对包括射击在内的军事体育项目给予了高度重视，呈现出了"全民皆兵"的发展态势，很多射击爱好者手里有枪，正是因为有了非常深厚的群众基础，射击项目得到了广泛普及和发展，竞技水平迅猛提高。改革开放之后，国家对枪弹的管理越来越严，射击运动的群众基础不如以前，在这种情况下，我国射击运动仍然具有世界顶尖水平，主要原因不是我国射击运动比其他国家普及范围要广，而是我国竞技体育的"举国体制"在发挥着重要的作用，我们有着一流的保障、一流的投入和一流的团队，这保证了中国射击的长盛不衰。

正是因为在"举国体制"这个独特优势的重要保障下，全国射击界同人、各训练单位群策群力，集思广益，共同为项目的可持续发展和奥运会备战提供了强大的思想保障；国家在资金上不断投入，使运动员的训练环境、器材装备配置、出国参赛机会、后勤服务等各个训练参赛环节都有了明显的改善和提高，解决了队伍的后顾之忧，为队伍日常训练和备战提供了重要的物资保障。

（二）继承和发扬射击优良传统，营造过硬作风

我国从20世纪50年代初开始开展射击运动，当时从事射击运动的群体以解放军军人为主，实行半军事化管理。几十年来，我们一直秉承着老一辈射击人积累的宝贵精神财富和光荣的优良传统，不断创新，重视培养教练员、运动员过硬的作风和优秀的思想品质，提高队伍的战斗力、生命力和凝聚力。

（三）完善制度化管理，做好战略布局

多年来，国家体育总局射击射箭运动管理中心（以下简称"中心"）始终坚持"以人为本，快乐竞争"的管理理念，不断探索和总结管理工作中的措施和方法，建立了较为完善的规章制度和管理体系，坚持用制度管理人、用制度激励人。同时针对项目特点、发展规律和不同阶段的外部环境等因素，进一步强化四大核心理念，做好项目的顶层设计和战略布局。

1. 狠抓后备力量，完善队伍结构

项目的可持续发展离不开人的发展，队伍的发展更需要老、中、青组合的人员支撑，在最大限度地挖掘老队员潜能的同时，要充分重视对后备年轻运动员的培养。多年来，中心通过建立一线后备队伍、开展全国项目大集训等多种形式，发现人才、培养人才、使用人才，给他们展示的舞台，相信他们在比赛中有能力创造优异成绩，为项目发展储备人才，夯实基础。

2. 引进竞争机制，实施动态管理

多年来，中心在总结以往工作管理取得的成功经验的基础上，进一步引进了竞争机制，本着公开、公平、公正的原则，对国家队实施动态管理体制，

制定了科学、规范、严格的奥运会选拔方法，根据比赛成绩确定参赛人选。这些措施的实施，进一步促进了国家队内部的良性竞争，增强了危机意识和紧迫感，激活了队伍的动能。

3.重视复合型团队建设，创新训练模式

复合型团队的建立，有效地改善了以往传统训练过程中"保姆式"和"单一式"的训练模式，让各个领域的专业人才参与到训练的各个环节，在心理、体能、生化监测、医疗康复和文化素质教育等方面提供全方位保障，有效、快速地解决在训练过程中出现的难点问题，实现资源整合、理念整合。

4.发挥政策优势，调动各方面力量

项目要想持续发展，必须让我们有限的资源得到充分发挥并获得最大效益，而充分调动各省份发展射击运动的积极性，对我国射击项目的长远发展来说具有战略性的意义。多年来，中心充分利用政策优势的杠杆，对部分射击项目发展相对滞后的省、自治区、直辖市给予扶持，为他们保留射击运动的"星星之火"，并希望在不远的将来，这"星星之火可以燎原"，最大限度地发挥我国竞技体育"举国体制"的优越性，设立重点项目布局、区域布局，强调辐射功能，促进全国射击运动的均衡发展，从而真正做到"举全国之力"促进项目发展。

四、思考与建议

（一）提高全员思想境界，强化责任意识

一是要牢固树立祖国培养意识，强化为国争光和祖国荣誉高于一切的理念，大力弘扬中国射击追求卓越的精神，提高全员的思想境界，统一思想，鼓舞斗志，坚定信念；二是加强职业教育，努力培养运动员爱岗敬业的好作风，帮助运动员认识艰苦训练的必要性，认识国家投入的有限性，提倡负责精神，对国家的投入负责、对个人的行为负责、对教练员及保障人员的付出负责、对每一堂训练课负责。

（二）系统总结，深入研究射击项目制胜规律

任何事物的发展都有其内在的规律，认识规律的过程也是学习和再提高的过程，深入研究和把握射击项目的制胜规律对项目发展至关重要，对于射击项目制胜规律的认识，离不开三个"一切"：一切皆靠绝对实力，一切皆须精细准备，一切皆有可能。

一切皆靠绝对实力，是说我们首先要通过艰苦的训练，把我们在各个项目上的绝对实力提高到世界水平，要想站上奥运会的决赛靶场，没有实力是不行的；一切皆须精细准备，是说我们必须在各个环节上做充分的准备，不仅是运动员要做好准备，包括教练员在内的全体成员都要做好准备，不仅年轻的、没有大赛经验的运动员要做好准备，"久经沙场"的名将们也要做充分的准备；一切皆有可能，是说射击场上充满偶然性，如果说进入决赛靠的是绝对实力，那么获得金牌就不仅是靠绝对实力，还需要很多其他方面的因素。

为此，对于射击项目来说，要对所有项目都给予足够的重视，抓住其发展和制胜规律，促进全面协调可持续发展。

（三）以管理促发展，发挥榜样作用

中国射击队日常是以半军事化管理的标准进行要求的，现在社会环境有所变化，我们下一步要做的是将传统的行之有效的管理手段和以科学化、人性化为标志的现代管理方法结合起来。国家队管理的科学化，体现在优胜劣汰的动态的竞争机制上；管理的人性化，则体现在充分尊重运动员，调动其主观能动性与训练自觉性方面，在这方面，要充分发挥老运动员的榜样作用。

（四）加强系统训练，正确看待训练与比赛的关系

1. 坚持质量第一的大运动量训练，增加基础训练比例，打好基本功

射击属于技能性项目，训练主要练技能，动作质量是保证训练质量的关键，必须树立质量第一的观点。然而，质量与数量是辩证统一的关系，只有坚持质量第一前提下的大运动量训练，训练才有实效。

2. 狠抓心理训练，强化决赛能力训练

要把心理训练贯穿整个训练体系，以提高训练技术水平，以技术的稳定、

熟练、自动化来促进心理状态的稳定，用实力来提高和稳定良好的心态。深入研究射击决赛的特点及其内在规律，逐步规范决赛模拟训练，使决赛从思路到打法系统化、规范化，加强对决赛的探讨研究。在决赛模拟训练中，必须重视训练气氛，提高运动员的兴奋度，促进决赛能力的提高。

3. 训练中的三个高度重视，比赛中的两个转变

三个高度重视：第一，高度重视从零开始的历史意义和现实意义，发扬不怕苦不怕累、敢于牺牲的精神去完成好各项备战任务。第二，高度重视新规则改变后世界射击运动形成的新格局，紧跟新规则，教练员要敢于打破旧观念，实现训练理念创新、训练方法创新、训练手段创新，积极把握项目制胜规律；运动员要敢于剖析自己、敢于战胜自己，突破自我障碍，达到更高水平。第三，高度重视自身能力的提高，走出去、请进来，相互学习，取人之长、补己之短。

两个转变：第一，思想上转变。在新规则下，从信息回避转变为信息公开，我们要创新思路、更新观念，适应新规则、用好新规则。第二，行动上转变。要从打十环向打好十环，并有能力多打好十环的方向转变。

（五）继承和发扬中国射击队的团队文化，提升软实力

我们在继承和发扬射击队优良传统、学习其他项目先进经验、总结自身项目规律的基础上，形成了中国射击队的团队文化，即"精益求精、善始善终、和谐制胜、不辱使命"。

精益求精，是我们对项目本质的认识，因为射击是一项追求完美的体育运动，每次击发都要做到最佳，不允许有丝毫闪失。

善始善终，是我们对射击比赛特点的概括。射击比赛格外强调过程，讲究善始善终，最后一发不打完，一切皆有可能，射击比赛在讲究善始善终方面体现得最典型。

和谐制胜，是中国射击文化的灵魂。一位优秀射击手在比赛中要做到身、手、心，心态和技术，体能、技能和智能的和谐统一，运动员和教练员之间、整个团队之间要做到和谐统一。

不辱使命，是中国射击队的光荣传统。在2015年以前的六届奥运会上，

中国射击队三次为中国代表团获得第一块金牌、四次为中国代表团获得第一块奖牌，堪称不辱使命。所以，中国射击队在奥运会上的表现具有三个特点：一是一马当先，即为代表团打响夺金第一枪；二是遇强更强，即在众多高手面前取得胜利；三是奉献经典，几乎每项获得奥运会金牌的比赛都是经典比赛。

射击项目体现了竞技体育中过程与结果的辩证法，围绕中国射击队的团队文化，使运动员树立正确的事业观和人生观，把从事射击运动的过程和自己的人生理想联系起来，让"注重细节、善始善终"的射击文化成为使他们终生受益的人生财富。

射击项目在发展和进步中，要做到训练比赛与文化建设的和谐统一。我们要继续发扬团结协作、良性竞争、有序管理、积极进取的传统作风，让我们的队伍更有战斗力。

参考文献

[1] 冯建中. 开阔视野　拓展空间　完善体制创新机制　实现射击射箭项目可持续发展——中国射击射箭项目可持续发展问题调研报告 [J]. 体育文化导刊,2009（9）：1-6.

[2] 郑立勋. 我国奥运会射击项目运动成绩发展过程、影响因素及相关规律的研究 [D]. 北京：北京体育大学，2006.

[3] 池建，苗向军. 2008年奥运会我国奥运优势项目、潜优势项目备战策略 [J]. 北京体育大学学报，2006（8）：1009-1012.

[4] 张立天，丁立鹏. 我国步、手枪项目现状分析与发展对策 [J]. 河北体育学院学报，2013，27（4）：57-60.

[5] 王跃新，李桂华，侯海波. 北京奥运会后世界射击项目发展动向及对我国的建议 [C] // 第九届全国体育科学大会论文摘要汇编. 北京：中国体育科学学会，2011.

[6] 马杰，米靖. 我国射击运动发展的历史回顾 [J]. 运动，2014（14）：38-40，67.

[7] 王勤. 从射击运动的发展历程谈队伍建设与成绩提高 [J]. 民营科技，2011（2）：63，65.

[8] 朱彩云. 我国射击项目发展的影响因素研究 [D]. 北京：北京体育大学，2013.

[9] 郭明方. 我国射击项目竞技水平现状 [J]. 体育科研，2004（1）：49.

关于安阳航校开展青少年航空科普活动的思考

国家体育总局安阳航空运动学校　王静

摘要：本文结合自身工作实际，以科学发展观和习近平总书记系列讲话精神为指导思想，运用马克思列宁主义的基本原理、观点和方法，强调了青少年航空科普活动在青少年树立远大理想、提升全面素质和弥补课堂不足方面的重要意义，介绍了安阳航空运动学校（以下简称"安阳航校"）青少年航空科普活动的开展情况和取得的成效，指出了航空科普活动中存在的科普力量薄弱、资金短缺和社会认识不足的问题，并有针对性地提出了整合资源、加大资金投入和在全社会营造良好科普氛围的建议。

关键词：青少年；航空科普；思考

科学普及是整个国家科技发展中不可缺少的组成部分，提高青少年的科学素养，直接关系到全民整体素质的提高，关系到国家的前途和事业的发展。航空科普教育是青少年科技教育的重要组成部分，组织开展形式多样、内容丰富的航空科普实践活动，是向青少年进行航空科普教育的重要形式，也是培养青少年科学素养、实现素质教育的重要途径。如何充分利用资源开展科普教育，推进科普工作的发展，是我们应该不断思考和努力探索的课题。

一、青少年航空科普活动的重要意义

（一）引导青少年树立献身祖国航空事业的理想

青少年是祖国的未来，是民族的希望，提高青少年的科学素养，直接关系到全民整体素质的提高和人的全面发展，关系到国家的前途和事业的发展。航空科技的发展关系到一个国家的科技综合实力，航空技术的发展能带动一系列科学技术的进步。航空科技对人才的要求更高：专业性更强、身体素质更好、道德品行更优，所以在青少年学生中普及航空教育对发现和培养航空人才大有裨益。让青少年接触航空知识、体验飞行乐趣、感受航空科技的神奇和美好、了解航空文化，有助于培养青少年对航空事业的兴趣，进一步树立献身祖国航空事业的理想，为航空事业的发展储备充足的后备力量。

（二）提高青少年科学文化素质，实现素质教育

青少年航空科普活动是一项特殊的社会公益事业，积极开展青少年航空科普活动，有利于学生开阔视野，扩大其知识面，提高其科学和人文素养，有助于在青少年中营造浓厚的学科学、爱科学、用科学的科技氛围，可以提高青少年的科学素质。组织开展以青少年为主体的，形式多样、内容丰富的航空科普实践活动，是对青少年进行航空科普教育的重要形式，也是培养青少年科学素养、实现素质教育的重要途径。

（三）培养青少年的品格和实践能力，弥补课堂学习的不足

航空运动中的跳伞、滑翔、热气球、轻小型飞机等项目都是挑战极限、刺激的运动项目，青少年参与这类航空运动可以使他们意志坚强、处事果敢，还能够培养他们的团队精神和协作理念、进取精神和竞争意识，满足青少年个性和特长的发展。我国基础教育有重理论、轻实践的倾向，青少年学生的推理演算能力较强，动手实践操作能力稍差。航空科普活动的开展可以发展他们的思维，培养他们的实践能力，可以在一定程度上弥补实践能力的不足，也是对课堂学习的有益补充。

二、安阳航校青少年航空科普活动开展情况

安阳航校创建于1955年，是国家体育总局直属的国内唯一一家航空运动事业单位，是目前中国航空运输协会中最大的航空俱乐部和航空运动训练、比赛中心。承担着国内外跳伞、滑翔、轻型飞机、直升机、热气球、动力伞、航空模型等航空运动项目的训练比赛、航空表演、飞行培训和航空科学知识普及等任务，是众多国内外航空爱好者及青少年接触航空、拥抱蓝天、实现理想与抱负的大本营，被誉为"航空运动的摇篮"。

安阳航校在开展航空运动训练和比赛的同时，充分利用资源、专业、场地等多方面的突出优势，重视青少年航空科普教育，把向青少年普及航空基础知识，为大家提供观摩、参观、讲解等机会当成自己义不容辞的责任，广泛宣传，精心组织，开展了形式多样、丰富多彩的科普教育活动并取得了显著成效，为青少年全面、健康发展贡献了自己的一份力量。

（一）开放校园供青少年参观

安阳航校利用青少年航空体育俱乐部这一平台，积极在安阳市的中小学中发展团体会员，并且利用科技节或科普节，向学生开展航空器展览和飞行、跳伞训练等项目的参观活动，聘请专业技术人员给他们进行讲解，对青少年进行了航空运动项目和航空知识的宣传、教育，培养了他们对航空事业的兴趣，受到了广大师生的一致好评。

（二）开展系列航空表演活动

安阳航校与安阳市第一中学合作，在"河南省中学生第四届晨光夏令营"开幕式上进行了跳伞、热气球等航空运动项目的表演，省市领导及近万名学生在现场观看，安阳电视台进行的现场直播有数十万人观看，极大地丰富了中学生夏令营的内容并产生了良好的社会效应。安阳航校的航空科普活动，特别是航空运动项目表演等，在多次活动中反响良好，且具有较大的影响力，已成为安阳航校航空科普工作中的一个亮点。

（三）协办多届航空模型比赛

安阳航校协办了第一届、第二届"高安杯"全国航空模型大奖赛。两次

大型比赛云集了20多个省、自治区、直辖市的几千名优秀运动员和青少年航模爱好者，在比赛中，有万余名观众目睹蓝天竞技的壮观场面。安阳航校还利用50周年校庆活动，策划了开幕式的航空表演，组织了7万多名观众前来免费观看，其中青少年达4万多人。此类活动的举办取得了良好的社会效益，为学校日后开展大型科普活动积累了丰富经验。

（四）吸引青少年航空爱好者

安阳航校每年接待大量希望参与航空运动的青少年朋友的来电、来信和来访，学校要求教师做到及时和青少年学生沟通联系，反馈各类航空科普信息，并通过新闻媒体、互联网等多种形式对学校和青少年航空体育俱乐部进行宣传，树立了良好形象，吸引了本市和周边地区的青少年和航空爱好者来参加活动，每年接待多批次的中小学生前来参观，近几年来累计接待上万人次，为学校和青少年航空体育俱乐部今后的发展奠定了良好的基础。

（五）不断加强自身宣传

安阳航校为了扩大专业科普优势和青少年航空体育俱乐部的影响力，曾先后进行了多次系列宣传活动。如通过多种渠道向安阳市各中小学校发出通知，鼓励学校组织学生以夏令营、冬令营等形式参加航空科普活动。印制、发放航空科普宣传材料，利用安阳航校团组织和青年志愿者服务平台，不定期地派出专业技术队伍走上街头，义务宣讲航空运动知识。积极参加安阳市民办非企业单位自律与诚信建设活动，按时上报自律与诚信活动情况，为更好地为广大青少年航空爱好者服务做出郑重承诺。几年来，通过互联网、体育信息平台和媒体报道发布各类消息近200条，极大地提高了安阳航校的社会知名度。社会经济的进步发展和系列宣传活动的良好社会效果，吸引了民航系统和大中专院校与安阳航校合作办学，更进一步促进了航空体育事业的发展。

三、航空科普活动存在的缺陷和不足

安阳航校航空资源丰富，也是全国青少年航空科普教育基地，经过学校和青少年俱乐部多年来的积极探索和不断完善，在青少年航空科普活动中做出了一定的贡献。但在开展活动的过程中也发现了一些问题，目前全面深入地开展青少年航空科普活动还存在一些困难。

（一）科普力量仍然薄弱

安阳航校的科普人才队伍存在数量庞大、质量不高的问题。学校目前有正式职工140余人，从理论上讲，这些人都具有科普的职责，都能在科普工作中发挥作用，但实际情况并非如此。目前从事日常科普工作的主要是青少年航空体育俱乐部的职工，在重大活动时会有志愿者加入，人数仅占安阳航校全部员工的40%左右。科普队伍平均年龄也比较低，不可避免地存在航空专业知识积累不够的问题，在进行科普活动时难免捉襟见肘。而且，这支科普队伍绝大多数是兼职科普人员，并非专职，在日常本职工作繁忙的情况下（特别是航空专业知识较强的技术人员，平时飞行任务已比较繁重），无法完全保证参加科普活动。此外，和民航院校相比，安阳航校科普人员中具有中级以上职称和大学以上学历的人员比例也较低。这种人员素质不高的情况，在实际工作中则表现为科普活动的形式主义，活动形式缺乏创新，只是简单地背诵讲解词，缺少与参观人员的互动，科普活动缺乏趣味性和多样性。

（二）科普资金投入力度仍需加强

航空科普是一项公益事业，也是安阳航校的职责。安阳航校每年都开展大量的科普活动，受到了广大青少年的欢迎。但从资金投入的角度来看，安阳航校的科普资金是十分短缺的，这主要表现在场地设施和人员保障方面。由于资金预算较少，科普场地并未设置专门的隔离和保护装置，这不管是对参观人员来说，还是对展览器材来说，都是潜在的不安全因素，一旦发生意外，就可能出现人员受伤和器材损坏的情况。鉴于航空科普的公益性质，安阳航校开展的科普实践活动全部是免费的，从未向中小学生或青少年收取过任何费用，学校也未给科普人员发放额外的津贴或补助。由于科普人员基本上都为兼职，其本职工作中没有组织科普活动的内容，因此不少人把航空科普视为额外增加的工作量，于是就存在工作积极性不高、消极怠工、应付了事的现象，这种情况在其本职工作较为繁忙的情况下显得尤为突出，科普活动的开展质量就更加难以保证。

（三）整个社会对航空科普的认识仍有待提高

目前航空科普的缺陷有许多，社会对航空科普的认识存在很大不足。如航空科普机构非常少，仅以航空航天博物馆为例，在全国也并非每个省份都有。图书方面，市面上很少有值得推荐阅读的航空科普读物——要么过于深奥，中小学生难以理解；要么过于简单，知识面较窄。安阳航校曾向参加科普活动的中学生发放过一份调查问卷，约有一半的学生表示对航空知识非常好奇，渴望全面了解；但也有超过60%的学生认为所在学校的科普教育不能满足他们的求知欲。这说明目前很多学校的航空科普教育仍相当薄弱，甚至有些学校的行政领导也缺乏航空科普教学认识的动力，强调客观原因，认为没有专门的科普教师，缺乏相关的专项经费以致无法购置昂贵的设备器材等，对这方面的教学几乎还是空白。一些家长也并不注重对孩子航空科技方面的兴趣培养，对于孩子的航空爱好不够重视。

四、改进青少年航空科普活动的建议

习近平总书记在2012年参加全国科普日活动时指出，要进一步突出科普工作的大众性、基层性、基础性，让科普活动更多地走进社区、走进乡村，走进生产、走进生活。各级党委和政府坚持把抓科普工作放在与抓科技创新同等重要的位置，支持科协、科研、教育等机构广泛开展科普宣传和教育活动，不断提高我国公民的科学素质。青少年航空科普工作是为提高广大青少年航空素质服务的，卓有成效的航空科普实践活动，是提高青少年航空科学素质的重要手段。笔者根据安阳航校青少年科普工作的开展情况，就如何在青少年当中普及航空知识，使安阳航校的青少年科普工作取得更进一步的新发展，提出如下建议。

（一）加强资源整合，开展形式多样的科普宣传活动

进一步健全组织网络，充分挖掘安阳航校人才资源，将热心于航空科普

工作的人员，聚集到安阳航校航空科普人才资源库中。大力推动专职和兼职相结合的科普志愿者队伍建设，加大对科普人员的培训力度，使科普人员熟练掌握航空知识，最大限度地提升其科普能力，更好地为青少年航空科普活动服务。以安阳航校机场、机库、体能训练房为主阵地，以宣传册、展板、横幅为主要宣传载体，充分利用各种机会组织参观跳伞活动、举办航模比赛、举行飞行表演活动、举办科普讲座（报告会），并不定期地组织科普志愿者走进安阳市中小学校园和各大广场，开展义务宣传讲解，体现特色、突出个性，以多种形式普及航空知识，注意充分调动每个学生的积极性、创造性、能动性，满足青少年对科学知识的求知心态，激发他们对科技的想象力，培养其科学实践、探究能力。

（二）加大资金投入力度

加大硬件和软件两方面的资金投入力度，硬件方面可建造航空教育活动室。如航模制作室、模拟飞行室、航空展览室、航空实验室、航空科普读物室等，将这些活动室和机场、机库区别开，加装安保设施，尽最大可能消除不安全因素。软件方面主要为人员保障投入，青少年科普活动的开展要有专项活动经费，建议将此经费列入单位预算，或向参与科普活动的单位收取一定费用，建立起科普活动经费使用管理制度，以制度方式明确参与科普活动的专兼职工作人员的补贴或报酬，最大限度地调动其参与科普活动的积极性。

（三）重视校园航空教育，在全社会营造爱航空的浓郁氛围

目前，中小学教师一般是师范类院校毕业的，没有专业的航空教育知识。如果教育部门能够开展各种层次、各种形式的培训活动，将极大提高教师的航空专业素养，所以开展航空教育，教师培训工作应先行。中小学教材中也缺乏航空科学技术方面的相关内容，如果将航空科普的内容纳入教材，可使航空科普知识教育更加规范和普及。建议政府教育部门逐步开展科普工作信息化工作，设立针对广大青少年的航空科普网站和论坛。现在中小学生学业任务重，不可能每个学生都参加科普活动，但他们可以利用网站和论坛，在网上学习科普知识，就航空方面的问题和教师、专家进行互动探讨，

充分利用网络优势开展青少年航空科普活动。此外，还要充分发挥媒体的巨大影响力，利用好报纸、电视、广播和互联网等媒体，开展航空科普活动，在整个社会营造鼓励青少年学习航空知识的良好风尚，积极培育青少年的航空爱好和特长。

为青少年普及航空运动知识是提高全民素质、全面建设和谐小康社会、培养航空体育储备人才的一项宏伟工程。安阳航校应努力增强新时期航空科普工作的自觉性和责任感，制定切实可行的新措施、新方法，不断整合资源，开展丰富多彩的科普活动，加大科普资金投入力度，并在全社会营造热爱航空的良好风尚。只有这样，安阳航校的青少年航空科普工作才能取得长足发展，才能在体育强国建设中发挥其应有的作用，持续为航空体育事业的发展做出新的贡献。

参考文献

[1] 郑念. 我国科普人才队伍存在的问题及对策研究 [J]. 科普研究，2009，4（2）：19-29.

[2] 国家体育总局安阳航空运动学校论文集 [C]. 安阳：安阳航空运动学校，2011，9.

[3] 舒梅芳. 以青少年为载体的航空科普实践活动模式 [C]// 航空航天科技创新与长三角经济转型发展论坛论文集. 南京：江苏省航空航天学会，2012.

[4] 林新杰. 飞天圆梦的航空航天 [M]. 北京：测绘出版社，2013.

关于我国高尔夫球运动可持续发展的相关思考

国家体育总局小球运动管理中心　钟民

摘要： 高尔夫球运动作为舶来品，在我国三十多年的发展历史可谓一波三折，经历了与国家经济、社会一起迅速发展和成长的黄金期，也遭遇了因违法违规事件多发而陷入的严冬期。

政府近年来对高尔夫球场建设的清理整治，原因是复杂和多方面的。既与各地方政府的重GDP发展模式和开发商与经营者法律意识淡薄、盲目扩张有关，更是整个行业的发展脱离了我国社会主义初级阶段的基本国情的必然结果。

高尔夫球运动本身是一项集中体现现代文明特质的健康的、有益的体育运动。马克思主义的基本原理和中国化的实践经验告诉我们，中国的高尔夫球运动必须与建设中国特色社会主义的实际相结合，只有这样才能沿着健康、可持续的道路向前发展。清理整治是警钟，大有裨益。

抓住机遇、深刻反思、重新定位，强化国家发展意识、社会责任意识，回归体育本质，按照经济和市场规律办事，坏事就会变成好事，我国的高尔夫球运动就一定能够重新起航，为国家的经济、社会和文化建设，为体育事业和产业的发展，为"十三五"规划和"两个一百年"目标的实现做出应有的贡献。

关键词： 高尔夫球；发展；思考

一、我国高尔夫球运动的历史和现状

高尔夫球运动是随着我国改革开放，于20世纪80年代初进入我国的，以1984年国家体委（现国家体育总局）颁布的《关于率先在北京、河北、广东等地开展高尔夫球运动的通知》及同年霍英东先生投资的广东中山温泉高尔夫球会的开业为标志。作为体育项目的高尔夫球运动，为促进改革开放、改善投资环境及体育产业和事业的发展都做出了应有的贡献，同时在发展过程中也遭遇了一些挫折和困扰。三十多年的历史以十年左右为一周期特征，可划分为如下三个发展阶段。

第一个发展阶段为1984年至1994年，可基本定义为起步阶段，其发展速度和规模也与当时的经济和社会发展要求基本相适应。球场数量从1984年起步时的1个，发展到1994年的16个，主要分布在北京、上海、天津、广东、深圳等经济相对发达、外资相对集中的大城市。球场的投资、设计、建设也基本依赖外方，俱乐部会员也以外交人员、外企高管及港澳台地区商人为主，几乎所有器材都来自境外，产业规模也很小。可以看出这个时期的基本特征是以外资和外方为主导的建设、经营和参与模式。

中国高尔夫球协会于1985年成立，主管全国高尔夫球运动的竞赛、训练和对外交流，首任主席是体育界德高望重的老前辈荣高棠先生。这一时期的高尔夫球运动员数量较少，仅百十来人，其身份皆为业余球员（国际高尔夫球界把球员分为职业和业余两种类型），主要是有关省市和俱乐部为配合有关经营业务而培养的人员。中国高尔夫球协会从1986年起陆续组织了中国业余公开赛、全国锦标赛和亚运会选拔赛等大型赛事，并组织国家队参加了1990年和1994年亚运会，获得了1994年亚运会的男单银牌和女团铜牌的佳绩。为此，时任中国高尔夫球协会主席的荣高棠曾亲自前往机场迎接为国争光的高尔夫球运动员。

可以说我国高尔夫球的人才培养模式从一开始就有其鲜明的体制外社会属性并延续至今，为高尔夫球运动在我国的发展奠定了基础。但其业余性质和较少的赛事数量也限制了运动员水平的进一步提高，造成了部分人才流失。

这个时期的高尔夫球俱乐部为改善区域的投资环境、吸引外资、促进改革开放和经济发展发挥了应有作用。

第二个发展阶段为1995年至2005年，为稳步快速发展阶段。随着我国改革开放的不断深入及国民经济的快速发展，高尔夫球运动的发展也进入了加速期。2005年，球场数量已增加到178个，范围也基本覆盖了所有当时经济较发达的地区，并呈现向中西部拓展的趋向，但大多数仍集中在经济相对发达的地区，以北京、上海、广东为核心。球场的类型也呈现多元化的趋势，虽然大部分球场仍以外资为主，但也出现了其他类型的高尔夫球俱乐部。各高尔夫球俱乐部开始逐渐注重国内消费人群的开发，与外商有较多交往的本土企业家、企业高层和部分政府官员成为第一批本土消费者。随着经济的稳定发展，高尔夫球在 IT、证券、信托、房地产、航运、能源、酒店和法律等高收入行业找到了坚实的消费基础，并逐步形成了产业形态，也诞生了一批本土的行业管理人才。这个时期高尔夫球总体发展状况基本良好，也与经济和社会发展基本相适应。但在局部地区的高尔夫球场建设中出现了一些违法和违规的苗头。

我国高尔夫球运动水平在这一时期也取得了显著提高。中国高尔夫球协会在获得原国家体委批准后，于1994年开始尝试推进项目职业化，并以1995年 VOLVO 中国巡回赛、VOLVO 中国公开赛和世界杯落户我国为标志，拉开了中国高尔夫球运动职业化进程的序幕，从此我国的高尔夫球运动逐步融入世界潮流。十年的时间培养出了以张连伟、程军为代表的近百名男女职业球员，职业和业余赛事体系也初具规模。

第三个发展阶段为2006年至今，可定义为"膨胀式"发展阶段，是高尔夫球进入我国以来发展速度最迅猛的阶段，尤其是后期被喻为高尔夫球的"上山下乡运动"，出现了高尔夫球场投资热；这一现象同时也引起了中央政府的逐渐关注和重视。截至2015年，球场已增至660余个，遍布全国。场地建设的高速发展和生意的红火，当然离不开消费人口的激增。这一时期的核心消费人口已达到30多万，参与人口上百万，从业者也有近百万人。

这一时期我国的高尔夫球运动水平也提高得很快。参与国际竞争的职业球员达到数百人，以美巡赛、欧巡赛、世界锦标赛为代表的国际高水平职业赛事均成规模落户中国。同时，本土化的职业、业余和青少年赛事也渐成体系，规模不断扩大。同时，2009年国际奥委会正式批准高尔夫球运动成为2016年巴西里约奥运会的正式比赛项目。以冯珊珊、梁文冲和吴阿顺为代表的中国职业球员成为世界职业高尔夫球最高竞技平台上的中国力量。

但在快速发展中出现了诸多高尔夫球场违规建设问题，球场建设地产化，占用耕地、林地、水源地的现象日益严重，与国家的政策、社会和经济的发展逐步脱节，逐渐为社会诟病，违规现象的日益严重，促使中央政府对全国的高尔夫球场建设进行清理整治。

二、我国高尔夫球运动当前存在的主要问题

从高尔夫球运动发展的三个历史阶段看，第一阶段和第二阶段的前期，建设和发展比较规范和健康，为改革开放、吸引外资做出了应有的贡献。

第二阶段后期和第三阶段既是快速发展的时期，又是问题多发的时期，盲目扩张导致其逐渐与国民经济和社会的发展相脱节。原因是多方面的，既有国家多头管理的缝隙，又有各地盲目追求经济效益、追求地区和城市形象等因素。

三十年中，高尔夫球运动在我国的发展也经历了支持、限制和整改三个阶段。土地和环境污染问题一直是高尔夫球运动在我国被长期诟病和质疑的两大问题。

从高尔夫球进入我国伊始，国家即对其健康发展给予过一系列的政策指导。1997年5月，中共中央、国务院印发的《中共中央、国务院关于进一步加强土地管理，切实保护耕地的通知》中明确指出，禁止征用耕地、林地和宜农荒地，出让土地使用权用于高尔夫场地等的兴建。

2004年1月，国务院办公厅印发的《国务院办公厅关于暂停新建高尔夫球场的通知》中指出，改革开放以来，我国高尔夫球场发展迅速，对完善体育设施，开展高尔夫球运动发挥了积极作用。但近年来也出现了一些突出问题，一些地方高尔夫球场建设过多过滥，占用大量土地；有的违反规定非法征占农民集体土地，擅自占用耕地，严重损害了国家和农民的利益；有的借建高尔夫球场的名义，变相搞房地产开发。该通知还规定，为合理利用和保护土地资源，遏制高尔夫球场的盲目建设，自该通知印发之日起至新政策出台前，地方各级人民政府、国务院各部门一律不得批准建设新的高尔夫球场项目。

2011年4月，针对高尔夫球场建设违规现象日益严重的现状，国务院印发了《落实高尔夫球场清理整治措施的通知》，要求有关省、自治区、直辖市

人民政府以《中华人民共和国城乡规划法》《中华人民共和国土地管理法》《中华人民共和国环境保护法》《中华人民共和国水污染防治法》《中华人民共和国森林法》《中华人民共和国自然保护区条例》等法律法规为依据，切实消除和纠正高尔夫球场建设中的各类违法违规行为。

可以说国家对高尔夫球行业进行清理整治是及时和必然的。

针对高尔夫球场建设中出现的占用耕地、林地、水源地，破坏生态环境等违法违规行为，此番清理整治本着依法依规、实事求是、分类处理和标本兼治的原则，各地高尔夫球场按照取缔、退出、撤销和整改四类进行处理。截至2015年7月，共取缔、退出和撤销高尔夫球场127个，整改高尔夫球场545个。

三、提高认识，摆正位置，推进我国高尔夫球运动健康、可持续发展的建议

改革开放四十多年来经济的高速增长，使我们成为世界第二大经济体。这既意味着物质财富的极大积累、人民生活水平的极大提高、国际地位的极大攀升，但同时也意味着对各种自然资源的消耗、贫富差距的扩大和社会矛盾的积累。

一个行业的发展，不从本国的实际情况出发，盲目与发达国家比较发展速度和绝对数量，不按照经济和社会发展规律办事，必然是不可行的。

中共十八届五中全会审议通过的《中共中央关于制定国民经济和社会发展的第十三个五年规划的建议》明确指出，面对国内外形势的深刻复杂变化特别是经济下行压力加大的挑战，要如期实现全面建成小康社会的奋斗目标，必须牢固树立并贯彻创新、协调、绿色、开放、共享的发展理念。

新形势下的基本国情及中央制定的新时期的发展战略是我们行业发展的根本指导和方向，我们必须探索有中国特色的高尔夫球运动发展之路，要结合我国经济和社会发展的现状，充分发挥高尔夫球运动的自身优势，扬长避短，为实现国家的体育战略目标服务。建议遵循以下发展指导思想和原则。

（一）提高认识，转变观念，走出误区

中国的高尔夫球人应该认识到，高尔夫球在我国的发展必须与国民经济和社会发展现状相适应，必须遵守国家的法律和法规。强化国家发展意识，树立共享、绿色、协调、开放、创新的发展理念，树立良好的行业社会形象。对于高尔夫球这种少数人占据较多公共资源的运动项目，在当今中国改革和社会发展转型期适度控制其规模和速度，是完全符合国情的。

所有的高尔夫球人应该正确面对这次"危机"，使它转化为机遇。

（二）回归体育本质，努力提高我国高尔夫球运动水平

高尔夫球运动是一项健康、向上的体育运动，高尔夫球运动精神对培养高尚的人格和道德情操也是十分有益的。但中国的高尔夫球人不能故步自封、孤芳自赏。每一项体育运动都有其独特的运动方式和魅力，虽然参与人群和市场价值有所不同，但从精神和价值层面看都是相辅相成、殊途同归的。把高尔夫球运动特殊化、神秘化无疑是把自己孤立起来，这是愚蠢的。事物的发展都要经历艰难曲折，都要经历由小到大、由弱到强、由量变到质变的过程，关键是我们如何面对过程中的挫折和困难。事物和矛盾的转化是遵循其规律、不懈努力的结果。当前，我们要探索出一条逐步平民化的、有中国特色的高尔夫球运动发展之路。要让高尔夫球运动走进大众，特别是走到更多的基层青少年中，比如要按照有关政策创造的条件，适度兴建公众球场，惠及更多的普通民众等。

同时要尽快提高我国的高尔夫球运动水平，完善国际化、市场化的职业、业余和青少年的竞赛、训练体系，在包括奥运会在内的世界赛场上为国争光。

（三）创新体系，加快高尔夫球产业发展，为经济建设做贡献

2014年颁布的《关于加快发展体育产业促进体育消费的若干意见》，对我国体育产业的发展提出了明确的要求和指标。这是中国体育界、体育人，也包括高尔夫球人迎来的一次千载难逢的发展机遇。

高尔夫球是一项产业链长、技术含量高、潜力巨大的体育运动项目，大有可为。

我国的高尔夫球产业虽然只能算是刚刚起步，但已奠定了不错的基础，初具了产业链雏形，同时也拥有了相当数量的本土专业管理和市场开发人士。下一步应创新体系，加快高尔夫球产业发展，为经济建设做出更大的贡献。

（四）加强社会责任感，为和谐社会建设出力

任何行业的发展都离不开社会发展的大格局。在建设中国特色社会主义的新阶段，我们要把高尔夫球运动本身提倡的自律、尊重、为他人着想的精神惠及更多、更广泛的人群，中国的高尔夫球从业者不但要具备专业素养，更要深刻领会党和政府的方针政策，加强社会责任感，要热心公益事业，更要自觉参与到反腐败的斗争中去。为创建和谐社会、为实现"十三五"规划和"两个一百年"的奋斗目标做出应有的贡献。

健身气功习练人群特征的调查与分析

国家体育总局健身气功管理中心　崔永胜

摘要： 本文采用文献资料法、问卷调查法等方法，对我国健身气功习练人群的特征进行了分析研究。结果显示：健身气功存在中老年人群庞大、青壮年人群缺失的年龄结构和女性比男性多近2倍的性别结构失衡现象；职业结构特征偏向于脑力型劳动者，学历层次整体低于我国体育人口；锻炼动机特征首要是增进健康，其次是文化需求；当前信息获取途径主要为人际传播，运用传统媒体和新媒体获取信息明显不足；参与活动的兴趣与活动中人际互动性、主体参与性和情景共融性成正相关。建议创新宣传推广的理念与方式，围绕健康、文化主题，细化人群，做好针对性推广，注重开发和运用健身气功的社交等衍生功能，逐步提升组织活动的互动交流性等，以促进健身气功持续健康发展。

关键词： 健身气功；人群特征；调查分析；对策建议

近年来，随着中国经济的快速稳定发展，人民生活水平的日益提升，越来越多的人开始重视生活质量、关注身心健康，健身气功这项独具民族特色的健身养生运动，因其好学易练且健身作用明显而吸引着越来越多的民众参与锻炼，逐渐形成了一个人口众多、内容丰富的社会群体。这一特殊的社会群体，主要是由以增进身心健康为目标，在全国各地晨晚站点进行锻炼，以习练健身气功为共同标志的个人所组成的。科学认识、准确把握这一习练人群的特征，并分析其影响因素，将有助于更客观深入地了解健身气功推广传播的行为主体，为今后制定推动健身气功持续健康发展的策略和方法提供理论参考。

一、研究方法

（一）文献资料法

在中国知网以"健身气功""人群特征""体育人口"等为关键词检索了大量文献资料，在北京体育大学图书馆、国家体育总局健身气功管理中心资料室查阅了相关研究成果，这些资料和研究成果为本文开拓了思路，奠定了基础。

（二）问卷调查法

以2013年全国健身气功发展现状调研为依托，面向全国31个省、自治区、直辖市的健身气功习练群众发放问卷9600份，回收8652份，回收率为90.1%，其中有效问卷为7884份，有效率为91.1%。

（三）访谈法

咨询或走访部分从事健身气功项目推广、研究的工作人员、专家学者和习练群众，了解他们对健身气功习练人群的看法和建议。

（四）数理统计法

对调查问卷所获数据运用 SPSS 16.0 软件进行统计与分析。

二、分析与讨论

（一）习练人群年龄与性别结构特征分析

由表1可见，与我国体育人口年龄结构呈现"两端高、中间低"（两端指青少年、老年人群体，中间指青壮年、中年人群体）的特征相比，健身气功习练人群年龄结构特征表现为"一端低、一端高"，即中老年人群多，青壮年人群少。究其原因：一是随着增龄至中老年阶段，人体机能开始衰退，疾病困扰日益增加，健康意识明显觉醒，很多人会加入体育锻炼的大军，但此时若选择运动量大、挑战性或对抗性强的项目，中老年人会感到"力不从心"，故选择运动量小、以"养"为主的健身气功等项目的人群会增多。二是老年人空闲时间多，易有孤独或失落感，健身气功采取以站点为阵地进行集体锻炼的方式，恰恰有助于老年人获得心灵慰藉、感受人文关怀，甚至实现未尽的人生价值。三是当前"缺乏针对青年群体的宣传内容和传播渠道"（67.1%接受调查的专家这样认为），这也是青年人群数量偏少，健身气功习练人群年龄结构出现不平衡的原因之一。

表1 习练人群年龄结构特征统计表（N=7634）

年龄阶段	18岁以下	18~25岁	26~40岁	41~60岁	60岁以上
人数（N）	45	50	251	3901	3387
百分比（%）	0.6	0.7	3.3	51.0	44.4

由表2可见，健身气功习练人群中女性占73.0%，男性占27.0%，女性是男性的2.7倍，表明男女性别结构存在严重失衡现象。此结果与2008年西安市传统体育锻炼人群的性别结构和比例（男性29.28%，女性70.72%）基本一致，但与2000年我国体育人口男女的性别结构（男性62.5%，女性37.5%）差别较大。体育人口是从事各个体育项目锻炼的人群之和，虽然健身气功习练人群中女性远多于男性，但因习练人群总体数量较少，且存在男性参与人数多于女性的体育项目，健身气功习练人群与我国体育人口的性别结构其实并无实质性矛盾，只是更加凸显了健身气功习练人群性别结构的特殊性。性别不同导致性格、生理和社会交际等方面也存在差别。相对男性而言，女性性格大多比较温和、持久，健康意识较强烈，但参与社会交际、娱乐休闲的场所和方式偏少。这种差别使女性更愿意选择健身气功这类简单易学、柔和缓慢、强度不大，但健身效果很好的运动进行锻炼。目前，健身气功多采用在站点集体锻炼的方式开展，其人际交流、休闲娱乐的派生功能日益显现，而女性强烈的健康愿望和增加交际等多重动机叠加在一起，某种程度上也促成了参与比例高于男性的结果。此外，现阶段我国厂矿企业的女性实际退休年龄比男性早，加之健身气功习练人群以中老年人为主体，无形中成为女性多于男性的一个潜在原因。

表2　习练人群性别结构特征统计表（$N=7772$）

性别	人数（N）	比例（%）
男性	2097	27.0
女性	5675	73.0

（二）习练人群职业与学历结构特征分析

职业一般被定义为个人在社会中所从事的并以其为主要生活来源的工作。一个人所从事的职业不同，表示其工作的性质不同，往往付出脑力劳动或体力劳动的程度亦有差异。就笔者所调查的8类职业来说，"国家机关、党政组织、企业、事业单位负责人"和"专业技术人员"主要是脑力劳动者，"办事人员和有关人员""商业、服务业人员"属于脑力劳动和体力劳动相结合的复合型劳动者，"农、林、渔、水利业生产人员""生产、运输设备操作人员及有关人员""农业生产者"和"军人"主要是体力劳动者，"其他"则是不易辨别工作性质的劳动者。由表3可知，在习练健身气功的人群中，从业人数排在前两位的是"国家机关、党政组织、企业、事业单位负责人"（26.1%）和"专业技术人员"（18.3%），两类职业的比例之和占44.4%；除"军人"外，"生产、运输设备操作人员及有关人员"（9.2%）、"农业生产者"（3.6%）和"农、林、渔、水利生产人员"（2.2%）三者职业之和仅占15.0%。由此可见，健身气功习练人群的职业构成偏向于脑力型劳动者。出现上述结果，一方面反映了脑力劳动者对健身气功锻炼的需求，说明内静于心、外动于形的气功健身符合脑力劳动者的身心特点；另一方面可能与多数脑力劳动者收入相对稳定、生活工作有规律、健康意识比较强有关。其实，相较于一般运动而言，健身气功对体力劳动者的各类职业病都具有良好的调养作用，可惜未能被诸多体力劳动者认知，这与健身气功缺乏有针对性的宣传引导有关。

表3　习练人群职业结构特征统计表（*N*=7258）

职业	人数（*N*）	比例（%）
国家机关、党政组织、企业、事业单位负责人	1895	26.1
专业技术人员	1326	18.3
办事人员和有关人员	867	11.9
商业、服务业人员	1206	16.6
农、林、渔、水利业生产人员	160	2.2
生产、运输设备操作人员及有关人员	666	9.2
军人	65	0.9
农业生产者	262	3.6
其他	811	11.2

由表4可见，健身气功习练人群中学历为高中（含中专、技校）（49.5%）的最多，其次是初中及以下（27.2%）和大学（含大专）（22.8%）学历的人群，拥有硕士研究生及以上学历的人群仅占0.5%。笔者发现健身气功习练人群的学历层次整体相对偏低，特别是硕士研究生及以上的高学历人群明显缺失。之所以出现学历层次整体偏低这种现象，笔者认为与当前健身气功习练人群年龄结构严重失衡关系较大，是中老年人群数量太多、青年人群数量较少导致的结果。由此引发思考，今后健身气功项目若想实现自身发展的良性循环，必须在坚持公益推广的基础上，积极探索市场化、产业化运作的发展之路，而积极向高学历人群、青年人群拓展推广，也是培育市场、夯实持久发展之基的重要举措。

表4　习练人群学历结构特征统计表（*N*=7771）

学历	人数（*N*）	比例（%）
初中及以下	2117	27.2
高中（含中专、技校）	3843	49.5
大学（含大专）	1771	22.8
硕士研究生及以上	40	0.5

（三）习练人群学练动机与信息获取特征分析

动机源于需要。作为"社会人"，各种需求是从事某种活动的心理内驱力。有动机就意味着有需求，不同的动机选择，反映了人的不同需求欲望，以及实现不同需求欲望的方式和方法。表5中百分比排名前3位的选项，无论是"运动量适中，特别适合中老年人"（62.8%），还是"健身效果更加明显"（47.3%）和"舒缓安全，老少皆宜"（46.0%），均直接或间接地反映了习练人群对健康的需求。间接反映主要体现在"运动量适中，特别适合中老年人"和"舒缓安全，老少皆宜"两个选项，健身气功特殊的社会背景和历史原因，使很多人在潜在观念中给气功打上"愚昧迷信""走火入魔"等印记而不愿接触。健身方式的科学性和安全性，是促使民众选择习练并获取健康的前提和基础。调查中选择"运动量适中，特别适合中老年人"和"舒缓安全，老少皆宜"的人较多，说明调查对象对健身气功的科学性、安全性已有相当认可，并将其作为主要学练动机来增进健康。对健身气功理解的改变，某种程度上既与时下民众的健康素养持续提升有关，也与10多年来国家体育总局持续推广健身气功、营造的良好氛围有关。表5中排名第4位的"健身气功是民族瑰宝，蕴含优秀的传统文化"（44.6%），可解释为是对文化的需求。美国心理学家马斯洛把人的需要分为5个层次，由低到高依次是生理需要、安全需要、社会需要、尊重需要和自我实现需要，并认为人对需要的满足追求是由低到高的。由此可推断，健身气功习练人群的锻炼动机比较明确，首先是增进健康的需求，其次是文化的需求。项目的发展离不开民众的需求选择。只有不断满足群众的健康需求和文化需求，健身气功项目才能在时代进步中持续发展。

表5　习练人群学练动机特征统计表

动机	人次（N）	比例（%）
健身气功是民族瑰宝，蕴含优秀的传统文化	3509	44.6
健身效果更加明显	3725	47.3
场地要求不高，省钱	2892	36.7
舒缓安全，老少皆宜	3624	46.0
运动量适中，特别适合中老年人	4944	62.8
其他	251	3.2

注：此题为多选题，故百分比之和大于100%。

　　从表6可知，健身气功习练人群获取信息的途径主要有两类：一类是人际交流传播，如从"站点负责人和指导员""亲戚朋友""专家"和"政府官员"等的传播中获取信息；另一类是通过媒体的传播获取信息，主要包括电视、报纸等传统媒体和网络等新兴媒体。对比分析两类信息获取途径我们发现，人际交流传播是当前获取健身气功信息的主要途径。在现代化高度发达的今天，人们获取信息的途径虽多种多样，但通过媒体特别是新媒体获取信息的比重已越来越大。相较而言，健身气功"站点负责人和指导员"（68.4%）这种人际传播交流方式，远高于"电视、报纸和广播等传统媒体"（39.7%）和"网络等新兴媒体"（11.8%）等方式，似乎与时下信息传播途径主要为媒体的常规概念有些背离。分析原因主要为：一是健身气功属于典型的民族传统体育运动，传统"师徒口传心授"的方式和观念在今天依然根深蒂固，只是转化为"站点负责人和指导员"这一新型的"师徒"关系。二是作为目前习练人群主体的中老年人，本身对媒体特别是新媒体的认知普遍低于青年人群，而青年人群的严重缺失，更是降低了从新媒体获取信息的概率。三是结合咨询专家和走访练功群众获知，社会上"谈气色变"等因素严重制约了健身气功在媒体上"露面"的机会，致使媒体本身"曝光"的信息量就不足。传统"口传心授"获取信息的方式，固然有其存在的价值，但绝不能由此而无视媒体特别是新媒体传播信息的优势。况且，通常是学历层次越高、年龄越趋向于年轻的人群，越偏好于通过新媒体获取信息。因此，如何运用媒体特别是新媒体讲好健身气功的故事，展示其丰富的内涵和良好的项目形象，使习练人群拓展广度、提升层次，是今后需要研究的任务之一。

表6　习练人群信息获取途径特征统计表

途径	人数（N）	比例（%）
电视、报纸和广播等传统媒体	3043	39.7
网络等新兴媒体	902	11.8
专家	1375	17.7
站点负责人和指导员	5246	68.4
亲戚朋友	1558	20.3
政府官员	558	7.3
其他	149	1.9

注：此题为多选题，故百分比之和大于100%。

（四）习练人群参与活动与锻炼方式特征分析

分析表7我们发现，习练人群在活动中的人际互动性、主体参与性和情景共融性的深度和广度与习练人群对活动的感兴趣程度呈正相关。"习练者之间的交流活动"（72.4%）需要参与者身心高度融入、双边乃至多边互动交流才能完成。"参与健身气功比赛"（47.5%）虽需要主体高度参与、身心完全"投入"，但交流互动性已衰减，以单边展示为主。"参加专家讲座"（37.2%）和"现场观看健身气功比赛"（35.1%）时，不仅人与人之间的互动交流性减弱，而且主体由主动参加逐渐转变为被动参与，主体参与或不参与几乎已影响不到事件的发生和演变。至"通过电视、网络等观看健身气功比赛"（21.6%）时，事件中已没有人与人之间的互动交流发生，不需要主体的参与事件也完全可以照常进行。

表7　习练人群参与活动兴趣特征统计表

形式	人次（N）	比例（%）
习练者之间的交流活动	5655	72.4
参与健身气功比赛	3707	47.5
参加专家讲座	2902	37.2
现场观看健身气功比赛	2741	35.1
通过电视、网络等观看健身气功比赛	1688	21.6
其他	181	2.3

注：此题为多选题，故百分比之和大于100%。

表8中无论是"集体练习为主，偶尔单独练习"（56.8%），还是仅仅采取"集体练习"（32.7%），均表明集体练习这种方式更为广大习练人群所接受和喜爱。习练人群之所以乐意参加集体练习，而不愿意一个人单独练习，可能与集体练习有利于促进人与人之间的交流互动，可提升主体的参与度和情景的融入度有关。这一结果也提示我们，无论组织什么样的健身气功活动，是否把参与者的互动交流性、主体参与性和情景共融性作为重要指标予以考虑并设计其中，是提升习练者参与活动的兴趣、确保活动成功的关键。

表8　习练人群锻炼方式特征统计表（*N*=7322）

方式	人数（*N*）	比例（%）
个人单独练习	195	2.7
单独练习为主，偶尔集体练习	542	7.4
集体练习为主，偶尔单独练习	4160	56.8
集体练习	2398	32.7
其他	27	0.4

三、结论与建议

（一）结　论

（1）健身气功习练人群的年龄结构、性别结构存在严重失衡现象。其中年龄结构呈现"一端低、一端高"的分布特征，即中老年人群数量庞大，而青壮年人群严重缺失。性别结构表现为女性习练人数约为男性习练人数的3倍。

（2）健身气功习练人群的职业结构特征为脑力型劳动者较多，学历层次整体低于我国体育人口，尤其是硕士及以上学历人群数量极少。

（3）习练人群的锻炼需求特征较为明确，首先是增进健康的需求，其次是文化的需求；当前信息获取途径依次是人际传播、传统媒体的传播和新媒体的传播，其中"站点负责人和指导员"成为信息的最主要来源，运用媒体特别是新媒体传播信息明显不足。

（4）习练人群参与活动的兴趣与活动中人际互动性、主体参与性和情景共融性呈正相关。"习练者之间的交流活动"为习练人群最愿意参加的活动，集体练习是习练人群最喜欢的锻炼方式。

（二）建　议

（1）创新宣传推广的理念与方式。唤醒不参加健身气功锻炼者的健康意识、提升健身气功项目的认知度、塑造健身气功的时尚形象、形成健身气功锻炼的兴趣，是有效扩充健身气功习练人群的重要途径。要达成上述目标，莫过于从宣传造势、舆论引导入手，在广泛采取电视、电台、报纸等传统媒体方式的基础上，积极运用微信等新兴媒体进行宣传推介，促使人们关注、学练、喜爱健身气功。

（2）围绕健康和文化主题做好推广。深入挖掘和强化健身气功的健康、文化内涵和形象，既能形式多样地将主题生动地展现出来，也能不断激发习练者感受到"健康""文化"的魅力，是满足习练人群锻炼动机的需要，也是提升习练人群黏度的需要。

（3）细化人群，做好针对性推广。了解青壮年人群、高学历人群、男性人群乃至体力劳动者等不同人群的需求和愿望，并有针对性地编创推广能够满足他们需求的产品，是促进健身气功项目良性循环发展的重要法宝。

（4）注重开发和运用健身气功的社交等衍生功能，逐步提升组织活动的互动交流性。

参考文献

[1] 苗治文，秦椿林. 当代中国体育人口结构的社会学分析[J]. 体育学刊, 2006（1）：119-121.

[2] 庞元宁，蔡兴林. 中国准体育人口的基本特征与发展研究[J]. 中国体育科技, 2004（3）：45-48，78.

[3] 黄迎兵. 河南省城市社会体育人口阶层特征分析[J]. 北京体育大学学报, 2007（6）：760-762.

[4] 张志扬. 福建省城镇体育人口现状及结构特征研究[J]. 福建师范大学福清分校学报, 2011（2）：73-80.

[5] 粟锋，庞元宁，张东黎. 我国不同年龄人群参加体育活动的项目动态特征研究[J]. 北京体育大学学报, 2005（8）：1039-1041.

[6] 窦忠霞. 西安市城区民族传统体育锻炼人群特征的调查与分析[J]. 成都体育学院学报, 2008（5）：28-30.

[7] 代永胜，刘建华，张玉华，等. 现阶段影响我国体育人口增长的因素及对策研究[J]. 湖北体育科技, 2002（3）：268-269，274.

[8] 杨文，谢琴. 银川市利用健身路径锻炼人群特征调查与分析[J]. 当代体育科技, 2012，2（20）：60-62.

[9] 许健 . 南宁市羽毛球休闲人群特征研究 [J]. 体育科技，2007（2）：17–20.

[10] 马震，严丽萍，魏南方 . 不同职业特征人群健康素养现状调查 [J]. 中国预防医学杂志，2012，13（5）：380–383.

[11] 李文鸿 . 北京市健身气功站点不同性别练习者特征差异的调查与分析 [D]. 北京：北京体育大学，2007.

[12] 张燕红 . 参与瑜伽锻炼女性人群的特征研究 [D]. 苏州：苏州大学，2008.

[13] 苏金秋 . 沈阳市健身俱乐部瑜伽锻炼人群特征的研究 [D]. 沈阳：沈阳体育学院，2013.

[14] 阎万军，栾少君，田宝 . 中老年人从事气功锻炼的动机及特征研究 [J]. 天津体育学院学报，1997（2）：70–72.

[15] 吕韶钧，彭芳，邝华利 . 现代健身气功的传播策略 [J]. 北京体育大学学报，2005（8）：1120–1122.

竞技武术与大众武术发展的辩证思考

北京体育大学　　马学智

摘要： 本文以体育全球化发展过程中竞技体育与大众体育的辩证关系为依据，运用马克思主义方法论，辨析竞技武术与大众武术的发展，探索武术国内外发展的重要方面，为武术事业的持续科学发展提供参考意见。

关键词： 竞技武术；大众武术；辩证法

一、引　言

2013年8月31日，习近平总书记在全国体育系统表彰会上表示，体育是社会发展和人类进步的重要标志，是综合国力和社会文明程度的重要体现。体育在提高人民身体素质和健康水平、促进人的全面发展，丰富人民精神文化生活、推动经济社会发展，激励全国各族人民弘扬追求卓越、突破自我的精神方面，都有着不可替代的重要作用。目前，政府正立足于体育事业的长远发展，以竞技体育引领大众体育，实现从体育大国向体育强国迈进，促进全民族身体素质和健康水平的提高。

马克思主义认为，辩证法是关于普遍联系的科学，是在肯定矛盾的基础上关于发展的学说。对于任何科学的认识，首先要明确事物自身所固有的矛盾，其二要明确构成事物发展的多种矛盾及每一矛盾的各个方面的地位和作用是不同的，有主要矛盾和非主要矛盾、矛盾的主要方面和非主要方面。在复杂事物中的多个矛盾，其地位和作用是不平衡的，其中必有一个矛盾居于支配地位，对事物的发展起着决定作用，这个矛盾就是主要矛盾；而一个矛盾的两个方面中，其地位和作用也不平衡，其中居于支配地位、对事物的发展起主导作用的矛盾方面叫作矛盾的主要方面。事物发展中矛盾的辩证关系原理要求我们在一切实际工作中，必须抓住事物发展的主要矛盾和事物发展的重点。武术在几千年的历史发展中同样存在着各种各样的矛盾，这些矛盾推动着武术不断发展。

当代竞技武术在国内外的发展，引发了业内对武术发展的不同意见：重视竞技武术的发展，忽视大众武术的发展；重视竞技武术套路、散打项目的发展，丢失了传统武术套路的传承；重视竞技武术的发展，缺乏对武术拳种的保护；竞技武术远离了传统武术；散打没有体现武术的技击术；竞技武术能否代表中国武术；竞技武术中国传统文化知多少。这一系列的问题，给竞技武术与大众武术的推广发展工作从思想上、认知上带来了质疑和意见。由此可见，辩证地认识武术发展过程中的主要矛盾和矛盾的主要方面，认识、协调竞技武术与大众武术的发展，是推进武术科学持续发展的时代所需。

本文以体育全球化发展过程中竞技体育与大众体育的辩证关系为依据，运用马克思主义方法论，思辨武术发展过程中竞技武术与大众武术的矛盾关系，借鉴武术国内外发展的成功经验，探索武术国内外发展的主要方向，为武术事业的持续科学发展提供参考意见。

二、研究对象和研究方法

（一）研究对象

竞技武术与大众武术的辩证思考。

（二）研究方法

1. 文献资料法

运用中国知网（CNKI），将"竞技体育""大众体育""竞技武术""大众武术"与"发展现状"进行匹配，并以此为关键词进行主题搜索，搜索相关文献，进行筛选，并对其进行精读归纳，用以了解"体育"与"武术"的大众发展和竞技化发展现状，辅以"辩证法""矛盾观"等词汇为主题进行相关检索，为武术的竞技化发展深入研究寻求理论基础。

2. 工作总结法

对多年来与同事、同人在实际工作中的交流思考进行归纳总结，梳理武术发展的认知和共识，辩证分析武术的可持续发展。

3. 逻辑分析法

以马克思主义的发展观和矛盾观为理论依据，以通过实践认知和文献资料得到的相关资料为依据，辩证地分析武术发展过程中面临的问题，以战略思维提出对武术发展的思考。

三、结果与分析

（一）竞技体育的特点

竞技体育是以体育竞赛为平台，为战胜对手，创造优异运动成绩、夺取比赛金牌，最大限度地挖掘和提高人体在运动技能、体能、机能、心智等方面的潜在能力所进行的长期的、系统的、科学的运动训练和同场竞技。竞技体育的主要特点是：不断地提升人体的竞技能力，不断地融进相关学科的研究成果，促进专项执教水平的提高，不断地磨炼人体的意志品质，不断地激发人们积极上进的精神，追求更快、更高、更强。竞技体育竞赛中的公平、公正、透明，要求不断地完善、改进竞赛规则与裁判法，保证竞赛结果的正确，树立人们之间相处的平等性和竞赛的博爱意识，使竞技体育越发赢得世界人民的喜爱和参与。运动员比赛的同场竞技，比赛输赢的悬念，竞赛中运动员能力、智慧、意志、品格和运动项目的风格特点的展示，以及竞赛中运动员激烈性、刺激性的比拼，无不增强了竞技体育的观赏性，观众在观赏竞技体育时身心愉悦，参与的热情得到激发，运动项目在竞赛中也得到了进一步传播和发展。

（二）竞技体育与大众体育

竞技体育与大众体育之间的关系是相互依托、相互促进、相互联系，又相互独立。从竞赛训练的角度看，竞技体育人才培养需要有广泛的青少年参与，青少年体育是竞技体育人才的基础和源泉。从体育人口拓展角度看，竞技体育竞赛活动的精彩、刺激、愉悦，扩大了项目影响力，吸引了更多人参与，竞技体育水平的提升为参与者的发展提供技术、精神、文化的示范和现代服务。从竞技体育带给人民的强身、健身、塑身形象看，其激发了更多爱好者的参与。从竞技体育公平、公正、平等的竞赛平台角度看，在当今竞争复杂的社会环境中，它让人民在体育竞赛和锻炼中感觉到人生平等和人身的自由，而大众体育的广泛开展可以为竞技体育提供更多爱好者、支持者；由于竞技体育引领技术高端，而大众体育惠及技术低端，所以说两者之间又是相互独立的。

实践证明，竞技体育对大众体育的发展具有示范带动地做用，而大众体育对竞技体育的持续发展起着基础铺垫作用，对竞技体育的高水平提升具有反向推动的作用。在1981年日本东京女子世界杯排球赛上，中国女排夺得了冠军，当天晚上，北京大学上千名学生不约而同地拥出房门，喊出了"团结起来，振兴中华"的口号，随后全中国都沉浸在女排胜利的喜悦中，各行业掀起了学习女排精神、学练排球的热潮。在2004年雅典奥运会上，刘翔勇夺金牌给国内外华人带来的自豪感和荣誉感以及所激发的爱国情怀、体育精神和参加田径锻炼人数剧增不是用金钱所能换来的；在2010年广州亚运会上，仅观看刘翔比赛的现场观众就有8万多人。

（三）武术的体育性、竞技性、大众性

武术的肢体动作与中国传统文化相结合的内外统一的形式与内涵高于体育，但武术中的体育性、竞技性、大众性是与生俱来的。武术源于人民的生产劳动，发展于人民当中，这使得其永远具有大众性。武术在几千年的发展中，虽然称谓不同、功能不同，方式内容不尽相同，但武术的肢体动作本身就带有强身、健体、养身、自卫的功能。武术在军事中的运用、民间的打擂比武表现出的竞技性，是历史上就有的。

100多年前晚清的洋务运动、维新运动，让国人开始关注体育，武术拳社开始普及。到民国时期，孙中山先生唯武术"强国强种"，提倡"尚武精神"，武术开始进入学校，举办武术比赛，建立行政机构"国术馆"，以竞赛为龙头推广武术。民国时期的武术比赛，已逐步表现出了竞赛精神，即在一定规

则下，通过一定的办法评判名次。在这个历史时期，国人充分认识到武术需要走出民间，通过体育竞技的方式，为人民健康服务，为民族独立发挥作用，应将武术发扬光大。

（四）竞技武术与大众武术

竞技武术是竞技体育的一部分，大众武术也是大众体育的一部分，竞技武术与大众武术的关系，正如竞技体育与大众体育的关系一样，是对立统一的辩证关系。大众武术是竞技武术的基石，竞技武术是大众武术的塔尖，而竞技武术又反哺于大众武术，促进武术的大众化、群众化的推广与发展。而武术的大众化，又适用于全民健身的需要，也是传统武术拳种和文化传播的手段之一，竞技武术的竞技功能，则是引领武术大众化、宣传推广武术的重要手段。正如世界各种综合性运动会中的竞技体育项目和体育单项的国际、洲际比赛一样，通过比赛活动进行项目宣传，而广大公民的普遍参与，又为我们的竞技体育源源不断地输送科技、物质和人才资源。可见，竞技武术与大众武术是一个相辅相成的整体，竞技武术是引领示范，而大众武术是基础，两者是相互促进、相互依托，而又相互独立的整体。

四、武术发展面临的主要问题

（一）重视竞技武术发展，忽视大众武术发展

武术植根于民间几千年，需要把武术提升到国家的层面上，运用国家的力量通过竞赛、表演、观摩等形式推广宣传武术，使武术大众化。中华人民共和国成立后，国家各级政府都在大力弘扬武术，建立了"一条龙"体系进行武术的推广普及。当今在政府的大力宣传下，学校、科研单位、武术传人、武术协会等通过媒体宣扬传承武术，群众对武术健身的认识和参与度逐年加深，武术的大众化逐年加强。

（二）重视竞技武术套路、散打项目的发展，丢失了传统武术套路的传承

传统武术存在于竞技武术之中，也在大众武术中广泛发展。竞技武术如

果离开了传统武术，不可能有现在的发展，现在竞技武术中长拳类项目的一拳一腿、一招一式都来自不同的传统武术，只是改变了风格特点，这恰恰是武术的传承与发展。而竞技武术中的各式太极拳、八卦掌、形意拳，不仅传承着传统武术的风格特点，而且依然保留着传统武术文化，并且在竞赛的平台上，让更多的人了解了传统武术。竞技武术的传统武术项目，不仅没有丢失，反而得到了加强。改革开放40多年来，全国每年各种形式的传统武术竞赛活动在各级政府、协会、社会的组织下得以开展，宣传着传统武术。现在，武术开始进入中小学，相关机构要求把地域拳种作为当地学校课程，这意味着要在青少年中广泛开展传统武术的教学。

（三）重视竞技武术，忽视传统武术

现代武术不仅没有远离传统武术，而且继承、发展、创新了传统武术。中华人民共和国成立后，为了使武术更适合于大众习练，创编了简化太极拳、初级拳、初级器械等；为了便于竞赛，归纳梳理各个拳种流派的武术技法，创编技法标准又不失拳种风格的套路。并且应近些年武术国际化发展的需要，加大了动作难度，扩充了技术方法，所有竞技武术套路的技术方法没有一个动作不是从传统武术中吸取的。

（四）重视竞技散打，忽视武术的技击术

30多年的实践证明，武术拳种具有技击意识，具有攻防含义，可以自卫。但武术技法不符合对抗特点和规律。而且，这种争议，通过拳种技术的现代碰撞，再次证明了散打是武术拳种攻击技术优选，代表着武术，在世界各地征服对手，为国争光。

五、武术竞技化发展新思考

中华人民共和国武术发展经历了不同的发展阶段，不同的阶段有着不同的侧重，改革开放前，侧重发展大众武术，并小规模地发展竞技武术；改革开放后，突出竞技武术，普及大众武术。武术作为中国传统体育，能够在世界上发展149个会员国，能够在五大洲全面开展，受到世界体育界的广泛关

注，这与30多年来国家强力发展竞技武术是紧密相关的。目前，出现了关于竞技武术与大众武术侧重发展的不同见解，这是可以理解的。纵观竞技武术与大众武术在国内外发展的成果和当今问题的辩证思考，竞技武术工作不仅要放在优先位置，而且要大力发展。

（1）大力发展竞技武术，有利于武术标准化、规范化、科学化，有利于武术国际化的推进，有利于青少年武术的开展，有利于武术拳种、技法内容的科学筛选，有利于武术的传承、发展和创新。

（2）大力发展竞技武术，在竞赛训练平台上，武术众家可以取长补短，规避玄虚摆弄，促进武术健康科学发展。

（3）大力发展竞技武术，继承发展传统武术的优良文化，融合当代科学技术成果，挖掘传统武术技术理论精粹，将其发扬光大。

（4）大力发展竞技武术，注重传统武术的大众化发展，传统武术的大众化发展是竞技武术发展的技术理论源泉。

（5）大力发展竞技武术，增强比赛的客观性、标准性、科学性、易操作性，推进武术比赛、技术的标准化发展。

（6）大力发展竞技武术，推进武术加入世界不同类型的综合运动会，在不同的体育舞台宣传展示武术，让世界了解武术，让武术走向世界，让武术走进奥运，反哺大众武术。

参考文献

[1] 裴立新，黄炜，佟强．从"普及提高"到"相对独立"再到"相互取予"——竞技体育与群众体育关系的研究 [J]．体育与科学，2008（1）：67-70．

[2] 田雨普．新中国60年体育发展战略重点的转移的回眸与思索 [J]．体育科学，2010，30（1）：3-9，50．

[3] 吕中凡，孔庆波．中国竞技体育未来的发展战略 [J]．体育学刊，2010，17（3）：19-23．

[4] 刘小俊．体育强国视阈下我国群众体育的发展 [J]．体育与科学，2010，31（3）：69-72，103．

[5] 汲智勇．关于体育强国认识的演变历程与发展策略研究 [J]．体育与科学，2010，31（5）：26-29．

[6] 张永保，沈克印.体育强国目标下发展群众体育的路径探讨[J].武汉体育学院学报，2010，44（12）：79–86.

[7] 韩坤.对当前我国竞技体育若干重要问题的理性思考[J].北京体育大学学报，2009，32（7）：23–27.

[8] 王智慧.迈向体育强国进程中两个重要问题的战略定位与思考[J].北京体育大学学报，2011，34（2）：13–16，21.

[9] 陈融.中华人民共和国成立以来认识和处理群众体育与竞技体育关系的历史启示[J].上海体育学院学报，1998（4）：10–15.

[10] 马宣建.论中国群众体育政策[J].成都体育学院学报，2005（6）：5–11.

[11] 周凤桐.体育强国视域下的竞技体育与全民健身协调发展研究[J].体育与科学，2012，33（4）：97–99，120.

[12] 龙行年，汪金安.我国竞技武术的现状与发展对策[J].武汉体育学院学报，2010，44（6）：59–62，68.

[13] 秦子来.传统武术发展策略研究[J].成都体育学院学报，2008（1）：38–41.

[14] 李龙.当代传统武术与竞技武术关系之解析[J].北京体育大学学报，2011，34（10）：137–140.

浅析大数据在短道速滑奥运战略中的应用

国家体育总局冬季运动管理中心　刘浩

摘要： 近年来，大数据成为国际国内研究的热点，但目前大数据在短道速滑项目上的研究还处于起步阶段。本文简要阐述大数据的概念和特征，结合项目特点，探讨了大数据在短道速滑训练、选拔和比赛中的应用实践，对利用大数据促进短道速滑奥运战略提出了几点思考。

关键词： 大数据；思维；训练；选拔；比赛

2014年6月9日，习近平总书记在中国科学院第17次院士大会、中国工程院第12次院士大会上发表了重要讲话，回忆了中华人民共和国成立以来我国在科学技术发展方面取得的突出成就，深入分析了世界科技发展的形势，特别强调了创新驱动的发展战略，对我国的科技工作发展方向和战略任务做出了具有极强指导意义的指示。科技创新永无止境。科技竞争就像短道速滑，我们在加速，人家也在加速，最后要看谁的速度更快、谁的速度更能持续。习近平总书记通过短道速滑运动的竞赛特征来强调科技创新的重要性，其实对于我们这些从事短道速滑竞技体育的工作人员而言，同样也应充分认识到科技创新对于体育运动，特别是竞技体育的发展来说也起着越来越重要的作用。

近年来，"大数据"的概念越来越受到人们的重视，特别是随着计算机技术的飞速发展，云计算、物联网、移动互联网、信息存储和传输等技术的日趋成熟和实用化，大数据越来越渗透到日常的经济、教育、医疗、传媒等多个方面。体育也不例外，实际上，体育受数据的影响是最为明显的，体育运动推崇更快、更高、更强，这里的快、高、强从某种角度来说也是一些数据的集合，因此体育无疑是世界上最为典型也最为合适的大数据试验场。在国外发展程度较高的一些职业体育项目中，如职业足球、职业篮球、职业网球，已经开始了很多基于大数据的运用，并取得了不错的效果，但在国内的竞技体育领域，这一块的研究还较少，特别是在本文想要探讨的短道速滑项目上，大数据的应用还处于起步和摸索阶段。本文拟从分析大数据概念和思维的最突出特征入手，结合短道速滑项目特点，对大数据在短道速滑项目的训练、选材和比赛中的应用做一些探讨和分析，进而对启发从业人员运用大数据思维，促进项目奥运战略实施起到抛砖引玉的作用。

一、大数据的概念和主要特点

（一）概 念

大数据是近几年来十分火热的一个概念，它是伴随着计算机、互联网、云计算、大容量存储设备等新的信息技术变革应运而生的全新认识。对于它的定义，目前仍然缺乏足够权威的说法，较为普遍的解释是"难以用常规的软件工具在容许的时间内对其内容进行抓取、管理和处理的数据集合"。

（二）特 点

1. 大数据的4V特征

目前，国际上认可程度较高的大数据特征是国际数据公司（IDC）归纳的4个V，即Volume（数据体量大）、Velocity（数据增长快）、Variety（数据类型多）、Value（数据价值高但密度很低）。从大数据的特征可以看到，规模大是大数据的一个显著标志，但是需要我们注意的是，大数据量不应该仅仅是"数据大"，除了规模，大数据还包含着数据随时间的增长快和数据类型多样化的特点。数据量增长快，百度每天要处理60亿次搜索请求，几十PB（10亿兆字节）的数据，淘宝网每天要处理的交易数据量超过50 TB（百万兆字节）；数据的类型多样化，包括结构型、半结构型和非结构型数据，而以音频、图片和视频为代表的非结构型数据的比重越来越大。面对如此形势，人们在实际应用中往往面临的是信息泛滥而知识匮乏的窘态，大数据的价值利用密度低。

2. 大数据思维的特点

数据是人类宝贵的财富，今天我们的科技水平有突飞猛进的发展，获得数据的便利性前所未有，各种统计数据比过去要丰富很多，但是数据多了之后如何更好地发掘数据中的潜在价值，我们需要更多地使用大数据的思维去加以选择判断。掌握理解、分析、应用数据的全新思维方式，是我们最关心也最应该解决的问题。牛津大学教授维克托·迈尔-舍恩伯格在他的代表作《大数据时代》中就对大数据思维的三个重大转变进行了归纳：

（1）要分析与某事物有关的所有的数据，而不是分析少量的数据样本。

（2）乐于接受数据的纷繁复杂，而不再追求精确性。

（3）不再探求难以捉摸的因果关系，转而关注事物的相关关系。

（三）大数据与马克思主义方法论

方法论是人们认识世界、改变世界的根本方法。辩证唯物主义和历史唯物主义是马克思主义最根本的世界观和方法论。

（1）马克思主义的方法论是实践的方法论。马克思主义者认为，只有人们的社会实践，才是人们认识外界的真理性标准。大数据实际上是大量社会实践活动的数据反馈。

（2）马克思主义的方法论是发展的方法论。辩证唯物主义要求我们以联系的而不是孤立的、发展的而不是静止的方式看世界，根据上述的大数据的特点，大数据不仅是数据规模大，它主要的特点还是数据随着时间变化不断变化和增长，以及反映事物不同侧面，要求全体性，这也反映出了大数据符合马克思主义发展的观点。

因此，大数据是方法论。应用好大数据也是马克思主义方法论在中国特色社会主义建设新时期的新实践。

二、我国短道速滑运动的发展状况和项目主要特征

（一）发展现状

短道速滑运动最早于20世纪80年代初期由日本引入中国，由于这个项目

要求的技术性、灵活性的特点非常适合我国运动员，短道速滑项目作为中国冬季体育运动的一个突破口，很快就在国际赛场上取得了优异的成绩。1992年短道速滑项目列入冬季奥运会以来，中国短道速滑项目在历届冬奥会中都有奖牌入账，特别是在2002年美国盐湖城冬奥会中，杨扬实现了中国体育代表团在冬奥会上金牌"零"的突破，之后短道速滑项目连续在四届冬奥会中获得金牌。截至2015年4月，短道速滑项目在冬奥会中共获得9枚金牌、13枚银牌、8枚铜牌，金牌数量占中国体育代表团在冬奥会中获得金牌总数（12枚）的四分之三；另外短道速滑项目还获得了88个世锦赛冠军、205个世界冠军，为中国体育事业，特别是中国冬季体育事业做出了突出贡献。

但是，在获得了一定成就的同时，我们必须认识到短道速滑项目与我国的夏季体育优势项目相比，还比较脆弱和稚嫩，还存在着开展地区少、影响面小，人才厚度不足、质量不高，竞争机制和激励机制不完善，对项目规律特点的认识尚未形成系统等问题，在国际上也面临着较为严峻的竞争形势。

（二）项目特点

对短道速滑项目特点的认识主要归纳为以下几个方面：

（1）短道速滑是一项多轮次、多人在跑道上同时竞争的项目，以获得胜利和出线为目的，不刻意追求最好成绩。

（2）技术、能力、战术是短道速滑竞技能力的三个主要组成部分。技术是能力和战术的基础，能力是战术的前提，三者相辅相成，缺一不可。

（3）比赛的最终体现是与3~5名具体的对手竞争。

（4）具有集体项目的特征，在一些情况下需要整体配合。

短道速滑的这些项目特点将在大数据的应用上起到相应的指导作用。

三、大数据在短道速滑中的应用探讨

（一）大数据在训练中的应用

从短道速滑项目特征中我们可以看出，有三个方面决定短道速滑竞技水平高低：技术、能力和战术。其中，技术是基础，能力是前提，战术则是具体的实施。而短道速滑的训练就是一个不断提高这三个方面水平的过程，衡量一个运动员的训练水平和训练效果，在过去我们最常用的是比较单一的时间类指标，如单圈滑行成绩和滑行总成绩。这类指标反映出了短道速滑项目竞速类运动的特征，是典型的结构型数据，易于收集、整理、比较。但是短道速滑的多人同场竞技、相互影响的项目特点却难以通过这些数据体现，运动员的动作技术、滑行路线、对抗能力等指标难以量化，和速度、成绩的关系也难以形成比较清晰的关联性，只能通过教练员的经验和直觉进行判断指导，运动员在这方面的训练也只能靠自己领悟。

如今科技水平大幅度提高，我们已经可以采取一些新的设备和手段，利用大数据思维，对短道速滑的训练做一些辅助加强。例如，国家短道速滑队与成都体育学院联合试点的训练检测、评估和辅助系统（见图1）。

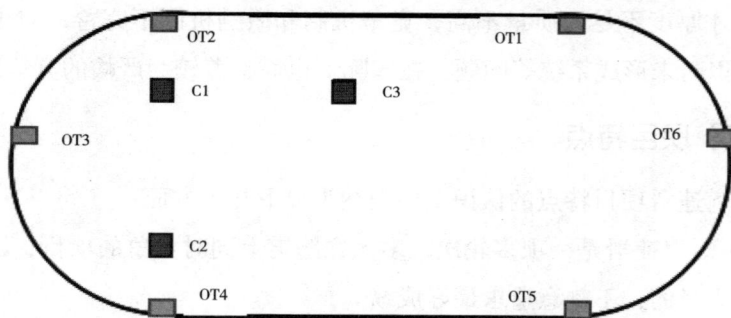

注：C1为固定相机，俯视，拍摄入弯技术
C2为固定相机，俯视，拍摄出弯技术
C3为固定相机，俯视，拍摄直道技术
OT1—OT6为无线光学传感器

图1 短道速滑训练检测、评估、辅助系统示意图

通过这套系统，我们可以在进一步精确提供运动员训练时各关键段的计时成绩和单圈成绩的同时，生成运动员滑行路线的轨迹图，以及实现对运动员技术动作的一些定量化的分析，如入出弯道点、倾斜角度等，再将这些数据与运动员的时间成绩相结合，寻找其中的关系，提高训练的效率。

将不同类型的数据结合在一起，统一分析考量其对研究对象的影响，正是大数据要求我们分析与事物相关的全体数据，而不是仅仅使用少量的随机抽样的样本的思维模式。如果继续延伸下去，我们以后还可以建立运动员的个人档案，通过可穿戴设备记录其睡眠状况、心率、生化生理指标，以及其冰刀的弯度、弧度等运动器材数据，寻找这些指标与运动员训练效果之间的关系，并综合考虑，制订更有针对性的训练计划。

（二）大数据在运动员选拔中的应用

长期以来，短道速滑运动员入选国家队、参加国际比赛等重大事项的选拔都是较难处理的问题。传统的选拔方式有两种：其一是由教练组或权威人士推荐，其二则是通过选拔比赛来确定。但目前看来，这两种方式都存在一定的弊端。

首先，仅仅来自教练组或权威人士的主观经验和直觉判断的选拔，容易造成不公正，也不易得到基层运动队和运动员个体的理解和支持。

而由于短道速滑的竞赛特征中有集体项目特性，多人同场竞技，存在队友相互掩护、相互配合的情况，选拔比赛也有可能出现不公平的现象。以韩国短道速滑为例，短道速滑项目与射箭、跆拳道等项目一同被视为韩国体育的黄金项目，短道速滑项目在韩国受到广泛的关注，进入国家队意味着巨大的荣誉、更好的训练条件和国家保障。由于韩国短道速滑项目基本上是以俱乐部为单位，加之内部竞争激烈，目前只能以单一的选拔赛成绩作为国家队选拔的依据。选拔赛每年4月进行一次，只有获得前5名才可以代表韩国参加本年度的国际比赛。在这种高硬度的选拔体制下，不论是运动员还是教练员都承受着极大的压力，由于能够入选国家队的人数将极大影响俱乐部的知名度以及经济利益，所以在国内选拔比赛中频繁出现各队运动员战术犯规、拉倒竞争俱乐部选手的事情，导致纷争不断。甚至在这种情况下，由于所在的俱乐部被解散，2006年都灵冬奥会3枚金牌得主安贤洙在2009年、2010年、2011年连续3年的选拔赛中都未能入选国家队，转而愤然加入俄罗斯队，并在2014年索契冬奥会中夺得男子500米、1000米和5000米接力3枚金牌，引起了韩国社会的轩然大波。

目前，国家体育总局正在大力规范运动员的选拔选派，但是不同的项目如何制定既公平公正，又符合项目特点的选拔办法，大数据所能提供的一些客观指标，将很大程度上帮助教练员和上层体育管理者拓宽视野，增加决策依据。传统上，多是依据运动员的静态数据来选取"未来可用"之才，对于短道速滑这样集对抗性、集体性、偶然性为一体的项目，有时就会显得不够准确和客观。在根据真实的案例改编而来的人物传记《魔球——逆境中致胜的智慧》（*Moneyball—The Art of Winning an Unfair Game*）中，奥克兰运动家棒球队总经理比利·比恩抛弃了过去几百年一直依赖的选择球员的传统惯例，转而信赖和推崇一种全新的棒球数据统计分析法——"赛伯计量学"（Sabermetrics）。赛伯计量学通过一些统计指标来判断一个球员的场上表现，比如"投手防御率"（ERA），"上垒加长打率"（On-base plus slugging）等，把球员的防守力、攻击力等主观判断转换为客观的可衡量指标。在短道速滑项目上，我们也可以转换思路，通过大数据的支撑，寻找可以衡量或判断运动员能力的关键指标，来帮助挑选最有潜力的运动员。同时，也可以使用国家队日常训练的数据，形成评判参加国际比赛资格的方式。这种基于数据的决策比基于经验的惯性思维来得更加理性且更加有效，同时也具有较强的权威性和公正性。

这种方法的依据是大数据思维关注相关性的特点，我们要做的是通过大数据寻找与运动成绩有关联的关键指标，而这背后的因果关系可以放在以后来研究。这种不是以理论驱动而是以数据驱动影响决策的方式，应该引起我们的重视。

（三）大数据在比赛中的应用

近年来，短道速滑项目在国际上的竞争日趋激烈，运动员的能力水平越来越接近，合理技战术安排的重要性日益凸显。在这种情况下，不能单凭运动员和教练员自己的感觉和经验来说话，来自体育大数据的深度挖掘和分析，并以分析结果作为竞技场上的战术指导依据，已逐渐成为未来体育赛场上的发展趋势。

实际上，目前国际体育组织和各支国家队已经做了这方面的大量研究，国际滑联在所举办的重要国际比赛中，与德国的 SWISSTIMING 公司合作，统一要求运动员在比赛过程中在脚踝部穿戴电子传感器，在穿戴了此传感器之后，运动员的单圈成绩、滑行圈数、总用时等信息均会被电脑记录下来，而且目前这些信息全部是对外公开的。

目前，这些信息我们利用得还很少，根据与教练员和运动员的沟通，他们普遍反映这些数据有时不够精确，他们更信赖的是教练员利用手里的秒表记录下来的数据，但我们知道，首先手记一次只能记下一个对象数据，会遗失大量的其他数据信息；其次手记的误差有时更大，而且误差数值不稳定。实际上根据上面描述过的大数据思维的特征，在数据量比较大的情况下，为了获得更广泛的数据，我们不应再追求数值的精确性，而要能够接受适量的所谓的不准确的冗余数据，大数据的简单算法比小数据的复杂算法更有效。

大数据的核心在于预测。在体育竞赛中，职业化程度很高的美国职业篮球联赛（NBA）赛场上，很早就开始将球员在赛场上的表现数据化，特别是近几年来随着科技设备的不断进步，每个球员在场上的优势、弱点、习惯动作都可以被记录和辨别，以方便教练员进行针对性战术安排。而短道速滑项目中，由于其比赛的对抗性特点，针对对手采取正确合理的战术在高水平的较量中将起到越来越关键的作用。例如，在2012—2013赛季女子1000米的比赛中，中国队的主力队员王濛主要习惯采用领滑战术，她认为领滑战术更加积极主动，对于她自己来说胜率也比较高。但如果将当年的全部1000米比赛进行总结分析，我们会发现王濛在1000米比赛中采用领滑战术的成功率确实较高，但其获胜主要是在预赛和次赛阶段，一旦进入半决赛和决赛，尤其是与韩国运动员分到同组时，被最后超越的概率较高。这个例子告诉我们，运动员的自我感觉有时不一定准确，而赛场大数据的分析有利于我们从纷繁的赛场现象中发现有价值的信息，并且能更有力地说服运动员接受相关的建议，采取更有针对性的战术。未来我们甚至可以根据大数据的分析，预测我们的对手在领滑时的路线，习惯从外侧还是内侧超越，遇到干扰或者对抗时会有什么反应等。

四、小 结

无论我们是否愿意，大数据时代已经到来，在世界范围内我们也能发现大数据对体育竞赛的影响越来越大，上面提出的大数据在短道速滑项目中应用的几个设想，只是关于大数据的一些浅显的探讨，要想真正发挥大数据的作用，促进短道速滑奥运战略发展，我们应该注意以下几点。

（1）大数据带来的最重要的是思维上的大变革。正如上文中所描述的，在传统的体育训练数据应用过程中，我们更注重的是具体的随机样本，以及对样本的精确性、因果性的研究。我们对数据的使用往往也只注重它的某一个方面的作用，而随着这一作用的验证完毕，大量的数据就失去了关注，甚至被丢弃了，我们过去对数据的利用还远远没有达到物尽其用。我们现在首先需要解决的是我们的团队人员，特别是核心教练员、管理者的思维拓展，由过去的思维方式向大数据思维方式转变，由关注个体到关注全体，由精确性转向混杂性，由因果性转向相关性。

（2）随着科技手段的进步，我们现在获得数据的能力前所未有，每个训练日或比赛日我们都在不断得到以GB为单位的新数据，但正如大数据4个V特征所强调的，最关键的是我们需要找到数据的价值，拨开事物的表象，找到关系短道项目的运动成绩的关键制胜指标，进而将大数据真正应用到项目训练比赛的实践中去。思路决定出路，大数据给了我们众多的可能性，我们需要找到最适合项目需要的解读和应用。

（3）大数据还是一个新鲜事物，目前主要还是在商业和科技领域的发展较为迅速，在我国短道速滑的竞技体育层面，还缺乏比较成熟的团队和人才，也缺乏比较成熟的将大数据应用到所在项目上的经验借鉴，我们需要有意识地培养既了解大数据的技术，又懂得短道速滑项目的规律特点的复合型人才，积极尝试，积累数据，寻找突破口。

2015年5月，习近平总书记在给国际教育信息化大会的贺信中说，当今世界，科技进步日新月异，互联网、云计算、大数据等现代信息技术深刻改变着人类的思维、生产、生活、学习方式，深刻展示了世界发展的前景。在中国目前正积极申办2022年冬季奥林匹克运动会的大背景下，短道速滑项目作为中国冬季体育中的优势项目之一，所肩负的为国争光任务重大，使命光荣，我们必须要紧跟世界发展的潮流，坚持创新思维，坚持理论联系实际，促进短道速滑项目的进一步发展。

参考文献

[1] 贺鑫森，王岗，朱罗敬 . 大数据时代体育科学研究思维的变革 [J]. 体育文化导刊，2014（9）：29-32.

[2] 李国杰，程学旗 . 大数据研究：未来科技及经济社会发展的重大战略领域——大数据的研究现状与科学思考 [J]. 中国科学院院刊，2012，27（6）：647-657.

[3] 维克托·迈尔 – 舍恩伯格，肯尼思·库克耶 . 大数据时代——生活、工作与思维的大变革 [M]. 盛扬燕，周涛，译 . 杭州：浙江人民出版社，2013.

[4] 佟丽君，郝兴昌 . 短道速滑运动员赛前最佳心理状态与调控 [J]. 冰雪运动，2008，30（2）：62-65.

[5] 马国全，杨建文，张虎祥，等 . 大数据在体育科学中的应用及思考 [J]. 河北体育学院学报，2015，l29（2）：11-16.

我国自由式滑雪空中技巧人才培养的研究

国家体育总局冬季运动管理中心　李扬

摘要： 自由式滑雪空中技巧是一项具有一定危险性的雪上项目，在人才培养上面临着从业人员极少，运动员伤病较多，地方运动队投入少、保障条件差的问题。针对项目的实际情况，自由式滑雪空中技巧项目采取了加大国家队覆盖面，加强运动员综合素质培养，进行科学化的体能训练，提高典型伤病的治疗和康复能力等手段，有效地实现了项目的高成材率和运动员运动寿命的有效延长，为项目多年来处于世界先进行列保驾护航。

关键词： 自由式滑雪空中技巧；人才培养

人才培养方法是一个项目发展的核心，习近平总书记也多次就人才培养发表重要论断：早在2010年，习近平总书记就提出，要深刻认识、自觉遵循人才成长规律，注重把握客观性，避免片面性，切实提高人才工作科学化水平。自由式滑雪空中技巧作为我国冬季项目的优势项目，虽然开展时间较短，但在各种国际大赛上都获得了优异的成绩。但同时自由式滑雪空中技巧又是一个注册运动员人数较少且具有一定危险性的项目，运动员受伤风险较大。本项目所采取的有针对性的人才培养方法对于本项目长期处于国际领先地位有着至关重要的作用，而且总结项目人才培养经验对于类似的小众专业竞技项目有着重要的参考意义。

一、我国自由式滑雪空中技巧发展状况及世界格局

自由式滑雪产生于20世纪60年代末，当时美国一批狂热的滑雪爱好者将高山滑雪与技巧运动融合在一起，发明了这一新项目。最初人们把这种惊险

刺激的运动称为花样滑雪。

1979年，国际滑雪联合会（FIS）承认了这个项目并且将其定名为自由式滑雪。那时自由式滑雪又分为三个小项，包括雪上技巧（Mogul）、空中技巧（Aerial）和雪上芭蕾（Ballet）。经过30多年的发展，自由式滑雪已经包含五个小项，即空中技巧（Aerial）、雪上技巧（Mogul）、障碍穿越技巧（Ski Cross）、双板U型场地（Ski Halfpipe）和坡面障碍技巧（Slope Style）。1992年，雪上技巧成了冬奥会的正式比赛项目，空中技巧也在1994年利勒哈默尔冬奥会上获得了正式项目资格；2010年温哥华冬奥会上，障碍穿越技巧成为正式比赛项目。2011年，国际奥委会决定在2014年索契冬奥会上，双板U型场地和坡面障碍技巧都成为正式比赛项目。至此，自由式滑雪所有小项都成为奥运会正式比赛项目。

自由式滑雪空中技巧属技能类、难美项目群的一个典型项目，是滑雪技术与空中转体相结合的竞技体育项目。所谓"难"，即动作技术复杂，对运动员的行为技巧性要求高；所谓"美"，即讲究动作美观，追求动作的流畅、完美性。比赛由裁判员对运动员所做动作给予的评分再乘以动作的难度系数来决定名次，得分高者，名次列前。比赛分预赛和决赛，运动员在预赛中每人做一跳动作，预赛前12名运动员进入决赛。运动员在长68米、宽20米、坡度为24度的助滑区下滑并获得一定的速度后，在空中进行两周或三周的横轴或纵轴方向的空翻和转体，整个空中动作约为2秒。自由式滑雪空中技巧动作惊险、优美、扣人心弦，是雪上赛事最吸引人、最具观赏性的比赛项目。

中国早在1989年就正式开展了自由式滑雪空中技巧项目，当时已经有人想到，在以体能为主的各个雪上项目中，自由式滑雪空中技巧这种以灵活和技巧见长的体育项目将有可能成为中国雪上项目的突破口之一。在与体操、跳水等相似的高技巧、低对抗的项目上，中国已经多年来保持领先，而自由式滑雪空中技巧正是雪上项目中对技巧能力要求极高的项目。我国经过十几年的艰苦奋斗与拼搏，在1998年长野冬奥会上徐囡囡获得了女子亚军；在2006年都灵冬奥会上韩晓鹏获得男子冠军、李妮娜获得女子亚军，实现了我国在雪上项目和冬季项目、男子项目上的双重历史性突破；在2010年温哥华冬奥会上，我国又获得1枚银牌、2枚铜牌，收获了奖牌的50%；在2014年索契奥运会上取得1银1铜，展现了强大的团体优势。

我国不是开展自由式滑雪空中技巧项目最早的国家，现在却是世界上开展这个项目人数最多的国家。我国所有从事这个项目训练的运动员大约有50多人。目前世界上开展这个项目的国家还有白俄罗斯、俄罗斯、瑞士、乌克兰、澳大利亚、加拿大、美国、日本等，澳大利亚、白俄罗斯、美国和加拿大是我国主要的竞争对手，虽然这些国家从事空中技巧项目的运动员的人数不多，但他们在这个项目的训练上有更长的历史，而且在技巧和身体体能训练上有着非常好的基础。

二、自由式滑雪空中技巧后备人才的培养

（一）自由式滑雪空中技巧后备人才培养面临的几个现实问题

1. 开展地区少，从业运动员极其有限（见表1）

表1　2008—2011年度自由式滑雪空中技巧开展单位和注册人员表

年度	注册单位数	注册运动员人数	国家队人数	青年队人数
2014	5	56	21	20
2013	4	52	14	15
2012	4	54	15	15
2011	4	61	20	10
2010	4	53	16	16

目前，自由式滑雪空中技巧只有五个单位开展。其中八一队和沈阳体育学院联办，实际开展单位仅有四个，全国注册运动员人数维持在50~60人。

而且由于经济发展水平不一，东北各省市在竞技体育的投入上较南方省市有着较大的差距。而滑雪本身又是一项高投入的体育项目，从专业服装、器材到场地修建，均大大高于一般夏季项目，即使在冬季项目里也属于较高水平。以上各单位在项目资金投入上均存在不同程度的困难，这就给本项目后备人才的培养带来较大的影响。

相对于其他竞技体育项目来说，自由式滑雪空中技巧项目开展单位少，

从业运动员人数有限。国家队和国家青年队的运动员人数占到本项目注册运动员人数的50%以上，在后备人才培养选拔方面可选择余地极小。

2. 运动员培养周期长，运动寿命短

自由式滑雪空中技巧专业运动员需要先具备较高体操技巧的基础和滑雪基础，然后才能进行专项技术的练习。而专项练习从夏季水池训练到冬季雪上训练，从低难度到高难度，又需要至少5~6年的训练时间，运动员培养的周期较长。

在其他国家，一名优秀的空中技巧运动员的黄金时期一般从20岁左右可以一直持续到将近30岁。经过统计，2013—2014赛季本项目世界杯参赛运动员的平均年龄高达28岁。澳大利亚著名女子运动员加奎·库珀在参加2010年温哥华奥运会时已经37岁，在2007—2008赛季34岁时仍勇夺8站世界杯中的5站冠军。

而在中国，由于运动员培养体制不同，运动员受到各种现实问题的影响，一般在25岁之前就会选择退役。这些影响因素一般包括工作安排、伤病问题、婚恋问题等。很多运动员在当打之年就选择退役，2014年国家队年龄最大的运动员为25岁，2016年全国冬季运动会后，又有一批老运动员选择退役。

3. 项目存在危险性

自由式滑雪空中技巧项目要求运动员从跳台以60~70千米/时的速度起跳，在十几米的腾空高度上做各种空翻旋转动作，落到37度的着陆坡上并滑出，项目本身就具有极高的危险性。加上滑雪项目是室外项目，受外界因素影响较大：气温、风向、风力、雪温、雪质等外界因素都在不停地变化，导致危险性随之升高。长期以来，伤病是困扰自由式滑雪空中技巧项目发展的重要因素。常见的伤病为膝关节十字韧带断裂合并内侧副韧带损伤，以及腰部伤病。由于从业运动员数量较少，较多的伤病对项目的可持续发展存在致命威胁。

自由式滑雪空中技巧常见的膝关节十字韧带重建手术技术目前已经相当成熟，但是运动员手术后依然需要长达半年多的术后康复及之后的体能和技术恢复过程，这对运动员的生理和心理都会造成巨大的影响。

（二）我国针对本项目特点所采取的人才培养对策

1. 加大国家队和国家青年队的覆盖面，提高有潜力的年轻运动员成材率

由于各地方队在训练器材保障、训练方法理念、训练条件、医疗保障和后勤保障等各方面都无法和国家队相比，一些有潜力的年轻运动员往往因为在地方队得不到足够的支持而出现竞技水平停滞，甚至出现了年轻运动员因伤病困扰提前退役的情况。在有限的从业运动员中选拔出足够的优秀运动员，唯一的办法就是达到极高的成材率。本项目目前所有从业运动员仅50余人，然而现役世界冠军就有9人，连续多年在世锦赛和奥运会上取得优异成绩，成材率可谓极高。

为了提高整个项目的训练水平和保持可持续发展，除了组织正常的国家队训练，冬季运动管理中心还在经费有限的情况下从未放弃过国家青年队的集中训练。自由式滑雪空中技巧国家队和青年队的运动员总人数达到全国注册运动员人数的50%以上，基本上稍有水平的运动员都集中到国家层面。国家层面保障的提前介入，有效保证了年轻后备人才的可持续性和训练的高水平，这也是自由式滑雪空中技巧多年来持续保持世界领先水平的关键因素。

2. 加强运动员文化素质培养，提高运动员职业观念，增强运动员综合竞争力

一名好运动员和一名优秀的高水平运动员的主要区别不在生理上，而是在心理上。一名优秀运动员应该具备良好的心理素质、职业观念和自我管理能力。

自由式滑雪空中技巧国家队一直以来非常重视运动员的文化素质教育，国家队和青年队在集训期间利用一切时间对运动员进行外语、相关专业知识、文化修养等各方面的教育。目前，国家队17名运动员中，在读本科生有5人，本科毕业有4人，在读研究生有3人，已获得硕士学位有1人。本科及本科以上学历的运动员占到现役国家队的一半以上。

除了学历方面的培养之外，国家队还在运动员的综合素质培养方面经常性地给予引导和培训。比如在人生观、价值观、待人接物、交流沟通和公众形象塑造方面对运动员进行要求和引导。这能让自由式滑雪空中技巧队的运动员在媒体和公众面前表现得总是落落大方，营造非常好的公众形象，也使得国家队运动员在退役后的工作中容易与人相处和沟通，较好、较快地融入新的角色。另外，国家队还强调个人职业观念的培养，让运动员对自己从事的项目形成认真、负责、主动担当的职业观念，使得运动员能够自我管理、自我督促，更加主动地完成自己的训练和比赛任务。

较高的文化和综合素质及职业观念给运动员带来的就是能够站在更高层面上对待自己的运动生涯；能够主动地规划自己的职业；更加客观地分析训练、比赛和生活中遇到的问题，并找到最好的解决办法。

3. 加强科学的体能训练，有效避免伤病

自由式滑雪空中技巧作为一个危险性较高的体育项目，如何有效地预防伤病始终是项目发展所面临的最重要的问题之一。在备战2006年都灵冬奥会的前两年，甚至出现了国家队一半的运动员都在医院进行手术的尴尬局面，伤病已经成了当时影响项目发展甚至是影响项目存亡的关键因素。经过系统科学的研究发现，对体能训练的不重视和落后的体能训练理念是导致运动员伤病多发的重要因素。

2004年，国家队聘请了外籍体能教练，引入了先进的体能训练理念和方法，最终大大降低了伤病的发生率，为2006年都灵冬奥会获得成绩突破提供了有力保障。在备战2010年温哥华冬奥会和2014年索契冬奥会的周期内，科学、系统的体能训练使运动员的专项体能水平和专项竞技能力有了显著的提高，并为防止和降低运动员的伤病提供了重要的支持，为国家队在温哥华和索契奥运会上取得好成绩提供了重要保障，得到了冬季运动管理中心领导、教练员和运动员的高度认可和评价。时任国家体育总局局长刘鹏在温哥华冬奥会总结表彰大会上谈到中国体育代表团取得成绩的主要体会和经验时指出，自由式滑雪空中技巧队加强了专项体能训练，探索出符合项目特点的体能与专项训练方法手段，较好地处理了增加难度动作水平和防止伤病的关系。

4. 提高典型伤病的治疗和康复能力，有效保障运动员的运动寿命

十字韧带断裂合并内侧副韧带损伤的三联伤是自由式滑雪空中技巧的常见伤病，国家队约50%的运动员都曾因这种伤病接受过手术治疗。这种伤病的手术并不复杂，但在2006年之前，其不仅造成运动员术后长时间停训康

复，而且康复效果也不是很好，成为运动员水平下滑甚至提前退役的主要因素之一。国家队为此进行了专题攻关，经过队医、体能教练、技术教练集体努力，探索出了一种行之有效的康复方案。2008年11月，国家队备战冬奥会的主力运动员徐梦桃在训练中受伤，从接受手术到专项技术训练只用了8个月，并在完成手术的11个月后就获得了世锦赛的第二名，创造了同类型伤病康复的最快纪录。治疗和康复水平的提高，不仅有效地减少了运动员伤后停训时间，提高了术后恢复的水平，更重要的是这种典型伤病康复水平的提高有效地减轻了运动员的心理负担。

综上所述，自由式滑雪空中技巧项目针对本项目的特点和所面临的主要问题，借鉴其他项目发展经验，走出了一条有自己项目特色的人才培养之路。该项目的发展有效地解决了项目从业人员少和伤病多发的现实问题，对项目多年来始终保持在国际一流行列起到了决定性的作用。

参考文献

[1] 李永波.论中国羽毛球队可持续发展策略[J].广州体育学院学报,2007(2):1-4.

[2] 许永生.浅析自由式滑雪空中技巧项目的特点与规律[J].冰雪运动,2005（6）:27-28.

[3] 戈炳珠，杨尔绮.对自由式滑雪空中技巧项目规律与特点的再认识[J].中国体育科技，2001（1）:45-46.

[4] 纪冬，闫红光，徐囡囡.2007—2008赛季国家自由式空中技巧滑雪队情况分析与备战2010冬奥会对策研究[J].沈阳体育学院学报，2010，29（1）:17-19，25.

[5] 刘光宏，鞠秀奎.我国优秀自由式滑雪空中技巧运动员运动损伤的研究[J].哈尔滨体育学院学报，2008，26（6）:155-157.

[6] 刘威，李常州.自由式滑雪空中技巧项目特点及选材指标优化探讨[J].哈尔滨体育学院学报，2008，26（6）:150-151，154.

[7] 刘江，单清国.我国自由式滑雪空中技巧项目运动员的科学选材[J].冰雪运动，2010，32（2）:39-42.

[8] 谢亚龙，王汝英.中国优势竞技项目制胜规律[M].北京:人民体育出版社，1992.

新规则下我国拳击技战术发展的思考

国家体育总局拳击跆拳道运动管理中心　周涛

摘要： 竞技能力即运动员的参赛能力，它由体能、技能、战术能力、运动智能及心理能力构成，并综合地表现于专项竞技的过程之中。拳击竞技中，体能是基础，心智能力是前提，技战术是关键，充分理解与准确把握规则对技战术的要求，有针对性地"扬长补短"，是拳击竞技制胜的必经之路。在当前国际拳联最新规则开始实施，竞技体育国际竞争环境日益激烈的背景下，国家拳击队必须集集体智慧，团结协作，力求站在国际前沿，进一步深入思考新形势、新规则下拳击项目新的制胜规律与制胜因素，精确把握新规则下我国拳击技战术的发展方向，为提高我国拳击项目的综合实力，实现可持续发展提供有益参考。

关键词： 国家拳击队；竞技能力；集体智慧；团队建设

拳击最初是在恶劣的自然界中诞生，并作为人类保护自身生命财产安全的技巧被传承下来的，在此过程中，参与的动机逐渐趋于规范化、理性化，变成了如今标志性的"勇敢者的运动"。可以说，拳击的发展史是人类社会"野蛮—文明"发展史的缩影。

在拳击运动的发展进程中，竞赛规则始终是其最重要的组成部分之一。它既是裁判员评分的依据，又是教练员和运动员进行训练与比赛的指挥棒。拳击的发展必然伴随着竞赛规则的演变，每一次拳击规则的演变又必定促进拳击运动新的发展，两者辩证统一且相辅相成，在新规则的导向作用下，拳击向着公平、准确、激烈及更富有观赏性的方向发展。

现代拳击竞赛规则自1904年圣路昂斯奥运会至今，以评分方式的变化为主要特点，竞赛规则共经历3次较重大的变革：1989年9月之前的世界业余拳击比赛采用手记分评分；1989年9月17日至10月1日在俄罗斯莫斯科举行的第五届世界拳击锦标赛上，有史以来第1次使用电子评分系统来评判运动员的胜负，结束了手记分的评判方式；2013年6月1日国际拳击联合会采用10分制评分系统。

竞赛规则的演变，促使拳击项目技战术特征及其制胜规律都随之而变。为适应规则的变化和要求，教练员在运动员选材，训练理念、方法、手段和比赛临场指挥等方面都要做出相应调整。因而，在很大程度上讲，规则的变化是对中国拳击项目发展的巨大挑战，也是对世界各国拳击发展的挑战，但同时也是机遇。

目前，我国拳击运动处于快速发展之中，但我们必须居安思危，勇于创新，面向未来，紧紧把握住世界拳击项目特征发展变化的脉络，踏踏实实练好基本功、增强自身实力，及时而准确地掌握新规则下世界优秀拳击运动员技战术特征，科学构建拳击运动的技战术体系，充分利用科技服务成果，为我国拳击优秀运动员的训练与竞赛提供直接的指导，使其尽快适应新规则，力图使我国拳击项目再创佳绩，再续辉煌。

一、意志品质与技战术的关系

周腊根研究认为，拳击运动员的首要品质是主动性和独立性，主要品质是果断性和勇敢性，必要品质是自制性、顽强性和坚定性。拳击运动员要机智勇敢，动作麻利，勇于冒险，头脑清晰，富有想象力和自制力，接受能力强。国家拳击队原总教练张传良指出，优秀拳击运动员的个性心理特征主要为：反应灵敏、机智灵活、活泼好动、模仿和接受能力强、善于思考、果断机敏、快速勇猛、不服输、拼劲足、勇敢顽强、好胜、敢拼敢打、神经类型以兴奋型为主。巴义名研究认为，一名优秀拳击运动员除了具备良好的技术外，在关键时刻，要有勇敢、顽强、积极主动的比赛作风和拼搏精神以及果断的判断力，才能完成艰巨的比赛任务，才能打硬仗。因此，顽强的意志品质是拳击运动员应具备的基本特征。

二、规则变化对技战术使用的影响

在对2013年第十二届全国运动会男子拳击比赛（使用老规则）和2014年全国男子拳击锦标赛（第一次使用新规则）进行分析后，我们对规则改变对进攻、防守和反击技战术的影响有了一些具体的认识。

（一）规则变化对主动进攻的影响

从表1中可以看到，规则改变后比赛数据有了明显的变化。主动进攻是指在比赛中首先主动发起进攻的一种先发制人的方法，在比赛过程中采取的先于对手进攻而进攻，从而掌握比赛主动权的一种战术行为。其战略指导思想是"主动进攻，先发制人"。

在这次规则修改中，主动性是裁判评判打分标准的一个部分。主动进攻的次数在规则改变后提高了27%。主动进攻次数的提升证明了在规则改变前后战术打法有所改变，也证明了比赛对抗的强度大大提升，间歇时间大为减少。在心理方面，运动员想通过主动进攻的方式掌控比赛，从而赢得比赛的愿望也能从中体现出来。主动进攻次数的增加也证明，规则改变前后运动员比赛所需要的体力也将上升。从统计数据来看，在第十二届全国运动会统计的8场24局比赛中，主动进攻次数多且赢得比赛的概率是58%。在规则改变后的2014年全国男子拳击锦标赛中，统计的7场21局比赛中，主动进攻次数多且赢得比赛的概率为67%。通过主动进攻赢下比赛的概率大幅度增加。

通过录像观察法可以对主动进攻的情况进行观察：主动进攻需要把握机会，特别是把握对手的移动、漏洞或者运用假动作去创造机会，被动地甚至毫无目的地进行主动进攻是不明智的。在录像中可以发现，我国运动员在进攻中，对距离把控较差。另外在规则改变后，很多运动员进攻连续性不强，主动进攻后，战术意图并不明确。主动进攻的计划性和连续性不强，对技术的使用能力差也是存在的主要问题。

（二）规则变化对防守技术的影响

在拳击运动中，进攻和防守是相对统一的、主动和被动的关系。没有进攻就没有防守，没有防守就没有更有效的进攻。新规则对防守最大最直接的影响就是成年男子比赛摘除头盔。而评分规则的改变，对进攻技术提出了新的要求，同样，对于防守技术也产生了巨大的影响。

通过录像可以对防守中存在的问题进行观察：首先，攻防转换衔接不到位是普遍存在的问题。进攻过后的防守技术，是运动员能力和意识的体现。我国运动员进攻连续性差，单拳进攻后攻防转换时间长的问题是特别突出的。防守并非完全是一种被动的技术，主动的防守技术，特别是进攻后对对手反击技术的提前预判，对把握对手反击后的进攻是十分有利的。在规则的改变下，特别是评分规则中，场上的控制和比赛的积极主动已经明确地写入了评分标准，意在强调在对抗性的基础上，特别是中近距离打法逐渐流行的现在，更快速的攻防转换是拳击技术性、对抗性和观赏性提高的一个重要方面。在摘掉头盔后，防守相比原来承担了更重要的任务，且防守方式变得更多元化、更实用、更直接。

根据我国运动员基本技术能力差、进攻技术粗糙的特点，在思想上和训练上强调快速的攻防转换意识和方法是十分有必要的。同时，减少被动防守导致裁判员在评分过程中所产生的消极因素。在战术方面，特别是比赛临近结束的阶段，过多地使用移动、贴靠等被动防守手段会令裁判员对运动员的比赛能力产生质疑。新规则实施前，旧的计点模式下，点数领先一方，通常在比赛临近结束时，通过贴靠、移动等防守手段拖延时间。而在现行规则下，比赛结果直到比赛结束才能知晓，故有意识地拖延时间的战术在通常情况下不可使用。在防守动作方面，如格挡力量小而产生的动作变形和躲闪动作幅度大等问题应该注意。原因如下：第一是容易被对手抓住防守上的漏洞，第二是裁判员对运动员技战术水平的判定会对评分产生影响。通过录像还发现，摘除头盔后，格挡技术使用得更为频繁，因其攻防转换衔接得更为快速，动作隐蔽性更强，且更为节省体力，故受重视程度极大提高。

三、新规则下对我国国家拳击队发展的思考

拳击是最复杂的竞技运动项目之一。比赛场上瞬息万变，每一次疏忽、每一个技术动作的不合理、每一秒的精力涣散都有可能带来"致命"的打

击，故要求运动员能在极短的时间内准确地了解对方的基本状况，同时还要迅速做出相应的判断，采取相应的攻防动作，利用强有力的身体和娴熟的技术、多变的战术进行攻击、防守。同时，必须具备战胜对手的强大信心、超凡的勇气及顽强的意志品质。

（一）以思想工作为抓手，加强国家队党建工作，培养运动员、教练员为国争光的人生观、价值观

现今，我们处在一个信息化、现代化的时代，运动员、教练员同样经受着来自各方信息的冲击、利益的诱惑。在这种情况下，加强思想教育工作就显得更为重要。国家队成立党支部，进行入党积极分子培训，在训练、生活中发挥党员模范带头作用。同时，变换思维模式，通过拓展训练、参观教育、专家授课等新颖的集体活动、教育模式，提高运动员的政治觉悟，将为祖国争光、为民族添彩、实现个人价值变为自身的目标和动力，将集体荣誉与个人成就升华至训练比赛的每个细节，从而达到事半功倍的训练、比赛效果。

（二）加强拳击队队魂建设，培养队伍的"亮剑精神"

前两个奥运周期，我们拓宽思路，充分发挥自身优势，研究制定了适应当时规则的制胜规律，取得了较为理想的成绩，值得骄傲。但必须清醒地认识到，我们整体拳击水平仍不高，在基本功、基础能力、对抗能力等方面，特别是在项目认识上仍有较大差距。要从录像学习、励志教育及训练生活中的点滴要求入手，加强运动员意志品质的培养，特别是"勇气"的培养。运动员首先必须具备承受失败、正视差距的勇气，任何的成功都是在经历了无数次的失败与历练后取得的。其次，要具备敢于否定自己的勇气，以往的成绩和荣耀已经成为历史，我们不能抱着原有的经验和认识故步自封，我们必须吸收国外已经成熟和先进的东西，结合我们自身的情况，找到适合自己发展的道路。最后，是具备争取胜利的勇气，在奥运会、世锦赛这类大赛中，最微小的失误都可能使最终的比赛结果逆转，我们必须从细节入手，以宽广的胸怀做好各项工作，具备只为成功找办法的勇气。

可喜的是，通过近年的比赛和训练可以看出，国家拳击队正逐步克服这

种恐惧，团队正逐步具备这种"勇气"。这样的工作永远没有尽头，我们只有把这种精神和勇气注入每一名运动员、教练员的血液，中国拳击才能迈上通往胜利的道路。

（三）利用好各类高水平国际赛事积累经验

2015年国家拳击队相继选派选手参加了国际拳击联合会职业拳击赛（APB）、世界拳击联赛（WSB）等职业赛事，在取得了一定成绩的同时，提高了我们对项目本质、获胜方式、训练方向等的认识。在新时期，应该抓住这一有利时机，积极参加各种赛事，更多地与优秀的外国选手进行交流，提高我国运动员的实战水平，使其积累比赛经验。

（四）按照"三从一大"的训练理念，高要求，高标准，细化管理

切实贯彻"三从一大"的训练原则，"三从一大"的训练指导思想是我国竞技体育多年探索的经验概括和理论精华。我们特别强调在对抗性项目中，必须采取"高强度、快节奏、多变化"的训练方法，以"严、实、精、细"为训练准则，紧紧围绕实战的需要，抓好训练的每一个环节。从细节入手，培养国家拳击队运动员不畏艰辛的意志品质。保持严格的训练要求是培养运动员不畏艰难、直面挑战的力量源泉，也是保持技战术稳步提升的根本保障，还是强化运动员坚忍精神的有效手段。"三分训练、七分管理"，对运动员训练周期的各个细节进行严格监管，包括日常体重监控、日常晨脉监控、训练过程中的场地要求、器材要求等。

（五）以训练工作为中心，深入研究新规则下的制胜规律，提高我国运动员技战术水平和对抗能力

认真总结北京、伦敦奥运会周期备战训练及近期重大国际比赛的经验教训，针对每个重点运动员寻找差距、发现主要问题；进一步学习国外拳击强国先进的训练方法，总结发现我国运动员的不足和主要问题；要结合每个重点运动员存在的实际问题，抓住主要矛盾，在日后的备战训练中切实解决存在的问题；要牢固树立"以苦练为前提，以科技为先导，以创新为生命力，

以取胜为目的"的思想意识。

尽快研究、完善新规则下适合我国运动员和体制的制胜规律，全面提高我国优秀运动员的专项比赛能力和强对抗能力。拳击是强对抗项目，是双方运动员智力、体力的激烈较量，运动员必须具备优良的技战术水平、身体素质、应变能力及勇敢顽强的心理能力。结合拳击新规则的变化，我们要加强对拳击比赛专项能力的研究，提高运动训练的强度，按照"从难、从严、从实战出发"的要求，提高优秀运动员的高强度比赛的专项能力及连续比赛能力，并采取有效措施，提高运动员的强对抗能力，使运动员能经受住奥运会高水平、大强度的比赛考验。

四、结　论

在拳击竞技中，体能是基础，心智能力是前提，技战术是关键，充分理解与准确把握规则对技战术的要求，有针对性地扬长补短，是拳击竞技制胜的必经之路。在工作实践中，要注意训练和技战术设计与组合上的扬长补短、进攻与防守技战术的协调与组合、攻击性训练与抗击打训练的相互依存和转化、体能及技战术训练与智力及心理训练的并重与协调。培养运动员的强健体魄与精湛技战术的同时，还要注重培养运动员顽强拼搏、勇于亮剑的精神，以"队魂建设"充实国家拳击队的精神根基，立志"只要心脏还在跳动，追梦的步伐永不停歇"。

参考文献

[1] 赵阳 . 国家队教练员组织学习：建立学习型训练团队的研究 [D]. 太原：山西大学，2006.

[2] 石岩，赵阳，田麦久 . 建立学习型教练员团队的理论分析 [J]. 体育科学，2006（1）：6-12.

[3] 张松林 . 关于复合型教练员团队建设的几点思考 [J]. 山东体育科技，2009（1）：1-4.

[4] 丁仁船，刘晨 . 高校高水平运动员培养中的问题与对策研究 [J]. 重庆科技学院学报（社会科学版），2011（11）：206-208.

[5] 佟立生 . 拳击运动员的心理调适及专项技术和体能训练 [J]. 内蒙古师范大学学

报（自然科学汉文版），2009，38（1）：112–114，118.

[6] 王清. 我国优秀运动员：竞技能力状态诊断和监测系统的研究与建立 [M]. 北京：人民体育出版社，2004.

[7] 左从现. 运动员人格特征与赛前焦虑、心境状态的相关关系 [J]. 上海体育学院学报，2002（2）：71–75.

[8] 杨俊茹，赵鸿星，殷恒婵，等. 高水平足球运动员人格特质与意志品质特点和关系的研究 [J]. 沈阳体育学院学报，2005，24（4）：43–45.

[9] 张霞. 国家队训、科、医、教一体化建设的构想 [J]. 中国体育教练员，2007(4)：20–22.

[10] 何健，司虎克，赵岱昌. 教练员对科技人员的信任问题研究 [J]. 上海体育学院学报，2009，33（1）：35–37.

新形势下加强网球外事出访管理工作的几点思考

国家体育总局网球运动管理中心　刘兴润

摘要：党的十八大之后，我国体育工作面临着新的形势和发展任务，要求我们必须进一步增强推进体育事业科学发展的责任感和使命感。近一时期，为更好地贯彻落实《中共国家体育总局党组关于巡视整改情况的通报》，国家体育总局提出了深化体育管理体制改革和全国单项体育协会改革，需要我们进一步创新体育管理体制和机制。外事出访管理工作政策性强、涉及面广，与项目发展紧密相连，由此，本文通过文献研究、逻辑分析和调查访问并结合实际工作情况，拟对网球项目外事出访管理工作的特点、面临形势及存在问题进行分析研究并提出发展对策。

关键词：网球；外事出访；管理工作；思考

体育是一门世界语言，体育是无国界的。随着国际交往的扩大，体育事业发展的规模和水平已是衡量一个国家、社会发展进步的一项重要标志，也成为国家间外交及文化交流的重要手段。

体育外事工作在体育事业发展的大局中有着重要的位置，体育外事工作的成功与否关乎体育事业健康顺利发展的成功与否。在体育行业深化改革的大背景下，如何做好各项目管理中心的外事工作对项目管理体制机制的改革探索及提升项目整体发展水平有着积极的推动作用。作为奥运项目之一的网球项目，其高度的国际化、职业化、社会化的特点，使得网球外事出访工作呈现出较强的特殊性。同时，网球项目发展的国际形势及国内体育外事政策也发生了较大变化，如何在新形势下做好网球运动管理中心（以下简称"网球中心"）外事出访管理工作，对网球项目的发展及项目管理体制机制的改革探索有着重要的意义。

一、网球项目外事出访管理工作概要

体育外事工作是一项政治性和政策性很强的工作。它对执行国家的外交政策，维护祖国荣誉、民族尊严和人民利益，加强同世界各国的体育交流，促进各国人民之间的友谊和世界和平，有着非常重要的作用。目前，我国体育外事管理工作实行"统一领导、归口管理、分级负责、协调配合"的原则，作为国家体育总局直属的事业单位，网球中心的外事管理工作由总局统一领导；结合网球项目工作实际，该项工作目前主要包括网球项目外事出访管理、在华举办国际体育活动的申报及管理、国际网球事务联络及为中心提供语言服务等主要内容，属于服务保障类工作。

外事出访管理工作是网球外事管理工作的重要组成部分。网球外事出访管理工作根据流程主要包括出国（境）立项审批、因公出访证件办理及管理、因公出国（境）团组签证办理、因公出国（境）费用核算、外事教育及国际公务机票预订改期等内容。

二、网球中心外事出访特点及形势分析

（一）网球中心外事出访工作具有鲜明的项目特点

网球项目起源于欧洲，发展于美洲，属于高度职业化、商业化和国际化的运动项目，是当今世界第二大球类运动，在世界上尤其是在欧美地区具有较高的影响力和参与度，世界网球发达国家也主要集中于欧美地区。网球项目的国际职业赛事体系及排名系统非常完备。追赶世界网球潮流，就要走职业化道路，就要融入世界职业网球的赛事体系，"既要请进来，又要走出去"，赴境外高水平国家和地区的训练比赛要求大大增加。同时，国际网球组织交流活动也逐渐活跃起来，这使得网球出访活动呈现如下特点：

（1）网球出访以国家队出境训练比赛为主，辅以参加国际网球组织交流

活动。

（2）网球出访地区以世界网球发达地区为主，主要为欧美地区。

（3）网球出访次数频繁，但队伍规模较小。

（4）网球出访行程复杂多变，不确定性大。

（5）网球出访团组保障人员比例较高。

（6）网球出访活动急件较多，时效性要求高，变化性大，办理难度大。

（二）形势分析

1. 行业形势及项目发展形势

习近平总书记曾强调指出，体育不但是社会发展和人类进步的重要标志，也是综合国力和社会文明程度的重要体现。体育在提高人民身体素质和健康水平、促进人的全面发展，丰富人民精神文化生活、推动经济社会进步发展，激励全国各族人民弘扬追求卓越、突破自我的精神方面，均有着重要的作用。这一论述充分说明了体育在实现"两个一百年"奋斗目标，在实现中华民族伟大复兴"中国梦"征程中的地位和作用，是对新时期我国体育进一步改革发展的准确定位，对于我们充分认识体育的多元价值具有重要的指导意义。围绕中央"四个全面"战略布局思路，深入贯彻落实党的十八大，十八届三中、四中全会精神，以推进中央专项巡视反馈意见整改落实为契机，推动体育事业新一轮改革，开创建设体育强国新局面，成为体育行业面临的首要任务。项目管理体制机制改革迫在眉睫，协会实体化提上日程。

世界网球在变革中发展，中国网球在改革中前行。十年来，中国网球着力突破制约项目发展的瓶颈，积极探索有中国特色的项目发展之路。中国网球的竞技水平不断提高，国际影响力显著提升；与国际网球的融合程度不断加深，对外交流领域进一步拓宽；与国际网球组织的多方位合作取得积极成效，进一步促进了人员、信息的交流，为多层面的学习和更广泛的交流搭建了平台。在过去的几年，中国网球遵循职业网球的基本规律和特点，结合我国国情，全面推进中国特色网球的快速健康发展，在实践中积累了有益的经验。

从国际网球运动发展的趋势来看，职业化、国际化、商业化越来越深刻地影响并推动着网球运动快速向前发展，优质资源不断汇集，市场推广和运作更加深入。巨大的利益驱动促使高科技成果更多更快地转化和运用，职业网球运动被推到了一个全新的高度。赛制的变革使比赛竞争愈加激烈，精彩程度也越来越高。

2. 外事工作形势

（1）党中央高度重视外事工作。2014年11月底，中央召开了中央外事工作会议。习近平总书记出席会议并强调指出，为实现"两个一百年"奋斗目标、实现中华民族伟大复兴的"中国梦"，我国必须有自己特色的大国外交。和平与发展仍然是当今世界发展的主流，中国外交必须坚持中国共产党领导和中国特色社会主义。中国外交不仅要为实现"两个一百年"奋斗目标和"中国梦"服务，也要为坚持党的领导、巩固党的执政地位、维护社会主义国家政权安全服务。我们坚持互利共赢的开放战略，把合作共赢理念体现到政治、经济、安全、文化等对外合作的方方面面，坚持推动建立以合作共赢为核心的新型国际关系，与世界各国携手发展、共同进步。

（2）中国护照的"含金量"大大提高，中国公民出境更加便利。中国目前已和99个国家缔结涵盖不同种类护照的互免签证协定，与37个国家签订59份简化签证手续协定或安排。36个国家和地区单方面给予中国公民落地签证便利，11个国家和地区单方面允许中国公民免签入境。同时，我国还将继续同有关国家加紧协商，进一步推进签证便利化措施，同时也为在海外的中国公民提供及时、有效、高质量的领事保护与协助服务。

（3）中央八项规定要求规范出访活动，要从外交工作大局需要出发，合理安排出访活动。同时，在中央要求勤俭节约、减少"三公"经费支出的大背景下，按照外交部的有关文件政策精神，国家体育总局自2014年起要求各下属单位压缩外事出访计划并进一步加强外事出访审核管理。

综上所述，随着综合国力的增强和国际地位的提高，国家对于外事工作的重视程度越来越高，外事工作被赋予的工作内涵及角色意义越来越多，我国的外交工作取得可喜的发展势头，中国护照的"含金量"大大提高，进一步推进签证便利化措施，中国公民出境更加便利。同时在改进工作作风、大力反腐倡廉的政治背景下，对公务外事出访活动的管控力度加大，审核更加严格，对外事人员的工作要求越来越高。

同时，中国体育事业改革逐渐深入，中国网球职业化前进的脚步越来越快，协会实体化进程渐行渐近，国际交流需求增加，外事出访活动相应增加。并且，在新周期职业化进程加快的背景下，网球运动员的培养模式及管理方式更加多样化，如何处理网球职业化发展的市场资源配置需求与现行体制内的外事政策要求产生的客观矛盾，对网球外事出访管理工作提出了更高的要求。

三、网球外事出访管理工作存在的问题

（一）制度体系不健全

网球中心现行的外事工作规章制度仍不健全，尚未形成完善的制度体系。开展外事出访管理工作多数靠口口相传的"工作经验"和约定俗成的"工作套路"。外事出访工作本来就环节多、基础材料多、涉及面广、时效性强，工作中无章可循、无规可依，缺乏规范性则大大降低了外事出访工作的效率和质量。

（二）统筹协调难度加大

随着国家体育总局外事管理工作要求的不断提高及网球职业化发展的不断深入，网球外事出访工作的统筹协调难度逐渐加大。原来的外事出访工作内容主要包括立项报批、证件办理及管理、签证办理、机票预订、行前教育等内容，现在则增加了政审公示、出访费用核算、出访成果上报等诸多事宜，而且对许多细节工作的要求及材料准备更加具体、严格。同时，一项出访就要涉及中心业务部门、人事、纪检、财务及总局外联司、签证服务部、财务中心、航空服务公司等多个部门和机构。涉及部门跨度大，需要提交的材料种类众多、信息量大、时效性强。

此外，网球出访活动具有行程复杂、报批时间紧迫、出访人员结构特殊的特点，加大了外事出访管理工作的难度。

（三）现有外事出访管理体制机制不能很好地契合网球职业化发展需要

随着中国网球职业化水平的不断提高，网球项目的职业化改革力度越来越大，出访活动类型更加多样化、人员构成更为复杂，出访行程的不确定性增强。如此一来，网球外事出访实际需求则与体育外事管理体制的工作要求产生矛盾和冲突。目前，在出访计划规模、出访队伍人员结构、出访行程、出访证件要求、出访经费使用等方面与现有政策要求存在较大分歧。例如，高水平职业运动员出访参赛应配备复合型的保障团队，保障工作要求专业化、精细化。这就使得出访团组的人员结构出现运动员数量少于保障人员的情况，但现有的体育外事管理制度则要求运动员与非运动员人员的比例不能低于1：1，如此一来，则大大限制了出访训练参赛的质量和效果。

（四）外事人员队伍力量薄弱

"外事无小事"，外事工作具有很强的政策性、敏感性、专业性和严谨度，决定了外事管理人员必须具备较高的政策水平、语言能力和专业素养。当前，网球中心外事管理人员队伍素质较高，基本能满足需求，但随着网球外事出访任务的日益繁重，外事出访的管理要求日趋多元化，外事人员队伍在人员数量、人员结构、能力素质、思想观念等方面的不适应和不相称之处日益显现。

四、加强网球外事出访管理工作的对策

（一）明确外事工作定位，转变理念，建章立制

外事工作是管理与服务并重的，本职是管理，但管理也是一种服务。外事部门在管理工作中要转变工作方法与工作理念，要尽最大可能发挥外事管理的组织与协调职能，要转变以政策为中心的管理模式，践行为业务部门和一线队伍服务的模式。

要不断健全规章制度，将现有的有关法规、文件进行梳理，根据形势变化及工作需要制定针对性和操作性更强的文件规定和操作细则。进一步优

化制度体系和结构，扩大覆盖范围，确保外事领域各方面有规可依、有章可循，不留空白和死角。同时加强宣传和培训，增强外事人员对规章制度的理解和执行力，增进中心业务部门对外事工作的理解和支持。

（二）理顺关系、优化分工

结合网球工作实际，理顺网球中心外事管理职能分工，优化人员配备。网球中心原有的外事出访工作开展方式是由专职人员负责中心外事出访工作的管理及外事出访手续的具体办理，既管又办，一方面，造成了业务部门不熟悉国家体育总局外事政策，出访要求与政策限制频频发生冲突；另一方面，外事办理人员不熟悉业务工作，不了解队伍的实际需求和动态变化，处理起外事出访手续来如隔山打牛，总是不尽如人意，出现了脱节现象。

通过网球中心各部门职能调整进一步优化外事工作分工，由办公室牵头负责外事工作的组织与协调，各部门指定专人负责基础性外事工作；管办分离，归口负责。这样既加强了统筹协调，又把外事工作与各部门业务工作有机地结合起来，分工明确，职责明晰，大大提高了外事工作的效率和质量。

（三）着力加强外事人才培养

外事工作"关键在人，成事在人"，外事人才的培养要往复合型、外向型、专业型方向发展。

首先，外事出访业务管理人员应当具备良好的政治素养和优秀的道德品质，这是外事工作健康、和谐、可持续发展的前提与保障。工作作风要认真、严谨、细致、准确、及时、踏实。

其次，具备过硬的业务技能。外事出访管理工作要求管理人员熟练掌握相关外事出访政策与规定，严把政策关和程序关，同时又要懂项目，必须不断更新知识结构，紧跟国家、行业及项目发展动态，提高综合业务素质和驾驭外事出访工作的能力。

最后，要加强外事人员在世情、国情、地情及涉外政策法规、领事、礼宾等方面的业务学习和培训，并且不断强化大局观和服务意识。要从国家、行业和项目发展的高度出发，提高服务水平。加强对外事出访工作的统筹协调和科学管理，努力把管理与服务有机地结合起来，在完善各项外事管理规定、坚持依法行政的同时，不断提高管理水平和服务质量。

（四）着眼全局促改革，加强顶层制度设计

随着国家体育总局系统贯彻中央巡视组整改意见的逐渐深入，打破行政、事业、社团、企业"四位一体"的管理模式、改革项目管理体制机制已成为共识。如何利用改革的契机，加强顶层制度设计，创新外事运行体制机制，使得外事工作能够为项目职业化的快速发展增添动力成为我们亟待解决的问题。

针对项目特点及结合协会实体化进程，需要外事管理部门敢于突破，敢于冲破障碍、打破壁垒，建立以协会为主导的外事工作体制，让外事运行机制更加贴近市场，贴近项目实际需求，真正使外事工作成为助推中国网球事业发展的生力军。

五、结　论

新的历史时期意味着新的历史任务，网球外事出访管理工作在网球项目的改革发展过程中扮演着重要的角色，并具有鲜明的项目特点。我们要学会运用马克思主义哲学的观点去研究如何在新时期加强网球外事出访管理工作，密切联系实际，解放思想、实事求是，牢记联系与发展，紧紧抓住主要矛盾和矛盾的主要方面，在国家、社会、行业发展的大势之下，全面、深入考量网球外事出访管理工作的时代任务和发展策略；着眼全局、明确定位，统筹谋划、顶层设计，转变观念、理顺关系，推陈出新、优化职能，加强队伍建设、提高服务质量，使网球外事战线成为中国网球事业健康发展的重要支持力量。

参考文献

[1] 孙晋芳. 中国网球运动回顾、挑战与设想——2012年全国网球训练工作会议主报告 [J]. 北京体育大学学报，2013，36（1）：113–122.

[2] 孙晋芳. 论中国特色职业网球的探索与创新 [J]. 南京体育学院学报（社会科学版），2011，25（3）：7–9.

[3] 杨洋. 当前我国外事管理体制现状、存在问题及对策建议 [J]. 佳木斯教育学院院报，2012（8）：421–422.

[4] 宋欣娜. 浅谈外事管理人员做好外事工作的必备素质 [J]. 改革与开放，2011（12）：40.

[5] 赵帆. 提升我国软实力视域下的体育外交研究 [D]. 济南：山东师范大学，2014.

用实践论观点考察全民健身活动宣传的
政府组织方式

国家体育总局宣传司　魏新翼

摘要： 2014年，国务院印发了《关于加快发展体育产业促进体育消费的若干意见》，将"全民健身"上升为国家战略，文件对相关宣传工作也提出了具体要求。本文以2011年至2015年为时间界限，以"全民健身活动"的宣传工作为研究对象，用实践论的观点，分析研究《全民健身计划（2011—2015年）》（以下简称"《计划》"）和《全民健身条例》（以下简称"《条例》"）对全民健身活动宣传工作的制度预设，简要回顾国务院体育主管部门和省级地方人民政府围绕各自全民健身活动组织开展的宣传工作，宏观梳理特点和成绩，查找不足，以期未来更好地发挥宣传助推全民健身事业发展的积极作用。

关键词： 全民健身活动；宣传

一、"全民健身活动"在全民健身制度格局中的地位及其主要内容

（一）《条例》规定了"全民健身活动"在全民健身工作格局中占据重要地位，界定了"全民健身活动"的主要内容

《条例》将"全民健身活动"置于十分重要的地位。从两个方面可以看出：其一，《条例》第一章"总则"第一条开宗明义："为了促进全民健身活动的开展，保障公民在全民健身活动中的合法权益，提高公民身体素质，制

定本条例。"第四条更加明确地指出："公民有依法参加全民健身活动的权利。"其二，《条例》共六章40条，将"全民健身活动"作为第三章，在整个《条例》中位置十分靠前。这一章共14项条款，是《条例》中篇幅最长、条目最多的一章。位置和篇幅凸显了"全民健身活动"在全民健身工作中的重要地位。

《条例》对"全民健身活动"的内容进行了详细界定。涵盖了"8月8日全民健身日"活动，全国性或地域性群众体育比赛活动，县级人民政府体育主管部门举办的与农村生产劳动和文化生活相适应的全民健身活动，国家机关、企事业单位和其他组织在职工中开展工间（前）操和业余健身活动、运动会、体育锻炼测验、体质测定等活动，工会、共青团、妇联、残联等社会团体组织成员开展的全民健身活动。《条例》鼓励单项体育协会、基层文化体育组织、居民委员会和村民委员会，以及全民健身活动站点、体育俱乐部等群众性体育组织开展全民健身活动。学校开展的广播体操、眼保健操等日常体育活动、全校性的运动会，以及远足、野营、体育夏（冬）令营等活动，也被列入了这个章节。

《条例》作为法律法规，以中华人民共和国国务院令的形式公布，对全体社会成员都具有严肃的法律效力，其中包括对各级政府如何制定、执行《计划》做出了法律预设。

（二）《计划》将"全民健身活动"定位为各级政府全民健身工作的重要内容

《计划》是国务院以通知的形式印发给各级政府和相关部委机构，必须贯彻执行的行政性指令。贯彻实施主体是各省、自治区、直辖市人民政府，国务院各部委、各直属机构，并不包括企业、公民团体等其他社会成员。因此，《计划》主要是明确各级政府的工作责任和职能范围。

《计划》将"保障公民参加体育健身活动的合法权益"定位为各级政府开展全民健身工作的"指导思想"；将"全民健身活动内容更加丰富"列为考核考察政府全民健身工作的"目标任务"之一，与"经常参加体育锻炼的人数进一步增加""城乡居民身体素质进一步提高""体育健身设施有较大发展""全民健身组织网络更加健全""全民健身指导和志愿服务队伍进一步发展""科学健身指导服务不断完善""全民健身服务业发展壮大"等并列。

（三）小 结

全民健身活动的组织开展是全民健身事业的重要组成部分，地位显著。其内容丰富，组织主体层级多、类型覆盖面广。在大群体工作格局中，政府部门具备引领社会各方面协调、共同参与工作的主导作用，政府组织开展全民健身活动具有示范引领等显著作用，这也是各级政府不可推卸的任务和责任。出于上述原因，本文将各级政府部门开展的关于"全民健身活动"的宣传工作列为研究对象。

二、宣传在全民健身制度安排中的地位

（一）《条例》做出一般性号召

《条例》作为对全体社会成员均具有强制执行力的法律文件，有效避免了通过法律条文等强制手段、"规定"新闻单位采访报道内容和任务这一尴尬局面的出现——如果这样做，既不符合宣传规律和新闻规律，也与社会价值观念相左。《条例》仅发出一般性号召，在第二十条中规定："广播电台、电视台、报刊和互联网站等应当加强对全民健身活动的宣传报道，普及科学健身知识，增强公民健身意识。"其号召的对象是新闻单位，源于自身法律性质，《条例》并未对政府部门提出具体要求。

（二）《计划》对各级政府机构提出明确命令

《计划》是国务院以通知的形式印发给各级政府和相关部委机构，必须贯彻执行的行政性指令。贯彻实施主体是各省、自治区、直辖市人民政府，国务院各部委、各直属机构。因此，《计划》可以向各级政府机构就全民健身宣传工作提出明确的工作要求。

《计划》将"深入开展全民健身宣传教育"放在各级政府贯彻落实《计划》的"工作措施"第一条，即充分利用广播、电视、平面媒体及互联网等新兴媒体，开办专栏，举办讲座，播放公益广告、宣传片、宣传画，出版科

普图书、音像制品，普及知识，提高公民科学健身素养。借助"全民健身日"、重大体育赛事及各种体育活动加强宣传，倡导健康生活方式，开展"终身体育"教育，在全社会形成崇尚和参加体育健身的社会风气。中央电视台、中央人民广播电台要安排专门时段播放广播体操、健身操（舞）、传统武术、太极拳（剑）等普及健身活动的节目。

具体分析可以看出，《计划》要求各级政府从三个维度来安排全民健身宣传：一是通过新闻单位开展新闻宣传；二是通过公益广告、宣传片（画）等开展社会宣传；三是借助各类体育赛事和活动加强宣传。

（三）小 结

基于对宣传工作功能价值的认识，《条例》和《计划》在部署全民健身事业的过程中，对相关新闻报道和宣传工作进行了同步安排，全民健身活动的宣传也被列入条文之中，更不乏具体工作步骤。开展好全民健身宣传，特别是全民健身活动的宣传，是政府部门的任务，目的在于传播知识、营造氛围。

《条例》和《计划》对全民健身活动相关宣传具有重要指导意义。《条例》和《计划》分别以法律条文和行政指令的形式，规定了新闻报道和宣传工作在全民健身事业整体推进过程中的一席之地，明确了新闻报道和宣传工作的目标及任务。这奠定了各级政府机构充分发动社会力量、共同做好全民健身宣传的法律基础。

同时，《条例》和《计划》分别拿出相当篇幅论述新闻报道和宣传工作，体现了"全民健身工作离不开新闻报道，必须依靠宣传"这个基本思路。在工作过程中，这既是对各级政府工作任务、工作效果的命令和要求，也是对其工作方法、途径、手段的提示和引领，具有非常显著的示范带动作用。

三、以马克思主义实践论观点对 "全民健身活动"宣传工作的再考察

马克思主义实践论认为，实践是人存在的本质，本质上看人的社会生活就是实践的。实践是人与外部世界发生联系的最基本方式。全民健身活动当然属于人的实践活动之一。

毛泽东同志在《实践论》中指出，人们的认识运动，首先经历由实践到认识的过程，即在实践基础上从感性认识上升到理性认识，这是认识过程的第一次能动的飞跃；经过实践得到的理性认识，还须再回到实践中去，这是认识过程的第二次能动的飞跃，是更重要的飞跃。人类认识发展的全过程是：实践，认识，再实践，再认识，这种形式循环往复以至无穷，而实践和认识的每一循环内容，都相对地进到了高一级的程度。认识过程中两个阶段的特性，在低级阶段，认识表现为感性的；在高级阶段，认识表现为理性的，但任何阶段都是统一的认识过程中的阶段。感性和理性二者的性质不同，但又不是互相分离的，它们在实践的基础上统一起来了。

（一）制度和工作实际在一定程度上符合实践论的基本原理

《条例》和《计划》注重通过新闻宣传，将全民健身活动相关知识与信息传递给广大民众；通过传播上述间接经验，带动、引领民众更多地从事运动健身这一社会实践活动。这一思路抓住了近年来民众渴望提高身体素质和健康水平、希望获得健身知识的基本需求，由政府出面组织新闻单位开展新闻宣传、社会宣传，借助体育赛事活动加以宣传报道，的确发挥了示范引领民众参与全民健身、形成社会氛围和健康理念的积极作用，取得了全民健身事业不断进步的丰硕成果。

从工作实际中看，政府在贯彻《条例》《计划》过程中，主要是通过新闻报道来开展宣传工作。这种方式能够将相关信息迅速扩大为社会影响，持续一定的时间，直接影响人的认识形成，是政府多年来开展宣传的主要方式和手段。

2011年至2015年的工作评估显示，全民健身宣传突出政策解读、政府形象塑造和适当舆论监督，普及健身知识、传播健康理念的主题日益突出。除了其他方面取得的成绩，具体到全民健身活动的宣传上，各级政府能结合各自开展的全民健身特色活动及重要节点（如8月8日"全民健身日"）开展重点宣传，形成了对以"全民健身日"为代表的全国性全民健身活动，季节性、地域性传统特色健身活动等的报道常态。

（二）在制度设计和工作实际中实践论还未得到最大限度的贯彻

借助体育赛事和活动加强宣传，的确能够产生倡导健康生活方式、形成崇尚健身社会风气的效果。但不同类型的活动作用效果不同：能够让人充分地参与，获得体验式感受的活动更能带动公众参与健身；一般展示性活动，虽然在新闻报道中经常出现，但带动公众的作用日趋微弱。这主要是因为，公众能够充分参与的体验式活动能够促使参与者对全民健身这个概念产生更加深刻的感性认识和理性认识，帮助人的认识发生飞跃，进而推动人自觉投身日常健身活动。但《计划》《条例》并未就政府应重点组织哪种类型的全民健身活动作出明确规定。工作实际中，展示性活动组织得相对较多，公众能够参与的全民健身活动近年来有所增加。2011年至2015年的全民健身宣传工作评估中发现的问题，也在一定程度上印证了上述不足：全民健身活动宣传策划不够，主题还需要进一步提炼；消息类报道多，评论性文章少，报道思想性不足，可读性有待提高；对人的感染力、号召力、带动性不强；宣传方式较为单一，借助传统媒体手段多，新媒体利用率低，社会宣传开展较少等。

另外，公众通过参与全民健身活动获得的体验、认识和感受，也远远超过新闻宣传所能带来的收获。"增强公民健身意识""倡导健康生活方式，形成崇尚和参加体育健身的社会风气"等都属于认识层面的问题。要解决认识层面的问题，仅靠新闻报道推广间接经验是不够的，促使人们完成认识的"第二次飞跃"也很难实现。这项任务更多地应由"全民健身活动"这个实践基础承担：组织参与式全民健身活动，促使参与活动的公众产生运动健身的认识，最终推动公众自觉健身。在这个基础上，全民健身活动还承担了向公众直接宣传、教育的作用，因为有切实的感受，这样的宣传教育效果更佳。而之前类似的宣传教育往往通过单一的新闻宣传完成，效果还不够理想。

四、以马克思主义实践论观点改进全民健身活动宣传

全民健身活动的组织开展，是全民健身事业重要的组成部分，相关宣传工作对其具有重要意义。这是各级政府部门不可推卸的任务。2011年至2015年，全民健身活动及其宣传工作取得了有目共睹的巨大成就。但从马克思主义实践论的观点考察，不管是在制度设计还是在工作当中，都需要进一步深

化对实践与认识这对哲学命题的思考，并在工作中自觉运用其基本哲学原理。下一阶段，应充分发挥全民健身活动的实践基础作用，更新活动组织方式，促进全民健身活动与宣传的有机融合。

人的感性认识与理性认识统一于实践活动这个基础。人对健身活动从感知到认同，再到自觉投入其中的认识飞跃，同样主要来自健身活动本身。从政府组织活动的角度看，必须给公众创造更多的、更加方便参与活动、体验健身的机会。这些活动不仅是展示性的，更应该是群众身边易于参加的日常健身活动。不在于一时一地的大规模、多人数，而在于广泛的参与性和较强的针对性。

这些活动的组织工作不应仅限于落实人员、场地、设施等具体任务，更要对活动内容进行设计，思考如何借助长时间、多人次的参与式体验，引导人们加深对健身活动的认识，提升其兴趣，丰富其知识，逐步达到促使人自觉健身的目的。

在这个过程中，全民健身活动不再是单纯的"活动"，而是兼具传播知识、教育引导、形成氛围等宣传和教育功能。在这个过程中，既需要新闻报道扩大影响，也需要社会宣传等多种宣传方式并存；不仅需要以宣传引导人、教育人，也需要以活动本身的感召力对社会人群施加有效的影响。这些功能以往过多地由"宣传"（有时候往往只是新闻报道）来承担。

在这种模式下组织开展的全民健身活动，既是展示活动，也是推广活动，主要是民众广泛参与的活动；既是全民健身活动，同时也是有效的宣传活动、教育活动。这几方面的因素将真正有机地统一于活动之中，达到水乳交融、彼此难分的地步。

参考文献

[1] 中国法制出版社.全民健身条例[M].北京：中国法制出版社，2009.

[2] 马克思.关于费尔巴哈的提纲[M] // 马克思恩格斯文集：第1卷.北京：人民出版社，2009.

[3] 恩格斯.路德维希·费尔巴哈和德国古典哲学的终结[M] // 马克思恩格斯文集：第4卷.北京：人民出版社，2009.

[4] 毛泽东.实践论[M] // 毛泽东选集：第1卷.北京：人民出版社，1991.

运动项目管理中心和单项体育协会改革浅析

——以自行车击剑运动管理中心项目协会的功能优化改革为例

国家体育总局自行车击剑运动管理中心　　刘辉

摘要： 为全面贯彻党的十八届三中全会精神，落实党中央、国务院决策部署，深入领会习近平总书记系列重要讲话精神，加快转变政府职能，深化体育管理体制和运行机制改革，特别是根据《关于加快体育产业促进体育消费的若干意见》文件要求及中央巡视组对国家体育总局的反馈意见，项目管理中心和单项体育协会的改革到了关键节点，研究其改革的内容和具体分工，努力破除体制机制弊端，激发社会组织活力，提高体育产品和服务供给能力，为不断满足人民群众日益增长的体育需求，推动我国体育事业全面、协调、可持续发展提供参考。本文以分析项目管理中心和单项体育协会的工作机制现状为例，分析改革面临的机遇和挑战，以及改革的工作模式设想。

关键词： 项目管理中心；协会；改革

一、我国体育管理体制的形成背景和现状

（一）当前体育管理体制的背景

中华人民共和国成立70多年来，体育作为国家各项事业中的一个重要领域，在"提高全民族素质""展示国家形象""振奋民族精神"等方面为

我国改革开放和社会主义现代化建设，为实现中华民族的伟大复兴做出了突出贡献。为更好地推进体育运动的发展、规范运动项目管理，从1997年底开始，原国家体委负责管理项目的相关司局撤销，相继成立运动项目管理中心，并履行对所属运动项目全面管理的职能。我国逐渐形成了国家体育总局各项目管理中心与全国性单项体育协会"两块牌子、一套人马"的特有的体育管理体制。

以成功举办北京奥运会为标志，这种体制集中了全国优势资源发展体育运动，有力地推动了我国运动项目的发展，项目的竞技水平不断提高，赛事组织特别是国际大型赛事的组织能力显著增强，体育外交的舞台越来越广阔，是我国体育事业近些年来取得长足发展的重要体制保障，至今仍然发挥着重要作用。

（二）项目管理中心和单项体育协会的职能现状

作为国家体育总局直属机构，项目管理中心主要负责全国范围内所属运动项目的业务管理，研究和制定运动项目的发展规划、管理法规和方针政策；负责和指导运动项目的宣传和普及工作，激发广大群众和青少年对体育运动的兴趣及参与的积极性；负责管理国家队，组织完成重大国际比赛的备战工作，负责和指导俱乐部建设及后备人才的培养，建设和管理高水平青少年后备人才基地；负责研究制定运动项目的全国竞赛管理、科技工作和反兴奋剂工作；负责开展国际交往和技术交流，组织参加国际比赛及在我国举办的国际比赛组织工作；负责与本项目有关的体育市场管理，积极开展与所管项目有关的经营和服务活动；等等。

国家体育总局主管的单项体育协会和项目管理中心的项目部属于合署办公，协会的职能主要是根据协会的章程，主要以协会的名义负责竞赛组织、训练培训、国际交流、青少年培养、发展会员、开展大众体育等方面的工作。

二、当前体育管理体制的弊端及成因

不可否认，这样的体育管理体制在一段时期内对我国体育事业的发展起到了积极的推动作用。但同时，我们也看到其中的弊端越来越突出，主要表现如下。

一是项目管理中心权力集中。集比赛规则制定、裁判选派、国家队选拔、产业开发等于一身，缺乏有效监督。特别是在赛事审批方面，项目管理中心也有很大的权力，收取管理费、商业开发、市场活动，就用协会这块牌子；涉及行政管理，就用项目管理中心这块牌子。由于绩效评价体系单一，项目管理中心的主要工作体现在对竞技体育的投入，群众体育更多体现在附属层面。《人民日报》也曾以"赛事审批制度到了改革关口"为题关注其中之弊。多年以来，赛事审批费已经成了体育领域公开的"行规"。除了收费，体育赛事的审批方式和审批流程也非常复杂。

二是单项体育协会功能弱化。由于受长期形成的行政主导的管理理念和管理方式、举办和参加北京奥运会等重大比赛任务影响，以及受社会组织发展环境不完善、政策措施不配套等外部因素的制约，实际运行中出现项目管理中心的职能被强化、单项体育协会的职能被弱化的局面，单项体育协会的很多职能被项目管理中心替代，如协会内部运转机制繁杂、国际组织的一般事务决策或执行程序繁多、项目管理中心层层签批、工作效率低下等。项目管理中心和全国性单项体育协会职责不清、利益关系复杂等体制弊端，被社会各界诟病。政、社、事、企合一的管理体制形成高度集中的行政管理权，管办不分、政事不分、政企不分，"大政府、小社会"现象突出，体育社会化水平不高。

造成这种体制弊端的核心原因是项目管理中心和全国性单项体育协会定位不明确，职责不清晰，分工不合理，运行不透明。因此，在进一步推动体育管理体制和运行机制的改革中，必须以问题为导向，通过体育社会组织和事业单位的试点改革，进一步理顺事业单位和社会组织之间的关系，有效消除高度集中的行政管理权，实现管办分离、事社分开，逐步建立起政府公共服务职能强化、监管有力，市场资源配置合理，社会组织充满活力，与我国经济社会发展相适应，符合我国体育事业发展需要的管理体制和运行机制。

三、我国体育管理体制面临的改革机遇

以上的弊端带来了很多问题，正如中央巡视组向国家体育总局反馈的情

况所指出的：围绕赛事的行业不正之风突出，赛事审批和运动员裁判员选拔选派不规范、不公开、不透明；比赛违背公平原则、弄虚作假、破坏赛风赛纪现象比较严重；赛事开发经营混乱，缺少必要的规范和监督；国家体育总局直属单位行政、事业、社团、企业"四位一体"，权力高度集中等。现在国家的体育到了只有不断深化改革才能获得持续发展的时期。

最近几年，国家相关文件的出台，为体育事业的改革提供了政策支持和发展机遇。2013年3月，《国务院机构改革和职能转变方案》通过，其中在关于改革社会组织管理制度中明确，"加快形成政社分开、权责明确、依法自治的现代社会组织体制。逐步推进行业协会商会与行政机关脱钩，强化行业自律，使其真正成为提供服务、反映诉求、规范行为的主体"。2013年11月，党的十八届三中全会审议通过《中共中央关于全面深化改革若干重大问题的决定》。2014年10月，国务院印发《关于加快发展体育产业促进体育消费的若干意见》，将全民健身上升为国家战略，营造重视体育、支持体育、参与体育的社会氛围，是对新时期国家体育工作的新的引领。2015年1月，国家体育总局党组通报巡视整改情况。2015年2月，《中国足球改革发展总体方案》通过，拉开了其他体育项目改革的序幕，也是中国体育改革的示范。

这些利好意见和指导措施，是体育事业发展的良好机遇。在推进体育改革的探索中，正确处理竞技与群体、市场与社会、奥运与大众、顶层设计与基层探索的辩证关系，既是实战考验，亦是突破良机。在此背景下，我国体育事业的改革随着全面深化改革的步伐正在不断展开，国家体育总局正按照中央全面深化改革的要求和国务院的部署进行试点先行，逐步推进。

四、我国单项体育协会的管理改革思路

我们在推进体育管理体制改革的进程中，破除资源垄断、激活市场主体、发挥社会组织活力，已是体育系统无法回避的课题，需认真解决行政、事业、社团、企业不分的问题，实现政事、政社、政企分离，管办分离。

下面以国家体育总局自行车击剑运动管理中心（以下简称"自剑中心"）为例，着重分析当前奥运项目协会的功能优化改革试点模式。在改革试点期间，优化项目管理中心内设机构的布局，项目管理中心和单项体育协

会在统分结合的基础上厘清关系，为下一步的彻底剥离做好前期工作。

自剑中心作为国家体育总局的事业单位，重点负责计划内赛事、体育场馆的经营开发、国家队训练、大型综合赛事的报批、财务状况的报告等。项目管理中心和单项体育协会根据业务范围和收支范围，分别将取得的收入记入各自账户，各自独立使用。在改革过渡阶段，项目管理中心对单项体育协会进行监管、指导。

自剑中心的奥运项目协会重点强化和扩充奥运项目协会在群众体育、体育文化等方面的功能、机制，更多地以协会名义开展上述工作，充分发挥人才、场馆和专业技术优势，扩大协会在群众体育、体育文化等方面的社会影响力。通过试点改革，将原来由项目管理中心承担的事务性工作交给单项体育协会，协会依法独立运作，实现管办分离，政事、政社、政企分开，解决行政、事业、社团、企业"四位一体"的体制弊端。特别是在事、社分离的过程中，人事制度方面，协会可自行设置内设机构，可按照社会组织人员管理办法自主招聘工作人员，人员编制由协会根据工作需要自主确定，协会新招聘人员签订劳动合同，收入分配由协会按照章程和国家相关规定自主确定，新老两类人员在协会工作中实现同工同酬等。在财务制度方面，改革试点协会可开立银行账户，按照国家规定设立专门的财务部门，项目管理中心要在明确协会业务范围、职责的基础上，划分协会与项目管理中心的收支范围，协会根据国家法律制度明确支出管理程序、重大支出决策程序等。

在协会改革的过渡期，单项体育协会按照"老人老办法、新人新办法"的原则优化协会人员组织架构和办事机构。按照工作需要吸纳体育管理、外语、财务等方面的人才充实到协会中。在现有基础上，扩充成立国际交流、青少年培训、项目推广等分支机构，在地方协会设立办事机构，吸收个人和团体会员，完善注册制度，建立起协会具有的独立的决策权、执行权、人事权、财务权等工作机制。

单项体育协会重点负责群众体育的培育和发展、组织开展大众活动、负责和单项国际组织的有效联系、具体实施国家体育总局计划外赛事的运作和组织等。单项体育协会可根据业务发展的需要，完善相关的协会管理办法，如注册管理、俱乐部管理、外聘人员管理、财务管理制度等。协会按照自身的业务流程，制定协会内部的垂直管理制度，如财务报销制度、文件运转程序等，协会主席可直接签发相关文件。协会是独立的法人，独立承担相关的责任。

现在我国体育界正处在"二次创业"的起跑线上，能否顺势而为、革新求变，是中国体育可持续发展的最大考题。从这个角度看，重构体育框架，不仅是自身发展规律的内在驱动，也是改革推动结构转型的时代命题使然。体育改革是全面深化改革的重要组成部分，体育管理体制机制改革又是体育改革的先行内容。通过以上管理模式的改革，逐步过渡到单项体育协会依法独立运作，实现管办分离，在壮大单项体育协会自身的同时不断与国际接轨，逐步建立起政府监管有力、市场配置资源，适合单项体育协会发展规律的体育管理体制和工作运行机制，从而不断促进我国体育事业更好、更快发展，推动我国由体育大国向体育强国迈进。

参考文献

[1] 黄亚玲. 中国体育社团的发展——历史进程、使命与改革 [J]. 北京体育大学学报，2004，27（2）：155-157.

[2] 张军. 国外大众体育管理体制类型及其组织特征分析 [J]. 南京体育学院学报（社会科学版），2004（18）：8-11.

[3] 汪流. 中国与西方发达国家体育社团若干特征的比较研究 [J]. 社团管理研究，2009（8）：49-52.

[4] 国家发展和改革委员. 国务院关于加快发展体育产业促进体育消费的若干意见 [M]. 北京：人民体育出版社，2015.

中国奥林匹克市场的公益性研究

国家体育总局体育器材装备中心　王明晏

摘要： 自北京2008年奥运会以来，中国体育运动发展迅速，体育市场也得到了迅猛的发展。由于我国的体育市场起步较晚，很多理论问题都还没有从实际中归纳出来，特别是公益性体育和职业性体育也还没有从理论上界定，我们在开发中国的奥林匹克市场时，其应有的公益性特点经常被忽略，往往埋没于职业体育铺天盖地的商业行为中，最终使奥林匹克亮丽的光环蒙阴，也使奥林匹克市场在中国的发展背离了其有限市场的原则。

目前，中国奥林匹克运动面临新形势和新机遇，本文试图通过对中国奥林匹克市场的公益性研究，在中国特色社会主义的市场平台上推进奥林匹克市场开发的新思路——市场工作既能满足奥林匹克本身的需要，又能降低赞助商和社会的经济负担，使合作方真正达到双赢和多赢；同时还要兼顾社会文化发展的需要，使奥林匹克的市场活动融入中国社会主义的核心价值观。

关键词： 奥委会；奥林匹克；市场；公益性

自北京2008年奥运会以来，中国体育运动发展迅速，体育市场也得到了迅猛的发展。由于我国的体育市场起步较晚，很多理论问题都还没有从实际中归纳出来，特别是公益性体育和职业性体育也还没有从理论上界定，我们在开发中国的奥林匹克市场时，其应有的公益性特点经常被忽略，往往埋没于职业体育铺天盖地的商业行为中，最终使奥林匹克亮丽的光环蒙阴，也使奥林匹克市场在中国的发展背离了其有限市场的原则。

目前，中国奥林匹克运动面临新形势和新机遇，本文试图通过对中国奥林匹克市场的公益性研究，在中国特色社会主义的市场平台上推进奥林匹克市场开发的新思路——市场工作既能满足奥林匹克本身的需要，又能降低赞助商和社会的经济负担，使合作方真正达到双赢和多赢；同时还要兼顾社会文化发展的需要，使奥林匹克的市场活动融入中国社会主义的核心价值观。

一、中国奥林匹克市场的发展历程

中国何时加入奥林匹克大家庭，是1932年，还是1952年？这个话题应由历史学者去评说。

客观地说，中华人民共和国是1979年以后才开始全面接触和了解国际奥林匹克运动的。于1972—1980年任国际奥委会主席的基拉宁先生在《我的奥林匹克岁月》中写道："我自当选为主席之时起，就一直希望整个中国都能在奥林匹克竞技场内参加比赛。我认为，这个拥有世界上最多人口的国家不能参加奥运会是一种奇怪的反常现象。"1979年10月，基拉宁先生在日本名古屋主持召开的国际奥委会会议上不仅恢复了代表中华人民共和国的中国奥委会身份，而且同意让来自台北的原"中国奥委会"变更名称、旗帜和会歌。这一被称作"名古屋会议"的事件在改革开放初期的中国是鼓舞人心的事件。查阅的档案显示，当时的国家领导人华国锋、李先念、邓小平等都对此事件做了高调批示，并由德高望重的邓颖超同志在人民大会堂的庆祝酒会上致辞祝贺。

二、中国奥委会市场工作发展的阶段性特点

代表中华人民共和国的中国奥委会重返奥林匹克大家庭，并于1984年首次参加奥运会是当时中国体育界的顶级事件，也是全中国的头等大事。恰逢改革开放初期的体制巨变，以"金利来""健力宝""海鸥手表"等为代表的企业对参加洛杉矶奥运会的中国体育代表团进行赞助，打开了中国体育代表团的赞助之门。以"东方魔水"自称的健力宝将其运动饮料的功能紧紧与中国女排的三连冠挂钩，一时风靡全国；而"健儿征战奥运会，海鸥飞往洛杉矶"的手表广告更是家喻户晓。中国体育代表团的品牌价值，特别是经济价值初现，中国奥委会的市场工作在朦胧中自发产生。

在2008年北京奥运会前，中国奥委会乃至中国的奥林匹克市场发展经历

了以下几个阶段。

（一）自发阶段（1995年前）

由于当时处于改革开放初期的计划经济环境中，占主导地位的国有企业没有重视中国体育代表团品牌的市场价值，而民营经济整体不论是实力还是规模都还处于初级阶段，中国奥委会也没有一个职能部门来管理和研究无形资产，市场工作往往跟随各司局在体育代表团组建过程中的职能划分分别进行。例如，在竞赛组团中遇到的市场工作由综合司（现为竞技体育司）负责；在国际事务中遇到的市场工作（如国际奥委会的TOP计划）由国际司（现为对外联络司）负责；如果涉及饮料、食品、营养补剂等由科教司负责；而在装备配备中遇到的市场工作则由计划司（现为体育经济司）负责，整个市场的特点是局部的、被动的。以1994—1995年中国奥委会（含广岛亚运会中国体育代表团）为例，整个市场收入仅为266万元。

（二）起步阶段（1996—2000年）

起步阶段的两个标志：①国家体委第一次机构改革成立了体育器材装备中心（以下简称"装备中心"），并将市场开发业务统一归到"装备中心"办理；②新成立的"装备中心"尝试主动向社会寻求赞助合作。

这一阶段为五年，跨越了1996年亚特兰大奥运会和2000年悉尼奥运会。该阶段仍然没有跳出以中国体育代表团为品牌的开发模式，但开始研究并引入国际惯例，在赞助商的层级划分上趋于正规化，同时该阶段进行了三项尝试：一是市场类别不再仅限于体育代表团的基本需求，而是扩大到金融、保险、电子、汽车等行业；二是学习国际奥林匹克市场"少就是多"的通行原则，和少数大品牌的企业签署独家排他性合作协议；三是开始研究给予赞助企业宣传回报和提供更多的服务。

由于以上的努力和尝试，这一阶段与上百家合作企业进行合作，总合同额超过1.5亿元。其中，仅1996年亚特兰大奥运会中国体育代表团就与63家企业达成了赞助协议；2000年悉尼奥运会中国体育代表团的赞助合同额度已突破了8000万元（注：摘自《新中国体育发展60年文集》）。中国奥委会在这个阶段虽然做了上述的一些有益的尝试，但总的市场情况是无序的、逐利的。如1996年中国体育代表团赞助企业达到63家，超过了北京2008年奥运会。赞助额从5万元到650万元，产品出现同质化现象，仅饮料赞助企业就接近20家。这种行为导致的结果是，该阶段100多个签约企业中延续合作的可谓凤毛麟角，到现在基本全都见不到了。

（三）联合市场阶段（2001—2008年）

这个阶段中国奥林匹克运动发生了一件大事——北京获得第29届奥运会的主办权，并经过7年的筹备成功主办了北京2008年奥运会。

国际奥委会对申办城市的规定：奥运会主办国只能有一个奥林匹克市场主体——奥运会，此规定起源于国际奥委会对1984年洛杉矶奥运会的总结。按此规定要求，中国奥委会和国际奥委会、北京市（代表未来组委会）签署了联合市场协议，即将2005年1月1日至2008年12月31日在中国奥委会辖区内的市场开发权移交未来的北京奥组委，同时，所有的市场活动必须在申办揭晓前的2001年6月30日停止，并且中国奥委会的任何市场协议的有效期都不能超过2004年12月31日。据此，曾有学者把这段时间分为2001—2004年和2005—2008年两个阶段。但我认为，这七年都在联合市场的涵盖期内，应该是一个阶段中的两个时期更为合理，即雅典奥运会周期和北京奥运会周期（2001—2004年、2005—2008年）。

（1）雅典奥运会周期（2001—2004年）。延续前述无序和杂乱的特点，中国奥委会为了保证自身的收益，必须在2001年6月30日前尽可能多地签署市场合同，尽可能长地延续自己的合法时间。短短的6个月时间，中国奥委会签署了31家合作企业并经国际奥委会同意将协议延长到2014年12月31日。

这个时期有三个关键点：第一，首次启用了中国奥委会商用徽记，并把以中国体育代表团为主体的市场活动上升到以中国奥委会为主体；第二，所有市场赞助协议的有效期都统一截止到2014年12月31日，把中国奥委会的市场周期按奥林匹克周期确定为四年；第三，首次引入了特许的概念，启蒙了中国奥委会的特许产品（注：摘自《新中国体育60年文集》）。这一时期的特点是由于国际奥林匹克市场的介入，我们的市场更趋规范性，但在出发点上还没从趋利情结中解脱出来。

（2）北京奥运会周期（2005—2008年）。这个周期的市场开发是严格按国际奥林匹克规则进行的，集北京奥运会市场和中国奥委会市场于一身，由北京奥组委统一开发，实现了市场收入的最大化。按北京奥组委的国内赞助销售计划，共签署了51家赞助企业，其中合作伙伴11家、赞助商10家、供应商30家。北京市最后公布的审计报告显示，北京奥运会的国内市场收入为98.7亿元。中国奥委会按照联合市场协议的约定，从联合市场收益中获得的权益让渡补偿达7亿元。这在国际奥运会历史和中国奥委会史上都是第一次。

三、北京2008年奥运会市场的特殊性

（一）北京2008年奥运会的收入情况

在2001年向国际奥委会递交的申办报告中收入预算为16.25亿美元，支出预算为16.09亿美元，盈余1600万美元（注：摘自北京2008年奥运会《申办报告》）。

实际收入情况是：

（1）根据《主办城市合同》规定，国际奥委会的市场收入向北京奥组委分成86.7亿元（约13亿美元），其中包括TOP计划分成和电视转播权销售分成两部分。

（2）组委会市场收入为98.7亿元（约16.5亿美元）。

（3）其他收入为19.6亿元（约2.1亿美元）。

以上共计205亿元（不包括《申办报告》中关于国家财政补贴和彩票公益金收入）（注：摘自《北京奥运会审计报告》）。

（二）北京2008年奥运会的财务决算情况

最后公布的决算报告显示，北京奥运会的支出为193.43亿元，盈余超10亿元（注：摘自《北京奥运会审计报告》）。如果按申办预算加上彩票公益金27.03亿元和国家财政补贴6.3亿元，则盈余达45亿元（后期为了平衡预算，取消了6.3亿元的财政补贴科目，同时将27.03亿元的彩票公益金划为预算外）。

（三）市场收入的特殊性

由于本文进行的是与奥林匹克市场相关问题的研究，因此，我们在此仅就奥组委市场开发收入进行分析。

北京奥组委从市场开发计划中共收入98.7亿元，其中从11家合作伙伴获得的收入就超过了60亿元；从40家赞助商和供应商获得收入10多亿元；特许计划获得收入10多亿元。

如果根据奥林匹克防止过度商业化的"有限市场原则"、防止以盈利为目的的"以支定收原则"，以及为了奥林匹克品牌的对等性采用的"少而多"的市场行为规范，北京奥组委在已经从11家合作伙伴中获得了足够的预算收入后，还继续签署了40家二、三、四流的小型合作企业，继续收入10多亿元的行为很难与奥林匹克的精神相符。同时我们再回头分析11家合作伙伴时不难发现：有8家属于中国的央企性质（中国银行、中国网通、中国石化、中国石油、中国移动、中国国际航空、中国人保财险、国家电网），3家属于跨国企业（大众汽车、阿迪达斯、强生）。客观上说，真正与奥林匹克市场相关的合作伙伴只有3家，央企性质的企业很难直接与奥林匹克市场产生联系，它们牵手北京奥运会的行为或许是为了表明一个端正的态度。当然，我们也很难要求一个临时成立的奥组委去为奥林匹克市场的长期发展做打算。在后奥运时期中国奥委会在市场开发过程中遇到的困难已经证明了这种短期行为的危害。

面对市场开发收入的爆发性增长，北京奥组委是乐于看到并认可这种状况的，在数次调整的收支预算中，最先考虑的是取消政府6.3亿元的财政拨款，后来随着市场收入的进一步增加，又提出了"低票价"的惠民政策来平抑收入预算。当然，如果能在政策上多考虑奥林匹克市场的可持续发展，适当降低合作企业的负担，为合作企业提供更多的超值服务就更加完美了。正如当时的国际奥委会主席罗格先生总结的："These were truly exceptional games"（译文："无与伦比的奥运会"）。

如果仅按Exceptional一词的解释，其顺序是：例外的、异常的、罕见的。显然，北京2008年奥运会的市场开发的确堪称"Exceptional Marketing"。

四、2008年后中国奥林匹克市场公益属性的发展

（一）北京奥运会后中国奥林匹克市场的环境和形势分析

2009—2012年，中国奥林匹克市场得到了飞速的发展，中国奥委会不仅签署了8家全国乃至世界一流品牌的赞助商，还和其中的大部分企业实现了跨周期合作。媒体报道，中国奥委会获得了20多亿元的市场赞助也不是空穴来风；同时，在市场迈入2013—2016年周期时，几乎所有的合作企业都提出了续约要求。中国奥林匹克稳定的市场格局逐渐形成。于是产生了两种说法：一是北京奥运会给中国奥委会带来了20亿元的市场赞助；二是中国奥委会的市场工作是从2008年奥运会后才真正开始的。

我认为这两种说法都带有很大的片面性。下面让我们来认真分析北京奥运会后中国奥委会所面临的市场环境和经济形势。

改革的深入使中国的文化和经济飞速发展，北京奥运会的成功举办更是给中国奥委会的市场开发带来了一个全新的环境。我们知道，任何事物都是有其两面性的，有正能量的一面，就必然存在负能量的一面。

1. 正能量一面的表现

（1）奥林匹克运动在中国的认知度空前提高，中国奥林匹克运动在国际上的影响力和知名度快速上升。

（2）中国运动员在北京奥运会上的出色表现，使得中国体育代表团作为民族精神的传承和国家积极形象的代表得到了全社会的广泛认可。

（3）众多的世界一流企业赞助北京奥组委，加盟北京奥运会，它们丰富多样的品牌推广和市场营销方式向中国社会展示了体育经济的特有魅力和巨大潜能。

（4）北京奥运会的市场宣传和众多赞助商的市场推广传播了世界一流的体育营销知识和理念，培育了大量的体育营销专业人才，体育营销的法律概念也得到了社会的广泛认可。

这为北京奥运会以后中国体育市场的快速发展提供了人才和知识的储备。

2. 负能量一面的表现

（1）如前文所述，正面效应使得体育品牌受到社会的广泛关注，中国奥

委会的市场开发和品牌推广也面临来自社会的激烈竞争，甚至国际体育组织，国内文化、艺术、娱乐等领域的组织也仿照奥运模式加入竞争，赞助企业可选择的资源不断丰富，一个多元素的、跨界的竞争环境展现在我们面前。

（2）北京奥运会联合市场期间，由于奥运会筹备工作繁重，北京奥组委自顾不暇，对中国奥委会知识产权的重视程度不够，客观上造成了中国奥委会和中国体育代表团知识产权的边缘化。这种后遗症在2009年中国奥委会重启市场时自身品牌的认知度不高这一点上反映尤为突出。

（3）北京奥组委对市场"大力"开发，在满足自身需要的时候忽略了和赞助企业间的双赢，甚至在某些方面打击了赞助企业的积极性。同时，2008年底美国爆发的次贷危机引起了全球的经济大衰退，跨国公司纷纷削减体育支出，国内企业信心不足，多持观望态度，这些都让我们的市场销售工作雪上加霜。

面对正、负两方面因素的影响，路，还得自己走，工作，必须一步一步地做。

（二）面对新形势，中国奥委会市场工作的应对措施

中国奥委会深刻认识到2009—2012年周期市场开发的重要性，这个周期市场开发的成功与否，将直接影响以后的市场。我们必须认真研究，重新定位，为今后的市场开辟出一条良性大道。

（1）理顺中国奥委会的市场工作机制，明确各职能部室间的责权关系。同时和国内各单项体育协会建立良好、科学的合作关系。一方面，明确和规范管理中国奥委会和各单项体育协会的知识产权的责权关系；另一方面，积极探索对单项体育协会的补偿机制，努力推进以运动员为核心，以宣传和推广中国奥林匹克运动的公益性品牌形象为目的的合作形式，在配合赞助企业开展体育营销的同时，帮助单项体育协会培育和打造优秀运动员的个人品牌，提高他们的市场价值。

（2）不断加强中国奥委会自身品牌的公益性宣传和推广力度，提高中国奥委会品牌的美誉度和认知度。同时还要严格管理、正面教育运动员，注重发挥优秀运动员的社会榜样作用，把艰苦拼搏和为国争光的优良品质和中国

奥林匹克品牌相结合，提升中国奥委会的公益形象。

（3）在前述改良措施的基础上，进一步丰富对赞助商的权益回报，特别是协助企业提升其公益形象和产品的社会美誉度。同时针对高端赞助商建立统一的服务平台，鼓励和协助赞助企业在中国奥委会统一的服务平台上提供新的增值服务和获得超值回报（主要指公益形象回报）。

（4）最后，还要进一步提高赞助销售水平，提高市场开发的工作能力。①重视信息收集和对潜在赞助商的社会调研，提高调研结果的客观性，并根据调研结果对赞助商类别和层级的设置进行及时调整。②在与赞助企业谈判过程中，要认真倾听和敏锐了解赞助企业的真实想法和兴趣所在，争取达到双赢的合作局面。③建立对中国奥委会和中国体育代表团品牌价值的社会评估机制，不断改进和完善赞助销售的定价办法，使中国奥林匹克运动与赞助企业间真正达到"彼此激励，共同成长"的双赢目标。

正是因为中国奥委会对自身品牌公益性形象的高度重视和精准把握，才促使了中国奥林匹克市场的飞速发展。

五、中国奥委会的公益性源自奥林匹克运动的公益性

前文多次提到市场工作的公益性，是由奥林匹克运动自身的公益性所决定的。现代奥林匹克运动自它诞生的那天起就是以"友谊、团结、公平"精神为准则的，一切以盈利为目的的行为都是与奥林匹克精神背道而驰的。

（一）起源的公益性

奥林匹克运动是人类社会文明、进步铸就的智慧之果。从古代奥运会到现代奥运会，人类的和平发展是奥林匹克运动的追求。

如果说古代奥运会属于古希腊，是因为古希腊的土壤和文化孕育和滋养了古奥运会；那么，从现代奥林匹克运动的孕育到诞生，先驱们着眼于人和人类社会发展的终极追求，百折不挠地创建现代奥林匹克运动，同样有着深刻的现代社会根源，是现实社会基础客观反映的产物。

现代奥运会举办了30届，可谓是历尽艰辛。人类社会的各种思潮和主张，以各种形式和手段有力地影响着奥林匹克主义实践者。但是，奥运会提

倡、体现的社会价值观使奥林匹克主义的践行者始终保持有强大的生命力。人们可以从《奥林匹克宪章》的基本原则中，清晰地看到奥林匹克主义的真谛；从奥运会的赛场上，目睹人类未来的希望——青少年追寻人类共有精神的坚强意志和坚定步伐。

（二）宗旨和践行过程的公益性

奥林匹克主义的宗旨是：通过没有任何歧视，具有奥林匹克精神——以友谊、团结和公平精神相互了解的体育活动来教育青年，从而为建立一个和平的、美好的世界做出贡献（注：摘自《奥林匹克宪章》）。

我们在接受《奥林匹克宪章》，按其宗旨推广奥林匹克运动时，经常会出现将"更快、更高、更强"的奥林匹克格言与宗旨混淆的现象，使我们在传播奥林匹克精神、推广奥林匹克运动时被带入一个误区：把奥林匹克理解为竞技体育；把竞技体育永争第一的品质引入奥林匹克精神，盲目扩大其竞争性，忽略了其"友谊、团结和公平"的精神。

以竞技体育为标志的奥运会竞赛恰恰是有着极高荣誉感的社会公益性事业，它从诞生那天起就确定了以国家荣誉为本的奖励形式，反对以物质的方式激励运动员。"为国争光"早已成为各国运动员参加奥运会的共同追求。这显然完全有别于职业体育。

下面我引用被中国人尊为"萨翁"的国际奥委会前主席萨马兰奇先生的一段回忆，进一步说明中国参与国际奥林匹克运动的公益性。

"我为什么爱中国，尊重中国？"

"当年，我受国王卡洛斯一世的任命在民主过渡时期出任西班牙驻苏联大使。各国外交官之间的接触非常频繁，我曾多次前往中国大使馆位于列宁山的本部。"

"我终于有机会感谢邓小平先生。虽然他个头不高，但却是一位历史伟人。是他的慷慨邀请让我得以在1984年参观了北京天安门广场的毛主席纪念堂。当我得知我和我的妻子是当时唯一受邀参观纪念堂的西方人时，我的惊讶之情可想而知。"

"我至今还记得1984年的洛杉矶奥运会遭到了苏联的抵制。但中国却抵制了苏联，依然出现在奥运会的赛场上。我至今还记得中国代表团步入洛杉矶纪念体育场时的情景——雷鸣般的掌声对它表示欢迎。洛杉矶见证了中国代表团获得了其奥运历史上第一枚金牌，我也亲自为中国射击运动员许海峰颁发了奖牌。"

"我有一个坚定的信念：21世纪的奥林匹克运动不能没有伟大的中国，奥林匹克大家庭也不能没有13亿中国人民，因为这将使我们变得更加强大。"

"奥运会对中国来说是一个让世界了解其文化的契机，也是让中国人民敞开胸怀自由地与世界人民交流、享受'奥运精神'的机会。奥运会是一个民族的伟大胜利，因为中国政府履行了诺言。因为有上百万志愿者的微笑和热忱服务，北京奥运会赢得了全世界的敬佩。这将是一次很难超越的圆满胜利。"

"在中国发生的一切都称得上'巨大'，也让西方人很难理解。"
（注：摘自西班牙《先锋报》2008年）

六、公益性特点是中国奥林匹克市场可持续发展的关键

《中国奥委会章程》明确指出，中国奥委会的性质是：以发展体育和推动奥林匹克运动为任务的全国群众性、非营利性体育组织，代表中国参与国际奥林匹克事务（注：摘自《中国奥委会章程》）。

正如国际奥林匹克运动一样，中国奥委会的章程明确规定了中国奥林匹克运动的非营利性。中国奥林匹克市场正是秉持这一原则而发展起来的。

中国奥林匹克市场的公益性特点主要表现如下。

（一）"少就是多"原则

"少就是多"最早是由德国建筑大师密斯凡德罗提出来的，他抛开欧洲古老建筑的烦琐和奢华而追求简易的结构和透明的空间。他在自传中写道："我不想很多，只想更好。"这一思想从几千年的中国传统美学和哲学中也能品味出来，例如国画大师最有意境的东西往往不是涂满笔墨的画幅，而是那一大片空白之中的轻微点缀。

这一原则引用到奥林匹克的市场原则后，被解释为：将所有的权益授予

最少的优秀企业，从而获得最大的收益。

在这一原则的指导下，中国奥林匹克的市场活动不用急功近利地遍地开花，而是精心寻找、认真比对出与自身品牌对等、优势互补的优秀企业，并与之达成长期的、双赢的合作。

中国奥委会在筹备后奥运时期的市场重启工作时，也曾聘请国际著名咨询公司出谋划策，它在市场方案中提出的赞助商结构基本都是参照北京奥组委的赞助商结构，呈金字塔形，即8~10家合作伙伴、10~15家赞助商、若干家供应商和特许运营商等。殊不知中国奥委会作为一个长期稳定存在的协会，其市场不能完全参照一个临时的活动（如奥运会、亚运会等），它必须要着重考虑品牌的对等和互补，并通过保护自身的公益性形象来保证市场合作的长期稳定性。鉴于此，中国奥委会最终采用的市场方案中赞助商结构是"倒金字塔"结构。

2009—2012年周期的合作企业为：8家合作伙伴、1家赞助商、4家供应商、1家特许运营商。

2013—2016年周期的合作企业为：6家合作伙伴、2家赞助商、4家供应商、1家特许运营商。

在此需要说明的是，2009—2012年周期结束时，所有的合作企业都提出了续约意向。中国奥委会在总结前一个周期市场工作的基础上，认真研究了国际国内的新形势，及时提出了调整优化赞助商结构的策略，在2013—2016年周期的市场计划中，取消了烈性酒的合作企业类别，降低了高档礼仪装备的合作层级。表面看来新的周期里合作企业有所变化，顶级赞助商减少了两家，但优化后的合同总额较前一个周期增加了2亿多元。

（二）限制过度商业化原则

从百度上查询"过度商业化"词条得到的解释是：丝毫不考虑文化产品的精神属性，一味地追求商业价值，唯利是图地攫取文化市场的超额利润。"过度商业化"迎合人性中普遍存在的低层次欲望，必然导致文化产品的恶俗化、低级化。

奥林匹克运动历来是限制商业化、坚决反对过度商业化的。尽管蒙特利尔奥运会的巨额财政赤字让奥林匹克运动陷入窘境，使其最后不得不接受商业的大量介入，才有了后来洛杉矶奥运会的辉煌，但奥林匹克运动限制商业化和反对过度商业化的原则始终没有动摇。在美国第三次拿到夏季奥运会的主办权筹备1996年亚特兰大奥运会时，精明的组委会商人们把奥林匹克圣火从东海岸传递到西海岸，然后按每英里1000美元的价格募集火炬手，这一行为至今都被认为是奥运会商业化的丑闻。

亲手推动商业介入奥运会的国际奥委会前主席萨马兰奇就说过："源于电视、赞助和集资的收入已使奥林匹克运动走向独立。然而，在开发这些计划和项目的过程中，我们必须记住，是体育而不是商业利益在掌握体育自己的命运。"

需要说明的是，从现代奥运会开始的那天起，商业行为就一直伴随其中。例如，曾经老牌的奥运合作企业柯达公司，从1896年第一届奥运会起就开启了它的奥运赞助生涯；可口可乐公司从1928年阿姆斯特丹奥运会开始其奥运合作生涯并一直延续至今。但所有这一切都是有限制的，任何影响奥林匹克公益形象的商业行为都是被禁止的。

中国奥委会为了保护自身的品牌形象，防止过度商业化，在总结北京奥运会经验教训的基础上，明确要求赞助企业进行的一切关于奥林匹克的广告和宣传必须经中国奥委会书面批准后才能实施。同时，禁止赞助商邀请运动员参加不符合运动员身份的商业推广活动；禁止在奥运会期间播放任何有奥运选手参与的广告。这些措施的目的只有一个——维护中国奥林匹克的公益形象，保证中国奥委会的品牌价值。

（三）以支定收原则

在计划经济时期，我们耳濡目染的是"以收定支"的财政原则。这个原则在今天仍然有着深远的影响。但应该明确的是："以收定支"只是资金筹集之后支付管理的一个原则，是确定支付水平和支付方式应该坚持的原则，不是筹资原则；"以支定收"才是筹资原则，它要求社会服务机构把职能和服务项目确定好，并以此为基础界定作为公共服务项目成本的财政支出规模，并随之界定弥补财政支出所需的收入规模。缺乏这个原则，就违背了社会服务机构的公益性原理。

在中国奥林匹克运动中，不论是中国奥委会还是任何一个奥运会、亚运会的组委会，在对待市场开发收入问题时，都很难达到"以支定收"的原则要求。

1. 奥运会、亚运会的组委会

从奥组委、亚组委等所在的主办城市可以看出，它们的财政原则可以说是"市场当先，财政担保"，当然最好是财政不出。在这种功利性财政原则的指导下，势必导致市场的穷极性开发和过度商业化现象（我国近期举办的亚运会、青奥会等，都不同程度地出现了赞助商"绑架"组委会和主办城市的现象）。就算是在"无与伦比"的北京奥运会上，当市场收入大大超出预期时，组委会首先考虑的仍然是减少财政支出，或将财政拨付划为预算外支出，而不是如何增加更多的惠民措施或适当压缩市场收入以减少企业负担。

2. 中国奥委会

中国奥委会目前经费主要来源于国家财政拨付，财政原则可以说是"以支定拨，市场添彩"。

"中国奥委会严格讲是国家体育总局代表国家组织体育代表团参加国际大赛、处理奥林匹克事务的一个机构，所以我们的整体定位与别的国家奥委会不同，我们的物质基础不取决于市场开发，所以我们不追求利益最大化。"（注：摘自东方早报《中国奥委会市场开发的近20年探索与思考》2013年3月29日）

但是市场往往是客观存在的，如果无法压缩收入规模，势必将要考虑扩大支出规模，特别是公益性支出规模。中国奥委会的市场收入主要用在了以下几方面：第一，列入奥林匹克发展基金，通过这个基金去做一些奥林匹克运动、文化的活动推广；第二，用于支持国家队训练；第三，解决中国代表团组团参赛的相关费用；第四，支付中国奥委会自身成本、做一些奥林匹克的公益宣传等。特别是在近几年，公益宣传的开展基本占到了市场收入的10%。（注：摘自东方早报《中国奥委会市场开发的近20年探索与思考》2013年3月29日）

尽管在目前的环境中，真正做到"以支定收"还有一定的难度，但应该明确这是公益性市场行为的基本要求，只有这样，我们才能把自己从职业体育对金钱的追求中区别出来，社会支持我们才会心甘情愿。

（四）"彼此激励、共同成长"原则——把中国奥委会市场工作融入广大的体育产业，从而获得持久的动力

奥林匹克运动的发展，依托于人类社会的发展。同样，中国奥林匹克市场的发展，与我国的政治、经济、社会、文化、生态等的发展密不可分。北京奥运会后，我国开启了从体育大国向体育强国迈进的征途，体育与社会各领域的联系日趋紧密，体育产业的发展已经上升到国家战略。中国奥委会应在社会主义核心价值观的指导下积极顺应新常态的潮流，启用跨界思维，与我国政治、经济、社会、文化、生态的发展紧密联系。

1. 关注青少年教育问题，不断提升中国奥委会的社会责任形象

随着社会的发展和科技的进步，青少年的生活方式不断改变，国际奥委会更加重视青少年体育运动的发展及奥林匹克运动在青少年中的影响力。在这样的背景下，中国奥委会应在教育领域加强与相关政府部门和组织机构的合作，充分发挥奥林匹克的教育原动力，提高大家对中国奥林匹克运动的认识，同时积极动员合作企业参与和拓展奥林匹克的主题文化活动。这些努力不仅可以通过与青少年教育更加紧密的结合来提高中国奥委会的社会责任形象，而且能为赞助企业提供更多履行社会责任的机会和渠道。

2. 更加关注运动员教育、就业等非竞技问题

奥林匹克主义的内涵是促进人的全面和谐发展。而作为奥林匹克主义主要实践者的运动员，其和谐发展理应受到重视。除了帮助运动员训练和参赛，中国奥委会也应该更加关注运动员的教育和就业等问题，同时积极吸引合作企业参与进来，这不仅可以促进我国竞技体育的可持续发展，保持优秀运动员的社会榜样作用，也可以为我国体育产业的发展提供更多的优质资源。

3. 更加重视与大众体育的联系

加强与体育管理和实施机构（如各单项协会和地方政府）的联系和合作，整合并充分利用全国性或地方性大众体育资源；关注人们生活方式的变

化和草根体育的发展，积极将自发性大众体育纳入奥林匹克运动的指导范畴。通过这些，中国奥委会不仅可以加强与公众的沟通，提高亲和力，而且可以为合作企业提供更多的营销机会。

参考文献

[1] 国际奥林匹克委员会.奥林匹克宪章 [M].北京：奥林匹克出版社，2001.

[2] 彼此激励、共同成长——中国奥委会市场开发的回顾和展望 [M] // 国家体育总局拼搏历程 辉煌成就——新中国体育 60 年.北京：人民出版社，2009.

[3] 体育不应过度商业化 [N].人民日报，2009-06-15.

[4] 中国奥委会市场开发的近 20 年探索与思考 [N].东方早报，2013-03-29.

中国定向运动协会发展的几点思考

国家体育总局航空无线电模型运动管理中心　许涓

摘要：党的十八大以来，以习近平同志为核心的党中央曾多次针对我国体育事业发表重要讲话，并站在全面建成小康社会、实现中华民族伟大复兴的战略高度重视发展体育事业。国务院于2014年印发了《关于加快发展体育产业促进体育消费的若干意见》，更为我国体育事业的发展提出了明确要求、指明了前进方向。近期，为更好地贯彻落实《中共国家体育总局党组关于巡视整改情况的通报》，国家体育总局提出了深化体育管理体制改革和全国性单项体育协会改革，这需要我们进一步创新体育管理体制和机制。

通过文献资料法等研究方法，本文分析了中国定向运动协会目前取得的工作成绩及所存在的问题，以问题为导向，以创新发展为目的，提出了对中国定向运动协会发展的几点思考，如何更好地发挥中国定向运动协会引领管理职能，引导定向运动在全国范围内进一步发展推广，成为群众体育的主力项目，为体育强国建设贡献力量。

关键词：定向运动；中国定向运动协会；体育强国

一、定向运动介绍

作为一项体育项目，定向运动是指运动员借助地图和指南针，在尽可能短的时间内到达若干个标绘在地图上的地面检查点的运动。

定向运动是一项集体能和智慧于一体的时尚体育运动，兼具马拉松和国际象棋的特点，在国际上被称为"智者"的运动。不仅能够培养人们独立思考、遇到困难独立解决的能力，而且能够锻炼体力和智力，培养在压力下寻找解决方案的能力。

定向运动19世纪末、20世纪初起源于北欧，是风靡全球的体育项目。国际定向联合会于1961年成立，目前共有79个会员国。定向运动是国际奥委会承认的运动项目。

二、定向运动在中国的发展

指南针作为我国的四大发明之一，促进了世界各国的交流与发展，给世界带来了巨大变化。如今，把指南针和地图作为基本工具的定向运动已被引入我国三十余年。我国地域辽阔，风景秀美，具有开展定向运动得天独厚的条件。目前，我国所有省份都已经开展了定向运动，在比较领先的地区如广东、湖南、江苏、浙江、上海、北京、云南、河南等参与定向运动的人数达到几万人，全国每年有数十万人参加定向运动。

这个项目适合的人群广泛，既能提高野外判定方向的能力，又能促进地图识别方法的学习，培养和锻炼人勇敢顽强的精神，花费也不多，并且实用性和娱乐性兼备，已经发展成一项新兴时尚的户外体育运动。

作为科技体育、国防体育和素质教育的重点推广项目，国家体育总局、教育部、团中央、国家测绘局、国家国防教育办公室等国家有关部委都在大力推广定向运动。定向运动也正作为"全民健身计划纲要"和"阳光体育工程"中的重点项目在全国广泛开展，并越来越受到人们的推崇。

三、中国定向运动协会

中国定向运动协会成立于1995年，作为在民政部注册，由国家体育总局主管的国家级单项体育协会，中国定向运动协会是全国性的定向运动的体育组织，是由定向爱好者、定向专业人士、从事定向活动的单位或团体资源组成的专业性、全国性、非营利性社会组织，是中华全国体育总会的团体会员，是代表中国加入国际定向运动联合会的唯一合法组织。

中国定向运动协会致力于团结全国定向爱好者和工作者；推动和指导定向运动在我国的普及和提高；加强我国定向界和国际定向界的交流与合作。根据国家有关体育的方针、政策、法规，中国定向运动协会主要负责组织协调全国定向活动；宣传普及定向运动；不断提高定向运动竞技水平等工作。

四、目前取得的成绩和存在的主要问题

（一）近几年取得的成绩

（1）适时调整培训模式，注重培训实效。在不断摸索中，逐渐调整项目普及推广的培训模式，针对不同人群设计不同的培训内容，力争做到内容实用、效果最大化。多年来的培训使得协会在全国拥有了一大批定向运动专业教师和科技辅导员，并且这支队伍还在不断扩大。这些优秀的教师和科技辅导员为进一步推动全国定向运动的普及和发展做出了不可磨灭的贡献。

（2）夯实传统品牌赛事，搭建全新赛事平台。"全国定向锦标赛"和"全国定向冠军赛"是比较成熟的两大传统赛事。为提高传统品牌赛事的参与度，增强比赛的观赏性，进一步扩展项目的发展空间，促进体育与旅游产业深度融合，逐步将竞赛和承办地的旅游资源结合起来。2014年推出了全新的"全国定向公开赛"。这项比赛不仅为定向爱好者增加了切磋交流的机会，也为地方政府提供了宣传当地特色旅游资源的平台。

（3）逐步使定向运动成为一种经常性体育锻炼形式和生活方式，不是将定向运动定义为纯粹的竞技体育，而是将它作为一种回归自然的休闲方式，积极倡导健康快乐的生活理念。依托体育彩票公益金等政府财政专项投入，在国家体育总局的大力支持下，连续数年开展各种定向交流活动、全民健身志愿服务活动、青少年夏令营等群众性定向健身活动，在全社会营造了浓厚的体育氛围，增强了大众的体育健身意识。

（4）净化竞赛环境，严惩违规作弊行为。在每次比赛和活动前，必须召开裁委会小组会，签订《裁判员纪律保证书》，要求裁判在执裁期间严格执裁，不营私舞弊，违规必究。协会坚持对违规行为"零容忍"的态度，严抓赛风赛纪，坚持常抓不懈、警钟长鸣。对严重违反体育道德的裁判员、运动队和运动员坚决予以严肃处理。同时，为了确保国家队的形象、加强纪律教育、防止运动员使用违禁药品，协会还规定国家队教练必须签订《反兴奋剂责任书》。

（5）充分调动各方积极性，建立健全规章制度。充分发挥各级协会、俱乐部及各专业委员会的积极性，在竞赛组织、人员培训、理论研究、市场开发、新闻宣传等方面或委托或合作，依靠其人力和资源优势协助协会开展各项目的推广和普及工作，成为协会项目进一步发展的重要推动力量，一定程度上缓解了协会的工作压力。

为加强标准化管理工作，针对定向运动的特点，制定了一系列规章制度和管理办法。包括《体育场所开放条件与技术要求》《科技体育国家集训队运动员管理办法（试行）》《科技体育国家集训队教练员管理办法（试行）》（定向部分的标准）、《定向运动员星级管理办法》和《定向运动员星级标准》等。

（二）存在的主要问题

1. 协会缺乏凝聚力，地区发展不均衡

中国定向运动协会是服务于广大定向运动爱好者、推动我国定向运动广泛开展的公益性组织。服务会员和各界爱好者是协会的主要职能。目前，由于人手少、工作多、任务重，很难兼顾到各地区的普及发展工作。就现状而言，管理制度和组织机构有待进一步健全，尤其地方管理体系不健全，导致不同层级协会在组织单位的创建与整合方面，缺乏制度化、规范化的管理。协会缺乏凝聚力，严重制约协会发展和项目进一步普及推广。

项目发展不平衡也是目前影响定向运动发展的重要因素。目前，定向运动在中国的普及和发展，中东部好于西部，发达地区好于欠发达地区，青少年人群好于其他人群。下一阶段协会普及发展的工作重心应向西部和欠发达地区转移，支持和帮助西部或欠发达地区普及定向运动，培育人才。

2. 人才匮乏已成为项目发展的重要障碍

一方面，缺乏经验丰富的专业人员是影响项目进一步发展的重要因素。裁判员和高水平制图员严重短缺的情况在今年的比赛中尤为突出。加快国家级裁判员和高水平制图员的培养是协会今后工作的重中之重。高水平教练员是项目不断发展的重要保障。目前，国内定向运动教练员的水平参差不齐，差距较大，如何提高现有教练员的专业技能和素养，是我们未来培训和普及

工作的重点。另一方面，在市场经济条件下，协会对各项资源的开发、利用与配置缺乏深度和经验。市场化推进力度有待加大，观赏性、参与性等问题还有待解决。其中最为突出的就是缺乏既能把握体育发展规律，又懂经营管理的复合型人才。

3. 基础较薄弱，人群辐射范围小

定向运动，作为户外项目的重要组成部分，在国外早已是男女老少喜闻乐见的主要户外运动项目。但在国内，定向运动不是奥运项目，也非全运会项目，受重视程度不高，宣传力度不强，尚未形成大众广泛认可的主导优势。在国内发展的三十余年，主要参与人群集中在学生群体中。近三年的全国定向锦标赛中近90%的参赛运动员为学生，造成了项目人群辐射范围小，很难形成立体化的定向运动参与人群，难以融合到目前成形的相关体育产业链的局面。

五、对中国定向运动协会发展的几点思考

（一）积极推进"三个结合"，全面促进定向运动的普及和发展

与教育相结合——进一步完善定向运动进校园的工作，在为定向运动打造坚实和广泛基础的同时，也着力为提高青少年综合素质提供服务。随着定向运动的普及和发展，越来越多的青少年喜爱定向运动，进一步推动定向校园的建设工作，有针对性地设计校园定向赛事和培训活动，鼓励俱乐部完善器材研发等工作。

与社区相结合——后奥运时代，让项目服务于社会。充分利用定向运动的项目特点为更多民众服务，向群众提供先进的健身手段和方法，积极挖掘与"互联网+"的深度应用。推广定向公园建设，完善和改进二维码和手机软件终端建设，与新科技紧密结合，创新组织方式，简化实施过程，降低参与门槛，让更多的人能够参与其中，提升项目的覆盖人数和普及度。

与市场相结合——改变"为比赛而办比赛"的现状，在主办赛事的过程中，应把更多的精力投入赛事的推广普及。招商引资、开放赛事更要成为重中之重。赛事不仅仅为体育服务，还可以成为赛事承办地展示形象和提升价

值的平台，与当地经济与文化发展无缝对接。

（二）全力打造"三类赛事"，积极优化项目结构，拓宽定向运动人群规模

努力优化项目结构，深入分析定向运动的人群结构，着力打造系列赛事平台。有针对性地打造适合各类人群的品牌赛事，建立"三类赛事"的"金字塔式"的立体赛事结构。根据受众的不同特点，打造完整的赛事链条，从低年龄到成人，从业余到专业一应俱全、层次分明。有深受中小学生喜欢的校园定向活动，也有适合初、中级爱好者的安全、难易适中的公园定向联赛，还有中高水平爱好者和运动员参与的竞技性强的专业赛事。建立选拔机制，搭建全国定向运动赛事的"金字塔式"结构体系。同时注重科技与项目的结合，提高赛事组织的科技含量。在精心打造品牌赛事的同时，注重提高赛事的观赏性、趣味性和媒体宣传的时效性，增加活动和赛事品牌的价值内涵。

发挥定向运动的户外优势，着眼于拓宽社会人群的参与度。目前，定向运动的参与人群主要是在校学生，参与人群规模小，覆盖面窄，不足以吸引商家的眼球。随着越野跑和路跑（马拉松）等项目的迅速发展，户外运动越来越受到社会人群的青睐。协会应抓住这一契机，着力拓宽定向人群的覆盖面，在户外运动人群中普及推广定向运动，打造适合户外运动人群的培训及赛事活动，吸引商家和体育经纪中介机构参与，共同打造品牌赛事。

（三）努力完善"三级组织"，积极鼓励社会力量参与项目发展和推广

完善"三级组织"，加快创新，推动项目社会化发展，为转型积累资源。首先，充分发挥中国定向运动协会的引领指导作用，制定项目发展的顶层设计。其次，鼓励和扶持地方协会组织开展基层赛事活动，扩大项目影响力。最后，调动和激励基层组织、学校和户外俱乐部参与各类赛事活动的积极性，扩大基础人群。

国务院下发了《关于加快发展体育产业促进体育消费的若干意见》，鼓励社会力量参与发展体育产业。今后，协会将积极寻求与体育经纪中介机

构和体育服务运营机构的深入合作，鼓励社会力量参与到定向赛事推广及筹备组织工作中。努力探索多元主体办赛机制，推广购买公共体育服务，建立起协会外围的"智囊团"，让专业的人做专业的事情。鼓励社会力量普及推广定向运动，鼓励各级协会、各类体育俱乐部积极开展定向运动的培训、赛事、活动等工作。

为加快行业内的思想更新、观念创新及方法革新，要积极引入赛事监督机制，培养年轻有能力的项目骨干成为高水平赛事筹备组织的专家；进一步加快裁判员、教练员和制图员的梯队化建设，着力培养和锻炼中青年队伍的工作能力，打造一支团结协作的骨干队伍；通过举办各级各类培训班和辅导班，加强行业专业知识的普及及专业技术人员的培养，优化人员配备结构，提升业内人士的综合素质，变瓶颈为通途，增强定向运动的发展后劲。

六、结 论

定向运动不是奥运项目，因而缺少国家政策和经济等方面的支持。但这并不等于它不受广大群众欢迎，不等于没有发展的市场，也不等于它对构建我国公共体育服务体系缺少作用。定向运动有着其他体育项目，甚至包括奥运项目都不具备的参与门槛低、趣味性强、拓展性好、适合各年龄段人群等优势。要紧跟时代发展的步伐，认清定向运动对建设体育强国的深远意义、独特价值和重要作用，抓住机遇、做好规划，推动定向运动跃上新的台阶。要积极探索新时期定向运动发展的特点和规律，不断发现和采用新理念、新制度和新方法，继续全面推进定向运动的改革创新，为实现从体育大国迈向体育强国的目标做贡献。

参考文献

[1] 国家发展和改革委员会. 国务院关于加快发展体育产业促进体育消费的若干意见 [M]. 北京：人民体育出版社，2015.

[2] 张莹，李建国. 创新社会治理体制对社会体育改革的影响 [J]. 体育科研，2014，35（1）：22-24.

体育服务
保障工作研究

对国家体育总局科教单位专业技术人员"双肩挑"问题的思考

国家体育总局体育科学研究所　乔春

摘要： 在科技体制改革和体育事业蓬勃发展的今天，体育创新人才的培养成为改革和发展的主要动力。"双肩挑"作为学术带头人和高层次专业技术人才的专业领军人物，担负着提升我国体育科技创新能力、促进体育事业可持续发展的重要使命。本文以国家体育总局（以下简称"体育总局"或"总局"）科教单位专业技术人员"双肩挑"为研究视角，梳理各科教单位"双肩挑"人员基本情况，分析了目前存在的五方面主要问题。本文利用马克思主义发展的观点，以问题为导向，对问题产生的原因进行梳理。通过分析认为，要从完善考核评价体系，加强工作中的整体设计和上位整合，建立有效的制衡机制，坚持教育培训和实践锻炼并重四个方面着手来解决存在的问题，从而推进工作可持续发展。

关键词： 国家体育总局；科教单位；"双肩挑"

"科学技术是生产力"是马克思主义的基本论断，邓小平同志在此基础上进一步强调"科学技术是第一生产力"。纵观人类文明发展史，科学技术每一次的重大突破，都带来了生产力的深刻变革和人类社会的巨大进步。在科技革命日新月异和我国体育事业发展突飞猛进的今天，体育创新人才的培养成为未来竞争的核心。"双肩挑"人员作为体育总局科教单位学术带头人和高层次专业技术人才的专业领军人物，担负着提升我国体育科技创新能力，促进体育事业可持续发展的重要使命。作为职能部门，有必要准确把握专业技术人员"双肩挑"现状，并在对目前存在的问题进行梳理和分析的基础上，厘清创新管理方法、手段的思路，以更好地发挥科教单位"双肩挑"人员在推动单位和体育事业发展中的积极作用。

一、体育总局科教单位"双肩挑"现状

"双肩挑"是指同时在管理和专业技术两类岗位上任职的人员。具体工作中，这类人员既是某一学科领域的专家，又承担管理者的职责。本文分析的重点是既担任单位中层以上领导职务，又聘任在专技岗位的人员。"双肩挑"现象在事业单位特别是教育、科技、卫生等类型的事业单位中较为普遍。这一现象在体育总局6家科教单位（北京体育大学、体育科学研究所、运动医学研究所、体育信息中心、反兴奋剂中心、体育文化发展中心）中体现得较为明显。

（一）6家科教单位"双肩挑"人员的整体情况

截至2014年12月，6家科教单位中，"双肩挑"人员占中层总人数的比例最高为76.2%，最低为8.3%，平均为44.4%（见表1）。从专业技术人员"双肩挑"的岗位级别来看，大多数分布在正高二级、三级、四级岗位，正高人员"双肩挑"平均占比高达68.8%；而副高人员的平均占比也达到了26.92%。

表1　体育总局科教单位专业技术人员"双肩挑"情况一览表

单位名称	总人数	中层数	双肩挑	双肩挑占中层比例	正司	副司	正处	副处	正高	正高所占比例	副高	副高所占比例	中级
北体大	1023	139	84	60.4%	1	4	37	42	57	67.9%	27	32.1%	
科研所	111	39	23	59%	1	2	8	13	12	52.2%	8	34.8%	3
运医所	106	21	16	76.2%	1	2	4	9	8	50%	6	37.5%	2
信息中心	76	18	7	38.9%		1	3	3	3	42.9%		57.1%	
反兴奋剂中心	52	17	4	23.5%			2	2	4	100%			
文化中心	52	24	2	8.3%					2	100%			

注：以上数据取自体育总局人力中心2014年收集汇总的体育总局各事业单位全员信息。

（二）6家科教单位"双肩挑"人员的具体情况

北京体育大学编制内在岗教职工共1023人，中层领导干部139人。其中，"双肩挑"人员84人，占中层领导干部总人数的60.4%。从"双肩挑"人员的专技岗位级别看，正高人员占67.9%、副高人员占32.1%。

体育科学研究所总人数111人，中层领导干部39人。其中，"双肩挑"人员23人（含2位所领导、4位内设机构正副处长，以及8个非内设机构的17位业务中心正副主任），占中层领导干部总人数的59%。从专业技术岗位级别来看，正高人员占52.2%、副高人员占34.8%、中级人员占13.3%。

运动医学研究所总人数106人，中层领导干部21人。其中，"双肩挑"人员16人，占中层领导干部总人数的76.2%。从"双肩挑"人员的专技岗位级别看，正高人员占50%、副高人员占37.5%、中级人员占12.5%。

体育信息中心总人数76人，中层领导干部18人。其中，"双肩挑"人员7人，占中层领导干部总人数的38.9%。从"双肩挑"人员的专技岗位级别看，正高人员占42.9%、副高人员占57.1%。

反兴奋剂中心总人数52人，中层领导干部17人。其中，"双肩挑"人员4人，占中层领导干部总人数的23.5%。"双肩挑"4人，均同时聘任在正高专技岗位。

体育文化发展中心总人数52人，中层领导干部24人。其中"双肩挑"人员2人，占中层领导干部总人数的8.3%。"双肩挑"2人，均同时聘任在正高专技岗位。

以上数据显示，6家科教单位存在着一支既从事行政管理工作，又不脱离教学、科研、医务工作，数量较大，专业技术等级较高的"双肩挑"队伍；并呈现出专业技术等级越高，"双肩挑"所占比例越高的特点。从实践看，这类人员作为体育总局科教事业发展的主力军和中坚力量，以其出色的专业技术工作，在较大程度上发挥了学术引领和模范带头作用；在行政管理工作中，他们以较高的政治觉悟和全局意识，结合业务工作积极开展思想政治教育和日常管理工作，推进了部门中心工作，提升了教学科研水平。

二、体育总局科教单位"双肩挑"存在的问题

不能否认，"双肩挑"模式在一定程度上对科教单位专业技术人员更好地发挥专业特长、提升学术地位和影响、提高单位人力资源效益和节约人力成本、保证科教单位各类人才队伍的稳定、促进事业发展等方面起到了很好的促进作用。但随着体育事业全面深化改革，科教单位去行政化趋势日益明显，社会分工越来越精细，专业化水平不断提高，加之作为社会个体的每个人时间和精力有限等原因，在日常工作运行中具有中国特色的"双肩挑"管理模式面临着不容回避的矛盾和问题。主要表现在以下几方面。

（一）管理任务考核指标不够细化，约束机制缺乏

"双肩挑"意味着承担管理和专技双重责任，与此相对应，管理和专技工作的考核指标在定性和定量方面都应细化和完善。目前，"双肩挑"人员的教学、科研业绩考核指标都可以量化，有课题、论文、教学量等"硬指标"，但对此类人员管理工作的考核却难以进行量化。特别是缺少对此类人员管理绩效、内部管理、团队建设、人才培养等方面的"硬指标"，往往都是"软指标"，评估管理工作的成效往往只能依靠"双肩挑"干部的自身觉悟，而不是通过规章制度和量化指标来予以约束和保证。管理工作考核指标的缺失，间接上容易导致"双肩挑"人员在管理能力和管理素养方面难以胜任。

（二）时间分配不合理，管理工作成虚设

如何正确处理管理工作和教学、科研等业务工作的关系，尤其是当两者冲突时，在时间的安排上如何合理分配，这是"双肩挑"人员需要面对的问题。一般意义上讲，既然已走上领导岗位，在管理任务日益繁重的情况下，"双肩挑"人员就应当以管理工作为主，业务上就应该做出一定的让步或牺牲，否则就应该一心一意去搞教学或科研，专职从事专业技术工作；或者至少要两方面统筹兼顾，不能顾此失彼。目前的实际情况是，相当一部分"双肩挑"人员在管理工作和教学、科研工作方面的时间、精力难以合理分配，出现了重业务（专技）、轻管理工作的情况，难以真正实现管理和教学科研两不误，"双肩挑"成了"双耽误"。

（三）光环效应明显，存在学术寻租的风险

从体育总局实际情况看，直属事业单位均已实行中层干部聘任制。通过激烈的岗位竞聘，一些能力较强的专业技术人员聘任到相应的管理岗位，光环随之而来，由此衍生出无形的社会资源和职务便利。"双肩挑"人员往往是某领域或某学科的中坚力量或核心人员，与普通教师或科研人员相比，信息不对称、机会不均等现象普遍。他们在教学安排、课题申报等过程中的资源调配和人际关系协调上，会有更多的便利条件。加之有些"双肩挑"干部功利思想比较严重、大局意识不强，容易出现利用职务之便为个人谋取利益，搞自己的小圈子和小帮派的现象，容易破坏学术风气，存在着学术寻租的风险。

（四）严谨治学、踏实干事的精神不够，创新意识和工作动力不足

少数专业技术人员在聘任中层岗位前，往往是雄心勃勃，信誓旦旦。而一旦如愿成为"双肩挑"干部后，教学、科研不能脚踏实地，以身作则。更多的是利用职务和级别的光环去获取课题、拿经费，挂名做项目，搞学术交流，天天忙于陪评委、看专家、搞座谈，一年之中的大多数时间都在外面飞。板凳要坐十年冷，文章不写半句空，踏实做学问搞科研的精神日渐缺失。另外，在加强所在部门内部管理、向管理要效益等管理工作方面的投入也不够，专技和管理两方面的工作都受到较大影响。

（五）能上不能下、论资排辈现象普遍，干部队伍活力不足

这一问题虽然不是"双肩挑"独有的问题，但在"双肩挑"模式中比较普遍。专业技术人员一旦聘上相应管理岗位，正常情况下，没有政治上的原则性问题和工作上的重大失误、失责，自己又不主动提出退出，基本上能保证在新的聘期中续聘原有岗位甚至聘到更高等级的管理岗位。在事业单位实行编制管理和领导岗位职数管理的现有用人体制下，随着时间的推移，老同志不让位，新生力量就缺乏上升的空间，干部队伍的积极性和干事创业的热情难以激发，事业的生机和活力也受到影响。

三、对策建议

产生上述问题的原因很多，有大的社会环境和传统文化的影响，也有单位内部现有教学科研管理体制、考核机制和评价体系的问题，还有"双肩挑"人员个人素质和职业素养的问题。针对存在的问题，要用马克思主义发展联系的基本理论，以问题为导向予以解决。本文建议从以下几个方面加大工作力度。

（一）完善考核评价体系，为干部干事创业指明方向

少数"双肩挑"干部出现在其位不谋其政的问题，原因很多，但更重要的原因是缺乏明确而有效的考核评价体系，特别是对管理工作的考核评价指标不健全。"双肩挑"干部的首要任务是管理，因此，考核评价干部工作的好坏首先要考虑管理成效问题，其次才是个人学术科研业绩。一个部门负责人的管理成效具体包括团队建设，人才培养，团队所属人员的科研和学术成果（包括教师的授课满意度、课时量完成情况和科研人员的课题数量、经费、论文发表、学术交流等）及其他行政日常工作开展情况。要通过细化考核评价指标，发挥导向和指挥棒作用，引导"双肩挑"人员搞清楚自己的工作方向，明白自己应该干什么，怎么去干。

（二）加强工作中的整体设计和上位整合，为"双肩挑"人员松绑

实际工作中，"双肩挑"人员工作时间较普通员工要长，他们除了必须完成个人教学、科研等专技任务之外，还要处理繁多而复杂的日常管理工作，应付各种大小会议和活动。这样一种模式对"双肩挑"人员来说，既是对能力的考验，也是对体力和精力的挑战。出现这种情况，与"上面千条线，下面一根针"的工作架构不无关系。因此，各单位在进行工作布置和活动安排时，各管理（职能）部门要加强沟通和协调，加强工作内容和工作资源的整合，尽最大努力减少"双肩挑"人员去做一些不必要的工作。与此同时，对"双肩挑"岗位，要做到人岗相适，选择合适的人到合适的岗位，并选好配强团队人手，提供基本的财力和物资支持，解决他们的后顾之忧。

（三）建立有效的制衡机制，营造风清气正的学术大环境

针对"双肩挑"可能引发的学术寻租的风险，要通过加强监管、建立制衡机制来规避。在体育总局的各科教单位实际工作中，除人事任免和大额资金使用等工作，容易监管不到位的往往是一些关系到单位发展的重大事项的决策，如学科发展、政府采购、成果转化及经营方向等。而实现监督的关键在于权力的制衡机制，要充分发挥校代会、职代会、支委会、学术委员会、职称评审委员会及群团组织等机构的作用，充分借鉴专家学者、普通党员群众的意见和建议来实现制衡。通过多方位、多层级之间全方位渗透达到制衡目的，才能真正营造风清气正的学术大环境。

（四）坚持教育培训和实践锻炼并重，提升"双肩挑"干部管理素养和专业能力

一名优秀的"双肩挑"干部应该既具备较高的政治理论素养，又有较强的学术专业能力和较高的管理水平。针对部分"双肩挑"人员管理素养缺乏和专业能力不精不深的问题，要加强教育培训和实践锻炼，坚持二者并重。教育培训方面，除进行业务知识的学习培训外，还要引导他们正确处理管理问题和学术问题的关系，重点加强"双肩挑"干部管理素养的教育培训，加强政治引领，培养良好的职业道德，较高的思想道德品质、事业心和责任感，良好的服务意识和敏锐的洞察力、组织协调和控制能力及开拓创新精神等。提升能力的另一重要途径在于实践锻炼，各单位应敢于给"双肩挑"人员在工作上压担子，特别是在管理工作上要多提要求。通过加强管理工作实践锻炼，提升他们认识、分析和解决管理工作中遇到的实际问题的能力。

四、结　语

在体育事业改革继续推进、科技体制改革如火如荼进行的浪潮中，各科教单位的"双肩挑"人员作为改革的执行者和实践者，扮演着十分重要的角色。因此，我们必须认真分析"双肩挑"存在的问题，并结合体育工作特点及科教单位实际情况进行分析，并从制度设计和具体安排等方面将一些不利于"双肩挑"人员发展的问题规避开，充分发挥"双肩挑"人员优势，真正

实现他们在专业研究和行政管理领域的双丰收和双进步。

参考文献

[1] 陈启源，雷艳佳. 高校"双肩挑"管理模式评析 [J]. 广西师范学院学报（哲学社会科学版），2007，28（2）：131-134.

[2] 聂铭静. 高校管理干部"双肩挑"模式的困境与出路 [J]. 湖北成人教育学院学报，2011，17（5）：22-23，33.

[3] 薛丹. 试析现代大学制度改革下的高校"双肩挑"模式 [J]. 文教资料，2011（32）：149-151.

[4] 郑玉亭，黄宏，周志红. 高校科研处长"双肩挑"的弊端及对策 [J]. 研究与发展管理，2002，14（1）：30-34.

[5] 刘哈兰. 高校"双肩挑"干部的角色冲突：原因及其消解 [J]. 现代教育科学（高教研究），2010（5）：65-68.

法律视角下的我国运动员
伤残保障工作研究

国家体育总局体育基金管理中心　周毅

摘要：在北京奥运会上，中国体育代表团创造了参加奥运会以来的最好成绩，实现了重大历史性突破。可是，运动员们所付出的代价鲜为人知。由于竞技体育对运动员的年龄、身体条件有着严格的要求，再加上运动员要长期进行封闭式、超身体极限的体育训练和比赛，极容易造成运动伤残、慢性运动损伤甚至死亡。可以说几乎所有的运动员都面临着退役后的伤病困扰和再就业等一系列要解决的保障问题。

党的十八大以来，党中央对做好新时期体育工作提出了新的更高要求，目前我国政府对运动员的保障问题越来越重视，其中运动员的伤残保障是最受社会关注的问题之一。而运动员因为训练比赛造成的伤残，在社会保障中覆盖面小，保障程度低，针对性弱。

本文试图从运动员伤残保障的现状入手，结合我国社会保障实情和体育事业发展现状对我国优秀运动员伤残保障进行分析和研究，对现行的运动员伤残保障法规缺陷进行分析，对运动员伤残保障制度的完善提出对策和建议。

关键词：法律视角；运动员；伤残保障；研究

在北京奥运会上，中国体育代表团创造了参加奥运会以来的最好成绩，实现了重大历史性突破。可是，运动员们所付出的代价却鲜为人知。由于竞技体育对运动员的年龄、身体条件有着严格的要求，再加上运动员要长期进行封闭式、超身体极限的体育训练和比赛，极容易造成运动伤残、慢性运动损伤以及死亡；可以说几乎所有的运动员都面临着退役后的伤病困扰和再就业等一系列要解决的保障问题。

党的十八大以来，党中央对做好新时期体育工作提出了新的更高要求。目前，我国政府对运动员的保障问题越来越重视，其中运动员的伤残保障是最受社会关注的问题之一。而运动员因为训练比赛造成的伤残，在社会保障中覆盖面小，保障程度低，针对性弱。

本文试图从运动员伤残保障的现状入手，结合我国社会保障实情和体育事业发展现状对我国优秀运动员伤残保障进行分析和研究，对现行的运动员伤残保障法规缺陷进行分析，对运动员伤残保障制度的完善提出对策和建议。

一、我国运动员伤残保障工作现状分析

（一）我国社会保障制度概况

社会保障概念首次公开使用是在1935年8月美国颁布的《社会保障法案》中，此后，《社会保障法案》经过无数次的修改与补充。继美国之后，德国、阿根廷、墨西哥等国家先后建立起社会保障制度。

我国的社会保障制度，是随着中华人民共和国的成立而逐步发展和完善的。在此期间，经历了创建阶段、发展调整阶段、挫折阶段、恢复发展和改革重建阶段四个时期。自20世纪90年代末期，我国的社会保障法律制度建设快速发展，主要由社会保险法律制度、社会福利法律制度、社会救济法律制度、社会优抚法律制度组成，其中社会保险法律制度是社会保障法律体系的支柱，根据我国社会保障的实际及法律实践，它由养老、失业、工伤、医疗、生育五部分保险制度组成。

目前，我国社会保障管理体制涉及较多部门，如劳动、人事、财政等部门，而近年来又实行了按行业建立养老保险的制度，使得社会保障更加政出多门和权责不清。

另外，从立法体系建设方面来看，我国社会保障法律立法涉及的内容、保障对象过窄，立法体系层次不高，立法相对滞后。目前国家提供的基本保障制度在对象和范围方面相对集中在城市，在内容方面主要限于养老保险和医疗保险，社会保障已基本覆盖了国有企业，集体企业大约一半左右已纳入社会保障，而众多的非公有制企业、个体工商户、自由职业者等基本上未能享受社会保障。另外，社会保障规范文件基本上都是行政法规或部门规章或地方性法规，法律层次低，且很大一部分为"试行""暂行""意见""通知"等，已不适应社会保障的发展要求。

总之，《社会保障法》的实施主体是国家和社会，保障对象是社会全体成员，其目的是提高社会成员的生活质量，保障社会成员的基本生活安全。而社会保障制度是国家依照法律规定建立起来的制度体系，它不同于个人保障、家庭保障、团体保障，突出强调社会性保障。因此，我国社会保障管理体制要以法律制度建设为核心，建立和完善社会保障法律制度有利于保障和实现公民的生存权，也体现了国家和社会的责任。所以，逐步实现社会保障的规范化、法制化，完善社会保障制度任重而道远。

（二）我国运动员伤残及伤残保障现状

我国运动员伤残保障体系起步比较晚，虽然《社会保障法》《体育法》的相继出台在一定意义上给予了运动员一些相关的保障内容，但针对运动员的"职业病"——运动性伤残、劳损、猝死、意外死亡等，这个特殊群体的伤残保障基本没有体现。体操女运动员桑兰在1998年美国友好运动会上摔伤之后，运动员的伤残保障才逐渐引起社会公众的广泛关注。

目前，我国运动员伤残保障工作包括以下两个部分。

1. 运动员伤残互助保险

互助保险经历了两个历史阶段：第一阶段是1995年至2002年的国家集资给参赛运动员做商业保险阶段；第二阶段是2002年至今的国家搭建中华全国体育基金会公益平台所进行的"运动员伤残互助保险"（以公益为主体的保障性保险险种）。

运动员伤残互助保险主要是为了弥补我国社保和医疗政策在运动员伤病救治方面的不足，中华全国体育基金会将运动员的伤残保险与互助保险的理念及有关条款进行了有机结合，创建了运动员伤残互助保险。项目开展以来严格执行国家体育总局发布的《优秀运动员伤残互助保险暂行办法》，至今累计资助18564人，资助金额5239万元，2002年至2013年互助保险报名与赔付情况详见图1。其中，从2004年每年2万多名运动员报名，逐渐发展到每年3万多名运动员报名，累计有25万多名运动员报名，而参加过互助保险的运动员中已有1.8万人次获得伤残补助金，发放金额达到5240万元。

2. 运动员保障专项资金

运动员保障专项资金（以下简称"专项资金"）是为了帮助运动员解决因重大伤残和特殊生活困难所面临的工作和生活问题，构建和谐体育的人文环境，由国家财政设立的专项资金，主要用于发放运动员重大伤残医疗补助金、运动员特殊困难生活补助金、运动员教育资助金及组织开展运动员职业辅导和就业服务等职业发展项目。

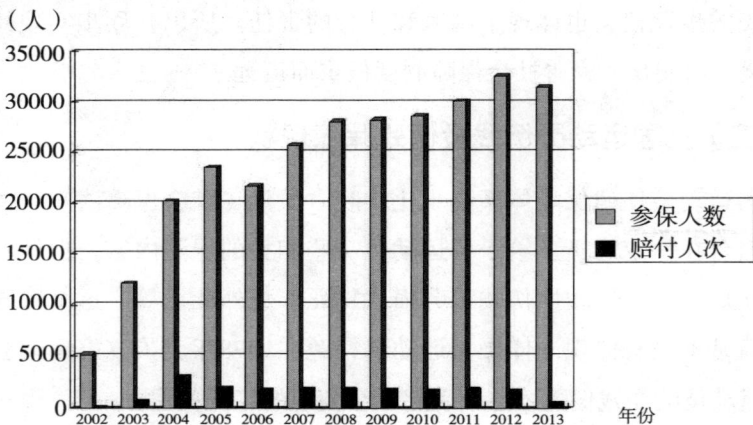

图1　2002—2013年运动员互助保险报名与赔付情况统计图

2008年10月实施至今，已有968名在役、退役运动员获得伤病困难补助，发放资金1947万元。上海市排球运动员汤淼于2008年伤残后，工伤鉴定为一级工伤，在国内国外都有住院治疗费用，按照运动员重大伤残医疗补助及特殊困难生活补助的条件和标准，共向他发放补助金10.8万元。

（三）社会保障与运动员伤残保障的关系

经过30多年的改革，我国的社会保障法律制度建设在养老、医疗、失业、工伤、生育等方面已取得了明显效果。但目前国家基本保障制度中还没有关于运动员伤残的保障，运动员所能涉及的仅仅是正常的医保。表现为受伤当时享受医保，康复时（有些案例需要一辈子康复理疗）一切自理，运动性猝死、运动中意外死亡则更无据可依。

众所周知，我国运动员是一个很特殊的群体，其特殊性就在于其长期进行封闭式、超身体极限的体育训练和比赛，极容易造成运动伤残、慢性运动损伤以及死亡。我国作为体育大国的地位越来越突出，体育赛事越来越多，从事体育运动的人也与日俱增。密集的赛事和如此众多的运动人群，加上运动所带来的伤残基本游离于社会保障外，应该成为完善《社会保障法》等制度的思考点，也是完善运动员伤残保障工作的动力源。

（四）商业保险法律制度与运动员伤残保障的区别

（1）基本属性不同。运动员伤残互助保险是竞技体育运动员的特殊保障。其特点是：不以盈利为目的、互助互济、缴费低、补助标准高、程序简便、补助及时、公益性强。主要为保障运动员在训练、比赛中无后顾之忧，体现着政府关怀的特性。商业保险则是以盈利为目的而经营保险业务的行为，主要根据保险利益的大小及保险标准的受损状况来决定对保险人、受益人进行支付或赔偿，具有赚取商业利润的特性。

（2）投保范围不同。运动员伤残互助保险所采取的是由个人缴费、团体投保的形式，特别强调的是运动员自愿、自主参加，是对国家职工工伤保险的一种补充。在运动员训练比赛期间，不论发生何种类型、何种程度的伤残事故，都给予相应的赔付。而商业保险虽也以自愿为原则，其法律关系的确立必须经当事人同意方为有效，任何人均不得强制投保人投保，不得强制保险人为被保险人保险。但是，商业保险作为营利性企业，对一些高风险的运动项目不予投保。

总之，通过我国社会保障制度、运动员伤残保障现状和二者对照分析，以及商业保险与运动员伤残互助保险的比较，我们不难得出我国社会保障制度存在局限性、运动员伤残保障制度建立有其必要性的结论。

二、我国运动员伤残保障工作的相关法规制度分析

（一）我国运动员伤残保障相关规定

1994年颁布的《劳动法》中规定："国家鼓励用人单位为劳动者建立补充保险。"截至2015年，我国关于运动员伤残保障出台了一些法规制度，包括《优秀运动员伤残互助保险试行办法》（国家体育总局2002年颁布）、《关于印发〈优秀运动员伤残互助保险暂行办法〉的通知》（国家体育总局2004年颁布）、《运动员保障专项资金实施细则》（国家体育总局2011年颁布）。

（1）对运动员参保的范围有了规定，明确指出参保范围，针对各省、自治区、直辖市体育局，总参军事体育训练局，总政文化体育局，前卫体协，火车头体协，及各级优秀运动队在役运动员。并对运动员伤残互助保险缴费标准和资助标准进行了细化，详见表1。

表1　优秀运动员伤残互助保险缴费标准和资助标准

类别	运动项目	缴费标准（元/年）	资助标准
1	重竞技项目、足球、篮球、自行车、棒曲垒、跳水、马术、高山冰雪、短道速滑、军事五项等	100	特级　30万元（死亡） 一级　20万元 二级　15万元 三级　10万元
2	田径、游泳、武术、击剑、羽毛球、排球、沙排、水上艺术体操、赛艇、皮划艇、速度滑冰、花样滑冰等项目	80	四级　8万元 五级　6万元 六级　4万元 七级　2万元
3	射击、射箭、花样游泳、乒乓球、冰壶	40	八级　1万元 九级　0.5万元 十级　0.3万元 十一级　0.1万元

（2）《运动员保障专项资金实施细则》中，明确指出资助范围，针对各省、自治区、直辖市体育局，总参军事体育训练局，总政文化体育局，前卫体协，火车头体协，及各级优秀运动队的运动员。明晰了运动员重大伤残医疗补助由各级劳动保障行政部门按照国家技术监督局《劳动能力鉴定职工

工伤与职业病致残程度鉴定标准》予以评定；运动员特殊生活困难补助中重大疾病参照国家《职工非因工伤残或因病丧失劳动能力程度鉴定标准（试行）》和中国保险行业协会制定的《重大疾病保险的疾病定义使用规范》中的有关规定进行认定；因工致残等级按照《劳动能力鉴定职工工伤与职业病致残程度鉴定标准》由工伤保险鉴定部门进行认定。退役运动员运动伤残由国家体育总局，省、自治区、直辖市体育局，民政部，工伤保险鉴定部门，司法鉴定机构等认定运动伤残等级。慢性运动损伤由国家体育总局委托基金中心组织医疗专家认定。

（二）我国运动员伤残保障的法规缺陷分析

我国现有运动员的伤残保障制度，对运动员在训练、比赛中所导致的伤残、伤病有了一定的保障，同时提高了运动员在备战重大赛事时的积极性，促进了竞技体育的良性发展。但运动员伤残保障的法规政策仍存在诸多缺陷，亟待进一步的探索和完善。

（1）立法层次低。运动员的伤残保障制度以解决运动员训练、竞赛所带来的伤残问题为基本目的，是国家为运动员这个特殊的社会群体所做的保障举措，作为"举国体制"中的保障命题，运动员伤残保障的立法应该在法律层面作出规定，而不应该仅仅借助基金会"公益平台"实施。而《社会保障法》《体育法》中的相关法规大多是与其他保障内容混在一起，并不适用于运动员伤残保障领域。现行的运动员伤残保障的有关法规政策很大一部分是行政性规定、条例、办法及地方制定的地方性法规。这种状况表明，运动员的伤残保障能否与国家推行的社会保障接轨，需要从国家的角度立法并纳入社保体系，从而有效地为运动员提供保障。

（2）运动员的伤残保障未在《体育法》中得到体现。《体育法》是我国体育法制建设进入依法治体新阶段的重要标志，是中华人民共和国体育发展史上的一座光辉的里程碑，对推动我国体育法制建设和促进体育事业健康可持续发展有着重要作用和深远的意义。而运动员的伤残保障也是关系到体育事业健康可持续发展的重大问题，但运动员的伤残保障问题没有在《体育法》中得到体现。

（3）保障政策缺乏法律监督。虽然中央及地方在社会保障等方面制定了相关法律法规，但缺少后续的法律监督，而体育主管部门相应的规章制度对运动员伤残保障的内容涉及不多，保障问题没有引起政府相关部门的足够重视。

总体而言，现行运动员伤残保障制度存在缺陷，需要不断地摸索与完善。而且随着"依法治国、建设社会主义法治国家"基本方略的逐步实施，运动员这一特殊群体的伤残保障也应在政策法规方面予以完善，其不仅需要在《社会保障法》《体育法》中体现，更需要得到国家政策的全力支持。

三、推进我国运动员伤残保障工作的法律对策及建议

2008年，胡锦涛同志曾专门指出："要关心运动员的长远利益和全面发展，高度重视并切实加强运动员社会保障工作。"这对运动员保障工作提出了更高的要求。党的十八大以来，新一届中央领导集体对体育工作更加重视，习近平总书记在多个场合就体育工作发表了重要讲话，对做好新时期体育工作提出了新的、更高的要求。如何把握好运动员的保障工作也是推动体育事业全面、协调、可持续发展的要素之一。

当前，我国社会保障制度存在局限性，健全、完善运动员伤残保障制度有助于将基本游离于社会保障体制外的运动员特殊群体纳入保障覆盖范围，它是社会保障体系的有益补充。现行运动员伤残保障制度存在缺陷，部分不利因素已经成为或将成为其可持续发展的"瓶颈"，需要对症下药，完善提高。我国运动员伤残概率较高，问题凸显，在坚持和完善"举国体制"的国情下，推动体育大国向体育强国迈进，迫切需要健全、完善我国运动员伤残保障制度。要坚持完善运动员保障体系与推动政策落实并重的工作原则，重在创新方法抓落实。从法律视角出发，运动员伤残保障应完善法律供给制度，着力强化立法层面、政策法规并轨等方面的举措，以求其保障的规范化、制度化、日常化。

据此，为推进我国运动员伤残保障工作，本文针对相关制度提出以下立法建议。

（1）建议就运动员的伤残保障问题由体育界和法律界人士进行专业研

讨，制定的相关条款经国家体育总局政策法规司审定批准，向国家立法机构正式提出，正式在《中华人民共和国体育法》修订时予以纳入。

（2）《社会保障法》中的社会优抚制度是国家和社会对特殊的社会成员实施特殊物质帮助和精神抚慰的一种特殊保障制度。在我国是指国家和社会对具有光荣身份的军人、复员军人、伤残军人、伤残警察、民兵、烈士家属、军人家属等给予的优待、抚恤和安置。建议将运动员这一特殊群体直接纳入社会优抚制度。

（3）根据运动员伤残的数量及对容易受伤项目和部位的分析研究，为运动员职业伤害的研究提供数据支撑，建议争取将运动员职业病（运动员损伤）纳入国家工伤标准，从社会保障角度补充完善运动员的伤残保障政策。

（4）建议我国商业保险围绕体育保障领域，结合实际制定针对运动员这一特殊群体的体育保障制度，发展我国的体育保险事业。

（5）运动员伤残保障制度内容及运动员的伤残资料数据库需要进一步完善，用于我国体育保险业的发展。

（6）建议各类新闻媒体从正面报道运动员伤残后的保障问题，让更多的社会公众了解运动员保障工作，关心有关运动员的社会问题，为我国成为体育强国及社会和谐有序发展做贡献。

综上所述，通过对我国运动员伤残保障工作的研究，本人有以下几点思考。

（1）我国运动员伤残概率较高，问题凸显，在"举国体制"国情下，要推动体育大国向体育强国迈进，健全、完善我国运动员伤残保障制度迫在眉睫。

（2）当前我国社会保障制度存在局限性，健全、完善运动员伤残保障制度有助于将基本游离于社会保障体制外的运动员特殊群体纳入保障覆盖范围，它是社会保障体系的有益补充。

（3）现行运动员伤残保障工作存在缺陷，部分不利因素已经成为或将成为其可持续发展的"瓶颈"，需要对症下药，完善提高。

（4）运动员伤残保障应完善法律供给制度，着力强化立法层面、政策法规并轨等方面的举措，以求其保障的规范化、制度化、日常化。

参考文献

[1] 罗志先. 中国社会保障法律制度研究 [M]. 北京：中国城市出版社，2003.

[2] 国家体育总局. 中华人民共和国体育法规汇编（2007—2008）[M]. 北京：人民体育出版社，2009.

[3] 张明波. 我国运动员保险的现状和未来发展方向 [D]. 上海：华东师范大学，2006.

[4] 刘建中，徐雄杰. 运动员运动伤害的法律保护探讨 [J]. 安徽体育科技，2000（2）：34.

[5] 马晨明. 做大体育保险市场须社会多方努力 [N]. 金融时报，2006-11-14.

[6] 李超，张驰，朴哲松. 对我国运动员社会保障的研究 [J]. 北京体育大学学报，2007，30（11）：43-44.

[7] 彭芳. 我国体育保险发展的问题及对策研究 [J]. 商场现代化，2007（8）：355-356.

[8] 李小彤. 光环背后的保障有待健全 [N]. 中国劳动保障报，2007-09-27.

[9] 陈蕾，杜鹃. 完善我国运动伤残保障体系，促进中华体育事业繁荣昌盛 [J]. 上海保险，2007（11）：10-12.

[10] 王秀香，王乐，富孚新，等. 我国运动员伤残保险现状的调查与分析 [J]. 体育学刊，2007，14（5）：37.

[11] 何田田. 谁来为运动员撑起保护伞？呼唤体育保险 [N]. 解放日报，2007-07-04.

[12] 周兰芝. 转型期我国体育保险现状供求及发展问题的研究 [J]. 职业时空（下半月版），2008，4（4）：105.

改善国家体育总局训练局膳食保障工作的几点思考

国家体育总局训练局　李宝红

摘要： 膳食保障工作对竞技体育训练和竞赛战略具有重要意义，国家体育总局训练局（以下简称"训练局"）的膳食工作有力地保障了我国"奥运争光计划"的落实。当前，国际竞技体育和运动营养发展日新月异，运动员"吃得是否合适、是否科学"对其疲劳的消除、体能的恢复都有重要影响，进而影响到训练计划的落实或战术的实现。本课题立足训练局膳食保障工作现状，采用文献资料法、专家访谈法、运动员访谈法等方法进行资料收集和综合研究，梳理了"举国体制"下训练局运动员膳食供应保障工作的历史及现状，从食材、菜品菜式、质量控制、工作人员配置及培训交流和备战大型赛事特殊保障等方面进行了分析，以运动员备战或赛程期间的营养需求为导向，总结运动员膳食保障的发展和取得的经验，结合竞技体育发达国家的运动员膳食保障工作经验，发现实际工作中的困难和问题，提出加强人才建设、拓宽业务交流、搭建App形式的运动营养科普平台等可行性改革建议，力求推动训练局运动员膳食保障工作进一步改进提高。

关键词： 膳食；保障；运动员；改革

一、研究背景、目的和意义

（一）研究背景

合理的营养是身体健康的基础，高水平运动员的体能、运动成绩等更与运动营养的合理化水平呈正相关。膳食是运动员获取营养最重要的渠道，是保证运动员开展科学训练、保持良好竞技状态和提高运动成绩的基本条件。运动膳食保障工作为我国"奥运争光计划"，为我国骄人竞技运动成就的取得提供了重要的、坚实的前提。"兵民是胜利之本""人是铁饭是钢"，毛泽东在延安时期提出"吃饭是第一个问题"，体育系统的领导应坚持以人为本、以运动员的身体心理需求为本，高度重视运动膳食工作。

我国运动员膳食不平衡普遍存在的现象潜移默化地影响着训练效果和训练后的机能恢复，阻碍着运动成绩的提高。运动员营养保障的注意力常被分散到营养品方面，而且这种倾向日趋严重，违背了《黄帝内经》中"五谷为养、五果为助……气味合而服之，以补精益气"的朴实思想。解决我国运动员存在的膳食营养不合理问题的关键在于解决相关人员对运动员合理营养的认识不够科学和管理、实施方面滞后的问题。

训练局运动员餐厅作为我国最大最全面的运动员训练基地膳食保障部门，在全国运动员膳食保障工作中一直处于领先地位，不仅配置了专门的营养师，也与北京体育大学、运动医学研究所、体育科学研究所等单位在膳食保障领域开展了长期的科研和实践合作，在我国竞技体育运动员膳食保障工作方面积累了一定的经验。但是运动员膳食的改善是一项非常艰难的工作，需要管理部门、教练员和运动员、炊事人员、科研人员、队医的配合。对训练局运动员餐厅膳食保障工作进行系统深入的研究和分析，对总结经验、发现和解决问题、提升我国训练基地和运动员膳食保障工作水平具有积极的促进作用和现实意义。

（二）目的和意义

运动员常年坚持训练和比赛，每日的运动量远远高于常人，需要摄入大量的碳水化合物、脂肪、维生素和矿物质等营养素。不同运动员对营养的需求不一样，需要合理的膳食。如何让不同运动项目的运动员科学地摄入营养，是当今世界竞技体育膳食保障工作研究的重要课题。

多年来，我国运动员日常膳食多采用"自助餐"的方式。"自助餐"是运动员在进餐时可自由选择食物的用餐方式。但由于运动员和教练员普遍缺乏营养知识，对膳食营养平衡的重要性认识不足，盲目推崇高蛋白膳食，忽略了主食、蔬菜和水果等富含的其他营养素的重要性。长此以往，运动员就会出现营养不平衡、运动能力下降的现象，严重影响运动员的运动成绩和身心健康，进而导致训练水平和竞技成绩难以提高。另外，由于食堂工作人员缺乏相关的营养知识，在食物的选配和烹饪方法上常出现一些不科学的做法。

本研究立足于训练局运动员餐厅膳食保障工作，以运动员备战或赛程期间的营养需求为导向，总结运动员膳食保障的发展和取得的经验，结合竞技体育发达国家的运动员膳食保障工作经验，发现实际工作中的困难和问题，提出意见和建议，力求推动我国运动员膳食保障工作进一步改进和提高。

二、研究对象

以训练局运动员膳食保障工作为研究对象。

三、研究方法

文献资料法、实地调查法、访谈法、案例分析法。

四、研究内容

（一）训练局运动员膳食保障工作的重要意义

膳食保障工作在竞技体育工作中是最基础的保障环节。兵马未动，粮草先行，运动员膳食的充分保障是其发挥竞技水平、取得优异成绩的重要前提。训练局的膳食工作有力地保障了我国几十年来"奥运争光计划"的落实。当前，国际竞技体育和运动营养发展日新月异，运动员"吃得是否合适、是否科学"对其疲劳的消除、体能的恢复、竞技水平的提升都有着十分重要的影响，进而影响到训练计划的落实和参赛目标的实现。

（二）训练局运动员膳食保障工作的发展现状

1. 训练局膳食处的建立和发展

训练局成立于1951年11月，是国家成立最早、功能最齐全、驻训运动队最多、产生冠军最多的国家综合训练基地，64年来培养的运动员共夺得了185个夏季奥运会冠军，为我国体育事业发展做出了巨大的贡献。

　　训练局的运动员餐饮保障工作经历了艰苦创业阶段、动荡阶段、改革开放阶段、稳步发展阶段和腾飞阶段五个阶段。从一荤一素到四菜一汤，再到现在的30多道菜的自助餐；从以中餐为主到中西餐相结合；从满足于吃饱到使运动员吃好；从满足于吃好到逐步进入科学进补……经历了一个长时间的发展过程。

　　训练局膳食处运动员餐厅始建于1963年，目前的用房是2002年改建的，总面积约1800平方米，分为综合餐厅、体操跳水餐厅、乒乓球羽毛球餐厅、西餐厅和清真餐厅。西餐厅主要是为运动员备战在国外举办的重要赛事而开放的，其目的是让运动员在赛前能适应性调整饮食口味，适应在国外比赛期间的餐饮。运动员餐厅目前承担着为驻训的10个项目14支国家队运动员提供膳食保障的任务。这些运动队是国家田径队、乒乓球队、羽毛球队、体操队、跳水队、游泳队、花样游泳队、男女举重队、男女篮球队、男女排球队等。

2. 训练局膳食处的管理体制

　　在"举国体制"下，国家队运动员膳食保障是由运动队指定的训练基地或者餐厅来供应，基本上没有个人选择的余地，在这种情况下，训练基地膳食保障工作水平的高低就直接决定着运动员膳食、营养是否合理。

　　目前的训练局隶属于国家体育总局，是中央财政全额拨款的事业单位，相关工作围绕驻局各支国家队的需要展开，具有高度的计划性，管理机制上也有鲜明的行政色彩。这种管理体制是"举国体制"在运动员保障工作方面的具体体现，是国家迫切需要发展现代竞技体育而采取的自上而下由政府通过行政手段配置资源，甚至政府直接办体育的竞技体育管理模式。这种模式在几十年内有效地缩小了中国与世界体育强国的差距。在社会主义初级阶段，这种管理体制还将存在相当长的一段时间，并将随着我国经济社会的发展而不断改革和完善。

3. 训练局膳食处的管理内容

　　以下将从食材、菜品菜式、人员交流、餐厅质量和备战大型赛事特殊保障方面进行训练局膳食处管理内容的具体介绍。

（1）食材的进货渠道和安全保障。

训练局在食材选择上把握的原则包括选择国内外知名食品企业、资质齐全、证件清楚、实地考察源头和企业的状况，另外，批批检查，确保安全；签订食品安全协议书；对于没有把握的食品一律禁止采购。在防止农药残留方面，进货时发挥仪器的作用严格验货；加强洗消工作，注意浸泡，降解农药；充分利用新技术，如氧化电位水。肉类食品主要由中粮集团赞助，其他商家也是经过严格筛选的，并签署了安全保障险协议，其中猪肉类供货商家指定为顺鑫农业，牛肉类为福仁，鸡肉类为华都，为保障驻局运动队吃到"合格"的放心肉，不采购其他肉食产品，如内脏、腊肉等。并对肉类食品送反兴奋剂中心检测，每批次要对肉食产品留样三个月，把待检肉食和检测合格的肉食分开存放，新进的肉食待检测合格后，再将肉食放入检测合格的冷库，未检测的肉食一律不得出库，检测未合格的产品一律退货。

（2）菜品菜式。

餐厅采用自助餐形式，每顿约有20道菜。目前餐厅可烹调川、粤、鲁、湘、淮等菜系菜肴；可制作数百种点心。为了突出现代运动餐饮的特点，餐厅的主要设备采用不锈钢产品，操作间为开放透明式设计。为身材比较高大的篮球等项目队员提供了更高的桌椅，使其就餐环境更舒适。

（3）人员的业务交流。

首先，训练局不定期地举办地方饮食文化周活动，如红楼美食周、粤菜美食周、湘菜美食周、山西面食表演等；其次，选派厨师赴各地学习地方菜品的制作方法；再次，邀请了山西、四川、湖南、浙江、广东等体育局的厨师来我处交流，为运动员制作具有地方特色的菜肴、面食和汤品，除此之外，以每两周一次的"今日我掌勺"活动，作为阶段性技术竞赛平台，训练局营造了良好的技术竞争氛围，在原有基础上试新式菜品；最后，训练局在每年年底都举办全处范围内的厨艺展示活动，作为年度评优的重要考量指标，鼓励膳食处工作人员提高业务水平。

（4）餐厅的质量评估。

膳食处有卫生量化管理检查评比标准，检查采取定期检查和不定期抽查的形式。餐厅的卫生安全由东城区食品药品监督管理局管辖。菜品出品把关由各部门科长统一负责，处长和科长每天开餐期间巡视。

膳食处在运动员餐厅设置意见簿，教练员和运动员可将意见和建议写在意见簿上，及时与相关工作人员沟通，工作人员依照意见改进工作并反馈。

4. 备战国际大型体育赛事的特殊保障

以前国家队运动员出国比赛时都会携带方便食品，方便食品营养欠缺，不能满足运动员比赛期间竞技水平发挥的需要。为使运动队适应出国比赛的营养需要，我们提出了运动员出国比赛期间"告别方便面，学会吃西餐"的倡议。我局2002年与美国亨氏集团合作在运动员餐厅专门开设了西餐厅，并聘请亚特兰大奥运会的主厨巴迪先生连续6年来局举办西餐培训班，传授纯正的西餐制作技艺，开创了中西搭配的运动营养餐先河，丰富了运动队的就餐选择。这种做法在2004年和2012年备战奥运会中受到了运动队的普遍欢迎。西餐厅作为中餐的补充在改善中国运动员的饮食习惯和营养结构方面发挥了良好作用。

重要赛事备战期间，膳食处执行"走出去"与"请进来"相结合，国家训练局与地方体育局相结合，中餐与西餐相结合，正餐与加餐、夜餐相结合，管理与服务相结合，整体服务与重点服务相结合等保障政策。

（三）我国与竞技体育强国运动员膳食保障工作的比较

当今以美国为代表的世界竞技体育强国的体育事业探索出鲜明的先发内生型的现代化路径，源于社会的内生力，由业余体育通过社会组织的自我发展和培育而壮大起来。其运动员膳食保障工作也与体育发展规律一致，伴随着经济社会的发展而不断发生变化，整体上呈现出鲜明的市场化、专业化特点，由具备相应资质的机构和人员通过市场化的方式来竞争合同，在高水平运动员的膳食保障方面也做到了个性化、科学化。

我国体育事业的发展路径属于后发外生型，以"举国体制"为最鲜明的特色。与之相应的运动员膳食保障工作也充分体现了"集中力量办大事"的思维。围绕奥运争光战略开展资源配置，资金、设备、人员、物质都向有望夺金的高水平运动员倾斜。

（四）训练局膳食保障工作存在的主要问题

1. 科技含量有待提高

运动员餐厅只有一名营养师，难以达到为不同项目运动员提供个性化营养配餐的要求，只能尽可能地向运动员普及一些科学膳食的知识，寄希望于运动员可以在自助餐中根据自己的需要选择食物。但是由于运动员的文化水平普遍不高，而科学营养又涉及许多专业知识，更与每名运动员的生理状况、运动项目、训练量息息相关。因此，目前运动员的个性化膳食保障工作开展并不理想，未来还有巨大的发展空间。

2. 人员结构尚不合理

当前国家体育总局训练局膳食处的人员素质虽然不断提高，但人力资源结构不尽合理，工作人员以后勤保障服务工作居多，专业科技人员不足（见表1、表2、表3）。

表1　运动员餐厅人员分类统计表

人员分类	干部			工人			总计
	处级	科级	专业技术级	厨师	后勤	服务员	
运动员餐厅职工/人	3	7	2	29	5	14	60
占总数百分比	5%	11.8%	3.3%	48.3%	8.3%	23.3%	100%

运动员餐厅设有处级干部3人、科级干部7人、专业技术级干部（营养师）2人，其余为工人岗位，其中厨师29人、后勤采购5人、餐厅服务员14人。

表2　运动员餐厅职工文化程度（正式工）统计表

文化程度	小学	初中	高中	本科	合计
运动员餐厅职工/人	1	12	24	3	40
占总数百分比	2.5%	30.0%	60.0%	7.5%	100%

可见，运动员餐厅的正式工中文化程度为本科毕业的只有3人，仅占总人数的7.5%；高中毕业的有24人，超过50%；初中毕业的有12人，占正式工总人数的30%。

表3 运动员餐厅厨师等级（正式工）情况统计表

技术等级	初级	中级	高级	特三级	技师	合计
运动员餐厅厨师/人	6	1	10	2	4	23
占总数百分比	26.1%	4.3%	43.5%	8.7%	17.4%	100%

运动员餐厅厨师正式工仅23人，分为初级、中级、高级、特三级和技师5类。其中特三级2人，占8.7%；技师4人，占17.4%；高级工10人，占厨师总数的43.5%；初级工6人，占26.1%；中级工1人，占4.3%。

3. 横向交流还需提升

与国内外其他训练基地之间缺乏必要的联系和沟通，应该认真研究当前各国竞技体育训练基地的先进发展理念，认真梳理国内各训练基地的优缺点，从而进一步改进自身的工作，提高服务和管理水平。

（五）训练局膳食保障工作面临的机遇和挑战

在建设体育强国的过程中，奥运战略仍然是我国竞技体育的最重要的任务之一，奥运金牌仍将是我国未来一段时间竞技体育追求的第一目标。不管体育事业如何变革，绝不会以牺牲奥运金牌数量为前提条件，"举国体制"优势仍将是我国竞技体育未来发展的最有力的保障。

训练基地是体育事业发展的坚实保障，做好基地工作更是不断提升高水平运动队竞技能力的重要前提，是完成历届奥运会艰巨任务的必要保证。训练局运动员膳食保障工作是重要环节，必将继续受到重视。

（六）改善训练局运动员膳食保障工作的主要对策

1. 加强人才建设和知识培训

要更加重视人力资源建设，制订具体的人才培养计划和人才引进计划，加强对工作人员的培训力度和评估工作，统筹抓好以高层次人才为重点的人才队伍建设。

对运动员营养膳食的普及指导对于膳食最终环节的自觉选择和摄取有着直接的意义。将来膳食处与总局运动营养研究中心合作，开发制作科学营养桌签，摆放到运动员餐厅的餐桌。在运动员餐厅适当位置安装LED显示屏，就餐期间滚动播出营养知识。另外，营养师为有需要的运动队提供营养咨询，对重点运动员进行膳食跟踪的个性化指导。通过不断地向运动员宣传科学饮食的知识，指导运动员学会如何在训练比赛的不同阶段运用正确的营养知识配餐。

2. 提升科技保障水平

要积极与相关科研院所合作，努力提高膳食保障的专业化水平，真正做到合理膳食、科学营养，助力运动员竞技水平的提升。在做好膳食供应的一般性服务保障的同时，加强对各项目运动员、运动队的膳食营养的调查和科研攻关，逐步过渡到向各项目运动队提供科学合理的膳食保障方案。

3. 利用现代信息技术

膳食处必须加快信息化建设。逐渐建立有关运动队膳食保障的信息系统，为运动员训练和比赛提供科学的膳食方案。要以APP等各种互动、办公软件为手段，以网络为平台，建立覆盖各运动队的科学膳食信息网，完善各运动项目的营养数据库。

五、结论与建议

训练局膳食处多年来探索出一套科学有效的体系，在营养、体能补充等方面得到了充实和发展，为运动员取得优异成绩提供基础保障。但是科技含量有待提高，人员结构尚不合理，横向交流及各种信息沟通还需加强。为改善训练局运动员膳食保障工作，应吸取国外经验，加强人才建设及知识培训，提高科学水平。

本文在对训练局运动员膳食保障工作经验、问题和对策研究的基础上，建议将膳食管理与营养学、生理生化理论有机综合，形成基于不同项目运动员特点、不同赛事阶段体能要求大数据情况下的膳食营养供应和管理体系。

参考文献

[1] 王启荣，伊木清，周丽丽，等.国家队集训基地（北京地区）餐厅膳食情况分析[J].北京体育大学学报，2011，34（11）：51-54.

[2] 朱利兰，李平. 不同项目运动员合理营养需求浅析 [J]. 徐州工程学院学报，2006，21（2）：109-110.

[3] 魏婉怡. 国家体育总局训练局改革与发展研究 [D]. 北京：北京体育大学，2016.

[4] 王贝. 运动营养研究的过去、现在和将来 [J]. 北京体育大学学报，2012，35（8）：54-59，65.

对机关服务工作的认识及思考

国家体育总局机关服务中心　杜洪军

党的十八大以来，党中央国务院出台了一系列路线、方针、政策，对在新形势下、新常态下深化体育事业改革发展提出了更高的要求。习近平总书记发表了系列讲话，对发展体育事业提出了具体要求，在实现中华民族伟大复兴的"中国梦"的过程中，体育事业将发挥积极的引领和推动作用。国务院相继出台了机关事业单位改革方案，指导在大的背景、大的环境下，机关服务工作怎样服务于体育事业，服务于机关，管办分离。如何适应国务院机关事业单位改革的新形势、新任务，面临的新挑战、新机遇。"机关服务工作很难做，机关服务工作必须做，机关服务工作要做好，机关服务工作能做好，是对机关服务工作的全面总结和概括。"服务工作点多、面广，千头万绪，要对机关服务工作有热情，多付出，才能把机关服务工作做好、做扎实。

一、服务的被认可取决于服务态度

"服务"二字，在《辞海》中的解释是："为别人做事，满足别人需要。""在我们社会里，人人都是服务对象，人人又都为他人服务，这是同各个岗位上的服务态度、服务质量密切相关的。""态度决定一切"早已被成功的企业验证，在机关服务工作中也是如此，有好的态度，才能有好的服务；只有好的态度，才能创造出有品质的服务，才能被服务对象认可。

（一）对机关服务工作的认识

"机关服务工作是机关一切正常活动的保障性工作。机关服务工作实行科学管理，提高工作效率，则是保证机关职能活动正常、高效进行的极为重要的条件。"从远古时代和战争年代"兵马未动，粮草先行"的经验对机关服务的要求，可看出机关服务保障工作在战争中的重要地位；保障机关正常运行是国家体育总局发挥职能和开展体育运动最基本的物质基础和保证，直接关系到整个机关的工作效率和各项体育事业的开展。实践反复证明，搞好机关服务工作，是机关服务中心完成各项任务的关键。机关服务中心要始终把为机关搞好服务放在首位，坚持围绕中心、服务大局，一切从机关实际需要出发，树立全局观念、大局观念，牢记廉政奉公，做到把好事办好，让服务对象满意。

就机关服务工作的定位而言，2004年，温家宝对机关事务工作部门的职能定位做出了"管理、保障、服务"的高度概括，这是对机关服务工作的全面性、系统性、科学性的新概括。从这三方面看，管理职能是机关服务中心的立业之本；保障职能是要达到的目标，是机关服务中心的职能所在。主要体现在：一是以机关服务工作全面、健康、可持续发展为目标，建立健全管理体系；二是以保障机关工作高效有序运行为基础，为机关完成各项职责、工作任务创造有利条件；三是开源节流、节约成本，创造节约型机关；四是科学、规范、持续加强机关服务工作自身完善建设。总而言之，就是要改进服务职能的着力点，在努力为机关搞好服务上做文章，推进服务社会化改革。并且，引进高质量的社会服务资源来补充，把工作的重点放在搞好机关服务的深化改革上，由"自己办服务"逐步向"外包式服务"的管办分离型服务方式转变。同时，坚持搞好试点、逐步推开的原则，以规范服务项目、搞好统一服务为重点，加强服务过程和质量的监督和评估，有力提高保障能力。紧紧围绕保障机关高效有序运转的目标，既抓好基础建设，又抓好全方位服务。首先把人员素质作为实现全方位目标的决定因素，为机关提供更加安全、舒适的工作环境。

（二）机关服务工作特性

机关服务工作与其他工作相比，具有明显的特性：一是服务性。机关服务工作是为保证机关正常、高效地开展各项体育事业，任务是为机关提供多方位的服务。服务的质量是关系机关服务工作情况的一个最基本、最主要的标志。二是群众性。一方面,机关服务工作中的生活事务工作,与机关成员的关系更为密切。一个机关要进行职能活动,离不开人、财、物,离不开食、住、行、用。任何组织及其成员,要正常、高效地进行学习、工作,都离不开一定的环境和良好的条件。因此,必须树立高度的群众观念,急群众所急,帮群众所需,解群众所难。许多事情还要发动群众,依靠群众的支持去做好。另一方面,机关服务工作服务的对象既有各级领导,也有普通群众,涉及方方面面,具有群众性、广泛性的特点。三是复杂多变性。机关服务工作不仅涉及机关本身,而且也涉及机关外部,还涉及机关员工的切身利益和工作环境。总的表现为涉及面很广,头绪繁多,情况复杂多变。四是时间性。机关服务工作较之其他工作有很强的时间性。如楼宇服务,会议接待,保洁,设备、设施维修,安全、保卫,环境绿化,环境秩序,机要文件交换、文件印刷,交通,餐饮,煤气、水、电,冬天除冰、除雪,夏天防汛等都有很强的时间要求。小则会影响学习和生活,大则将贻误整体工作,影响全局。五是政策性。机关服务工作,虽是一些基础性的服务工作,但是按其服务对象、范围、标准、要求的不同而具有很强的政策性,其中有着很严格的政策界限和重大的政治影响。六是广泛性。机关服务工作是复杂的综合性、基础性的工作,它涉及经济管理学、行政管理学、领导科学、现代管理技术和方法等。因此,必须找准定位,树立自爱、自信、自强的理念,才能使我们的机关服务中心有一个更加美好的未来。

(三)对机关服务工作本质的认识

任何一种服务都是态度的直接表达,这也是服务工作的本质。因此,机关服务中心要不断提高对机关服务工作重要性的认识,进一步增强做好机关服务工作的责任感和荣誉感;要不断摸索机关服务工作的特点和规律,进一步增强机关服务工作的针对性和有效性。要爱岗敬业、尽职尽责、用心做事、以情服务,端正服务态度,筑牢服务的思想根基;要不断提高服务质量和水平,潜心钻研服务工作,不断扩大服务范围,延伸服务内容等;要加强对服务质量的检查监督,培育风清气正的良好政治生态,培养讲奉献、尽职责、服务好的先进典型,形成人人重视服务的有利局面。

二、坚持规范服务，培养一支过硬的管理队伍

（1）做好服务工作，有一定的规律可循，坚持规范才能出效益。规范操作流程，形成完整的可操作制度。所以，服务工作一定要统筹兼顾，把握规律，分清轻重缓急，由于服务工作繁杂、涉及面广的特性，决定了服务工作人员必须具有较高的综合素质。因此，要不断提高自身素质，增强驾驭服务工作的能力。思想要活跃，勤学善思，善于发现问题、研究问题，解决工作中的难点问题，多提出建设性的建议，努力做到在实干之中勤于思考，在忙碌之余善于总结，不断提高服务水平。做好服务工作必须务实、规范。规范服务出效益，有规可循，有章可依。一切从实际出发，办实事、出实招、求实效。

（2）机关服务工作需要一支优秀的管理团队来完成。管理团队的素质高低，直接关系着机关服务工作的建设和管理的好坏，全面提高管理团队的素质，是加强机关服务工作队伍建设的重要环节。①管理团队应具有坚强的党性和政治责任感，坚决贯彻执行党的路线、方针、政策，德才兼备，廉洁奉公，乐于奉献，勤勤恳恳，任劳任怨，主动热情，服务周到，不计名利，厉行节约，反对浪费，密切联系群众，以高度负责的精神严谨细致地做好各项工作。②管理团队应具有良好的职业道德和思想作风，热爱服务工作，做老实人，说老实话，做老实事，坚持实事求是的作风，知人善任，光明磊落，公道正派，密切联系群众，坚持群众路线，"与时俱进"地研究工作中遇到的新情况、新问题，探索新路子，听取不同意见。严于律己，宽以待人。自觉服从整体利益，带领员工同心协力做好各项工作。③管理团队应不断提高业务素质，努力掌握相关专业知识，学习最新服务知识，把握工作规律，大力培养人才，合理使用人才，深入调查研究，掌握第一手资料，进行综合分析，提出合理意见和建议，谦虚谨慎，摆正位置，不怕苦、不怕累，用实际行动做好本职工作。④管理团队用真心实意为员工服务，对政策范围内能办的事情要积极去办，急人所急，帮人所需，解人所难，耐心做好思想工作，做员工信任的贴心人。

三、只有克服弊端、科学创新服务才能做到更好

一是需克服的弊端：①投入大，收效小；②缺乏灵活机动，受机制制约，受用工成本和服务效率的制约；③受福利成本加大、"大锅饭"的制约，加重了国家机关的负担；④受单位所有制、服务体系的制约，难以走向市场；⑤资源配置的不合理，制约了更大的发展。

二是更新思想观念。要做好机关服务工作，首要的问题是从传统的观念中解放出来，更新机关服务工作的新思路。

三是机关服务工作要在管理体制上创新。机关服务工作烦琐、点多、面广，需要考虑方方面面的因素，用系统化、科学化的思维指导工作，遵循"管理科学，服务标准，运转高效，保障有力"的机关服务中心服务宗旨。

四是打造一支过硬的干部队伍，牢固树立科学的世界观、人生观、价值观和正确的权力观、地位观、利益观，切实做到正确认识责任，时时处处重实效，埋头苦干。不断优化服务队伍的年龄、知识结构，提高思想政治觉悟和业务素质。

五是机关服务工作改革的方向：①要同社会上的改革和国家事业单位的改革协调进行；②要明确改革的根本目的是为了更好地保证机关工作和职工生活服务；③改革要从机关服务部门的特点、性质出发；④对改革的态度，要坚定不移，大胆探索，又要谨慎从事，稳步前进，努力维护稳定，确保改革顺利推进。

四、健全规章制度，树立科学化、标准化的服务观念，建设职工队伍

一是建立健全规章制度，树立科学、标准、规范的服务理念。搞好机关服务工作，首先要厉行节约，推进科学节约管理，做到少投入、大产出。二是向管理要效益的理念。"管理出效益"已成为共识，只管投入、不管收效的理念已经过时。要长效跟踪管理，逐步健全监督机制。三是面对正式工年龄老化，合同工工资成本上涨、文化水平低、人员流动大的压力，只有向科学化、标准化要效益，加大对合同工的培训力度，加强法治观念教育、职业道

德教育，加强制度建设、党性建设，规范化、标准化服务，才能化解用工矛盾和难题。四是以人为本的管理理念。将以人为本的要求落实到机关服务工作中，建立、健全并落实各项规章制度。建立适应市场经济要求的用人制度，引入竞争机制，激发机关服务人员的积极性、创造性，形成钻研业务知识光荣的良好风气。打破原来的平均主义、"大锅饭"，将工作责任、劳动绩效及工作繁简程度、技术高低结合起来，体现多劳多得、少劳少得、不劳不得的社会主义分配原则。稳定职工队伍，缴纳五险一金，解除职工后顾之忧。按照相关政策保证相关福利待遇，留得住人才，谋长远发展。把懂技术、会管理的优秀合同工提到管理岗位，还要充分发挥员工的积极性，留得住人才，大胆使用人才，培养一岗多能，让员工真心实意地为机关服务出力。

　　总之，做好新时期机关服务保障工作，是一个需要长期思考、长期探索、长期实践和长期总结的过程。随着事业单位改革不断深化，机关干部职工工作、生活水平、服务水平不断提高，机关服务保障工作也会不断地发生新的变化。要适应发展变化的新形势，要使服务保障工作更好地为一线服务，就必须在实际工作中，充分运用马克思主义科学发展观的立场、观点、方法去认真思考，仔细研究新政策、新情况、新问题，更换新思路，大力弘扬艰苦奋斗精神和中华体育精神，学习运动员顽强拼搏、为国争光精神，发扬爱岗敬业、勤勤恳恳、默默无闻、勇于奉献的精神。只有这样，才能真正完成好机关服务保障工作，为体育大国向体育强国迈进做出应有的贡献。

参考文献

[1] 孙钱章. 机关行政事务管理学 [M]. 北京：中共中央党校出版社，1987，11.

[2] 张升智. 机关后勤工作概论 [M]. 北京：群众出版社，1999，8.

关于在训练局党的工作中发挥工会作用的思考

国家体育总局训练局 石刚

摘要：在新形势下训练局工会要从理论和实践工作中，总结新经验，探索新路径，要对工会工作进行深入思考，工会组织要从改革发展稳定的大局出发，依法维护职工的合法权益，利用现有的资源，围绕训练局党建和中心工作主动作为，发挥桥梁和纽带作用，增强职工的吸引力和凝聚力；通过履行四项职能，以建设职工之家为目标，全面维护好、服务好和发展好职工的合法权益与切身利益，增强职工对工会的信任感和归属感，使职工融入训练局这个大家庭，发挥主力军的作用，使训练局的发展、改革工作顺利完成。

关键词：训练局；工会工作；职工；思考

一、新时期训练局工会的地位和任务

中国工会是中国共产党领导的职工自愿结合的工人阶级群众组织，是党联系职工群众的桥梁和纽带，是国家政权的重要社会支柱，是会员和职工利益的代表。中国工会以宪法为根本活动准则，按照《中华人民共和国工会法》和《中国工会章程》独立自主地开展工作，依法行使权力和履行义务。

习近平总书记指出：时代在发展，事业在进步，工会工作也要发展，也要创新。各单位应贯彻落实习近平总书记系列重要讲话精神，坚持走中国特色社会主义工会发展道路，牢牢把握为实现中华民族伟大复兴的"中国梦"而奋斗这个我国工人运动的时代主题，坚持依法建会、依法管会、依法履职、依法维权，以组织建设为基础，以作用发挥为关键，以健全机制为保障，以职工满意为标准，突出服务职工、问题导向、改革创新，着力加强基层服务型工会建设，扩大覆盖面、增强凝聚力，努力把基层工会建设成职工群众信赖的"职工之家"，把广大基层工会干部锤炼成听党话、跟党走、职工群众信赖的"娘家人"。

工会工作是党的工作的重要组成部分，是党联系职工群众的桥梁和纽带，新形势下，工会工作只能加强，不能削弱；只能改进提高，不能停滞不前。工会要坚持自觉接受党的领导的优良传统，自觉运用改革精神谋划推进工会工作，把工作重心放在广大职工身上，党委要加强和改善对工会的领导，注重发挥工会组织的作用，及时研究解决工会工作中的重大问题，为工会工作创造有利的条件。

工会应围绕训练局的发展、改革和奥运备战的中心工作，依靠集体的智慧，坚持围绕中心、服务全局的原则，在职工中开展学习新知识、掌握新技能的活动，拓展职工的成才空间，不断提高职工的思想素质和科学文化素质，开展以职业道德为重点的"四德"教育，深化"中国梦·劳动美"教育实践活动，创新思想教育工作方式方法，加强人文关怀，打造健康文明、昂扬向上的职工文化，丰富职工精神文化生活，不断满足职工精神文化需求，真心实意地为职工办实事、办好事、解难事，在活跃、凝聚职工队伍方面发挥工会的积极作用，起到桥梁和纽带作用。

在新形势下，贯彻落实习近平总书记的重要讲话精神，努力构建中国特色和谐劳动关系，作为一项重要任务，被摆在突出位置，要采取有力措施抓好、抓实；加强工会组织建设、制度建设，做好职工之家、职工小家的创建工作，不断增强自身的影响力和感召力，通过创造性的工作增强发展活力，赢得职工信任，把工作重点放在一线职工身上，防止工作行政化、脱离职工，做职工之友。工会要与时俱进，把广大职工组织起来、动员起来，团结在党的周围，为训练局的科学和健康发展，为实现体育"强国梦"，发挥主力军的作用，做出新贡献。

二、新形势下进一步发挥工会的作用

中国工会十六大提出加强基层工会建设，要坚持从工会组织的性质和特点出发，努力建设"六有"工会：一是有依法选举的工会主席，建设心系职工、善于维权、开拓进取的骨干队伍；二是有独立健全的组织机构，完善工会委员会、经费审查委员会等组织；三是有服务职工的活动载体，满足职工的多样化需求；四是有健全完善的制度机制，实现工会工作的群众化、民主化、制度化、法制化；五是有自主管理的工会经费，真正用于服务职工和工会活动；六是有会员满意的工作绩效，切实让职工群众感受到工会是"职工之家"。

（一）职工代表大会是工会组织建设的基础

1. 换届选举是职工代表大会的核心

《中国工会章程》"总则"指出，中国工会是中国共产党领导的职工自愿结合的工人阶级群众组织，是党联系群众的桥梁和纽带，是国家政权的重要支柱，是会员和职工利益的代表。这指明了中国特色社会主义工会道路的鲜明特点，即中国工会不仅是会员和职工的利益代表，而且担负着党联系群众的桥梁和纽带作用，有着作为国家政权支柱的重要职能，要实现这种职能，工会必须将加强组织建设、制度建设放在首位，为做好工会工作提供有力保障。

基层工会直选就是由基层工会的职工代表大会直接选举工会主席、副主席和工会委员会委员，彰显工会组织民主化进程的深入，成为推进民主建设的重要力量。2014年5月，训练局召开了第四届职工代表大会，差额选举了工会委员会和经费审查委员会委员。工会委员会委员等额选举了工会主席、副主席和经费审查委员会主任；设立了分工会、工会小组，选举了分工会主席、工会小组长。

这次换届选举工作重点在于完善候选人的提名办法。候选人的产生是选举的第一步。过去候选人的提名办法主要是组织推荐、内定等，在新形势下要按章程办事、顺应民意、体现会员的意志。因此，这一届的工会委员会和经费审查委员会委员候选人的推选工作，训练局工会严格按照《工会基层组织选举工作暂行条例》，采取了党委、第三届工会委员会委员、分工会的工会小组职工、行政领导参与的方式，自上而下地提名候选人，充分征求意见。第三届工会委员会和经费审查委员会委员对提名的候选人进行无记名差额投票，确定两委会差额候选人，报局党委审批，报国家体育总局直属机关工会审批，然后进行候选人公示，提交职工代表大会投票选举。民主选举工会领导人和工会委员会委员是增强工会活力的组织保证和制度保证，为职工提供了参与和接受民主选举和民主管理的平台，培养了职工的民主意识。

2. 探讨职工代表大会的瓶颈

职工代表大会的制度建设取得了很大的进步，但工会发展和建设中国特色社会主义的要求还有一定的差距，具体表现为以职工代表大会为基本形式的事业单位民主建设存在着形式主义的弊端，工会在推进民主建设中还面临着瓶颈。

第一，职工代表大会运行情况缺乏规范的保障。职工代表大会相关规定要求一线职工代表应达到五分之四，但目前事业单位职工代表结构不尽合理，以一线职工为主体的原则在实际工作中没有得到充分落实，党政领导、中层正副职兼任代表的情况比较多。就职工代表的权利看，相关条例、法规的原则性规定比较多，但在实际工作中，职工代表开展民主管理和维权的空间有限，难以真正得到法律的保障。从职工代表大会的日常运行来看，相关制度规定职工代表大会每届3~5年，每年至少召开两次，但很多单位都因各种原因达不到相关标准。

第二，在条件成熟的情况下，按照工会章程由职工代表大会直接选举工会主席、副主席、经费审查委员会主任，直接选举更加有利于体现会员的真实意志，也是民主逐渐成熟的过程。

召开职工代表大会、落实工会的民主选举制度是工会代表会员权益的基础和前提，是落实我国发展民主政治的一个重要内容。工会在党的领导和职工民主参与的情况下，加强和完善了组织建设、制度建设工作，为工会进一步吸引和凝聚职工参与训练局的发展、改革和奥运备战的中心工作，打下了坚实的基础。

（二）发挥桥梁和纽带作用，增强工会吸引力和凝聚力

在新形势下，工会在工作中遇到了一个需要认真思考的重大问题，就是工会能否吸引和凝聚职工。工会和职工之间的联系不是一蹴而就、一劳永逸的，它关系着工会能否真正成为联系党与职工的桥梁纽带，能否始终保证党与职工之间的血肉联系，直接关系着工会的可持续发展。

训练局工会在近几年的实践工作中，主动适应事业单位的组织形式、职工队伍结构、劳动关系的变化和事业单位的改革，始终把下基层、打基础、增活力作为工作重点，在维护职工合法权益、构建和谐劳动关系、推动体育事业发展和改革中发挥重要作用。工会利用现有的资源，围绕党建工作主动作为，通过履行四项职能，以建设职工之家为目标，全面维护好、服务好和发展好职工的合法权益与切身利益，为增强职工对工会的信任感和归属感发挥积极作用。

1. 继承党的优良传统，密切联系职工

习近平总书记强调："我们要坚持党的群众路线，坚持人民主体地位，时刻把群众的安危冷暖放在心上，及时了解群众所思、所盼、所忧、所急，把群众工作做实、做深、做细、做透。""人民对美好生活的向往，就是我们的奋斗目标。"中国共产党历来坚持树立马克思主义的群众观，并使其在实践中进一步得到了发展、丰富和完善；始终坚持全心全意为人民服务，形成了"群众利益为天"的理念，这种理念始终贯穿党的全部工作。

工会和工会干部应该清醒地认识到自己肩负的使命和责任，始终把党的群众路线作为工会的生命线和根本工作路线，坚持以职工为本，深入组织职工、宣传职工、教育职工、引导职工自觉发挥主力军的作用，在工作中要牢固树立职工群众的观念，这种群众观念要植根于工会工作。这样才能深入地了解职工的所思、所诉和所求，才能更好地为职工服务，营造和谐的党群关系。

2. 工会通过文化建设增强对职工的吸引力和凝聚力

社会的不断发展使人们的生活水平不断提升，广大职工对精神生活和娱乐的需求也逐步增加，职工文化对于丰富人们的业余文化生活有着十分重要

的作用。职工文化大多是通过集体的形式表现出来的，职工文化可以增进人们的交流，促进职工之间的和谐相处。职工文化活动的开展以满足职工的需求、丰富职工的文化生活为主要目的。随着社会的发展、改革和人们生活压力的增加，职工需要以这种形式来缓解工作和生活中的压力，改善人与人之间的关系，丰富业余文化生活，增强团队的凝聚力，为和谐社会的建设提供良好的环境。

训练局见证和经历了体育发展的历史，蕴含着深厚的体育文化，工会要充分发挥体育文化的优势，通过文化建设这个阵地，发挥桥梁和纽带的作用，将职工吸引和凝聚到工会的周围，全面提升职工素质，丰富职工精神文化生活，激发职工的劳动热情和创造力，使职工围绕着训练局的发展、改革和奥运备战这两个中心工作，发挥主力军的作用。

（1）创建模范职工之家的阵地。

职工之家创建工作是工会的基本工作任务之一，这是衡量工会工作开展得好与差的基本尺度。多年来，训练局工会依靠集体的智慧，创造性地开展工作，真正把训练局工会组织建成了训练局党委的好助手，领导的好参谋，职工的贴心人，团结、民主、文明、温暖的职工之家。训练局先后获得国家体育总局、中央国家机关工会联合会、全国教科文卫体组织授予的"模范职工之家"的光荣称号。公寓处的公寓管理科获得"北京市巾帼文明岗"光荣称号；并被中华全国妇女联合会、全国妇女"巾帼建功"活动领导小组授予了"全国巾帼文明岗"光荣称号。训练局办公室获得了国家体育总局授予的"巾帼建功先进集体"荣誉称号。2015年5月，训练局获得"全国文明单位"荣誉称号。

（2）巩固帮扶工作机制的阵地。

帮扶工作在帮扶内容和形式上呈现出多样性和丰富性，多策并举，形式多样，典型引路，内容丰富，加强宣传。要进一步完善困难职工帮扶机制，制定困难职工帮扶实施细则，拓宽帮扶渠道，落实帮扶政策，实现工会帮扶救助和送温暖活动的长期化、经常化、制度化。

训练局工会针对不同情况采取多种帮扶措施。两节送温暖帮扶工作制度化；对生活困难、重大疾病、残疾子女、央务助学、失独家庭5个项目分类建档，及时了解情况，动态管理，切实解决职工的现实困难；对患特别重大疾病的职工及其子女开展捐助活动；向灾区捐款捐物，体现了干部职工的"一方有难、八方支援"的美德。通过帮扶工作和捐款活动不仅送达了全体干部职工的祝福与问候，更提高了全局职工的向心力。

（3）夯实职工文娱活动阵地。

第一，节日的阵地。

开展春节传统文化活动，丰富职工生活。工会组织的职工联欢会、观看贺岁电影等活动，给职工带来了节日的欢乐，使职工感受到了训练局大家庭的温暖与和谐，体现了组织、领导对职工的关心爱护。

第二，传统文体活动的阵地。

组织传统职工活动，活跃职工生活。工会组织的春秋游、登山比赛、钓鱼比赛、羽毛球比赛、摄影大赛等活动，受到了全体职工的喜爱，职工参加活动人数不断增加。不少职工坚持参加总局系统组织的文体活动，定向越野、登山、女子自行车、拔河、乒乓球、摄影等比赛及各类主题征文、文艺演出等活动。通过参加这些活动，职工岗位技能得到了提高，身体素质得到了提高，运动水平不断增强，同时表现出了训练局人的团队精神和凝聚力，丰富了职工业余文化生活。

第三，职工文体俱乐部的阵地。

工会根据训练局的发展需要和实际情况，从2006年下半年开始，逐步成立了11个职工文体俱乐部，分别是职工管乐队、职工户外健身俱乐部、职工台球俱乐部、职工保龄球俱乐部、职工民乐队、职工瑜伽健身俱乐部、职工乒乓球俱乐部、职工足球俱乐部、职工羽毛球俱乐部、职工摄影俱乐部、职工广场舞健身俱乐部。职工俱乐部的成立，为职工文化建设提供了一个新的交流平台，职工俱乐部从无到有、从小到大的发展过程，凝聚着干部职工的心血，俱乐部的会员为训练局文化建设添砖加瓦，增色不少，会员成为训练局文体活动的骨干，展示了训练局人的团队精神和风采。这几年训练局职工文体俱乐部合计组织活动1556次，23737人次参与其中。

组织职工参加丰富多彩的文娱活动，不但没有影响正常工作的完成，反而成为吸引和凝聚职工的重要工作方法之一，提供了多层次的交流平台。通过活动这个阵地，增强了职工的团队协作精神，提升了其岗位技能，提高了其身心健康和幸福感水平，引领职工树立了全民健身的理念，促进了其工作的全面发展。

总之，在新形势下，工会工作要按照全国总工会"巩固、发展、提高"的总要求和"六有"的总目标，在训练局党委的领导下，紧紧围绕训练局发展、改革和奥运备战的中心任务，在党委的领导下，深化党建带动工建、工建服务党建、党工共建机制，将推动工会建设纳入党建工作计划；不断加强工会工作，增强工会活力，发挥工会作用，实现工会运作、职工参与、各分会协同的工作局面。加强职工之家和职工文化建设，服务职工，注重对职工的人文关怀，使职工得到实惠；进一步夯实工会基础，增强新形势下工会组织的吸引力、凝聚力，努力把工会建设成职工信赖的"职工之家"。

参考文献

[1] 习近平. 全面贯彻落实党的十八大精神要突出抓好六个方面工作 [J]. 求是，2013（1）：3-7.

国家奥林匹克体育中心工会管理工作的几点思考

国家体育总局国家奥林匹克体育中心　张俊昌

摘要： 习近平总书记对工会管理工作提出的新要求，以及国家事业单位改革步伐逐渐加快等诸多新形势，为我国工会特别是国家奥林匹克体育中心（以下简称"奥体中心"）等事业单位的工会工作带来了诸多新任务。当前尽快推动工会管理的创新发展，不断促使工会工作有效满足事业发展的新需要，已成为奥体中心工会管理工作的一项重要任务。本文在分析奥体中心工会管理现状的基础上，明确了奥体中心工会的功能定位，并重点分析了工会管理中所涉及的组织建设、制度建设、队伍建设等一系列重要问题，最后对奥体中心工会管理的创新发展进行了展望。

关键词： 工会管理；奥体中心

习近平总书记在2015年庆祝"五一"国际劳动节暨表彰全国劳动模范和先进工作者大会上作重要讲话时强调，工会是党联系职工群众的桥梁和纽带，工会工作是党的群团工作、群众工作的重要组成部分，是党治国理政的一项经常性、基础性工作。新形势下，工会工作只能加强，不能削弱；只能改进提高，不能停滞不前。

奥体中心是国家体育总局直属的一个事业单位，其工会作为单位对工作人员进行管理及与工作人员进行沟通的重要机构，在过去事业发展的过程中起着非常重要的作用。然而，习近平总书记对工会管理工作提出的新要求，以及国家事业单位改革步伐逐渐加快等诸多新形势，为我国工会特别是奥体中心这种事业单位的工会工作带来了诸多新任务。当前尽快推动工会管理的创新发展，不断促使工会工作有效满足事业发展的新需要，已成为奥体中心工会管理工作的一项重要任务。

一、奥体中心工会管理的现状分析

奥体中心是国家体育总局下属正局级事业单位，现有干部职工637人，其中在职职工310人，外聘职工327人。奥体中心工会会员610人，其中在职职工工会会员310人，外聘职工工会会员300人。奥体中心工会工作由中心党委办公室承担，设一名专职副主席，一名兼职干部负责奥体中心工会工作。

奥体中心领导班子和党委重视奥体中心工会委员会工作，在人员、时间、经费上给予了较好的保障，奥体中心工会发挥工会的职工之家作用，积极举办活动、开展工作。一是组建职工俱乐部，奥体中心工会于2012年组建了游泳俱乐部、舞蹈俱乐部、足篮球俱乐部、乒羽俱乐部、网球俱乐部、棋牌俱乐部、户外俱乐部等职工俱乐部，职工参与人数达600余人，各支俱乐部充分利用奥体中心体育场馆资源积极开展文体活动，做到"周有活动，月有比赛"，奥体中心所属各场馆均建立了"职工之家"，保证了活动的开展，丰富了职工业余文化生活，满足了职工的健身需求，引领了职工的健康生活方式，提高了职工的生活品位，营造了"人人和谐，人人作为"的工作氛围，对奥体中心的各项工作起到了促进作用。二是自2013年始，奥体中心工会坚持每周二、周四上午组织"职工集体健步走"活动，至今共有31860人次参与。通过常年开展"职工集体健步走"活动，提升了职工的集体荣誉感和团队精神，提升了职工的健康状况，得到了职工的广泛参与和好评。三是坚持举行升国旗仪式，在"五一""七一""十一"等重要节日，组织全体职工参与升国旗仪式，增强了职工的爱国热情和凝聚力。四是开展职工技能培训和职工技能竞赛活动，提升了职工的专业技能水平，提高了职工的个人修养。五是关心困难职工生活，开展送温暖活动，建立奥体中心职工困难档案，对生病住院职工、生活困难职工、直系亲属病故的职工协调安排奥体中心领导上门探望，送上慰问品和慰问金。2014年奥体中心工会全年慰问困难职工93人次，发放慰问金14.15万元。温暖了职工的心，增强了职工的凝聚力和归属感。六是积极参加北京市万名"寿星"推荐活动，工会会员蔡建军同志获得2014年北京市万名"寿星"称号，引领职工尚德重孝，营造弘扬、崇尚传统美德的氛围。

二、当前我国事业单位工会管理中存在的问题

（一）事业单位领导对工会工作不够重视，导致工会开展工作困难重重

事业单位职工工资多数由政府全额拨款，有些事业单位为差额拨款，职工生活来源、社会福利基本有保障。为此，一些领导认为，单位不涉及职工困难和劳动纠纷，从而对工会工作不够重视，看不到工会所发挥的潜在作用。如有的差额拨款事业单位主要靠发展经济维持生存，为此，有的领导就把工会工作和发展经济对立起来，不愿让工会发挥职工民主管理的作用，片面追求经济指标，忽视民主政治及人本建设，认为工会职能多余，不支持工会工作，使工会工作的开展困难重重。

（二）事业单位工会自身存在认识误区，导致自身工作不到位

事业单位领导对工会工作的不重视，导致事业单位工会干部与工作人员在工作中严重缺乏积极性，缺乏工作创新精神。这就进一步导致工作脱离群众，不能解决事业单位职工提出的合理诉求，达不到配合党政机关工作的职能要求。实际工作中遇到问题就会产生"躲""绕"的思想，为职工维权的意识较差。有的工会干部责任意识不强，落实具体工作的能力差，履行职能和职责欠主动，有损工会干部队伍形象。以致工会在具体工作的落实上不主动，对于新时期新思想的学习不积极，开展工作的能力逐渐退化，工会的基本职能在事业单位得不到有效的发挥。

（三）传统管理方式落后

随着事业单位改革力度的增强，工会的管理工作水平必须跟上改革步伐，但是现在很多单位的工会领导无论是在思想观念上，还是在管理思维和理论水平上都相对滞后，这些都在一定程度上制约了工会管理发展水平的提高。陈旧的管理方式与当前事业单位对工会的要求不相适应，工会无法根据

员工需求制定出有效、科学的管理办法。在具体事务管理上，工会工作内容大而全，管理内容繁杂，效率低下。

（四）劳动关系协调难度大

随着事业单位机构改革，单位人事、劳动和分配制度都有了巨大的变化，员工就业形式多样化、复杂化，这是导致单位劳动关系协调难度增加的重要原因。近几年，我国事业单位劳动争议突发事件不断增多，在一定程度上影响了事业单位的正常运行。

在当前的事业单位管理中，仍然存在着分配制度不合理的现象，这使得员工的工资层次产生了巨大的差异，也因此引发了很多的矛盾。随着市场经济的发展，事业单位为了实现更好的发展，实行了有层次的利益分配，这在一定程度上影响了工作人员的积极性和主动性，管理工作开展的难度较大。

三、奥体中心工会的功能定位

奥体中心工会是在中心党委领导下，职工自愿结合的工人阶级群众组织，是党委联系职工群众的桥梁和纽带，其基本职责是维护职工的合法权益，根本目的是充分调动好、保护好职工群众的工作热情和积极性，更好地为奥体中心事业服务。工会工作应以职工为本，没有职工就没有工会。工会存在和发展的内在要求及工会发展的生命力都表现在代表和保护职工的合法权益上，如果不尽力维护职工的权益，工会就不能被称为"职工之家"，也会失去存在的价值。同时，应做到维护职工的具体利益和维护单位的整体利益相统一，与奥体中心的事业发展相统一。奥体中心工会应努力构建稳定和谐的劳动关系，促进奥体中心事业不断发展，其基本职能包括维护职能、建设职能、参与职能和教育职能。

（一）奥体中心工会的基本任务

奥体中心工会的基本任务有以下六点：一是执行落实大会的决议和上级工会的决定。二是主动依法科学地维护职工的合法权益。三是组织职工开展劳动竞赛，提供合理化建议，组织技术革新、技术协作和技术比赛等群众性创新活动。四是评选表扬劳动模范，发挥劳动模范的引领和导向作用。五是对职工进行思想教育，组织职工学习文化和业务知识，提高职工素质，做好职工俱乐部工作，发展好工会文化、教育、体育事业。六是做好困难职工帮扶工作，为职工办实事、做好事、解难事。

（二）奥体中心工会的工作定位

奥体中心工会的工作定位要深深把握住思维、工作、职责、服务四个方面，坚持"四个必须"的思路：一是思维定位必须着眼于全局，工会工作是奥体中心全部工作的组成部分，属局部工作，在思考工作时要着眼于全局、把握全局、融入全局、服务全局。二是工作定位必须着眼于适应，奥体中心工会工作必须适应奥体中心事业的发展，只有适应才能生存、才能发展、才能有所作为。三是职责定位必须突出维护，中心领导班子和党委要心想群众、情系职工，做到中心利益与职工利益高度统一，工会作为职工利益的代表，必须忠实地做好职工利益的维护，否则就失去了存在的价值。四是服务定位必须面向职责，工会存在的价值在于职工，服务的对象是职工，要心想职工、情系职工，为职工办实事、做好事、解难事，真正成为职工的"娘家人"。努力将中心领导班子和党委关注的工作中的难点问题和职工关心的生活中的热点问题的结合，形成工会工作的最佳结合点，化解矛盾，调和关系，为奥体中心事业发展做好应有的贡献。

四、奥体中心工会管理的组织、制度与队伍建设

（一）奥体中心工会管理的组织建设

奥体中心工会作为工会的基层组织，是开展工会各项工作的组织者、实践者，是工会全部工作的最终落实者，是工会作用的具体体现者。密切联系职工群众，是工会全部工作的起点。

在奥体中心工会管理的组织建设过程中，一要建立健全组织机构，奥体中心工会在中心党委领导下和中心领导班子的支持下，依法按照民主集中制原则及时履行民主程序，选举产生工作委员会。按照《工会法》，职工人数

在200~1000人的单位，一般配备专职机构。二要强化工作运行机制，奥体中心工会始终坚持"新起点、大作为、重实效"的总体工作要求。在运行机制上，奥体中心工会工作重心下移，心存全局，深入职工群众，工作中突出重点，整体推进，积极转变工作作风，以提高服务质量，并能在实际工作中及时发现问题，找到问题的根源，最终解决问题。工会的日常工作少不了职工代表大会的配合，职工代表大会在工作中发挥积极作用，进行民主参与、民主监督，为单位事业持续、健康、协调的长远发展提供民主决策和科学决策的畅通渠道和途径。三要建设服务型工会组织，工会工作必须树立为基层服务的宗旨，根植于职工的需求之上，在为职工做好事、办实事上下功夫，才能永葆生机活力，实现可持续发展。因此，奥体中心工会要坚持以职工需求为导向，将职工的需求转化为工会的行动，将职工的呼声转化为工作的信号，将对职工的服务作为自身工作责任，将职工的满意度作为工作的第一评判标准。在工会工作过程中，要不断顺应职工的需要，不断丰富职工的生活，完善职工真切需要的各类服务，着重解决职工关心的热点、难点问题，切实提高服务的效率与质量。四要积极主动地争取上级支持，争取让党委和上级工会重视支持基层工会工作，加强工会建设，这一点是基层工会组织做好工作的前提，奥体中心工会在党委领导下，要增强工作的主动性，及时向中心党委、中心领导班子汇报工会建设情况和工作中遇到的问题，争取党政的重视和支持，将工会工作融入党政工作，努力在工作中将党政关注的"难点"和职工关心的"热点"相结合，推进工会工作的创新发展。

（二）奥体中心工会管理的制度建设

工会管理制度是指工会为保证自身工作的顺利进行而建立的一切规章制度的总和，它要求工会全体成员共同遵守。强化工会管理制度建设，对工会工作的执行力、工会工作的质量和效率都能发挥积极的促进作用。工会制度这一基础性建设，往往带有根本性、全局性、稳定性、长期性的特点，应注重发挥制度自身的整体功效，构建科学的制度体系。按照《工会法》要求，应建立工会委员会代表大会制、民主选举制度、民主决策制度、民主管理与民主监督制度等各项管理规章制度，做到工会工作有法可依、有章可循，制度建设要着眼于职工切身利益，使制度建设的重心体现在以人为本上，深入了解、及时掌握职工基本情况，用实际行动帮助困难职工家庭。加强职工劳动安全保护责任意识，关心职工精神文化生活，营造积极向上、健康和谐有活力的良好氛围。细化劳动竞赛内容，以单位事业发展中的关键问题和薄弱环节作为竞赛的主攻方面。

在制度建设中要着重把握三个问题：一是制度的可操作性。可操作性是制度的"生命力"，在制定和落实制度时要坚持实事求是原则，制定必要的少而精的制度，避免不必要的"大全空"。二是制度的协调性。工作制度建设不能脱离党政工作的大背景，工会制度制定必须从全局出发，找准自身定位，避免职能错位。三是制度的执行力。科学合理的管理制度一旦建立，就要不折不扣地狠抓落实，绝不能当口号喊，当标语看，要强化制度的权威性，营造一种"全心全意、雷厉风行、负责到底"的工作作风。

（三）奥体中心工会管理的队伍建设

政治路线确立之后，干部是决定性的因素。工会工作的优劣，干部队伍的素质是决定性因素，工会队伍是工作的承担者，工会队伍的水平关系着工会组织的健康发展，工会队伍是做好工会各项工作的人力保障，它不仅是搭建单位与职工联系的桥梁纽带，也是职工的权益代表。加强工会队伍建设，是新形势下加强和改进工会工作、提升工会组织自身素质和能力的需要。

要着重在以下三个方面下功夫：一是加强学习教育，不断增强工会干部的爱岗敬业意识。以党的十八大和十八届三中、四中、五中全会精神的学习贯彻为重点，以马列主义、邓小平理论、习近平系列重要讲话为主要内容，结合工会工作实际，采取多种形式组织工会干部开展学习教育活动，引导工会干部树立正确的人生观、价值观，坚定理想信念，坚定政治立场，树牢群众观念和服务意识，爱岗敬业，当好职工会员的"娘家人"。二是加强业务培训，提高队伍素质。加强队伍建设，需要建立长效培训机制。重点培训工会掌握法律法规、专业知识和技能、工作方式和方法等，围绕提高工会干部的学习能力、创新能力、服务能力、组织协调能力下功夫，不断提升队伍的专业化水平。三是加强队伍建设，不断强化队伍的思想作风和工作作风，把全心全意为职工群众服务作为工作的出发点和落脚点，坚持"一切为了职工，一切依靠职工，一切服务职工"的理念，做到工会干部必须由大家选举产生，工会的问题必须经大家讨论决定，工会的事情必须由大家共同办理，工会应时常联系职工群众，认真倾听其对工作和生活的反映，切实了解职工群众的愿望，真情维护职工群众的利益，当好职工群众的贴心人。

五、奥体中心工会管理的创新发展

大众创业、万众创新。创新是事业发展的不竭动力，创新的过程是形式与内容的高度统一。创新的基础在于务实，创新的成果应由群众共享。新的形势下，工会工作的特点、规律发生了很大变化，但工会代表职工根本利益的本质没有变，工会维护职工合法权益的职能没有变。在工会工作的创新中要牢牢把握工会的本质要求，在"变"与"不变"中找适应、找统一、找最佳结合点，审时度势，顺应时代要求，与时俱进地有效解决实际问题。创新的过程中要注重创新成果产生的实际效应，评价和衡量一项工作是否创新，最重要的标准是看这项工作在实践中的成果是否有明显的积极效应，创新成果是否可以顺利转化为科技生产力及工作的助推剂。

同样，工会工作的创新发展，关键是看这些新的工作内容与形式的整合，是否高效地解决了当前面临的实际问题，如果不能高效地解决任何实际问题，其内容再好、形式再新都是空的，不能算是真正的创新。创新要讲究实效，没有任何作用抑或是会起到反作用的做法，都不能视为创新。对于创新来说，务实是第一位的，务实是创新的源泉。创新必须是在工作过程中积累了丰富的实践经验后的创新，没有深入实践的探索，没有务实的态度，就失去了创新的前提。说到底，创新本身是一种科学精神的体现。

新形势下，奥体中心工会工作新局面的开创，必须与党的十八大精神一致，把创新体现在工作过程之中，落实在工作效果之上，融入奥体中心事业发展大局中去。奥体中心工会工作创新要有目标和指向，在奥体中心事业发展的重点工作上、难点问题上及职工关注的热点问题上有所创新。创新不能平均发力，要选准突破口。

总之，创新必须把握工会工作的本质，内容要实、形式要新，必须在党委领导下，从党对工会工作的要求出发，从职工群众的需求和工会工作的职能出发，进一步把奥体中心工会打造成党政靠得住、职工信得过的学习型、服务型、指导型、创新型、务实型的工会组织，为奥体中心事业发展做出新的贡献。

参考文献

[1] 吴国平. 进一步加强工会管理制度建设的思考 [J]. 理论学习与探索，2011（1）：71-72.

[2] 王萍. 浅谈现代管理理论下基层工会管理的改革 [J]. 现代经济信息，2010（8）：36.

[3] 张丽云. 工会在企业人力资源管理中的地位与作用 [J]. 中国人力资源开发，2009（4）：83-86.

[4] 鲁益. 探索基层工会管理模式 [J]. 中国商界（下半月），2009（10）：294.

[5] 赖永明. 基层工会管理的新视角——现代管理理论与工会工作相结合的意义与途径 [J]. 中国劳动关系学院学报，2008，22（4）：73-78.

[6] 邸灿. 工会——劳资冲突博弈中的重要力量 [J]. 知识经济，2008（11）：105-106.

[7] 田素安. 高校民主管理工作弱化与工会管理体制改革 [J]. 山东广播电视大学学报，2007（2）：14-15.

国家体育总局系统财务管理信息化体系发展的相关探讨

国家体育总局财务管理和审计中心　李青

摘要: 随着社会转型、新经济环境、新发展方式等前所未有的新变化和科学技术的高速发展,国家体育总局系统财务工作者通过10多年的努力已经实现财务管理信息化,利用现代计算机和网络工具,高效、广泛地进行财务管理工作,如今,完整的财务管理系统已经贯穿体育事业发展的全过程。

然而,国家体育总局在财务管理信息化的应用和发展中还存在许多问题,对这些问题的研究有助于规划和建立流程通畅、业务协同、数据共享的一体化管理系统,为体育事业的发展提供数据和管理的支撑和保障。

关键词: 财务管理;计算机网络;系统建设

近年来,为满足政府深化改革及体育部门业务发展的需要,国家体育总局财务管理方面的改革力度不断加大,树立新理念,创新管理机制,推出了多项新举措。要求各级财务管理人员在工作中,牢固树立大局意识、安全意识、效益意识、服务意识;要求各级财务部门在履行职责的过程中,强化经费预决算、财务核算、国有资产管理、内部审计等方面的工作;要求各单位在财务管理方面严格执行有关规章、制度。特别是以国库集中支付制度推行、预算执行情况统计等工作为契机,强化财务管理的科学化、精细化,使其向着"精细""规范""透明""科学"的方向大步迈进。

一、国家体育总局财务管理信息系统发展现状

国家体育总局为加强党风廉政建设，完善监督机制，规范财务管理，2002年起陆续成立了财务管理和审计中心，实行会计集中核算，自此，国家体育总局财务管理信息化建设起步。

财务中心成立初期，首先从国家体育总局体育经济司和各直属单位汇集了大量高水平的专业财务管理人员，通过调研，公开招标选择适合国家体育总局财务管理发展的集中核算应用软件和数据库，建设国家体育总局会计集中核算网络平台，形成了以财务中心机房为核心，通过光纤或专线连接体育馆路各办公楼、训练局，覆盖国家奥林匹克体育中心、冬季运动管理中心、北京体育大学、自行车击剑运动管理中心、射击射箭运动管理中心的城域网。经过10多年建设和调整，国家体育总局逐步形成了完善的财务管理信息体系，现在已经投入使用的包括国家体育总局会计集中核算系统、国有资产管理系统、国库集中支付系统、政府采购网上申报系统等，有力支撑了国家体育总局财务管理工作的开展。国家体育总局财务管理信息系统是国家体育总局应用范围最为广泛的一个系统，涉及所有国家体育总局在京直属事业单位，是国家体育总局财务管理高效工作的必要工具。

从国家体育事业的发展情况来看，随着各项改革的不断推进，国家体育总局承担的社会管理和公共服务职责越来越重，财政方面对国家体育总局及各直属单位的经费保障水平不断提高，因此各单位财务管理水平也需要不断进行调整和提高。目前，多数单位已经认识到财务管理信息化的必要性和重要性，但是在对财务管理信息系统认识、使用和发展方面还存在一些问题。

（一）财务管理信息化前提下对传统财务管理意识冲击

（1）财务管理信息化建设彻底颠覆了传统财务的一些管理理念，传统财务管理的封闭性、财务人员专业知识的局限性在信息化建设中凸显出来。

（2）国家体育总局实行财务管理信息化后，各单位已经能接受并很好地使用信息化管理工具，但是管理观念的转变一直滞后于管理技术的更新，部分财务管理人员信息化管理意识较差，对国家体育总局财务管理信息化整体发展产生了不利影响。

（3）各单位及各单位下属部门之间横向协调性差，导致财务数据的实时性无法体现，财务信息不能及时共享，数据利用率不高。

（4）国家体育总局实行财务管理信息化以来，管理人员尤其是单位领导期望通过应用财务管理信息系统提高管理水平，但人员、制度等方面的滞后严重影响了财务管理信息系统的功能拓展。

（5）缺乏专业管理人员，现在财务管理系统均聘用外部人员进行维护，自身缺乏既懂财务管理又了解计算机及网络建设的复合型管理人才，导致现有的财务管理信息系统不能很好地与单位自身组织结构、内部管理相协调，更无法有针对性地进行财务管理信息系统的设计和研发，影响国家体育总局财务管理信息化水平的进一步提高。

（二）国家体育总局财务信息管理系统功能存在局限性，可以提升的空间较大

（1）现有财务管理网络为专网模式，即各直属单位和财务中心机房通过光纤或专线相互连接，这样虽然极大地保证了财务信息的安全性，但同时使财务管理信息系统的拓展性受到了很大影响。

（2）强化国家体育总局财务信息规范化、代码化，提高数据可利用性。

（3）现代电子商务飞速发展，各种网上商务、交易、金融等应用程序相继开发出来，但国家体育总局在电子商务应用方面较为落后。

（三）财务管理信息系统整合及整体效能发挥不到位

（1）国家体育总局现有财务管理信息系统建设主要是根据工作需要建设相应的管理系统，各系统之间缺乏数据联系，无法发挥数据整体效能。主要问题是集中核算系统、资产管理系统、部门预决算系统等数据衔接不够，一些报表仍采取手工方式分析填列，效率低、数据易失真，没有真正发挥财务管理信息体系的功能。

（2）通过10余年的信息化建设和发展，国家体育总局财务管理方面已经掌握了庞大的数据信息，如何对这些数据进行专业化处理，从而为决策提供依据，需要进一步研究。

二、从集团管理角度完善国家体育总局财务管理信息体系

2008年以来，财政部要求加快预算执行进度，加强预算执行情况统计和分析，开展项目绩效考评，加强结余资金管理。2009年8月，财政部印发《关于推进财政科学化精细化管理的指导意见》，明确要求："加快财务管理信息化建设，规划和建立流程通畅、业务协同、数据共享的一体化管理系统，实现预算编制、预算执行及监督监控全方位的科学规范管理。"2011年11月，财政部拟定了《行政事业单位内部控制规范》并征求意见。2012年4月，《事业单位财务规则》施行。2012年12月，《行政单位财务规则》公布。

由此可见，近年来，我国财政体制改革速度不断加快，从财政体制改革和国家体育总局内外部环境变化情况看，我们必须通过一定的改革来适应和满足工作需要，要推进部门财务管理的科学化、精细化，就必须在创新方面下功夫，尤其是需要加大财务管理信息化体系建设力度。

（一）创造财务管理信息化建设发展的良好环境，需要从观念到制度全方位进行更新

1. 财务管理人员观念的更新

建立以人为本的管理观念，重视人的发展，单位所有财务活动都是由人发起、操作和管理的，其成效取决于个人的知识广泛程度及努力程度。所以在财务管理信息化过程中，国家体育总局系统财务管理人员必须从原来的会计身份中脱离出来，现在财务管理人员所做的工作不仅仅是记账，更需要的是拥有目标协调的观念，具有全面、准确、迅速、有效地收集、分析和利用信息的能力，为单位事业发展过程中所有相关部门和事务服务，扩展自身的知识面，了解事业发展相关知识。将体育事业的发展、信息化建设和财务管理等融会贯通，在提供财务管理服务中做到"不说外行话""不做外行事"。

2. 国家体育总局财务管理信息化不断推进，制度更新需要同步跟进

一个单位的发展历程可以从该单位的历史财务数据中清晰地体现出来，不同时期有不同的制度建设需求。在财务管理信息化的背景下，需要完善单位内部的责任机制，按照权、责相结合的原则建立责任体系，加强各部门的协调沟通，确保财务管理相关数据的实时性，使各种财务信息能够及时共

享。因此必须加强制度建设，通过完善的制度体系使我们做的每一件事都有章可循、有据可查，这也是当今党风廉政建设所要求的，是使体育事业更好发展的基础保证。

（二）利用先进的科学技术不断推进财务管理信息化建设

1. 网络和硬件技术更新

当今科技飞速发展，财务管理信息化体系中硬件和网络是重要的组成部分。

硬件方面：从硬件投资中获得最高工作效率是我们工作中追求的最佳方式，而整个系统的性能往往跟服务器硬件成本本身有关，但不可能一直保证使用最新的硬件产品。在许多情况下，提升现有硬件设备的工作效率或升级和调整已有设备，也可以为系统带来不小的提升，当然这需要对已有系统的数据处理量和硬件性能有相当程度的了解。财务管理信息系统硬件更新很复杂，需要综合考虑各种因素，包括经费、设备利用率等。所以硬件更新方面的问题必须随着财务管理信息系统功能的扩展，在实践中不断发现和解决。

网络方面：一般情况下，网络系统安全与功能是一对矛盾的关系。现有财务管理信息系统网络为专网模式，即各直属单位和财务中心机房通过光纤或专线相互连接，这样保证了财务信息的安全性，但同时财务管理信息系统的功能拓展受到了很大影响。如果更改现有网络连接模式，由专网变为互联网连接，网络安全是首先要解决的问题。确保国家体育总局财务数据的安全性，也就是保证数据的保密性、完整性、可用性、可控性、可审查性，构建网络安全系统，一方面要进行用户及数据的认证、加密、监听、分析等工作，必然降低用户应用的灵活性；另一方面也增加了管理费用，这些问题也需要在实践中解决。

2. 财务管理信息系统功能及软件，需要根据需求不断扩展

国家体育总局财务管理信息体系内已经运行的包括：国家体育总局会计集中核算系统、国有资产管理系统、国库集中支付系统、政府采购网上申报系统等，功能多、涉及面广，但由于各个系统负责部门不同，系统间的数据接口不统一，无法进行数据整合，因此需要建立能覆盖国家体育总局机关、

下属事业单位、财政、审计的多层次、多维度的数据利用体系。为达到这个目的，应由指定部门统一对各个系统进行管理，建立功能整合和需求反馈渠道，培养了解体育工作、懂财务管理和网络信息系统建设的复合型管理人员，使其能针对国家体育总局财务管理的实际情况对系统维护和二次开发等提出合理化建议和意见。

3. 低成本移动办公及电子商务功能的开发和利用

体育工作的特点是需要经常外出参赛、训练，因此要利用互联网开放的网络环境，在保证网络安全的前提下，逐步实现移动办公。根据国家体育总局赞助多、广告多的特点，应该逐步开发电子商务方面的应用，实现高效、实时、全覆盖的财务管理信息体系。

（三）有效利用现有系统，进行数据整合，提高数据利用率

利用现有系统能够建立健全有效的财务内部控制机制，对项目执行进行全程监控，并对其进行分析和评价。根据分析结果，充分整合财务信息，为单位管理决策服务。

及时准确地向国家体育总局报送相应财务信息，为国家体育总局经济宏观调控提供依据，这是财务管理信息系统的重要工作。需要在信息服务、信息采集、财务指标体系及手段等方面进行深入研究，根据实际工作情况，对数据进行规范、分类和分析，使信息更具真实性、系统性、时效性、连续性、可比性。

（四）财务管理信息化建设应控制风险及信息安全等问题

（1）从集团角度建设财务管理信息体系必须考虑风险因素，建立风险管理模块。风险管理必须贯穿整个业务处理过程，设定相应的风险指标，通过技术手段自动与风险指标进行对比，自动生成风险评估报告，便于采取相应的控制手段。如在预算执行过程中加入执行指标体系，发现超指标执行或超项目范围支出，系统自动提醒操作人员做出相应处理。

（2）财务管理信息化建设中的信息安全问题。现有的网络体系使用开放式的TCP/IP协议，国家体育总局现有的财务管理系统使用专网，对来自互联

网的安全威胁考虑得不多，但是随着财务管理信息化建设的不断推进，使用互联网为网络平台成为必然趋势，虽然国家体育总局系统财务数据不在保密范畴内，属于内部资料，但如果财务数据遭到破坏或被大面积泄露，依然会对体育工作整体发展造成巨大损失和严重后果。因此，财务管理信息化建设必须解决的首要问题是网络安全问题，必须通过技术手段和严格管理手段确保数据安全。

（3）网络环境下身份确认、文件真伪问题。为保证电子商务交易安全，不同用户、不同的应用有不同权限，维护用户和应用的口令必将成为信息化工作的重点之一，因此电子签名、辨别文件的真伪存在一定风险，国家体育总局系统在相关问题上出现过类似问题，现有的技术手段可以解决部分问题，但更主要的是需要提高所有工作人员的网络安全意识和风险意识。

（五）财务管理信息化建设必须采取的措施

（1）不断提高财务管理人员综合素质。财务管理信息化建设中需要既具备财务管理专业知识又懂现代计算机技术、网络技术、管理、法律等多方面知识的复合型人才。

（2）应尽快转变财务人员传统的思维习惯和思维方式，使财务人员主动在知识结构上逐步适应科技创新带来的产品开发越来越快的发展趋势。

（3）加大对非财务人员的财务知识普及和培训。现代发展中，财务人员已经不再是过去单纯的会计和出纳，需要加大对业务部门人员相关财务知识的培训。

三、结 论

飞速发展的信息技术和互联网构成了现代经济发展的宏观环境，而财务管理始终是一个部门乃至一个单位的核心工作。

国家体育总局财务管理信息系统是提高国家体育总局财务管理水平的重要工具，通过开发和使用财务管理信息系统，提高了国家体育总局财务管理工作的效率，对准确、及时的财务信息进行分析和掌握，对提高管理层决策具有极其重大的现实意义。因此，大力发展国家体育总局财务管理信息系统，从空间、时间和效率三个方面能满足日益强化的财务管理要求，构建一个完整的财务管理信息体系，对国家体育总局系统制度规范水平、信息化程度、管理人员的专业技能等都提出了较高的要求。建立完善的财务管理信息体系应该是一个包括应用设计、实施检验、反馈结果、规范调整环节，并不断重复这些环节的长期工作。国家体育总局在不断实现和发展财务管理信息体系的同时，必将带动整个部门管理水平的提高。

参考文献

[1] 王其良，高敬瑜，吴冬燕，等.计算机网络安全技术 [M].北京：北京大学出版社，2006.

[2] 于弘，吴安南.网络财务管理发展中存在的问题及其对策研究 [J].中国商论，2012（06）：68–69.

[3] 刘军.网络经济下的财务管理创新 [M].北京：时代出版社，2005.

[4] 于小桐.网络财务在企业中的可行性分析 [J].中国电子商务，2013（11）：194–195.

浅析体育后勤服务保障工作中的主要问题与对策

国家体育总局训练局　贾凯

摘要：本文讨论了体育后勤服务保障工作，浅析了目前体育后勤服务保障工作中的主要问题，从标准化服务的角度，提出了体育后勤服务保障标准化的问题及其解决方法与对策。

体育后勤服务保障工作伴随着中国体育的成长而成长，服务于体育工作者及运动员和教练员，但是，体育后勤服务保障工作的标准化建设却长期滞后，多年来没有一个统一的服务标准，影响了体育后勤服务保障工作的质量及其提升。

体育后勤服务保障工作的主要问题具体表现为：第一，体育服务的基础设施配备没有标准可循；第二，体育服务的标准化和规范化建设亟须建立和完善；第三，个性化服务等延伸服务，需要有基本的服务标准衡量作为依托；第四，没有基本的服务标准，就无法开展体育后勤服务保障工作的质量检查和检测。

提高体育后勤服务保障工作水平的方法与对策：完善服务标准建设，一是要制定和完善统一的体育后勤服务保障工作的规范化标准；二是要按照体育后勤服务保障工作标准加强管理；三是要依据体育后勤服务保障工作的标准化要求加强培训。

关键词：体育；后勤服务；标准化；问题；对策

体育后勤服务保障工作是体育事业的重要组成部分，是体育工作中不可忽视的一项基础性工作。体育后勤服务保障工作是为运动员、教练员、裁判员等各类体育工作者，乃至社会观众，提供训练、比赛、研究和观赏等多方面、多层次服务的综合性服务工作，也是党、政府、人民关怀体育事业的载体和平台。体育后勤服务保障工作质量反映了国家科学技术发展的水平和实力，也决定了奥运会的成败。"服务"是体育后勤服务保障工作一切活动的基础，是体育后勤服务保障工作的灵魂与核心。因此，不断研究和提高体育后勤服务保障工作质量，是体育后勤服务保障部门和体育后勤服务保障工作者的一项根本任务。

一、关于体育后勤服务保障工作

（一）体育后勤服务保障工作的定义

体育后勤服务保障工作是从事体育后勤服务保障工作的员工凭借服务的设施、设备及其他劳动资料，为服务对象提供的各种服务的总和；是指以活动形式存在的、可供服务对象需要的经济活动；是一种特殊形态的商品和商品交换。

（二）体育后勤服务保障工作的要素

现代体育后勤服务保障工作的构成要素有六个方面：

（1）人力和物力要素。服务要靠人工，也要靠物质。这个"物质"在很大程度上依靠先进的设备、设施、技术和优质的原料。

（2）效率要素。效率是生命，没有效率的服务绝对成不了优质服务。因此，时间定量是衡量服务质量的主要标准之一。

（3）文明要素，包括精神文明和环境文明。从根本上说，环境文明亦源于人类的精神文明，就是"以人为本"。环境美化、净化、卫生、舒适等，都是文明的要求。

（4）能力要素。体育后勤服务保障工作已不再是简单的体力消耗，它需要相应的能力保证。语言、技能、应变、协调、管理等能力的高低，都直接影响服务质量的优劣。

（5）安全要素。安全是体育后勤服务保障工作之本，除生产安全之外，还有饮食安全，特别要防止兴奋剂误食，其重要性与其他服务相比显得尤为突出。保密性也是体育后勤服务保障工作安全要素中不可或缺的因素。

（6）商品要素。在市场经济中，服务也是商品，具有价值和使用价值。服务所创造的价值量的大小，以服务项目的多寡，服务时间的长短，以及服务劳动的强度、复杂程度和熟练程度等为转移。归根结底是为"生产"服务所耗费的社会必要劳动量决定。因此，必须实现等价交换。这也就是"物有所值"（value for money）的原则。服务的价值必须明确数量、质量、时间，并予以组合。

（三）体育后勤服务保障工作的特点

构成服务的这些要素和服务的本性，使体育后勤服务保障工作具有许多鲜明的特点，总结归纳起来主要有以下几点：

（1）同一性。在体育后勤服务保障工作中，服务提供者与接受者是同步进行的，在时间和空间上是统一的。它不同于其他一般产品的交换，消费是互相独立的，从生产到消费，必须通过中间环节即流通领域，且交换先于消费；而服务是生产者（体育后勤服务保障工作者）与消费者直接地、面对面地进行的，当面生产，当面消费，服务好坏客体当面检验。同时，服务产品交换过程中具有不可预知性、不可选择性，以及使用后如有质量问题无法退换等特性。消费者对服务质量的选择实际上是对信誉的选择。选择的依据是个人的经验和判断、他人的间接经验和介绍、媒体的宣传等。因此，具备较高的诚信度、美誉度是对服务产品的本质要求。

（2）固定性和共享性。体育后勤服务保障工作是无形的、不可转移的，不像其他商品，可以买回家去享用。体育后勤服务保障工作的使用价值，一般只有在特定的场所才能实现。同时，体育后勤服务保障工作这个商品的相对固定性和共享性（如餐厅可以接待一批又一批的运动员、教练员和其他用餐人员），使其具有高效益和高耗率。因此，人员及时轮换，物资及时更新和公共卫生的管理尤为重要。

（3）不可重复性。体育后勤服务保障工作作为产品，对于使用者来说是暂时的。就拿运动员公寓来说，从教练员、运动员进入公寓开始享用，即实现服务的使用价值。当教练员、运动员离开，服务随即终止，公寓服务的使用价值就不复存在。这种服务的一次性，还会随着服务时间、场合及服务人员心情的变化而变化，即使是同一服务人员提供的服务，其质量也会不同。因此，消费者在一生中不可能有机会消费完全相同的服务商品。因此，必须加强服务质量管理、服务标准化和服务人员培训，重视每一次服务商品出售，提供好每一次服务。这就要求体育后勤服务保障工作部门的管理者具有高超的管理水平和灵活的经营方式，如加强体育基地服务保障标准化和规范化建设就已经被越来越多的体育基地认识到。

（4）综合性。体育后勤服务保障工作涵盖练、吃、住、行、医、学、洗、娱、购等多方面、多层次的要求，每一方面涉及许多环节。就以膳食服务保障来说，它由采购、加工、烹饪、卫生、营养、保管和服务等部门和人员构成，由此形成"吃"的形象与价值。如果一个环节、一项服务质量低劣，就会引起产品畸形，以致有损整个产品的形象和价值。同时，服务对象的需要是多方面的，任何一项合理需要不能被满足，服务产品就都是有缺陷的。而且，由于国家、地域、民族、性别、年龄、职业、文化程度、宗教信仰等的不同，服务对象的要求也各异，这就需要我们一方面加强部门协作与信息交流；另一方面善于观察和了解服务对象的需要，开展有针对性的服务，即个性化服务、超常服务、感情服务。这种根据服务对象开展的服务涵盖了核心服务（最基本的服务）；支持服务（必需的促进性服务，如餐厅的座椅摆放、菜品出品的摆台、餐具的及时清理服务等）；延伸服务（又叫附加性服务，为服务对象提供额外的超值服务，即增加核心服务的价值），服务内容越多、越广泛，其服务产品的档次和规格就越高。如训练局运动员餐厅以运动员之家为自己的特色，当运动员训练回来步入餐厅，服务人员的一声"回来了"体现出一种温馨与温暖，使教练员和运动员有了归属感。

但是，无论是支持服务，还是附加服务，都应该是建立在体育后勤服务保障工作基本服务标准之上的。

二、当前体育后勤服务保障工作面临的主要问题

优质服务是体育后勤服务保障工作的出发点和归宿，是体育后勤服务保障工作的本质要求。那么，怎么实现优质服务呢？有人认为"体育后勤服务保障工作的优质服务是指满足服务对象需求的能力和程度"；有人以公式表示：体育后勤服务保障工作的优质服务=规范化服务＋超常服务；而价值论者则以客人价值观为标准，以价值大小衡量服务质量和水平；有人以情感为本位，概括体育后勤服务保障工作优质服务的内涵；更多的人则提出体育后勤服务保障工作以服务对象的满意度为准则，提出了"全方位服务""全天候服务""无争议服务"等要求。各种说法都从不同视角、不同方面回答了体育后勤服务保障工作的本质要求。

我们前面说过，无论是哪种服务，都要有一个基本的标准，以衡量我们的服务水平和服务质量。在我们服务标准之上的服务，是超出我们范畴的，只有建立服务标准，才能更好地为客人服务，超出我们服务标准和服务范畴的工作，即便是有不足也会取得客人的理解和支持。

体育后勤服务保障工作伴随着中国体育的成长而成长，服务于体育工作者，以及运动员和教练员，但是，体育后勤服务保障工作的标准化建设却长期滞后，多年来没有统一的服务标准，比如，运动员公寓如何建设，场馆设施如何配置，运动队布局和服务保障人员的配备比例等。体育后勤服务保障工作没有标准可循，影响了体育后勤服务保障工作的质量及其提升。体育后勤服务保障工作的主要问题具体表现如下：

（1）体育后勤服务保障工作的基础设施配备没有标准可循，体育后勤服务保障工作的设施和设备是提高体育后勤服务保障工作质量的物质基础。设备陈旧，设施低劣或不完善，几年、十几年"一贯制"，是难有优质服务的。要通过多种渠道，广泛运用现代科技成果，改造并完善各种体育服务的设施和设备，高度重视它们的基础配置，以满足运动员训练和比赛的需要，什么样的基地配备什么样的设施设备，应该有统一标准和要求，综合基地有综合基地的标准，专项基地有专项基地的标准，高原基地应该有高原基地的标准。体育基地服务设施配备需要就地取材，要既富有体育运动特点，又有

地方和民族特色，以独有的品位吸引服务对象。设施设备的维修与保养也应有统一规范的要求，以保证安全、正常、良好运转。

（2）体育后勤服务保障工作的标准化和规范化建设亟须建立和完善统一的细化、量化的实施标准，以保证服务产品质量统一，同时，还要建立相应的管理、评价和监控系统，使重复工作标准化、工作环节协调化、复杂管理系统化。体育后勤服务保障工作的规范化标准必须具有科学性和严密性。科学性是指服务标准必须以科学、技术和实践经验的综合成果为基础，把标准、目标定在一个合理的水平上。严密性是指运转的每一个环节、每一道工序都要有明确、详细的标准，防止服务出现真空。规范化标准要有法可依，与国家先进水平接轨。制定过程应遵循从群众中来、到群众中去的方针，使其成为自我教育的过程。如训练局场馆处卫生保洁用品的存放，训练局膳食处餐具的要求和摆放，都有其规范的标准和要求。但是，我们现在实际使用的这些标准基本上是参照宾馆、酒店等相关服务行业的标准制定的，而没有体育后勤服务保障工作的行业统一标准。

（3）个性化服务等延伸服务，需要有基本的服务标准作为依托，规范化服务解决的是服务到"位"的问题，个性化服务解决的是服务到"家"的问题，也就是"以人为本"。要提高体育后勤服务保障工作的服务质量，没有优质的个性化服务是无法做到的。经验告诉我们，让服务对象激动难忘、感激不已的往往是我们提供的个性化服务。个性化服务可分为被动性和主动性两种。被动性个性化服务指针对服务对象随时随地提出的个人要求，而采取专门措施予以满足的服务；主动性个性化服务则通过服务制度、服务规范和服务项目来实现，是更高层次、更显示质量水平的个性化服务。如建立服务对象个性档案，实行个人跟踪服务；为某种共同需要的群体，设立专门的服务项目；为服务对象提供自选服务；等等。但是，如果没有基本的服务标准，就无法衡量这些服务的价值和意义。

（4）没有基本的服务标准，就无法开展体育后勤服务保障工作的质量检查和检测。作为不具备实物形态的服务，虽然是无形的、可塑的，但却是有质有量、可以检验的。衡量体育后勤服务保障工作质量的标准是服务对象的满意程度。因为，考核体育后勤服务保障工作质量水平高低的依据，不是自我评价或者上级单位的评价，而是服务对象的评价。服务对象的满意度最能全面、准确、客观、定量地反映服务质量的高低。这种满意度是可以计量的，基本方法是：通过调查表、意见卡、意见簿、座谈会等形式，收集同期服务对象的意见；把他们的评价分别进行整理，计算出满意度，综合得出每个人的服务质量。我们可以用这种方法开展竞赛，组织评比、检查，以促进服务质量的提高。如训练局在为运动队服务时设立的运动队委员会制度，向运动队通报相关要求和情况，听取运动队对训练局在后勤服务保障工作中的意见和建议，建立了良好的沟通渠道。但是，如果我们没有基本的体育基地后勤服务保障工作的统一标准，再好的服务也会被认为是应该的，还会导致过度服务。

三、提高体育后勤保障工作水平的方法与对策

习近平总书记强调，当前全党面临的一个重要课题，就是如何正确认识和妥善处理我国发展起来以后不断出现的新情况、新问题，要认识好、解决好这些问题，我们需要增强自己的本领。服务质量是体育后勤服务保障工作各方面综合效应的反映，是一项系统工程，必须全方位做好。这就需要我们不断地提高服务本领，在工作中学习，在实际中锻炼。同时，我们要完善体育后勤服务保障工作的标准化建设，服务标准的建设包括设施设备的配置标准、服务工作的管理标准、监督检查的实施标准等。

（1）制定和完善统一的体育后勤服务保障工作规范化标准，加强监督检查。若要确保体育后勤服务保障工作质量，提高满意度，需要有规范、有标准。标准的制定要走群众路线，坚持从群众中来、到群众中去的原则，认真做好调查研究，使标准制定得科学、实用，符合体育基地的特点和体育后勤服务保障工作的实际情况。体育后勤服务保障工作要按照规范标准抓好落实，基本的标准有了，还要把它写入我们的工作任务、工作计划，这样我们就可以把制度和质量目标交给群众，落实到每个人。依据这个基本的标准贯彻岗位责任制，坚持做到从下到上和从上到下，逐级逐项地对每个人进行工作考核，并将其作为奖惩晋级的依据。管理要以预防为主，由管结果变为管因素、管过程、管原因，使各项工作按标准、按规范、按程序、高频率、高质量地

进行。要做到这些还需要加强监督检查，不断地督促大家，把执行标准规范变成自觉，变成习惯，通过定期巡视和检查督促，使体育后勤服务保障工作不断地向高质量的管理水平迈进，做到运动员、教练员满意，上级满意，服务人员自己满意，确保体育后勤服务保障工作质量和管理水平的提高。

（2）体育后勤服务保障工作要按照服务标准加强管理，从管理中确保服务质量。管理是提高服务质量的重要一环，是提高工作效率的又一源泉。体育后勤服务保障工作中的管理要紧紧围绕服务标准，按照规范服务的标准化要求，把质量管理与计划、业务、劳资、设备、物资等管理联系起来，组成一个不可分割的整体，使各方面的工作都能按照服务标准，最终达到为服务对象提供最佳服务的目的。体育后勤服务保障工作的管理应该按照制定的标准进行规范，每个人都知道应该做什么，不应该做什么，但是无论做什么都离不开人的劳动。所以，要全面地动员，做好人的思想工作；体育后勤服务保障工作管理要与时俱进，勇于创新。所以，标准制定后要根据实际情况，每个周期进行一次修订和完善，使之更加切合实际，符合体育工作的发展要求，从实践中总结出具有中国特色的先进理念和先进模式，为服务我国的体育事业做出贡献。

（3）依据体育后勤服务保障工作标准化的要求加强培训，不断提高体育后勤服务保障工作人员的素质。优质服务从本质上讲是服务人员态度、情感、操作最佳状态的表现，而人的工作态度需要教育才能端正，情感需要启迪才能升华，标准需要规范才能熟知，操作需要培训才能熟练掌握。因此，依据标准规范抓好培训，全面提高体育后勤服务保障工作的员工素质，就抓住了提高服务质量的关键。这是一个老生常谈的问题，也是在实践中解决得不是很好的问题。当前有两种趋向值得注意：一是以使用代训练；二是"学用两张皮"。固然，使用也是培养，但不等于培训；实干也是训练，但也不同于训练。服务人员的积极性不等于服务水平，以使用代替培训，以实干代替训练，这对于人才的造就、业务素质的提高是非常有限的，是零碎的、不系统的。如果在培训中学的是一套，在实际工作中行的又是一套，培训的成效和要求，就要落空。因此，作为体育后勤服务保障工作的管理部门和管理者，首先要在实际工作中处理好员工素质提高和服务标准与质量之间的关系，注重服务人员能力的提高，注重抓好培训环节。

　　体育后勤服务保障工作涉及的课题是广泛的，对文化、科学、技术知识的要求更高、更全面。根据目前一般体育后勤服务保障工作单位的任务和要求，除标准化的训练普及和规范，至少还要注意培训和掌握三个方面的基本理论、基本知识和基本技能。一是马克思主义的世界观、人生观、价值观、道德观。二是基础理论和专业理论，如服务学、服务心理学、公共卫生学、公共安全学等。体育后勤服务保障工作单位的服务管理人员还要学习管理学、管理心理学、公共关系学、营销学、体育运动学等。三是服务规范和基本技艺，如普通话、方言、外语、服务规程和各种场所的服务技术和艺术等。对服务人员的培训，要从最简单、最基本的内容讲起、做起，由浅入深，循序渐进。因为，最初的教育往往也就是最重要的教育，最简单的技能往往也是最基本的技能。当前，特别要做好服务意识和质量意识的教育。所谓服务意识，就是从你进入服务者这个角色起，就要意识到你是为服务对象提供服务的，服务是每个服务者的责任，就像演员上舞台一样，服务者一踏上工作岗位，就要迅速进入"服务角色"，一言一行、一颦一笑都要注意服务效果，要恰当、热情、感人、不做作。所谓质量意识，就是要有一定的服务技能，你的服务能使服务对象感觉到是一种享受。我们要结合体育后勤服务保障工作实际，定期或不定期地开展检查、评比和竞赛，表扬先进，鞭策后进。要从制度上、目标上将培训作为体育后勤服务保障工作的基本任务之一，把体育后勤服务保障基地办成学习型的体育后勤服务保障基地，造就各类服务人才的体育后勤服务保障基地。

参考文献

[1] 马克思.关于费尔巴哈的提纲[G] // 中共中央党校教务部.马列著作选编.北京：中共中央党校出版社，2011.

[2] 赵曜，王伟光，鲁从明，等.马克思列宁主义基本问题[M].北京：中共中央党校出版社，2001：58.

[3] 习近平.在中央党校建校80周年庆祝大会暨2013年春季学期开学典礼上的讲话[N].人民日报，2013-03-03.

[4] 习近平.习近平谈治国理政[M].北京：外文出版社，2014.

[5] 张学全. 树立培训后勤服务科学化理念的思考 [J]. 辽宁税务高等专科学校学报，2007（8）：42.

[6] 王刚. 关于竞争激励机制的思考 [J]. 中国机关后勤，1999（6）：65.

[7] 萧净宇，汪纯本. 宾馆服务质量管理措施初探 [J]. 旅游论坛，1998（4）：28-30.

[8] 林永通. 认清后勤工作特点 坚持服务育人的宗旨 [J]. 武汉体育学院学报，1988（2）：85-89.

秦皇岛训练基地财务内控制度的相关思考

国家体育总局秦皇岛训练基地　章朝霞

摘要： 本论文以事业单位财务内部控制为主题，运用文献资料法、访谈法、实际调查法探讨事业单位内控制度在"十三五"时期面临的改革、目标及对策。在新形势下，内控制度作为事业单位管理的一种重要手段，对单位内部控制和防范财务风险起着重要作用。在目标上，财务内部控制通过制定制度、实施措施和执行程序，对经济活动进行组织、管理、监督，以防范经济风险，最终确保财产安全完整，会计信息真实可靠，经营方针和目标的实现。在改革策略上，建立财务内控制度能够带来实实在在的好处，它能够抓住经济活动的主要问题，对重大风险及早发出预警；能够在保护国有资产安全的同时，对干部职工起到很好的保护作用；避免了人情因素的干扰和人为矛盾的困惑，在审核把关时减轻了冲突和压力，也从源头上规避了经济责任风险。

关键词： 财务；内控；制度

面对全面改革开放的新环境和"十三五"经济规划的新形势，事业单位面临的各种财务风险呈现出复杂性和多样性的特点。内控制度作为事业单位管理的一种重要手段，对单位内部控制和防范财务风险起着重要作用，是保证单位正常运行及实现长远发展的必要"抓手"。近年来，我国的国民经济持续增长，GDP总量跃居世界第二，但随着经济形势的不断好转，事业单位面临的风险反而有所上升，会计信息失真、领导干部窃取国有资产案件层出不穷，这些都反映出了部分行政事业单位内控制度的薄弱。目前，建立健全行政事业单位内控制度迫在眉睫。

事业单位财务内部控制制度的有效建立，是遏制权力过分集中的有效管控方法，是从根源上清除违法乱纪案件的重要手段，是一个行政事业单位能够长久、健康发展的关键。因此，秦皇岛训练基地为了适应复杂多样的外部环境，提高管理水平，逐步建立并完善了一系列财务内控管理制度。通过对秦皇岛训练基地财务内控制度的认真研究分析，笔者对秦皇岛训练基地财务内控制度的完善，建立常态化管理模式，产生了一些想法，现阐述如下。

一、秦皇岛训练基地建立财务内控制度的意义

（1）财务内部控制就是使单位能按一定目标运行的内部管理过程，是在一个单位内部形成的具有控制效果的反馈——前馈系统。通过制定制度、实施措施和执行程序，对经济活动进行组织、管理、监督，以防范经济风险，最终确保财产安全完整，会计信息真实可靠，经营方针和目标的实现。

（2）建立财务内控制度是强化对单位内部权力的制约和监督的必然要求；建立财务内控制度是落实党风廉政建设主体责任和监督责任的必然要求；建立财务内控制度是贯彻实施《党政机关厉行节约反对浪费条例》的必然要求；建立财务内控制度是建立反对"四风"长效机制的必然要求；建立财务内控制度是贯彻执行中央八项规定严肃财经纪律和"小金库"专项治理的必然要求；建立财务内控制度是严格执行新《预算法》的必然要求。

对一个单位来说，建立财务内控制度能够带来实实在在的好处，它能够抓住经济活动的主要问题，对重大风险及早发出预警；能够在保护国有资产安全的同时，对干部职工起到很好的保护作用；能够明确日常工作的依据，避免了人情因素的干扰和人为矛盾的困惑，在审核把关时减轻了冲突和压力，也从源头上规避了经济责任风险。

二、秦皇岛训练基地建立财务内控制度的主要原则

（一）全面性原则

财务内控制度建立过程中依据全面性原则，将单位所有财务及经济业务

活动都纳入内控制度体系，力求不留死角，使一切业务活动都有制度可寻、有规章可依，一切活动都受到监督，能够在透明、公正的环境下运行。

（二）重要性原则

在全面控制的基础上，财务内控制度要关注单位重要经济活动和经济活动的重大风险，要重视重要关键岗位并加以特别防范。

（三）制衡性原则

相互制衡是建立和实施内部控制的核心理念，秦皇岛训练基地本着制衡性原则，在单位的岗位设置、权责分配、业务流程等方面形成相互制约、相互监督的机制设计。

（四）适应性原则

财务内控制度应当符合国家有关规定和单位的实际情况，并随着经济发展变化、单位经济活动的调整和管理要求的提高，不断修订和完善。

（五）流程化原则

财务内控制度坚持流程化原则，将所有的业务活动按流程进行风险分析，并按风险环节制定管控措施，将分散的各项制度有机地连接起来，像建立企业的生产线一样，使一切工作都有机地串联起来。

三、秦皇岛训练基地财务内控制度的发展历程

秦皇岛训练基地对内控制度的建立总共经历了四个阶段，从最初的一片空白到现在的内控制度体系的建立再到未来的不断完善，秦皇岛训练基地用实际行动不断打造自己的财务内控制度体系。

第一阶段是前几年，财务内控管理分工不明确。当时财务管理制度建设已经多年，管理制度陈旧过时、内控制度不完善，在计划经济体制的控制下，没有科学的管理方法，已经不适应经济市场的发展需要。由于当时人手不足，管理比较粗放，一人身兼多职，管理权限没有明确划分，执行主体责任不明，各项分工不具体，一直处在有活儿一起干的阶段。

第二阶段是近几年，随着市场经济的发展，单位管理层开始意识到内控制度的重要性，仅靠人的经验无法满足当时的经济形势和管理要求，于是逐渐进行岗位分离，在岗位设置中相互牵制，逐步建立了基本的内控管理制度。但当时财务内控制度并不完善，没有健全的审批权限和成熟的管理模式，没有将岗位职责与流程体系建立一一对应关系，内部管理纵横交错：你做你的，我做我的。内控制度与其他制度缺少无缝连接，控制点与控制点时时出现推诿扯皮现象。内控制度仍然处在初级的、守旧的内控制度管理层面。

第三阶段是当前的内控制度体系全面建立。为满足事业单位的进一步发展和经济的全面对外开放，单位领导不断更新思想，学习新的管理理念，并明确指出，科学的管理模式及合理的内控制度才是一个单位能够正常运转、高效管理的根基。为摆脱老的事业单位的管理模式向新型企业管理模式转变，单位从上至下，花大力气进行一系列经济、管理、基本运行等方面管理制度的建立；提高对自己的管控意识，对一些资金的收入—支出—审计的全过程进行监督，建立有效的支出流程及制衡机制；重新审视岗位设置，对一切岗位，尤其涉及权、钱的岗位进行调整，明确、细化分工，让所有权力的行使都在大家的监督之下；实行民主集中制，让一切的资金收取都有据可依、有理可循。通过不断努力，秦皇岛训练基地成功建立了实效科学，符合发展的内控制度体系。

第四阶段是新形势下对内控制度的进一步完善和不断改进。根据党的十八届五中全会精神及中央提出对行政事业单位进一步规范管理、严格管理的新要求，秦皇岛训练基地不断对自身内控制度的合理性和科学性进行审视，努力找出不足，积极调整思路，不断改进。秦皇岛训练基地根据国家的政策和经济发展的要求，不断更新和完善财务管理制度，根据时代发展的要求不断改进内部管理模式，调整管理方法，积极探索更适合单位发展、政策要求的内控制度，并不断进行更新。内控制度是一个单位需要长期坚持不懈的工作，是一个需要根据形势变化和政策要求不断更新和完善的工作。秦皇岛训练基地对内控制度的不断完善将一直进行和坚持下去。

四、秦皇岛训练基地财务内控制度实施过程中存在的问题

（1）科技化水平低，影响工作效率。随着单位事业的不断扩大，管理边界的不断延伸，现有的只注重文字控制而影响工作效率的问题将越来越突出。目前由于内控系统未能全方位运行，在内控管理中不能大量引入科技含量高的软件和现代化技术，不能通过全范围信息化手段来实现数据的及时准确报送。内控管理手段仍然停留在人工的单据授权签字方式上，如购买一件办公用品，则需要经办人、财务部门领导、采购部门领导甚至分管领导在审批单上签字，这个过程耗时耗力，严重影响了工作效率。

（2）内部审计监管薄弱，不能实现审计监督全覆盖。由于单位内部审计力量薄弱，不能做到对公共资源、国有资产、国有资源和领导干部履行经济责任情况实行有深度、有重点、有步骤的内部审计全覆盖。同时，内部审计与财务部门平行，依附于执行机构，权威性和独立性不够，在审计、监督、揭露、查处、分析问题与提出建议方面发挥的作用有限。

（3）缺乏预警机制，财务风险防范水平低。秦皇岛训练基地目前还不能建立完善的内控预警指标体系，实现对内部控制风险的有效监控、评价和预防。缺乏对先进经验及现代科技手段的应用，以至于缺少及时发现问题、提出控制措施、化解财务风险的能力。

五、完善秦皇岛训练基地财务内控制度的主要途径

（1）建立财务规章及单位管理制度。财务管理制度的建立是秦皇岛训练基地财务内控制度建立的基础。通过逐步建立健全财务管理制度，已经基本形成了秦皇岛训练基地内控体系。根据当前的事业发展需要对单位财务管理进行了进一步规范，目前已经编制了包括经济管理、资产管理、财务收入、财务支出等在内的一系列财务内控管理制度，如《经济合同管理暂行办法》《内部审计工作实施细则》《采购工作管理办法》《固定资产管理办法》《财务预算管理暂行办法》《财务收入管理暂行办法》《财务支出管理暂行办法》《收费票据和有价票券管理暂行办法》《差旅费管理暂行办法》，这些制度的建立为秦皇岛训练基地进行科学化的管理提供了依据。

（2）不相容岗位相互分离。为合理设置内部控制关键岗位，明确划分职责权限，堵住一人包办工作容易出现的漏洞，秦皇岛训练基地对工作流程实施分离，以形成相互制约、相互监督的工作机制。为此秦皇岛训练基地对不相容岗位进行分离：出纳人员不得兼任稽核、会计档案保管及账目登记工作；记账与审核岗位相分离；采购与付款岗位相分离；请购与审批岗位相分离；验收与采购岗位相分离；资产的保管、使用、记录岗位相分离；经济业务的授权、签发、核准、执行、记录岗位相分离等。通过不相容岗位的分离，形成了有效的不交叉、不重叠、相互监督、相互制衡的岗位设置。

（3）内部授权审批控制。为有效地行使单位领导、各分管领导及各职能部门之间的管理权限，防止任何决策都是主管领导说了算，保证单位各项支出合理、合法，秦皇岛训练基地制定了严格的支出审批权限，对每一笔资金支出进行严格管控。支出审批权限根据不同项目、金额大小分为以下五种情况：①预算内支出财务审批权限；②预算内支出分管领导审批权限；③主任（校长）审批权限；④领导班子集体决策审批及会签；⑤领导免签开支项目。这五种支出审批权限都有严格的划分，如主任（校长）审批权限仅能包括：①预算内日常消耗性支出或单位自定安排购置支出在2万元以上的支出；②突破预算的超支部分在1万元（含1万元）以下的支出；③预算外支出在1万元（含1万元）以下的支出；④基本建设、维修项目、购置项目等专项支出；⑤各部门因工作需要支付业务的招待费。超出此事项范围或金额范围的支出则由其他等级的审批权限进行审批，审批权限的唯一性，保证了对事权、财权的有效控制。

（4）支出及采购流程控制。为从源头上规避经济责任风险，秦皇岛训练基地利用半年时间组织相关部门研究制定单位各项支出流程，单位一切支出须严格按照支出及采购流程办理，实现由经验管理向流程控制的转变。通过对不同支出项目的划分，基地制定出了五大类支出流程，它们分别是：支出项目工作流程图、货物类支出项目实施流程图、服务类支出项目实施流程图、食品材料类支出项目实施流程图、基建维修类支出项目实施流程图。对任何采购项目都实施公开采购，招标、投标、开标、评选全过程都由采购小组民主决定，实现对支出的全过程控制。

（5）对资产实施归口管理。为保障国有资产保值、增值，秦皇岛训练基地对固定资产进行归口管理，明确固定资产使用和保管责任人；明确固定资产调剂、租借、处置的程序；明确审批权限和责任，建立资产明细台账，派专人对固定资产进行管理，加强固定资产的实物管理。为提高固定资产的管理效率，秦皇岛训练基地在资产管理中使用专用管理软件，这种软件能够直观反映固定资产的价值、使用状态、使用部门等信息，提高了对固定资产的管控能力。同时，对低值易耗品、消耗品、材料及办公用品等物资建立规范的出入库制度，任何物品的领用都需要部门领导、领用人、出库人的签字，避免财产物资的浪费及过度消耗。同时建立定期的物资盘点制度，由专人每月定期对物资进行盘点，并编制物资盘点表，保障账卡相符、账实相符。

（6）预算控制。预算控制是内部控制体系的重要组成部分，秦皇岛训练基地为加强预算控制，逐步扩大预算范围，基本实现了将单位全部收支项目纳入预算管理体系。预算的编制过程不断细化，资金的使用明确到具体项目；审核和批准必须遵循单位规章制度，经过领导班子审批才能上报；强化预算执行的刚性约束，杜绝随意超预算，扩大预算范围必须经过主任（校长）办公会的会签同意。

六、结　语

通过对秦皇岛训练基地财务内控制度的一系列研究，发现秦皇岛训练基地的财务内控制度体系比较完善，能够实现对单位经济活动及相关内部管理活动的有效控制，对财务风险的防范及事权、财权的制衡有很好的效果。全体职工能够自觉遵守规章制度，以制度说话，以制度办事，有效地将权力关进制度的笼子里，这也是秦皇岛训练基地能够实现经济不断增长、管理水平不断提升的根本原因。随着中央政府对事业单位财务内控制度的进一步加强，秦皇岛训练基地乃至所有事业单位未来的财务内控制度建设将更加健全、更加完善。

秦皇岛训练基地人事档案管理的几点思考

国家体育总局秦皇岛训练基地 孙静

摘要：秦皇岛训练基地（以下简称"训练基地"）人事档案工作是人才信息的重要载体，是组织人事部门知人善用、选贤举能的重要依据。本研究在认真分析训练基地人事档案管理工作现状基础上，发现目前存在缺乏专人专业负责管理、部分档案材料欠缺或不规范、人事档案信息化管理不足、档案管理硬件设施相对落后等问题。为适应新时期人事档案管理工作提出的新要求，管好用好训练基地的人事档案，建议今后要在提高工作认识、加大领导力度，健全管理制度、规范管理程序，专业专人负责、实施购买服务，筑牢基础设施、增加科技含量等方面加强改进措施，从而为发挥训练基地人事档案最佳效益、促进训练基地人事工作顺利开展和建设体育强国贡献力量。

关键词：秦皇岛训练基地；人事档案；管理；现状与对策

人事档案是干部职工信息的重要载体，既能充分反映一个干部职工的个人经历、工作表现、工作业绩、奖惩情况及其所经历的重大事件，也是组织人事部门知人善用、选贤举能的重要依据。在新的历史条件下，事业单位改革力度不断加大，干部职工流动性日益频繁，使人事档案管理的专业性、复杂性和重要性逐渐显现，同时也对人事档案管理工作提出了新的要求。近年来，训练基地坚持以《档案法》《干部档案工作条例》等为指导，按照国家体育总局《关于印发人事档案管理制度的通知》等有关规定，在人事档案管理工作上取得了明显成效。为进一步提升训练基地人事档案管理水平，逐步实现人事档案管理的规范化、标准化和科学化，本研究拟重点探讨训练基地人事档案管理工作中存在的问题，并提出相应的对策建议，旨在为更好地促进训练基地人事工作开展和建设体育强国做出积极贡献。

一、秦皇岛训练基地人事档案管理的现状分析

（一）人事档案工作基础建设情况

1. 人事档案室建设情况

目前，整个档案室由档案库房、阅档接待室和办公室三个部分组成。其中档案库房与阅档接待室以文件柜隔开，办公室单独设置，做到了"三室分开"。在档案管理专用设备上配置电脑1台、打印机1台；并按照国家档案管理规定，专门配置了抽湿机、切纸打洞机、湿温度计、灭火器、专业防盗门、钨丝灯、防火、防蛀、防盗等设备。库房由档案管理人员专管，并实行"一人一库一钥匙"和定期检查，维护库房内部环境。

2. 人事档案存卷情况

训练基地自1973年成立至今，人事档案工作即由单位人事部门负责管理。经过40多年的档案积累，目前训练基地人事档案共保存档案228卷。其中在编人员136人133卷（国家体育总局保管训练基地领导班子档案3卷），退休人员103人95卷（国家体育总局保管训练基地领导班子原成员档案8卷）。

（二）人事档案工作组织和制度建设情况

1. 人事档案组织建设情况

在组织建设方面，成立了以分管人事工作的训练基地领导为组长的人事档案工作小组，进一步明确了各成员的职责，制订了专门的工作方案，确保人事档案工作能够顺利进行。在档案管理人员配置方面，目前负责人事档案的管理人员有2名，分别由人事保卫处1名副处长和1名干事兼任，两人均系中共党员，学历为大学本科。

2. 人事档案制度建设情况

对照中国共产党中央委员会组织部（以下简称"中组部"）颁发的《干

部档案工作条例》等规定，结合训练基地的实际情况，目前已制定档案管理制度7项，分别是《人事档案转递管理办法》《训练基地人事档案管理人员职责》《训练基地人事档案鉴别归档办法》《训练基地人事档案收集管理办法》《训练基地人事档案库房管理规定》《训练基地人事档案查借阅管理办法》《人事档案保密制度》，并选取其中4项上墙公示，基本做到了办公有制度、查阅有登记、转递有回执、管理安排有专人。

（三）人事档案收集归档程序情况

按照国家档案收集归档的基本要求，结合训练基地几十年积累的成功经验，目前已形成了一套较为成熟的人事档案收集归档程序。

1. 准确建档

在办理训练基地干部调配、新毕业生接收等手续时，坚持做到了先调档政审，之后提交主任办公会讨论；在接收新形成的学历、学位材料时，坚持做到了先验证学历、学位证书再进档案，防止假文凭等材料混入人事档案；遇到训练基地年终考核、工资调整、晋级组卷等工作时，在各部门设立档案信息员，及时对档案材料进行收集、整理并归档，规范人事档案管理。

2. 完整归档

人事档案的归档工作，可以说是今后正确查询使用档案，并发挥人事档案作用的前提条件。按照中组部颁发的《干部人事档案收集归档规定》，依据国家体育总局相关文件对档案管理的基本要求，训练基地在归档工作中重点开展如下几项内容：一是在档案内容归档方面，主要对档案内的材料逐页进行梳理，对不符合入档标准的内容按要求进行规范裱糊，对档案所缺的材料进行收集，对查出缺少的材料进行登记，对能补充的材料及时进行补充完善，如干部履历表、年度考核表、调整工资审批表等。二是在训练基地各部门设立档案信息员，在每年年终考核或遇到职工工资调整、职级晋升等情况时，及时对相关人员的档案材料进行收集、整理并归档。

3. 核对存档

人事档案是否准确，是使用档案得出正确结论的关键点。为把好训练基地人事档案的准确关，我们注重对人事档案中十大类材料进行仔细核对和审核，并根据国家最新的档案存档要求，对档案中第四类、第九类材料按照二级分类进行排序，标注页码，打印档案目录并存档。

4. 定期排查

对档案目录时间和材料内容时间的匹配性、材料分类的准确性、干部履历表的完整性及干部任免表和考察材料的完整性进行审核，以确保档案质量。

（四）人事档案案卷管理情况

将收集的人事档案案卷，简单堆入档案库并不能发挥其应有的作用，还需要从科学管理中要成效。根据训练基地工作特点，目前人事档案案卷主要采取以下几种管理措施。

1. 人事档案案卷建档管理

主要有两种具体措施：一是对所收集的人事档案案卷在进行编号并排列登记基础上，制作人事档案底册，便于今后规范查阅和科学使用。二是根据国家关于人事档案案卷管理的新规定、新要求，对已建人事档案案卷进行整改、修正。例如，2012年，训练基地就根据中组部颁发的《关于做好文件改版涉及干部人事档案有关工作的通知》，着手对训练基地人事档案案卷按照新标准进行了置换和调整。

2. 人事档案案卷转入管理

针对训练基地接收社会在职人员转来的整卷干部人事档案案卷的情况，我们主要采取对零散转递的案卷给予人事档案登记，同时记录报送每卷档案的评分情况，按照需求提供档案转入明细清单等。

3. 人事档案案卷转出管理

人事档案有进就有出。对于训练基地转出人事档案的情况，主要是详细记录每一档案案卷的审批、转递、回执等主要流程，以确保人事档案转出有下家、查询有依据。

4. 人事档案案卷查询管理

查阅人事档案是档案使用中频率最多的情况。人事档案查询主要包括档案基本信息、转出或转入、应还或未还、未到或已到未能入库等多种情况。

5. 人事档案案卷借阅管理

指训练基地纸质人事档案的借阅管理，主要包括登记查借阅表、借阅流程和记录纸质档案审批管理等方面。目前，训练基地人事档案案卷管理系统主要是运用手工录入目录的方式，且能提供实时统计、借档时限等的提醒功能。

6. 人事档案案卷统计管理

除流通过程需要管理外，同样需要对人事档案案卷进行日常统计管理。具体包括在库状态、转出和转入档案的统计，以及按照训练基地干部的类别统计档案数、对干部人事档案的数量和利用率进行统计等。

二、秦皇岛训练基地人事档案管理存在的主要问题

（一）缺乏专人专业负责管理

作为人事档案管理的主体——人事档案管理人员的素质、业务能力的高低，直接决定了人事档案管理的水平。特别是随着档案管理现代化发展的趋势和国家对档案管理提出的新要求，专业化和技术化成为人事档案管理人员所必备的基本素养，由此采取专人负责管理人事档案成为必然。从训练基地人事档案管理角度来说，近年来人事档案管理工作的难度越来越大，致使有人兼任管理的弊端已经逐渐显现出来。如由于是兼任管理，在完成其他工作基础上，档案管理员很难专心、专业地负责人事档案工作，致使档案管理中存在部分档案信息前后不一致且未做说明以及库房温湿度控制不严等问题。

（二）部分档案材料欠缺、不规范

目前主要存在三个方面的问题：一是因人事档案转递及时间久远，致使有些人事档案材料存在欠缺，如学历证明、党员登记表等。二是人事档案材料存在部分使用圆珠笔、蓝墨水笔填写情况，部分人事档案复印材料缺少组织印章，不可重新替换。三是有些人事档案材料填写不够规范，但又难以更改修正。

（三）人事档案信息化管理不足

美国政府在20世纪90年代提出"信息高速公路"计划，并在2009年之前将全部档案实现数字转化管理。我国从2000年开始着手进行干部人事档案的数字化处理，发展至今许多地区和行业已逐步形成了档案数字化管理。当今世界，现代化、信息化、网络化迅猛发展，无纸化办公和管理成为时代发展的大趋势。反观训练基地的人事档案管理工作，仍然处在单纯依靠人力进行管理的状态，尚未与时代的发展脉搏相契合。

（四）档案管理硬件设施相对落后

一是在存放人事档案卷宗方面，库房在卷宗存放所需的温度、湿度、光线等方面尚未完全达到要求。二是卷宗库房与阅档接待室仅用文件柜进行隔离，且还未做到完全分开，使库房的保密性欠缺。

三、新时期秦皇岛基地人事档案管理工作的对策和思考

人事档案管理是一项集政策性、业务性、服务性和保密性于一体的特殊工作，具有全面性、现实性、真实性、动态性、流动性、机密性等工作特点。要做好训练基地人事档案管理工作，必须坚持解放思想、实事求是、与时俱进、开拓创新的原则，并针对训练基地人事档案管理的工作特点和存在问题，提出并采取强有力的改进措施，才能适应新形势下对人事档案管理工作提出的新要求。

（一）提高工作认识，加大领导力度

人事档案管理是一项不显山不露水的工作，既不像在赛场上争金夺银那样引人注目，也不像组织群众健身活动那样热火朝天，要想干出成绩干出成效难度确实相当大。长期以来，很多人甚至有些领导干部对人事档案管理都存在认知误区，一是认为人事档案工作就是把单位关于人事方面的材料保管好就行。汇总好材料、保管好材料、上级检查时能看到材料就算任务完成，形成了当前人事档案管理工作的尴尬境况。二是有些领导干部持有人事档案"无用论"的观点，在实际工作中容易忽略人事档案管理工作，甚至从未把

人事档案工作纳入单位领导班子的议事日程，使人事档案工作长期处于被动应付的状态。实践证明，一个单位的领导是否真正重视人事档案管理工作，是提升这项工作质量和水平的关键前提。针对训练基地人事档案管理工作情况，建议由训练基地领导亲自挂帅成立的人事档案工作小组，升级为邀请训练基地各部门负责人参与的人事档案管理工作领导小组，通过定期或不定期检查、指导和督促人事档案管理工作，特别是要及时发现问题并解决问题，来提升训练基地人事档案管理工作的水平。作为具体从事人事档案管理的工作人员，应及时把国家关于人事档案管理的新精神和训练基地人事档案管理工作的情况向领导汇报，使训练基地领导做到心中有数和进一步认识并高度重视人事档案管理工作，切实将其放在干部队伍建设中，积极开展人事档案管理工作。

（二）健全管理制度，规范管理程序

俗话说，"没有规矩，不成方圆"。所谓规矩，也就是制度，是要求相关人员必须遵守的、用来规范行为的规则和条文。科学规范的制度能确保所开展的工作顺利进行，是各项事业获得成功的重要保证。训练基地的人事档案管理工作是一项繁杂琐碎的工作，如果缺乏有效的规章制度、规范的管理程序，就会无章可循，不仅难以高质量服务好训练基地干部队伍的建设，甚至还可能造成不必要的人力、财力、物力的浪费。鉴于此，建议在参照兄弟单位人事档案管理工作建章立制的成功经验基础上，再结合训练基地自身的实际情况，健全和完善多项制度建设。一是要建立人事档案工作达标考核制度，每年对训练基地各部门汇总整理的人事档案情况进行客观评价考核，进一步明确人事档案管理的职责和激发参与人事档案管理的积极性、主动性。二是建立《训练基地人事档案信息员制度》《训练基地人事档案整理工作细则》等，推进人事档案管理工作的制度化、规范化和科学化发展。三是实行训练基地人事档案管理责任追究制。明确每项人事档案管理工作的具体负责人，把完成工作情况纳入年终考核和年度评优的评价指标当中，一旦人事档案管理工作出现问题，可追究直接责任人。四是完善训练基地人事档案整理内容。在原有人事档案整理内容的基础上，要逐步将干部考核、考察所需要的重点工作表现及完成情况、经济收入等纳入档案整理范围，为今后人事部门选用干部提供更加准确的信息。

（三）专业专人负责，实施购买服务

人事档案管理工作需要从业人员政治可靠、作风扎实、责任心强，且有过硬的业务能力。训练基地人事档案管理人员也不例外，这就需要注意对他们的教育培养，并不断激发他们的积极性和创造性。具体而言，一是要严格挑选训练基地人事档案管理人员，最好是选择高学历层次特别是那些专门学习档案管理的人员。二是可定期选送人事档案管理人员参加业务培训，并赴先进单位学习成功经验，让他们树立人事档案管理的新理念和掌握新知识、新技术。三是建立竞争激励机制，进一步调动管理人员的积极性和主动性，从而适应新形势下人事档案管理工作的需要。当前，为深化社会领域改革、促进政府职能转变和提高政府财政基金使用效率，政府正在积极推行向社会力量购买服务这种方式，受到了社会各界的广泛好评。四是定期运用"在职自学""以整代训""研讨交流"等方式，提高训练基地人事档案管理人员的业务能力。做好训练基地人事档案管理工作，应积极关注并特别加强与社会上人才服务机构的沟通和联系，认真研究训练基地人事档案在新形势下的管理办法，积极探索并逐步建立符合各类干部流动性加强的人事档案管理工作新机制。

（四）筑牢基础设施，增加科技含量

工欲善其事，必先利其器。要想发挥训练基地人事档案管理的最大效益，抓好基础设施建设必不可少。改善人事档案库房和办公环境仅是初级的，只有不断引入新型计算机网络，逐步实现训练基地人事档案管理的现代化、网络化和信息化，才是适应现阶段对人事档案管理的客观需要。训练基地人事档案计算机管理网络系统的开发和使用，既可将涉及人事管理的各部门有机结合起来形成合力，也可将实时获取的人员考勤、请销假、工作情况、考核、评优、奖惩、职务变更、人员调动等信息及时保存并按照权限上传下达给相关人员，并能满足各部门查询相应权限信息的需要。建立计算机

网络系统管理的措施，一方面，可以更有效地为相应职级领导的工作决策提供人员配备依据；另一方面，也能使人事档案管理人员从繁重的人工操作中解放出来，同时又能杜绝人事工作的盲目性和随意性，从而促进人事档案管理工作的科学化、标准化、网络化、自动化。训练基地实施人事档案的信息化管理，必将大大提升人事档案资源的利用率。

四、结　语

当前，国家干部人事制度改革力度不断深化，我国体育事业改革步伐持续加快，既给训练基地的人事档案管理工作提出了新挑战，也为这项工作的不断创新发展带来了新机遇。训练基地的人事档案管理工作，要结合时代和事业发展提出的新要求，从更新观念、健全制度、引进科技、适应社会等方面，采取更加有效的针对性措施，敢于探索形成一套人事档案管理工作的新模式，才能走出困境、发挥效用。

参考文献

[1] 王英玮，周艳. 我国人事档案管理改革若干问题的思考 [J]. 档案学通讯，2007（1）：12-15.

[2] 才让. 对加强人事档案管理工作的几点思考 [J]. 攀登，2008（4）：232-234.

[3] 王小云，王运彬. 试论人事档案管理流程 [J]. 档案学通讯，2007（1）：15-17.

[4] 莫若琦，杨力. 事业单位人事档案管理中存在的问题及对策思考 [J]. 经济与社会发展，2007（5）：153-155.

[5] 党维玲，杨孝军. 新形势下医院人事档案管理探讨 [J]. 中国社区医师，2012（14）：421-423.

[6] 李艳. 高校人事档案管理的价值、问题与改进 [J]. 科技创新导报，2012（11）：217-218.

[7] 赵学武. 人事档案管理工作之我见 [J]. 攀登：哲学社会科学版，2009（5）：122-125.

[8] 韩晓霞，李国胜. 人事档案管理系统的构建与实践 [J]. 企业改革与管理，2014（9）：69-71.

新时期做好国家体育总局信息中心
离退休老干部工作的几点思考

国家体育总局体育信息中心　姜冠起

摘要：离退休老干部工作是一项集政治性、政策性、系统性、长期性和复杂性于一体的工作。近年来，面对新要求、新形势、新任务，做好国家体育总局信息中心（以下简称"信息中心"）离退休老干部工作的重要性与紧迫性日益彰显。本研究在深刻剖析信息中心离退休老干部工作现状和存在问题的基础上，对今后做好这项工作提出了提高思想认识、健全管理体系、创新工作内容和增强服务意识等多项要求，旨在促进信息中心离退休老干部工作向更加系统化、规范化、科学化方向发展。

关键词：信息中心；离退休老干部；创新工作；服务意识

随着社会经济快速发展，群众生活水平和平均寿命显著提高，我国已经加快进入老龄化社会，离退休干部的数量正在持续增多，如何做好离退休老干部的工作，已经成为一项广为各级领导和民众所关注的重大民生问题。习近平总书记强调，老干部工作是党和政府的一项重要工作。各级党委和政府要把老干部工作放在党和国家工作的大局中来思考，作为党的组织工作、干部工作的重要任务来推进，要探索建立帮扶困难离退休老干部的长效机制，为老同志过一个幸福、安宁的晚年创造良好条件。信息中心于2001年由体育信息研究所和电子信息中心合并组建，伴随着体育信息事业的持续发展壮大，离退休老干部的数量亦是越来越多。新时期，面对党和国家对老干部工作提出的新要求、新任务，面对市场经济快速发展带来的新形势、新情况，以及信息中心离退休老干部工作中出现的新挑战、新问题，做好做实这项工作的重要性和紧迫性日益凸显。本文在分析信息中心当前离退休老干部工作现状和存在问题的基础上，就如何做好新时期离退休老干部工作提出自己的建议和意见，旨在开拓创新中不断提升信息中心离退休老干部工作的服务管理水平。

一、信息中心离退休老干部工作的基本情况

（一）离退休老干部的管理机制建设情况

目前，信息中心离退休老干部工作的管理机制，主要由两部分构成：一是在信息中心成立了专门负责离退休老干部工作的组织机构。由分管离退休老干部的1名中心领导挂帅，具体负责离退休老干部工作的2名办公室同志为组员，成立了信息中心离退休老干部工作小组，负责每年制订离退休老干部工作方案、组织活动及逢年过节进行慰问等工作。二是在离退休老干部中成立了党支部。具体由3名离退休老干部分别担任书记、组织委员和宣传委员，其职责是既负责协助信息中心离退休老干部工作小组开展工作，也负责自行组织离退休老干部开展交流活动。

（二）离退休老干部的人员基本情况

截至2015年12月，信息中心共有干部职工142人，其中在职干部职工共计74人，占52.1%；离退休老干部共计68人，占47.9%。由此可见，在职职工与离退休老干部的人数及比例相差并不大，说明信息中心的离退休老干部已形成一个较大的群体。这些离退休老干部的基本情况见表1至表4。

表1　离退休老干部的年龄结构特征统计表（$N=68$）

年龄阶段	50~59岁	60~69岁	70~79岁	80岁以上
人数（N）/人	2	28	24	14

表2　离退休老干部的党群身份特征统计表（*N*=68）

政治面貌	党员	群众
人数（*N*）/人	46	22

表3　离退休老干部的职务结构特征统计表（*N*=30）

职级	司局级	处级	科级及以下
人数（*N*）/人	10	11	9

表4　离退休老干部的职称结构特征统计表（*N*=39）

职称	高级	中级	初级
人数（*N*）/人	26	12	1

注：表3、表4中含1名司局级领导与高级职称的双肩挑人员。

从年龄结构来看，60岁以下为2人，占2.9%；60岁至69岁为28人，占41.2%；70岁至79岁为24人，占35.3%；80岁以上为14人，占20.6%。综合年龄结构和日常走访中的实际观察情况来看，离退休老干部的身体健康状况普遍比较好，参加活动和对业余文化生活的需求普遍比较强烈。

从党群身份特征来看，离退休老干部中共有党员46名，占67.6%；群众身份的离退休老干部共有22名，占32.4%。由此可见，离退休老干部群体中党员人数约是非党员人数的2倍，这为完善和发挥离退休老干部党支部的作用奠定了人员基础。

从职务来看，司局级退休老干部为10人，占33.3%；处级退休老干部为11人，占36.7%；科级及以下退休老干部为9人，占30%。从职称来看，具有高级职称的离退休老干部为26人，占66.7%；具有中级职称的为12人，占30.7%；具有初级职称的为1人，占2.6%。综合职务和职称来看，离退休老干部中拥有高级职称和高级别领导职务的人员所占比例比较高，表明离退休老干部的专业技术水平强、政治觉悟和思想觉悟相对较高。

（三）离退休老干部的活动开展情况

为体现党和国家对离退休老干部的人文关怀，丰富离退休老干部的文化生活，信息中心每年都会专门组织系列活动。其主要活动形式和内容为：一是组织1次离退休老干部茶话会，时间约在元旦至春节期间，由中心主要领导向离退休老干部们恭贺新春，并汇报年度主要工作及成绩。二是春节期间走访慰问离退休老干部，由中心领导带队，特别是慰问那些身体患病、行动不便、家庭有困难的老同志。三是组织1次体检，时间约在3月至4月期间，若离退休老干部在体检中发现问题，信息中心还会及时督促并跟进他们做进一步的检查和治疗。四是组织1次春游或秋游采摘活动，要求老干部年龄在79岁以下，为营造氛围和确保老干部的安全，可以携带家属一起参加。此外，每年还会根据国家体育总局办公厅的通知，结合信息中心的实际情况，为生活确实困难的离退休老干部发放经济补助，发放人数每年约9人，每人约3000元，共计2.7万元。每当遇到离退休老干部去世等情况，信息中心还会按照相关政策做好丧葬抚恤工作，并补助丧葬费、抚恤金。

二、信息中心离退休老干部工作存在的问题

综合来看，信息中心对离退休老干部工作是比较重视的，且能够按照国家的有关规定尽职尽责地落实各项工作，但也确实存在一些有待改进和提升的问题。

（一）管理体系不健全

目前，虽然已经在信息中心工作层面、离退休群体自身层面建立了相应的组织，但从实际运转来看，效果并不是十分理想。从信息中心工作层面来说，离退休老干部工作主要由2名办公室同志兼职负责，之前在离退休老干部人少时，他们开展工作还算是得心应手，但近年来随着人群数量的不断增加，加之其他工作的日益繁重（兼职原因），他们对于离退休老干部工作难以应付自如。从离退休老干部自身建立的党支部来说，3名负责同志年龄均在70岁以上，已基本是力不从心，工作实质上处于停摆状态。

（二）活动形式较单一

信息中心每年都会组织离退休老干部进行体检、茶话会、春游或秋游等活动，逢年过节或者遇到特殊情况，还会由中心领导带队上门走访慰问。上述活动的安排，在某种程度上已经是较好地落实了国家的相关政策，也丰富了离退休老干部的文化生活。但是，通过与部分离退休老干部交流谈心我们发现，这些离退休老干部认为，信息中心每次活动安排的时间往往比较短（没有超过1天的），每年安排活动的次数也不是很多，且活动的内容与形式相对固定单一，并不能满足他们希望通过参加活动多与老同事叙叙旧、谈谈心的愿望，并不能满足他们渴望离开北京共同去祖国的大好河山看看的心愿，并不能弥补他们平时孤独、寂寞乃至失落的内心情感等。从实际情况来说，考虑到离退休老干部年龄、健康、安全等因素，在安排活动时，无论是形式、内容，还是时间和次数，确实存在较单一的问题。

（三）信息交流量缺乏

所谓信息，就是消息。信息是用来交流的，通过交流能获取想知道的消息。实践证明，获取充足的信息量，是科学决策和有效管理的重要依据，是做好离退休老干部工作的重要保证。目前，信息中心获取离退休老干部信息的主要途径有三种：一是从每年组织的离退休老干部活动中获取信息。由于每次组织活动的时间较短且信息中心工作人员基本都是活动的组织者，往往无暇关注太多的信息量。二是在每年茶话会或慰问走访中获取信息。此种方式虽有一定的主动性，但受众面不够多，缺乏典型的代表性。三是从离退休老干部的反映中获取信息。此种情况往往是离退休老干部有事情了，才会向信息中心反映，同样存在被动性。综合来看，当前获取离退休老干部信息存在总量不足、获取方式被动、代表性观点不强的现象。

三、新时期国家体育总局信息中心离退休老干部工作的思考与对策

（一）提高思想认识

习近平总书记强调，老干部工作是党和政府的一项重要工作。胡锦涛同

志也曾指出，老干部工作无小事，老干部工作事关大局，十分重要。但在实际工作中，很多单位往往由于承担的工作任务比较繁重，对离退休老干部工作的关注度和重视性不够；还有一些单位的领导班子，可能是由于相对比较年轻等因素，确实存在忽视离退休老干部工作的现象。近年来，信息中心在离退休老干部工作开展方面，总体来说是有声有色，但面对新形势下对老干部工作提出的更新、更高要求，确实在思想认识上有待进一步提高。目前，信息中心的离退休老干部的数量已经与在职职工的数量基本持平，仅仅每年组织几个活动、逢年过节象征性地慰问一下老干部，显然已经不能适应党和国家提出的新要求。为此，做好离退休老干部工作要从三个方面入手，不断提高思想认识、改进工作作风。具体而言：一是要加强学习。要把党和国家颁布的关于离退休老干部工作最新精神实质理解透，特别是要充分认识到这是一项涉及信息中心全局的系统工作，进一步提高政治责任感和使命感。二是要钻研业务。做好离退休老干部工作也是一项政治性、业务性、原则性和艺术性很强的工作，既需要不断钻研国家制定的系列方针政策，也需要坚持原则、积累经验、灵活处理。三是要改进作风。要确定不走形式，树立为离退休老干部做实事、做好事的理念。离退休老干部作为一个特殊的群体，曾经为信息中心事业的发展做出过历史功绩，真心诚意地尊重他们，为他们做好工作，是时代和党赋予我们的职责和使命。

（二）健全管理体系

实践证明，建立规范有序的管理体系，是做好任何一项工作的重要组织基础。信息中心要做好离退休老干部的工作，同样需要建立一套科学合理的管理体系。一是完善工作领导小组。建议将信息中心各部室负责人纳入离退休干部工作小组，积极协助主管部室做好离退休老干部工作。如此考虑，是因为离退休老干部退休前均来自信息中心的各个部室，将这些部室负责人纳入工作小组，有利于建立齐抓共管的局面，有利于建立一对一的帮扶机制，既能保证及时了解离退休老干部的信息，也能确保及时地解决离退休老干部的实际困难。二是成立专门负责离退休老干部工作的业务部室。随着离退休老干部人数的增多，仅仅依靠办公室2名同志兼职负责，已经远远满足不了工作开展的需要。建立专门的业务部室，有利于促进信息中心离退休老干部工作的机制性、持续性、规范性发展。三是建立考核奖惩评价机制。制定离退休老干部工作的考核评价办法，并将其纳入年度考核和创先争优的考核指标，有利于增强工作人员的积极性和主动性。四是建立离退休老干部帮扶救助机制。通过设立专项资金，列入年度预算，对长期卧床或患有重大疾病、个人家庭生活困难或遇有重大变故的，及时给予帮助和扶持。五是健全完善离退休党支部工作。选取政治觉悟高、年龄相对较轻、乐于奉献、工作能力强的离退休老干部组建党支部班子。定期组织离退休老干部凝聚共识、学习最新精神，及时带头组织和参加离退休老干部开展的系列活动，协助信息中心做好信息收集、反馈和沟通协调工作。

（三）创新工作内容

在保留原有的定期体检、春游或秋游、走访慰问等活动基础上，建议通过不断创新工作形式、拓宽工作内容，促使信息中心的离退休老干部能够老有所教、老有所学、老有所为、老有所乐。一是创建离退休老干部活动室。既可方便离退休老干部打打麻将、看看杂志、玩玩牌等，缓解离退休后的孤独感、寂寞感和失落感；也可为组织离退休老干部参加政治学习、过组织生活、交流生活经验提供场所，让活动室成为离退休老干部学习、娱乐和安度晚年的乐园。二是充分发挥离退休老干部的余热。信息中心的离退休老干部具有高职称、专业性强、经验丰富的特点，既可以邀请他们参与到信息中心现行业务工作中来承担项目或担任顾问，指导年轻一代开展工作，也可以有组织地鼓励他们到社区或地方去"传经送宝"、发挥作用。三是增加组织适合老干部身心特点的活动。譬如，安排身体健康状况较好的老干部到外地参观旅游、每年组织新春文艺汇演、安排学习书法、组建舞蹈队和健身操队等；同时，适当增加每次活动的时间，方便老干部之间进行交流谈心等。

（四）增强服务意识

具有服务意识，是做好离退休老干部工作的起始点和落脚点。这种服务意识既包括生活、健康方面的，也包括精神、亲情方面的。离退休老干部是一个特殊的群体，随着年龄的增长，身体往往进入了疾病的高发期；离开工作岗位，失落感、孤独感、寂寞感会明显增强；随着社会改革的不断深化，面对不断出现的新情况、新问题，有着很多的不适感。此时此刻，对待离退休老干部，就要像对待自己的父母那样，既要尊敬、有热心，也要有耐心、有爱心，更要真心实意、想方设法地照顾他们、帮助他们。为提高服务意识和服务水平，建议建立离退休老干部联系制度，通过定期或不定期的方式，运用电话、短消息、登门拜访等方式，主动与离退休老干部沟通感情、了解和掌握他们的最新情况，对他们在健康、家庭、思想等方面出现的问题予以解决。与此同时，在与离退休老干部沟通过程中，还要加强对他们心态的引导，帮助他们树立正确的世界观、人生观和价值观，逐步建立起积极健康的生活方式，让他们跟上时代的步伐、适应社会的变革。

四、结　语

离退休老干部工作是一项集政治性、政策性、系统性、长期性和复杂性于一体的工作。面对新要求、新形势、新任务，做好离退休老干部工作是信息中心应尽的职责，要在深刻剖析存在问题的基础上，不断提高思想认识，逐步健全管理体系、创新工作内容和增强服务意识以促进离退休老干部工作向更加系统化、规范化和科学化方向发展，为发挥离退休老干部余热，实现离退休老干部老有所养、老有所医、老有所学、老有所为、老有所乐做出积极贡献。

参考文献

[1] 陈亚兰. 浅谈新时期如何做好离退休老干部管理服务工作 [J]. 中国市场，2011（52）：117-118.

[2] 李平. 浅议加强退休干部服务管理 [J]. 蚌埠党校学报，2013（3）：37-38.

[3] 周美群. 做好离退休老干部工作的几点思考 [J]. 企业家天地，2010（3）：124.

[4] 王德俊. 做好离退休干部工作的几点思考 [J]. 吉林金融研究，2015（8）：77-78.

[5] 王旭科. 新时期做好老干部工作的几点思考 [J]. 湘潮，2007（8）：22-24.

[6] 丁建国. 认真做好新形势下的老干部工作 [J]. 淮南职业技术学院学报，2008（2）：

13–15.

　　[7] 周红 . 如何做好新形势下退休干部的服务管理工作 [J]. 农业发展与金融，2011（3）：82–84.

　　[8] 何源满，凌先有，张宝林 . 关于退休干部服务管理问题的调查与思考 [J]. 水利发展研究，2010（1）：56–59.

　　[9] 李生材 . 退休干部管理服务工作存在问题与对策思考 [J]. 闽西职业大学学报，2005（4）：25–27.

体育产业
发展研究

"十三五"时期我国体育社会组织
改革的对策研究

——以我国单项体育协会为例

国家体育总局体育科学研究所　邱雪

摘要： 本文以体育社会组织为视角，运用文献资料法、访谈法、实际调查法、逻辑分析法，着重探讨了体育社会组织在"十三五"时期所面临的改革环境、目标及对策。主要结论："十三五"时期，是我国体育社会组织改革的关键阶段。在改革环境上，国家治理的现代化及人民群众不断提升的体育需求为我国体育社会组织提供了一个积极的发展环境；在改革目标上，我国体育社会组织要建立政府监管有力、市场配置资源合理、社会体育组织蓬勃发展的现代体育制度和高效科学的体育管理运行机制；在改革策略上，我国体育社会组织要以扩大体育社会组织的规模为基础，在其基础上不断丰富体育社会组织的职能设置。

关键词： 社会组织；改革；对策

"十三五"时期是全面建成小康社会的关键期，是全面落实国家治理体系与治理能力现代化的推进期，也是经济增长模式转换的攻坚期，更是落实全面科学发展的战略机遇期。与此同时，"十三五"时期也是我国社会组织，特别是体育社会组织全面深化改革的关键阶段，在这一时期，如何实现让人民群众共享发展成果，充分体现社会主义制度优越性，提振全体国民对社会主义道路的信心和精神向往，已经成了体育社会组织在这一时期要面对与解决的重要课题。

一、"十三五"时期体育社会组织改革环境分析

众所周知，社会组织作为与政府公共组织和市场企业组织并列的第三类机构，在国家治理方面，通过"以志愿求公益"的方式有效地弥补了政府和市场的功能缺陷，其治理效果已经受到了世界各国政府的广泛重视。以我国政府为例，在"十二五"规划、党的十八大及十八届三中全会中，有关社会组织的改革已经上升为国家的重大政策。2015年，我国政府又相继出台了一系列有关社会组织改革的顶层设计方案：如民政部、财政部联合印发的《关于规范全国性社会组织年度财务审计工作的通知》，国务院办公厅发布的《关于发展众创空间，推进大众创新创业的指导意见》，国务院下发的《关于取消和调整一批行政审批项目等事项的决定》等，可以说，这些文件的内容涵盖了有关社会组织改革的财务审计、社团筹备、福利基金等相关环节。总之，这些方案的出台再一次明确了社会组织将成为"十三五"时期我国改革的重要内容，再一次发出了社会组织将成为"十三五"时期我国改革的重要信号。

而体育社会组织作为社会组织的核心代表，也在其改革的进程中迈出了自己坚实的步伐。早在2014年，国家体育总局在"统筹考虑、试点先行、分类推进、分步实施"的基础上，制定了《以运动项目管理中心和单项体育协会改革为突破口，深化体育管理体制改革的方案》，该方案对体育社会组织进行了改革试点。与此同时，2015年3月16日，国务院办公厅又印发了《中国足球改革发展总体方案》，明确指出了调整改革中国足球协会，加强行业协会自治的具体步骤。可以说，以中国足球协会为代表的新一轮体育社会组织改革，已经成为"十三五"时期我国体育领域深化改革的重要突破口，其对我国未来体育发展走向及满足人民群众不断提升的体育需求将具有重要的作用与影响。换句话说，到2020年，我国体育事业能不能实现制定的战略构想，能不能实现体育大国向体育强国迈进的宏伟目标，体育社会组织改革的成败将是实现这些目标的重要环节。

二、"十三五"时期体育社会组织改革目标制定

在"十三五"时期，社会组织作为消解社会结构性矛盾，保证经济健康

发展，体现国家治理现代化，推进2020年全面建成小康社会的重要途径，无疑将成为政府移交职能的最合适的承接者。但受多年"全能政府"的束缚，现阶段，各类社会组织在体制上仍然与政府部门存在着千丝万缕的联系，特别是体育社会组织。以我国单项体育协会为代表，在计划经济时期，体育社会组织作为政府部门的有力助手，在以金牌数量为导向的价值体系、管理体制和运行机制内对推进中国体育事业发展、提升国家形象、激发民族豪情等方面发挥了积极作用。但局限于内、外部一些大环境的影响，特别是伴随着市场经济的不断深入，政府主导下的体育社会组织的矛盾性、滞后性已经严重地凸现出来。单项体育协会集行政、事业、社团、企业"四位一体"的体制特征已经严重地阻碍了它的发展。20多年来，针对单项体育协会这一弊病，国家体育总局曾进行过多次改革的尝试与探索，但由于改革总体环境不具备，目标不明确，我国体育社会组织至今都没能完全行使自身的职能。因此，此次改革的重中之重无疑是要确立一个正确的目标基准，用它来保证我国社会组织健康、高效发展。

本研究认为，"十三五"时期，我国体育社会组织改革的最终目标是"建立政府监管有力、市场配置资源合理、社会体育组织蓬勃发展的现代体育制度和高效科学的体育管理运行机制"。按照这一改革目标，从2015年开始，国家体育总局下属的体育社会组织已经陆续开启了改革的相关进程。以中国足球协会为例，作为单项体育协会改革的领头羊，2015年，中国足球协会出台了《中国足球改革发展总体方案》和《中国足球协会调整改革方案》，这些方案明确要求中国足球协会与国家体育总局脱钩，适时撤销足球运动管理中心，从而实现足球协会对足球的专业化、社会化管理，真正按足球发展规律办事，同时通过政社分离、管办分开等手段避免官商一体滋生腐败现象的出现。可以说，中国足球协会的这一改革方案既为兑现《中国足球改革发展总体方案》扫清了障碍，又为整个体育系统管理体制改革提供了经验，特别是为其他单项体育协会的改革提供了一个良好的范本。在这一目标下，我国体育社会组织将分批实现与政府的分离，最终实现机构、职能、资产、人员、党建与外事的全部脱钩。

三、"十三五"时期体育社会组织改革策略选择

"十三五"时期是我国全面建成小康社会的决胜阶段和全面深化改革的攻坚阶段，在我国社会发展和现代化进程中具有极其重要的意义。在这一时期，我国社会组织的非政府性、非营利性、自治性、志愿性等特征将完全体现出来。而对于我国体育社会组织来讲，最为重要的是如何在脱钩后完成进一步与社会的接轨，发挥其真正的社会功能与治理使命。针对这一问题，本研究认为，体育社会组织在"十三五"时期的主要改革策略包括以下两项。

（一）扩大体育社会组织的基础规模

从我国社会组织发展的进程来看，"十三五"时期是我国社会组织，特别是体育社会组织全面深化改革的关键阶段。我国经济社会在经历了改革开放后30多年的高速发展之后，整个社会的物质文化水平已经发展到一定的高度。但在社会治理层面，政府的行政管理水平与社会实际的发展现状还是存在着明显脱节的现象，具体表现为社会与政府之间沟通的渠道较少，社会参与国家治理的能力较弱，而政府又过多地依靠行政指令，出现错位、失位、越位的现象，最终导致了社会发展与个体需求之间的矛盾。种种迹象表明，政府的能力有一定的局限性，既然政府不能解决所有的问题，不能提供所有的服务，就必须依靠其他领域，如社会组织。因此，本研究认为，在"十三五"时期，体育社会组织改革的首要对策是要不断扩大体育社会组织的基础规模，扩大各级各类体育社会组织的影响，让体育社会组织真正成为广大人民群众深具认同感、归属感和安全感的健身家园。

截至2012年底，全国共有各类体育社会组织23590个，其中体育社团组织15060个，体育类民办非企业单位8490个，体育基金会40个。与历史时期相比，我国体育社会组织的规模进步确实明显，但与国际上的先进国家比较，差距仍然是十分明显的。根据《中国群众体育发展报告（2015）》显示，目前我国绝大部分县级以下单位没有体育行政主管部门，基层体育行政机构的末端只到达县（市、区）一级，乡（镇、街道）、村（社区）级基本上没有体育组织，其他非体育行政组织也未能深入基层，这种状况造成全面健身工作在基层难以推进，体育社会组织在基层难以生存。因此，我国体育社会组织的

总体发展规模在"十三五"时期一定要得到一个巨大的提升,包括进一步健全体育社会组织网络,进一步提升社团的社会服务水平,进一步推进全民健身活动站(点)网络化、规范化建设,构建全民健身"行政组织—社会组织—民间健身组织"的网络体系,通过组建经营实体、建立培训基地、创建品牌赛事等,提高体育社会组织的综合服务能力,推动体育社会组织向规范化、规模化、实体化方向发展,最终不断加强体育社会组织的基础规模,发挥体育社会组织应有的作用。

(二)丰富体育社会组织的职能设置

从我国改革开放的进程来看,"十三五"时期是中国经济社会发展转型的重要时间节点。在这一时期,中国社会将逐步走向共同富裕,而社会财富也将快速得到增加。在保证经济持续稳定发展,人民群众摆脱贫困,生活水平逐步提高的同时,如何实现让人民群众共享发展成果,充分体现社会主义制度优越性,提振全体国民对社会主义道路的信心,是"十三五"时期必须要面对的重要课题。而要想实现这一目标,在"十三五"时期,人民群众的利益诉求将成为改革的关键对接点,特别是体育方面的诉求。根据《2014年全民健身活动状况调查公报》显示,截至2014年底,我国全国经常参加体育锻炼的人数比例已经达到了33.9%,城乡居民达到《国民体质测定标准》合格以上的人数比例也达到了89.6%,这种现象表明在"十三五"来临之前,群众体育在我国已经具备了相当的规模,具体表现为我国城乡居民的体育健身意识普遍增强,体育健身已经成为更多人的日常生活方式。因此,本研究认为,"十三五"时期,体育社会组织改革的主要对策是要在职能设置上充分考虑到人民群众日益高涨的体育需求,特别是一些长期以竞技体育为本位的单项体育协会要及时转变自身的职能设置,逐渐完成从"金牌观"到"群体观"的转变。

根据国家体育总局《以运动项目管理中心和单项体育协会改革为突破口,深化体育管理体制改革的方案》,目前,以中国游泳协会为首的10个奥运单项体育协会已经开始了功能优化改革的试点,主要内容为探索强化和扩充奥运项目协会在群众体育、体育文化等方面的功能机制,充分发挥这些协会在全民健身方面的作用，扩大社会影响力，其中，一些项目协会还积极制定了个人会员的注册制度。与此同时，为使单项体育协会的职能设置得到及时转换，根据《关于加强和改进群众体育工作的意见》，国家体育总局群众体育司已经号召各运动项目管理中心和单项体育协会推动基层建立健全单项体育协会和项目俱乐部等组织网络体系，研究制定运动项目业余等级锻炼标准、段位制和业余裁判员、教练员、社会体育指导员认证体系，提高项目人口数量，夯实项目发展基础；同时，进一步创新赛事活动的内容和方式，建立有效的业余竞赛活动体系和激励机制，找准专业和业余赛事结合点，探索多元主体办赛的机制，不断丰富群众身边的体育竞赛活动。而这些举措最终的目的是在职能设置方面不断丰富单项体育协会的职能，帮助单项体育协会可以在进入社会后有的放矢，提供更多更好的服务。

四、结　论

在"十三五"时期，社会组织作为消解社会结构性矛盾，保证经济健康发展，体现国家治理现代化，推进2020年全面建成小康社会的重要途径，无疑将成为政府移交职能的最合适的承接者。在改革环境上，国家治理现代化及人民群众不断提升的体育需求将为我国体育社会组织提供一个积极的发展环境；在改革目标上，我国体育社会组织要建立政府监管有力、市场配置资源合理、社会体育组织蓬勃发展的现代体育制度和高效科学的体育管理运行机制；在改革策略上，我国体育社会组织首先要扩大体育社会组织的基础规模，其次要不断丰富体育社会组织的职能设置。

参考文献

[1] 刘国永，杨桦. 中国群众体育发展报告（2015）[M]. 北京：社会科学文献出版社，2015.

[2] 马庆钰. "十三五"时期我国社会组织发展思路 [J]. 中共中央党校学报，2015（2）：58-64.

[3] 刘岩. 中国体育面临崭新阶段 [N]. 中国青年报，2015-02-02.

大型体育场馆推动群众体育工作的思考

国家体育总局国家奥林匹克体育中心　王刚

摘要： 全民健身关乎人民群众的身体健康和精神富足，是综合国力和社会文明的重要标志，是社会主义精神文明的主要内容，也是小康社会的重要组成部分。公共体育场馆是政府开展公共体育服务、发展体育事业和体育产业的重要舞台，对于完善城市基本功能、推动全民健身开展、服务和改善民生具有重要意义。

本文试用唯物辩证法联系的观点讨论大型场馆在推动群众体育工作中的问题，场馆在运营中往往对场馆自身考虑较多，对与之密切联系的健身群众考虑较少，试用营销学中4P理论和4C理论的差异来分析场馆应当努力的方面，进而改进场馆运营水平，增强市场活力，推动群众体育工作的开展。

应重新明确大型体育场馆在群众工作中的地位和作用，将赛事功能需求和赛后综合利用有机结合，创新运营机制，深入挖掘市场潜力，完善配套设施，扩大服务内容，从而使其成为公共体育服务体系的重要一环。

关键词： 群众体育；大型体育场馆；公共体育服务体系；国家奥林匹克体育中心

2014年10月，国务院印发了《关于加快发展体育产业促进体育消费的若干意见》（以下简称《意见》），《意见》中指出，需积极部署扩大体育产品和服务供给，推动体育产业成为经济转型升级的重要力量，促进群众体育与竞技体育全面发展，加快体育强国建设，不断满足人民群众日益增长的体育需求。

《意见》把全民健身上升为国家战略，把增强人民体质、提高健康水平作为根本目标，并提出了数字化的发展目标，体育产业总规模超过5万亿元，人均体育场地面积达到2平方米，经常参加体育锻炼的人数达到5亿人。同比2011年2月国务院印发的《全民健身计划（2011—2015）》（以下简称《计划》），其标准大幅度提高，原《计划》提出经常参加体育锻炼人数占32%，即为4.16亿人，全国各类体育场地120万个以上，人均体育场地面积1.5平方米。

全民健身关乎人民群众的身体健康和精神富足，是综合国力和社会文明的重要标志，是社会主义精神文明的主要内容，也是小康社会的重要组成部分。公共体育场馆是政府开展公共体育服务、发展体育事业和体育产业的重要舞台，对于完善城市基本功能、推动全民健身开展、服务和改善民生具有重要意义。

随着我国社会经济和体育事业的不断发展，各地体育设施建设进程加快，尤其是大型体育场馆如雨后春笋般矗立起来，有效地满足了群众的体育需求。但多数大型场馆由于因赛而建，未能纳入城市长远发展规划，赛后政府又是运营主体，在一定程度上造成了体制机制不相适应、运营效益不佳、服务能力不强、配套政策不健全等问题，缺少持续发展动力和市场竞争力，在品牌输出、管理输出和资本输出等方面乏善可陈，未能实现规模化和专业化运营。

大型体育场馆应创新运营机制，积极推进场馆管理体制改革和运营机制创新，积极引入和运用现代企业制度，激发场馆活力，将赛事功能需求和赛后综合利用有机结合，深入挖掘市场潜力，增强体育场馆经营能力，完善配套设施，延伸服务领域，推动群众体育工作的开展。

一、群众活动基本现状

（一）根据北京市相关调查结果分析

据北京市第二次群众体育现状调查（2008年），参与调查的人数为12078人，参加体育锻炼的人数为8749人，占总人数的72.44%，不参加体育锻炼的人数为3329人，占27.56%^①。

1. 运动项目丰富

群众最喜爱的前十名体育项目排序依次是：走路和跑步、羽毛球、自行车、乒乓球、爬山、健身器械、跳绳、跳舞、足篮排球、游泳。以上项目除自行车和爬山受限于自然条件，其余项目的群众均可以在国家奥林匹克体育中心（以下简称"奥体中心"）场馆群参加锻炼，部分项目为低收费项目，部分项目为免费项目，体育场馆可以满足大部分人群的体育锻炼需求。

2. 锻炼时间相对集中

早晨占44.3%，晚上占47.3%，这两个时间段占了体育锻炼总时间的91.6%，这说明空闲时间是制约人们参与体育锻炼的主要因素。场馆应因势利导地培养人们的运动习惯，提供完善和周到的服务，部分场馆可适当调整开放时间，或许会更受到群众的欢迎。例如，室外网球场早上实行退休老年人晨练，开放时间为上午6~8点，取得了较好的效果。

3. 体育锻炼的动机较多

排名前五位的动机依次是增强体质和健康、消遣娱乐、提高运动能力、调整情绪和结交朋友、减肥。可以看出，多数的群众拥有较为正确的健身观念，同时群众科学提高运动能力的愿望强烈，这需要场馆作为体育产品的提供者适时增加服务，在提供体育场地的同时开展体育培训、体育讲座，满足群众较高层次的体育需求。

4. 影响参加体育锻炼的因素以人际传播为主

排名前三位的依次是同事和朋友、家庭成员、新闻媒体，且分别占47%、43%、27%。这说明在影响因素中人际传播是重要因素，同时体育信息的引导和传播作用也不可忽视，媒体宣传是影响全民投身运动、科学健身的利器。体育场馆作为大众健身的重要场所应该大力传播体育的积极价值，通过橱窗、环境艺术、网站、微信公众号等营造体育氛围，弘扬昂扬向上、奋发有为的体育精神。

---

① 李丽莉，王凯珍，骆秉全，等. 北京市第二次群众体育现状调查与研究 [M]. 北京：北京体育大学出版社，2012：124.

5. 参加体育活动多结伴而行

个人活动占67.7%，与朋友、同事一起健身的占40.6%，与家人一起的占31.3%，在辅导站俱乐部锻炼的占6.4%。反映出体育活动多是自发的个人行为，群众性组织、社团、俱乐部的影响力较弱，体育场馆在组建体育俱乐部发挥凝聚功能方面仍大有可为。体育俱乐部应该成为群众体育组织的中坚力量，是群众活动的基本形态。这点从德国的足球中可以得到证实，其体育人口多数都归属于当地业余体育俱乐部，各种规模、各种水平的业余俱乐部遍地开花。

6. 参加体育活动的场所以免费场所为主

排名前五位的依次是公共活动场所、公园广场、社区活动中心、公园街道、自家庭院。收费体育场馆排名第九位，占6.5%。这也反映出人们参加体育锻炼时对活动场所的选择偏向于免费的公共场所，体育场馆应加大免费和低收费开放力度，争取吸引更多人群到体育场馆健身。政府也应在税收、能源价格上对体育场馆给予优惠政策，便于其低成本运行，以回馈社会。

（二）在奥体中心调查分析

通过田野调查法对奥体中心健身人群进行调查和走访，了解其主要行为和意愿，并发现存在的主要问题。

1. 群众对健身价值的认识不到位

超过一半的健身人群没有认识到健身的重要意义，尤其是在慢病防治、改善体质、调节情绪等多方面的积极作用。对于运动和医疗的关系大部分人没有科学的认识，还停留在舒筋活血、强壮筋骨的层次，对于防治高血压、高血脂、糖尿病等慢病和调节情绪、舒缓压力没有清晰的认识。

2. 群众科学健身意识不够，存在盲目锻炼的情况

对于运动时间、运动频率和运动强度没有科学的数据把握，也难以达到较为理想的健身效果。如在奥体中心进行健步走和慢跑的人群当中80%以上不了解心率对于锻炼的意义，很多年轻人是为了减肥而锻炼，却不了解只有达到心率的靶心率才能有效地进行减脂［靶心率=（220-年龄）×（0.65-0.8）］。

3. 缺少社会指导员的指导

目前在奥体中心有部分自发形成的社会体育指导员，他们对于太极拳和健身路径有一定的经验和水平。也有部分活跃在场馆内的从事过专业训练的教练员，但其覆盖人群主要为青少年，是市场行为。而对于奥体中心健身人数最多的健步走人群却没有专业社会体育指导员进行指导，由于没有报酬和激励机制，部分持证社会体育指导员也没有奉献热情。

4. 群众体育组织不发达

绝大部分人员健身处于自我管理、自我调节的状态，没有融入体育组织，无固定锻炼时间，无科学锻炼计划，无明确的锻炼目标。园内虽然有吴敏训练营、太极扇等组织，但其会员较少，影响力较小。体育运动的高级功能是社交和交流，尤其对于网络社会而言，体育组织是很好的交流和沟通的平台，交流、交友是许多锻炼人群的深层次需求。

5. 民间赛事较少

马拉松赛事尽管强度大、花费多，但目前北京马拉松赛事仍是一票难求，从中可以看出群众对于参与赛事有很高的热情。比赛是交流和展示的平台，由于群众性赛事规模小，影响力低，社会资金关注较少，而政府又多举办大规模的赛事和活动，有时间、地点和规模的限制，相对而言群众参与率有限。

6. 体质测试有待普及

体质测试数据是科学锻炼的前提，北京市体质测试网络虽然已经覆盖全市，但目前对于重点区域和重点人群覆盖还是不够。多数健身人群不了解也没有参加过体质测试，因而缺少了锻炼的针对性。多数人的锻炼是以自己的喜好为主，对于力量、速度、耐力、柔韧性、灵敏性等多维度指标缺乏了解和认知，锻炼的针对性不强。

二、国际群众体育发展状况对比研究

（一）日本国民体育①

2001 年，日本颁布了《终身体育振兴计划》，这是其振兴新世纪国民体育

---

① 李相如. 全民健身研究新视点 [M]. 北京：北京体育大学出版社，2008：63.

的总纲，提出到2010年将体育人口由35%提升为50%（体育人口界定标准为每周参加一次体育锻炼的人）。

（1）日本组织全国体育相关专家和相关工作人员开始探索全新的群众体育发展模式——综合型体育运动俱乐部，目的是为各个年龄阶层的人提供可以满足不同健身需求的体育活动。主要特点有：适合各个年龄阶层、多种需求、多种体质的人参加，项目丰富；以当地的体育中心为基地，辐射周边学校、公园等公共体育设施，有计划、分期组织活动；有较高水平的社会体育指导员进行义务指导。

（2）每一个综合体育俱乐部每个月或每周都要有科学健身讲座，讲座信息及时向社会公众发布，锻炼者可以根据自己的爱好自由选择。

（3）各体育协会一般都会得到企业的支持，企业领导人在协会任职的情况较为普遍，他们本身关心体育、爱好体育，并且愿意投入一定的资金支持体育协会的发展。

（二）美国群众体育[①]

（1）1990年，美国保健福利部制定了长达800页的《全民健身规划》（以下简称《规划》）。在这一规划中，将"身体活动和健康"作为增进国民体质的主要对策。《规划》对大型企业开展大众体育也有具体规定，要求雇员在1500人以上的单位，必须提出本单位的体育发展计划，必须为参加体育锻炼者提供活动场所。《规划》对全国体育设施建设提出的指标是：2000年，每25000人至少拥有1个游泳池，每10000人拥有1英里跑道。

（2）为了推动大众体育，美国广泛利用大众传播媒介进行持续宣传，促使国民认识体育锻炼的重要性，了解体育锻炼的常识和具体方法。1994年3家美国电视台（ABC、NBC、CBS）用于播放体育节目的时间为1500小时，体育节目是所有播出的节目中时间最长的一个。

（3）美国的体育场所数量居世界前列。据资料记载，美国人均体育场馆面积为14平方米，1996年美国体育人口占64%，全国平均每天有7000多个场

---

① 李洪坤，陈立农. 中日美三国大众体育发展的比较研究 [J]. 广州体育学院学报，2000，20（1）：27-31

馆有赛事，每天有2560万人下班后去健身中心锻炼。

三、体育场馆在群众体育工作中的现状

联系的观点是唯物辩证法的一个总特征。所谓联系就是事物之间及事物内部诸要素之间的相互影响、相互制约和相互作用的关系。唯物辩证法认为世界上一切事物都不是孤立存在的，而是和周围其他事物相互联系着的，整个世界就是一个普遍联系着的有机整体。因此，唯物辩证法主张用联系的观点看问题，反对形而上学孤立的观点。奥体中心的群众性工作以往存在着割裂联系看问题的现象，多站在单位自身的角度考虑问题，对于单位内部联系考虑较多，站在单位与市场、场馆与健身群众的角度考虑问题较少，在一定程度上影响和制约了单位的发展。

这正如营销学中的4P理论和4C理论，前者注重从场馆角度出发考虑问题，后者注重从场馆和健身群众联系的角度出发来考虑问题，现试从形而上学的4P理论到唯物辩证法的4C理论来讨论场馆与健身群众的关系问题。

4P理论：产品（Product）、价格（Price）、促销（Promotion）、渠道（Place）营销四要素。为了寻求一定的市场反应，企业要对这些要素进行有效的组合，从而满足市场需求，获得最大利润。

4C理论：它以消费者需求为导向，重新设定了市场营销组合的四个基本要素，即消费者（Consumer）、成本（Cost）、便利（Convenience）和沟通（Communication）。它强调企业首先应该把追求顾客满意放在第一位，其次是努力降低顾客的购买成本，然后要充分注意到顾客购买过程中的便利性，而不是从企业的角度来决定销售策略。

从关注产品到关注消费者：在传统观念下奥体中心对场地关注较多，对场地配套设施关注不足，没有充分考虑消费者的相关利益诉求。对与群众在运动过程中紧密相连的需求考虑不充分，突出表现为五个方面，即停车、洗浴、更衣、休息区、餐饮，进而对实现群众服务的标准化和规范化具有一定程度的影响。

从关注商品价格到注重群众消费成本：以往的成本核算以场馆运营直接成本为主，包括人员支出、能源消耗，制定市场价格时，没有考虑到竞争

因素。在以市场为主导的资源配置经济环境下，体育场馆也将面临与民营资本等多种市场主体的竞争。目前我们运营成本较高，但也提供了部分免费产品，如健身路径、健身步道、乒乓球长廊等都免费向公众开放，免费产品的投入可有效均衡群众健身成本。

从关注渠道到为群众提供便利：传统经营过程中商业色彩浓厚，主要顾客来源方式是顾客自己上门，部分场馆可以电话预定场地，部分场馆需要消费者亲自到场。支付方式也比较传统，对互联网运用不到位。与消费者通过手机选择影院场次、座位及在线支付相比，场馆的消费模式完全没有应用互联网成果。

从注重促销到有效沟通：目前奥体中心有针对学生、老年人的开放优惠，也有特殊时间段的场馆优惠，室外的场地全部为免费开放，对于办理会员卡的客户给予一定幅度的折扣。但会员之间缺少互动和沟通，客户到这里仅仅是满足初始层面的锻炼需求，对其高级需求即社交需求重视不足，各个场馆之间缺少会员俱乐部，相应的赛事、活动较少。

四、体育场馆在群众体育工作中的定位

体育场馆是公共体育服务的重要场所，是发展体育产业的重要基地[①]。长期以来，我国竞技体育一枝独秀、成绩卓著，群众体育却效果平平，受到媒体和社会的诟病。社区周边的体育设施极大地满足了群众的健身需求，身边的场地设施、身边的健身组织、身边的健身指导员在提升群众健身意识、推动群众健身行动、组织群众活动开展等方面都发挥了积极作用，成为群众体育活动的基石。但大型体育场馆却具有更为重要和深远的意义，是群众体育活动的催化剂。

（一）竞赛表演的主要场所

竞赛表演是体育产业的核心内容，是体育产业的支柱，其繁荣程度反映了该国家和地区的体育发展水平。社会大众观看体育表演可以满足其精神需求，观看比赛便是享受体育服务。同时，大众通过体育比赛可以直接或间接

---

① 王德炜．体育场馆运行管理 [M]．北京：人民体育出版社，2011：228．

地受其影响，投入体育活动，可以说体育比赛是群众性活动的助推剂。2008年北京奥运会后群众健身热情空前高涨便是明显的例证。体育比赛可以直接吸引赞助商、场地广告，从而创造电视转播收益；间接而言又可以带动体育产业中另外两大板块即体育用品和体育彩票的收入，对于发展体育产业、促进体育消费具有重要意义。大型体育场馆的硬件设施和地缘性优势是开展竞赛表演的不二选择，且大型体育场馆具有承办大型赛事和活动的丰富经验，具有专业化的运营人才和队伍。奥体中心每年自主举办"来京建设者趣味运动会""首都大学生健身展示""大众篮球挑战赛"等品牌活动，参与群体有来京务工人员、大学生、社区居民等多种群体，引起新华社、新浪网、《中国体育报》、北京电视台等多家媒体关注。

（二）提供各种体育设施

大型体育场馆往往是综合的体育中心，可同时开展多种体育项目，满足了绝大多数群众的健身需求。场馆有低收费的项目，也有免费的项目。奥体中心场馆现面向社会开放，每年开放天数超过330天，每周开放时间超过70小时。健身路径、健身步道和乒乓球长廊每天免费向社会开放，开放时间超过18小时。多数的场馆在"三八"妇女节、"八一"建军节和寒暑假期间向特定人群免费开放，部分场馆对退休老人实行半价优惠，这都有效地满足了群众的健身需求。2013年奥体中心全年全民健身人数超过200万人次，2014年超过220万人次。

（三）提供了优质廉价的体育服务

大型体育场馆除了提供廉价的体育场地和设施，满足普通群众的健身需求外，也是开展体育培训、培养青少年体育技能的重要场所。青少年时期是体育运动习惯的养成期，其运动习惯和运动技能往往会伴随终生。体育培训是较高层次的体育需求，是社会体育指导员无法覆盖的领域，是连接竞技体育和群众体育的重要纽带，对于提升全民体育技能具有重要意义。奥体中心现有足球、篮球、网球、羽毛球、游泳、击剑、武术、跆拳道、瑜伽等项目培训，是名副其实的综合性体育中心。体育场馆可举办群众性活动，便于开展国民体质测试、科学健身讲堂等体育配套服务，这也是目前群众所期盼和欠缺的。2012年，国家体育总局授予奥体中心"国家全民健身示范基地"称号。

（四）体育改革的试验田

群众体育工作需要政府主导，多部门协同，全社会共同参与。大型体育场馆由于有较高的社会影响力，较好的消费人群覆盖，示范效应明显，可有效吸引社会资金和机构共同完善体育服务，开拓体育产业，满足群众多样化的体育需求。国内多数体育场馆为国家财政投资兴建，从属于各级体育管理部门，多数属于事业性质，在市场竞争中创新不够，缺乏活力。2011年，国际组织万事达宣布获得"五棵松体育馆"冠名权，五棵松体育馆更名为"万事达中心"。五棵松体育场馆大型演出综合服务战略联盟在北京"万事达中心"宣布成立，旨在提高场馆的综合服务标准，降低运营成本。五棵松体育馆在场馆冠名、赛事开发、场馆管理上都取得了较大的突破，其实行星级管理，以顾客的需求为导向，创造了较好的品牌价值和经济效益。

五、结论和建议

（一）结　论

（1）大型体育场馆已经成为综合健身中心，其开展体育项目多，举办活动丰富，体育服务完善，覆盖人群广泛，具有高度的社会影响力。

（2）社会力量办体育，多种经济主体提供体育服务已经是市场的必然选择。政府提供的公共福利体育保障是初级层次的，多元的、高端的体育需求依赖于锻炼人群的自我投资。

（3）群众体育发展势头迅猛，但缺少科学性，缺乏组织。

（二）建　议

（1）大型体育场馆应进一步加强管理、提升服务、完善设施，降低开放成本，满足群众不断增长的体育需求。

（2）大型体育场馆应当成为政府构建公共体育服务体系的试验田，成为社会体育指导员的聚集地，成为群体活动的主会场，成为科学健身的大讲堂。

（3）政府应加强对群众性体育组织、行业协会的引导和治理，从政府办群众体育转变为群众自我约束、自我管理、自我发展，培养社会体育指导员，培育体育组织。

（4）吸引社会资金和力量参与群众体育，大力发展体育产业，尤其是竞赛表演业和业余体育俱乐部，满足群众多层次的体育需求。

参考文献

[1] 李丽莉，王凯珍，骆秉全，等.北京市第二次群众体育现状调查与研究 [M].北京：北京体育大学出版社，2012.

[2] 李相如.全民健身研究新视点 [M].北京：北京体育大学出版社，2008.

[3] 李洪坤，陈立农.中日美三国大众体育发展的比较研究 [J].广州体育学院学报，2000，20（1）：27–31.

[4] 王德炜.体育场馆运行管理 [M].北京：人民体育出版社，2011.

关于促进我国棒球产业发展的几点思考

国家体育总局手曲棒垒球运动管理中心　田原

摘要： 本文运用文献资料法、案例法、逻辑法等，从问题、内容、途径、对策等角度对我国棒球产业发展的现状进行了详细、系统的分析与梳理。主要结论包括：我国棒球产业发展的总体水平与欧美等国家和地区还存在着一定的差距，主要体现在总体环境、宣传力度、人才培养、行业管理等环节。主要建议为增强比赛的职业化程度，建立完善的青少年培养体系，兴建比赛的场地设施，加强行业的国际化交流。

关键词： 棒球；产业；思考

为落实国家加快新兴产业发展的战略部署和全民健身国家战略，落实《关于加快发展体育产业促进体育消费的若干意见》精神，我国大力发展体育产业以促进体育消费，从而提供丰富多彩的体育服务和产品，满足群众日益增长的多元体育健身和消费需求，推动我国棒球产业的持续、稳健、快速发展。

棒球是一项强身益智、充满激情、崇尚礼仪且深受群众喜欢的球类团队项目。棒球非常适宜亚洲人开展，具有极高的社会价值和经济价值。当下，大力发展体育产业，促进体育消费已成为我国"稳增长、调结构、扩就业、惠民生"的重要举措，体育产业作为国民经济新的增长点，它的作用日益凸显，体育产业，特别是职业体育产业获得了前所未有的发展机遇。棒球产业在世界体育产业产值中一直排名前列（见图1至图3），可以预见，未来我国棒球运动发展空间广阔、市场潜力巨大。

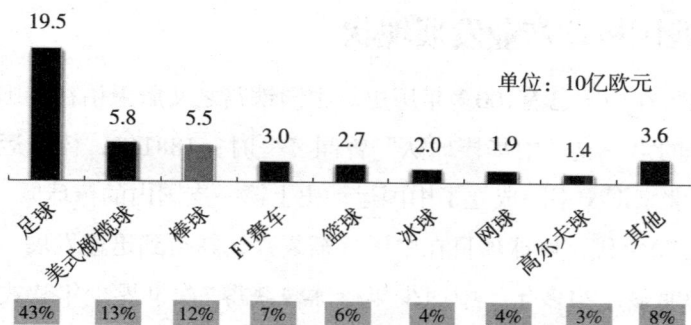

图1　2009年世界体育产业项目排名

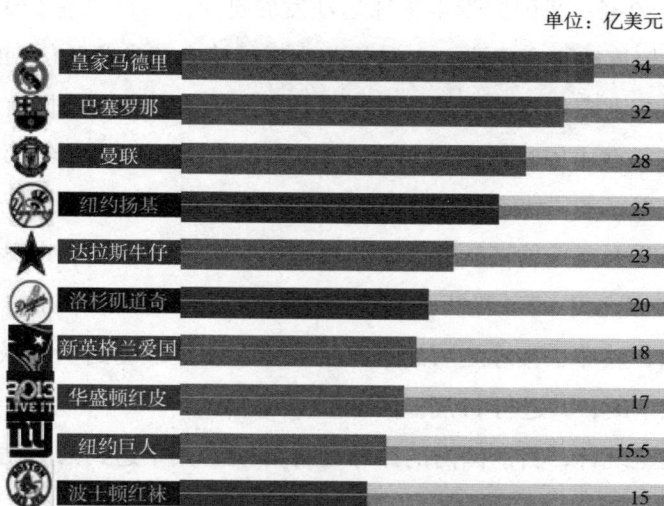

图2　2013年世界最有价值体育俱乐部排名

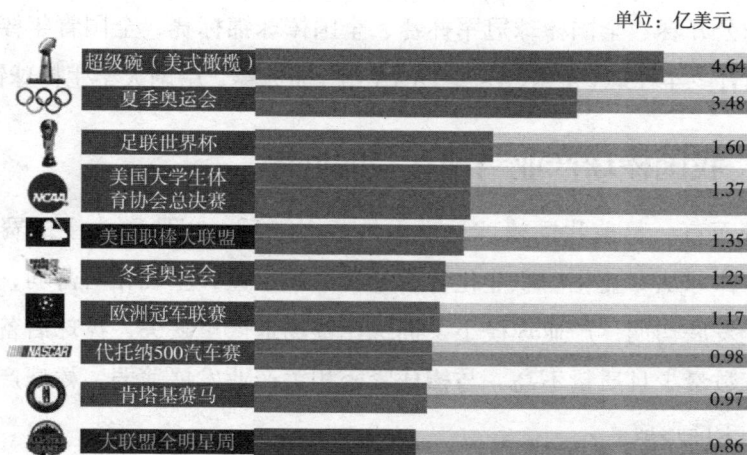

图3　2013年全球十大最有价值赛事排名

一、我国棒球产业发展现状

棒球项目在中国已有100多年历史。中国铁路之父詹天佑在美国耶鲁大学留学时成立的第一支"中华棒球队"曾闻名一时；1881年，棒球运动流入中国；1895年北京汇文书院成立了中国运动史上第一支国内的棒球队。

20世纪70年代，棒球项目在中国逐渐复兴，并得到迅速发展。青少年棒球发展最为明显，20多年，中国少年棒球曾获得7次世界少年软式棒球锦标赛冠军，目前全国共有2000所中小学开展棒球运动，自发组织的青少年棒球俱乐部有近80家。我国大学生棒球运动发展迅速，目前已有140所高校棒球队在中国高校棒球协会注册，2014年北京高校棒垒球参赛队伍创纪录的有31支，比2008年北京奥运会前参赛规模增加了一倍。目前，我国有专业性质的棒球队10支，在中国注册的运动员有670名。中国队自1985年第一次参加亚洲棒球锦标赛以来，始终排在亚洲前四名；2005年，在第25届亚洲棒球锦标赛上，中国队力克世界强队韩国队，取得第三名；2008年北京奥运会上，中国队以8比7战胜中国台北队，实现历史性突破。2002年举办的中国棒球联赛是继足球、篮球、排球之后的第四个集体性球类运动的全国联赛，2012—2013年因故中断，共进行11届。

据不完全统计，目前国内的棒球场为46块，其中达到国际比赛标准的只有4块。

目前，国内较有名的赛事包括：中国棒球联赛、海峡两岸棒球对抗赛、中国棒球公开赛、全国棒球冠军杯赛、全国棒球锦标赛、全国青年棒球锦标赛、全国青少年棒球（A组、AA组、AAA组）锦标赛、中国大学生棒球锦标赛。

二、我国棒球产业当前存在的问题

比较而言，目前我国棒球运动发展相对滞后，以联赛为主的赛事影响力不大，棒球从专业化向职业化转变过程困难重重，基础相对薄弱，棒球产业尚处于发展初期，产业规模小，训练比赛场地严重缺失，棒球后备人才匮乏，球队数量少且质量不高，与棒球紧密相关产业发展薄弱，棒球产业融合发展态势未能形成。

三、棒球产业发达国家棒球产业发展模式对比研究

（一）职业棒球联赛对棒球产业具有巨大的拉动作用

1. 美国棒球产业领先其他国家

1869年，美国第一家完全的职业棒球俱乐部辛辛那提红袜俱乐部成立；1876年，以芝加哥为首的8支球队正式宣告成立"国家联盟"；1901年，"美国联盟"成立。目前，这两个联盟30支球队共同组成美国职业棒球大联盟（MLB）。2010年美国体育产业总值为4144亿美元，四大联盟总产值为216亿美元，占美国体育产业总产值的5.21%。其中，美国职业棒球大联盟68亿美元，占1.64%。每场职业棒球比赛观众超过30000人，每年每队要进行160场以上的比赛。顶级的棒球联赛对体育产业具有巨大的拉动作用。美国职业棒球产业发展的原因很多，但以卡特尔组织形式运作的美国职业棒球大联盟、政府的优惠政策和美国非常良好的棒球社会基础是其中的重要因素。卡特尔组织就是自治的垄断组织，这样的联盟和俱乐部的老板对于赛事安排、广告、宣传等都拥有自主安排的权利。同时政府通过对资产折旧，减少对企业的税收以吸引更多的老板进行投资，球队可以免费或者低成本享受政府建设的球场。棒球产品的类型非常丰富，其自身的商业化运作的收入来源主要是门票、球场商品、球队衍生商品、广告和电视转播权出让金。

2. 日本职业棒球联赛非常完善

棒球在1873年传入日本，目前是日本国民的第一大运动。日本棒球机构（NPB）是管理日本职业棒球事务的法人机构，成立于1951年，旗下拥有中央联盟和太平洋联盟，共有12支棒球俱乐部，每个俱乐部都拥有完善的青少年棒球选手培训体系。日本一支职业队每年需要进行150场以上的比赛，每场比赛的观众在2.5万人左右，日本的三大报纸34版中8~10版全是前一天的职业棒球比赛的消息。

3. 韩国职业棒球水平非常高

棒球在1905年传入韩国（当时的朝鲜），几乎所有知名的韩国企业都有自己的职业棒球队。韩国职业棒球联盟（KBO）是韩国职业棒球管理机构，组织管理全国的职业棒球赛事，全年例行赛前四名的队伍进入季后赛。著名

的棒球明星朴赞浩、金炳贤等都是韩国家喻户晓的民族英雄，年薪逾千万美元。棒球在韩国几乎风靡全国，特别是在韩国夺得2008年北京奥运会棒球冠军后，棒球火爆更甚，已成为韩国第一大国民运动。韩国职业棒球联赛自1982年开赛至2012年，累计观众已经超过1亿人，近年来，每年前往棒球场观赛的观众数突破700万人次。职业棒球比赛成为明星艺人争相露面的平台，更是政客赢得国民认可最重要的平台。

（二）完整的青少年培训体系

由于棒球文化的影响，美国青少年从4~5岁起就可以接触棒球，少儿得到非常好的正规训练和志愿服务式的教练员教导，培养了良好的棒球文化氛围和棒球基础；高中棒球也非常活跃，好的棒球选手有机会进入全国较好的大学，获得奖学金；各个院校都有自己的棒球队，这些棒球队代表了美国业余棒球的最高水平。业余棒球的优秀选手有机会进入美国棒球小联盟进行更完善的培训，小联盟是美国职业棒球大联盟的后备军，美国职业大联盟、小联盟队伍有100个以上，进入大联盟有96%的淘汰率。正是通过层层选拔，使一批批优秀选手进入大联盟，让大联盟一直充满活力和竞争力。

日本具备完善的青少年棒球人才储备体系。日本的青少年热衷棒球比赛，全国有超过2000个青少年棒球联盟，几乎每个学校都有自己的棒球队，有一整套极其发达的全国型棒球中学竞赛体制，从1915年开始的全日本高中棒球联赛，俗称"甲子园"，通过完善的竞赛组织、残酷的竞赛办法（单败淘汰）为日本职业棒球联盟的发展提供了后备力量。每一年的"甲子园"比赛，依日本行政区分成49个区域（1道、1都、2府、43县，其中东京都和北海道各分2区），各校先在地区打预赛，得到地区优胜的队伍才能进入"甲子园"参加全国49队的决赛，日本青少年棒球选手将能进入"甲子园"比赛作为一生的荣誉。

（三）完善的棒球场地设施保证比赛和训练

和棒球产业发达的国家相比，目前我国拥有的棒球比赛和训练的场馆设施远远落后于这些国家（见表1），其中数量差距最为明显。其次，比赛场的观众席和配套设施不完善——4块相对标准的棒球场也只是能承担基本的比赛需要，纪念品商店、快餐店、特殊需要的贵宾包厢等配套娱乐设施几乎没有，媒体专用包厢更少，位置也不明显。所有这些都影响到比赛的商业推广和产业发展。

表1 2014年中外棒球场地、人口情况对比

项目	美国	日本	韩国	中国
比赛场地数量	1980	860	88	4
训练场地数量	8320	5600	665	42
总人口（亿人）	3.23	1.27	0.49	13.64
比赛场地人均数量（每百万人）	6.13	6.77	1.80	0.003

（四）完善的棒球产业链和先进的棒球发展理念

棒球产业发达的国家具备完整的棒球产业链，其中棒球产业链条的核心产业可以概括为球赛、球员、球队和球场；棒球产业链条中的紧密产业包括体育用品制造业、中介、医疗保险业及广告、传媒等行业；棒球产业还包括教育培训、交通运输、酒店餐饮、体育科研、体育彩票、体育旅游等多个相关产业。正是这些棒球产业中的核心产业和相关产业紧密联系组成了完整的棒球产业发展的生态环境。

棒球产业发达的国家对棒球发展理念的理解包括以下几点：

（1）棒球是青少年国际交流的重要手段。1954年，雅克·巴尔赞曾说过，任何人如果想要了解美国的灵魂和思想，那他最好去学打棒球。因为对棒球的喜爱和缔结的关系显示了体育运动超越文化疆界的能力。美国国务院认识到这种影响力，并借助体育外交来发展新关系，利用面对面的、人与人之间的交流来增进跨文化沟通。

（2）棒球是团体的运动，必须依靠团队配合或牺牲自己送队友上垒达成胜利。

（3）棒球是一项老幼皆宜、参与度极高、适合家庭的运动。

（4）棒球是一项充满智慧的运动。

（5）棒球运动的主要受众是社会中产阶级。

四、新形势下推动我国棒球产业快速发展的内容及途径

（一）创建真正的职业棒球联盟、职业俱乐部

建立与完善职业棒球联赛的管理和运营机制，建立具有独立社团资格高度自治的职业棒球联盟，成立专门的棒球联赛运营公司，负责管理职业联赛，实现职业联赛宏观管理与微观商业运作的有机分离，以实现联盟整体利益最大化为目标。在职业体育联盟与职业俱乐部之间，科学合理划分经营权限及利润分配，充分尊重和发挥职业俱乐部的市场主体作用，逐步形成职业棒球运营体系。

大力发展棒球职业俱乐部，鼓励有条件的省市从组建高水平专业棒球运动队向组建职业运动队、组建棒球职业俱乐部过渡。鼓励棒球重点发展省市和重点城市合理布局，规范发展棒球专业运动队和专业运动员的数量，改善培养条件，提高人才培养的质量和效益。遵循职业体育发展规律，建立和完善市场经济条件下专业球员与职业球员有机衔接的渠道。

（二）建立完善的青少年棒球培训体系

注重校园棒球建设，树立棒球从小抓起的意识。加强社会棒球优秀后备人才的发掘和培养，畅通优秀苗子从校园棒球、社会棒球到专业棒球和职业棒球的成长通道，建立四级培训体系，即国家、大区、省市、城市棒球青训中心培训体系，设立文化教育与棒球运动紧密融合的棒球专项学校，依托具备条件的本科院校设立棒球专业学院或组建高水平运动队，为高校提供必要的教练师资、赛事、场地支持，发展青少年球员海外培训模式。

（三）整合利用国际国内及海峡两岸资源

实施全方位的国际交流与合作战略。国际交流与合作是棒球产业发展的有效途径，引进和吸收国外先进棒球产业发展理念、管理经验、发展模式，以及成熟的训练和竞赛理论、高素质的棒球专业人才及人才培养模式，拓展交流途径，增强对外合作，提升中国棒球的国际影响力。

继续深入广泛开展海峡两岸及港澳棒球全方位合作，吸引更多海峡两

岸和港澳青年及基层民众参与海峡两岸及港澳间棒球赛事活动。通过赛事活动、技术、人才、管理、运营等多方面的深入交流，实现海峡两岸及港澳棒球运动的深入合作，促进海峡两岸及港澳棒球水平的共同提高。开展多种形式的海峡两岸青少年、成人、社会人、俱乐部、职业球团的比赛活动，积极探索海峡棒球协调发展的新思路，积极推动海峡两岸教练、裁判及各类人才的流通，积极探索海峡两岸棒球活动的运营及合作方式。

（四）加快高水准的棒球比赛场馆和训练设施建设

在棒球场地设施建设的基础上，集中力量建设一批棒球示范场地。同时，依托大型棒球场地建设，加强以棒球产业为特色的棒球产业集群，形成棒球产业功能聚集区，发挥窗口和辐射作用，实现重点布局省份和重点城市棒球产业良性发展，打造棒球产业基地。建设棒球之都、棒球之乡，鼓励有条件的地区以棒球运动为地方特色，建设特色城市，形成一批有海外影响力的棒球城市名片，促进棒球运动在突出地区或城市的水平提高、产业落地和全民参与。

（五）改善产业布局与结构

整体规划，构建国家级产业发展平台。通过多种形式，鼓励和扶持产业领域和各专业细分领域的领头机构、优秀企业、专业资质机构。培育民族品牌，与世界接轨，鼓励棒球产业的大众创业、万众创新。推动职业联盟和地区业余联盟体系建设，逐步实现以职业联盟、业余联盟、社会联盟和多级别校园联赛、青少年联赛为核心的完整市场化体系。

鼓励现有省市专业棒球队、场馆资源充分发挥作用，充分调动现有棒球师资、人力、场馆等多项资源，为市场化运营提供服务支持，积极鼓励和协助各省市专业品牌的树立，打造本地区具有代表性、深受本地人喜爱的球队。

鼓励和刺激棒球消费市场，通过多种渠道，以丰富的形式，降低棒球运动入门和普及门槛，提供更多让青少年、亲子家庭和社会人参与棒球活动的机会，鼓励专业球队、高水平选手走进校园、走进社会，传播棒球文化，联合传媒、市场营销和中介服务专业机构，共同制订棒球推广普及的策略，不断扩大棒球运动参与者、关注者和消费者的基数。

五、促进我国棒球产业发展的保障对策

（一）创新体制机制，加强领导

加强棒球产业行业协会建设，充分发挥行业协会的作用。进一步转变政府职能，推动政社分开、政企分开、管办分离，明确定位职能，建立健全协会组织体系和扩大协会工作范围，充分发挥中国棒球协会及专业委员会的行业指导和管理功能。加强行业协会自律，建立决策权、执行权、监督权既相互制约又相互协调的机制。

（二）落实国家体育产业发展的支持和优惠政策，优化棒球产业发展政策

清理不利于棒球产业发展的有关规定，取消不合理的行政审批事项，扩大棒球资源的社会共享，充分利用国家发展体育产业的财政、税收、体育场地设施规划及用地要求等各方面的扶持优惠政策，扶持社会资本投入棒球场地建设。落实和创新棒球消费政策，通过政府购买服务等多种方式，积极支持群众棒球健身消费，鼓励棒球公共体育设施免费或低收费开放，引导经营主体提供公益性、群众性棒球健身服务。

（三）改善投资融资环境，大力吸引资本投入

优化市场环境，吸引社会资本进入棒球产业领域，建设棒球设施，开发棒球产品，提供棒球服务，培养多元市场主体，形成多种经济成分共同兴办棒球产业的格局。

（四）加大舆论宣传力度、健全棒球与媒体合作机制

充分认识媒体在棒球产业发展中的特殊作用，媒体与棒球产业的结合既是棒球宣传的必要途径，又是棒球产业发展的重要产业领域。广泛宣传推广棒球运动，普及棒球健身知识，宣传棒球健身效果，培育棒球消费习惯。尤其在青少年中普及、宣传和推广更为重要。

（五）健全人才培养体系，加强人才队伍建设

建立棒球产业人才交流平台，完善人才评估体系。加快棒球经纪人队伍建设，加强棒球经纪人规范化培训。鼓励退役棒球运动员从事棒球产业工作，支持退役棒球运动员接受再就业培训，加强就业培训指导，引导他们成为合格的棒球专业人才，实现棒球产业领域就业或自主创业。

（六）加强行业管理、依法依规监督管理棒球产业

加强法制建设，完善棒球产业国家相关法律法规和棒球行业规章制度，充分发挥标准、认证、统计、评价和监测等手段在棒球市场规范监管中的作用，建立和完善执法和监督体系，加强棒球组织、棒球企业和棒球从业人员的诚信建设。

六、主要结论

我国棒球产业发展的总体水平与美、日等国家还存在一定的差距，主要体现在总体环境、宣传力度、人才培养、行业管理等环节，主要建议为增强比赛的职业化程度，建立完善的青少年培养体系，兴建比赛的场地设施，加强行业的国际化交流。

参考文献

[1] 国务院办公厅关于加快发展体育产业的指导意见 [J]. 江西省人民政府公报，2010（9）：17-20.

[2] 国务院关于促进健康服务业发展的若干意见 [J]. 吉林政报，2013（21）：32-38.

[3] 国务院关于加快发展体育产业促进体育消费的若干意见 [J]. 辽宁省人民政府公报，2014（20）：5-11，24.

[4] 石岩. 体育产业新政背景下中国体育产业发展的机遇与挑战 [J]. 体育学刊，2014（6）：13-18.

[5] 林显鹏，虞重干，杨越. 我国体育产业发展现状及对策研究 [J]. 体育科学，2006，26（2）：3-9.

[6] 肖剑. 美国四大职业体育联盟产业特征的研究 [D]. 武汉：武汉体育学院，2011.

"互联网+" 在秦皇岛训练基地场馆经营中的应用与研究

国家体育总局秦皇岛训练基地　李广安

摘要： 2014年10月20日，国务院发布《关于加快发展体育产业促进体育消费的若干意见》，将全民健身上升为国家战略，旨在进一步加快发展体育产业，促进体育消费。秦皇岛训练基地现有室外场地18块、室内场馆8个，每年场馆、场地的总利用率可以达到70％左右，尚有较大的场馆、场地利用空间可以挖掘。"互联网+"对传统行业的改造升级，已逐步显现。体育产业中的各个领域都离不开互联网，秦皇岛训练基地创新场馆经营模式离不开互联网O2O体育公共服务平台。在国家日益重视体育产业、体育消费和互联网技术与体育行业迅速融合的背景下，我单位必须把握机遇，提早谋划，在这场大的变革中顺势而上，才能始终立于不败之地。

关键词： "互联网+"；场馆；应用；研究

2014年10月20日，国务院发布《关于加快发展体育产业促进体育消费的若干意见》（以下简称《意见》），将全民健身上升为国家战略，旨在进一步加快发展体育产业，促进体育消费。《意见》的出台，使我国的体育产业迎来前所未有的发展机遇，体育产业、体育消费必将跨入一个崭新的时代，将大大推进体育产业的市场化进程。

国家体育总局局长刘鹏在全国群众体育工作会议上强调：落实全民健身国家战略，需要切实构建全民健身的国家战略格局。国务院颁布《全民健身条例》和《全民健身计划》后，全民健身已经被纳入各级政府的经济社会发展大局中进行通盘谋划。经过近几年持续不断的努力，"政府主导、部门协同、全社会共同参与"的"大群体"工作格局日益巩固，效果逐步彰显。今后应进一步巩固成果，推动建立更高层次的全民健身领导协调机制，真正把全民健身从体育系统格局上升为国家战略格局，实现跨界整合，融合发展。

值得注意的是，《意见》中特别提及了人均体育场地面积。2003年人均体育场地面积是1.03平方米，2010年人均是1.2平方米，2015年人均目标是1.5平方米。《意见》要求，到2025年，人均体育场地面积要达到2平方米，经常参加体育锻炼的人数要达到5亿人，体育公共服务要基本全民覆盖。

可见，人均体育场地面积是衡量体育产业发展状况的重要指标。场馆是体育活动的载体，是人均体育场地贡献率最高的部分。体育产业需要体育活动做支撑，场馆的经营对于体育产业的发展起到至关重要的作用。

秦皇岛训练基地是国家体育总局京外直属最大的综合性训练基地，与驰名中外的旅游胜地北戴河比邻，距天下第一关——山海关15公里，距离北京奥运足球场秦皇岛奥体中心体育场1公里，与天然海水浴场仅一路之隔。秦皇岛训练基地拥有足球、篮球、排球、羽毛球、网球、乒乓球、游泳、棒球、垒球、摔跤、柔道、体操等多个项目的一流室内、室外训练场馆和场地设施，同时拥有高水平的体育赛事策划和技术团队，在40余年的发展中，营造了独特而浓厚的体育运动氛围。然而，由于过于倚重竞技体育驻训队伍，忽视全民健身和体育消费的宣传营销，导致单位经济收入不稳定，全年的场馆、场地使用率不高，体育产业收入占比较低。

随着国家和国家体育总局关于全民健身、体育产业的政策支持和引导，单位的事业不断向纵深发展，迫切需要采用新型的管理经营模式，在进一步巩固服务、保障竞技体育成果的基础上，不断增强体育产业、体育消费营销，提高场馆使用率，充分挖掘场馆的体育产业化潜能，实现群众体育和竞技体育两条腿走路。

李克强总理在第十二届全国人民代表大会第三次会议上所作的政府工作报告中提出了要"制定'互联网＋'行动计划……"，使得"互联网＋"的概念迅速风行起来，变得家喻户晓。"互联网＋"战略就是利用互联网的平台，利用信息通信技术，把互联网和包括传统行业在内的各行各业结合起来，在新的领域创造一种新的生态。

随着互联网行业的迅猛发展，网络人口逐年剧增，"互联网＋"技术和互联网营销服务模式也日臻成熟。由于运动人口和网络人口的年龄段有比较高的重合度，将互联网的优势与体育产业项目结合起来，利用互联网技术提升体育场地经营效率，推动体育产业升级，进而为全民健身事业和发展体育产业贡献力量，将是一条切实可行且潜力无限的发展道路。

一、场馆、场地经营现状

（一）场馆、场地概况

秦皇岛训练基地现有室外足球、篮球、网球项目和素质拓展场地共计18块，球类训练馆、综合训练馆、柔道训练馆、多功能训练馆、比赛馆、网球馆、健身房、体操房共8个室内场馆，在每年的各级运动队的训练竞赛及全民健身（对外开放）保障上，场馆、场地的总利用率可以达到70%左右，尚有较大的场馆、场地利用空间可以挖掘。

（二）经营现状

这些年秦皇岛训练基地的全民健身人数在不断增加，2014年达到24718人次，为单位共创收224.5125万元，占我单位总体收入的15%左右。体育消费收入占比较低，还有很大的上升空间和挖掘潜力。

目前开展的全民健身项目主要包括：运动项目的专业、业余培训；运动项目夏、冬季训练营；场地出租；健身会员办理；足球项目技术输出；承办企事业单位活动、比赛；亚健康体质监测；等等。

（三）营销模式

（1）联系《中国体育报》《秦皇岛日报》《秦皇岛晚报》，以及秦皇岛电视台、新华社、中新社、秦皇岛电台、长城网等传统媒体，让媒体对赛事、集训、全面健身活动进行集中报道，扩大单位在社会上的影响力。

（2）尝试建立培训中心、运动康复中心微信公共平台，目前该项工作刚刚起步，内容和营销模式还有待进一步探索和完善。

（3）通过单位网站（www.cfsqhd.com.cn）对赛事、集训和全民健身活动进行宣传报道。

（4）制作宣传标志牌，在单位各场馆、场地门口或外围悬挂，便于体育爱好者关注和获取信息。社会人员再通过各种渠道对相关活动进行宣传，以引起社会的关注。

（5）印制宣传册针对目标人群发放，对单位的对外开放场地、场馆设施和开展的项目进行介绍。

（6）口碑营销。通过到单位参加健身活动的社会人员进行人际传播，实现点对点地口碑营销。

（7）节假日、全民健身日选取部分场地对外免费开放，进行体验式营销，起到扩大社会影响的效果。

从上述模式可以看出，秦皇岛训练基地基本上还停留在传统的营销方式上，效率低且成本高，信息传播速度慢、覆盖面窄、受众有限。

二、"互联网+"推动体育产业升级

（一）什么是"互联网+"

就像引言中所说，"互联网＋"战略就是利用互联网的平台，利用信息通信技术，把互联网和包括传统行业在内的各行各业结合起来，在新的领域创造一种新的生态。简单地说就是"互联网＋××传统行业＝互联网××行业"，虽然实际的效果绝不是简单的相加。

（二）互联网体育营销的优势

互联网体育营销与传统媒介营销相比，拥有诸多的优势。利用这些优势，将切实有助于体育行业实现战略升级，促进体育管理营销模式转型。

（1）传播速度快。互联网传播速度非常迅速，可谓是一触即发，与传统媒体的传播渠道不可同日而语。秦皇岛训练基地可利用互联网技术这一优势迅速将单位场馆、场地设施和开展的全民健身项目向社会传播，保证信息的时效性，起到先声夺人的效果。

（2）覆盖面广，受众多。中国互联网信息中心（CNNIC）发布的第35次

《中国互联网络发展状况统计报告》显示，截至2014年12月，我国网民规模达到6.49亿人。其中，中青年是网民的主力军，这体现了网民群体和运动群体的高契合度，如此众多的显在、潜在受众，利用互联网传播可迅速覆盖。

（3）可提供海量的信息。传统媒体由于版面、频道、时段等的限制，传播的信息量受到较大的制约。由于网络几乎没有信息容量的限制，可通过关键字搜索、多层次相关链接等方式，为受众提供海量、多样性的信息，满足受众日益增长的信息需求。

（4）传受双方平等互动。由于传统媒体与受众所处的地位不对等，传播方始终处于优势地位，受众只能被动接收传统媒体提供的信息，且受众与传统媒体互动的渠道相对较少，意见反馈时效性较差。但网络传播为传受双方方便、及时互动提供了可能，只要你拥有接入互联网的手机、电脑等硬件，随时都可以搜索想要的信息，并和传播者及时互动，反馈意见、建议。

（5）信息传播形式多样。互联网传播将人际传播、群体传播、组织传播、大众传播等各种传播途径的优势集于一身，模拟了现实世界的各种传播形式，使受众能够选择自己喜欢的方式接收信息，大大增强了传播效果。

（6）信息表现形态多样性。传统媒介如报纸、杂志使用文字、图片等形态进行传播，对受众的吸引力相对较弱；广播利用声音、电视利用声音和图像进行传播，虽然吸引力相对提升，但传播内容的深度不够。而网络集合了文字、图片、声音、视频等传播形态，同时确保了传播内容的深度和吸引力，为受众接收信息提供了更多的选择。

（三）利用"互联网+"推动体育产业地位升级

我国的体育运动人口约6.8亿人，而我国体育产业总值3563亿元，占GDP的比重仅仅0.6%。世界上较发达国家其体育产业收入占GDP比重一般在2%以上，我国体育产业发展相对还处于较低水平，未来提升空间很大。

国家对"'互联网+'行动计划"的高度重视，以及"互联网+"在其他领域取得巨大成功产生的良好示范作用，促使体育领域迅速行动起来，积极探索互联网与体育的"联姻"。互联网体育产业正在改变传统的体育产业模式，这种改变不是对传统产业的颠覆，而是换代升级。可以预见，互联网技术与体育产业的融合，是未来体育产业大发展的必由之路，必将推动体育产业升级。秦皇岛训练基地虽然拥有一流的场地、场馆设施，丰富的体育赛事、集训、培训服务保障经验，但体育产业的收入仅占单位总体收入的15%左右，体育消费市场开发力度还有待增强，训练基地必须抓住"'互联网+'行动计划"的机会，实现单位发展战略和事业管理的转型。

三、"互联网+"创新场馆经营模式初探

秦皇岛训练基地有着国家级的训练场馆及与之相配套的设施设备，并且地理位置优越，交通便利。在保障国家队训练任务基础上，整合体育场馆与教练、培训、科研、康复等资源，通过互联网技术，打造创新型的场馆经营模式，逐步实现体育资源的市场化，创造更大的社会效益和经济效益。

（一）加入互联网O2O体育公共服务平台

1. 从场馆预定切入，关联相关技术服务

场馆是体育活动的载体，借助O2O平台实现场馆预定及关联服务，如针对运动爱好者的各种运动项目、培训、门票、活动、同城、咨询等。秦皇岛训练基地拥有足球、篮球、排球、羽毛球、网球、乒乓球等多个项目场馆、场地，从各项目场地预定切入，加入相关技术服务，如提供各项目教练员技术指导服务、健康管理、康复保健等，这样不但大大提高了场馆经营的科学价值，又带出了相关体育服务项目，使得单位体育资源完成了有效整合，发挥出了体育产业的最大价值。此外，必须建立系统的跟踪和反馈机制，使O2O互联网服务平台效能最大化。

2. 建立场馆运营系统

场馆运营系统包括场馆、场地管理，销售、会员管理，财务报表和数据分析等。通过O2O平台，构建场馆运营系统，是基于云计算、大数据进行的。场馆、场地的运行状态，营销对象，收支情况等一系列传统的线下活动，都将被互联网O2O平台捕捉，通过线上计算分析，使得场馆、场地运营更科学、高效。

.3. 开发网络社交

通过O2O体育公共服务平台，构建网络社交平台，实现场馆、场地经营的社交化。运动爱好者通过此平台能够享受迅捷便利的场馆、场地预订及关联服务，又能通过网络社交功能结识球友或朋友，这样既锻炼了身体，又增进了交流，体育的社交功能得到了很好的体现。此外，单位还要定期组织活动、联赛等进行活动推广，使得更多的人加入此平台，从而扩大平台的影响力，赞助、广告等都是未来创造经济效益的模式。

4. 地方政府购买推动

加入体育局移动互联网O2O体育公共服务平台，从该平台上可以查看场馆、场地次日的预定信息，涵盖多个运动项目。

目前，国内已出现了很多体育公共服务平台，如动美网、趣动网等。秦皇岛训练基地可将整合好的体育资源加入平台，借助云计算、大数据，充分利用"互联网+"推动体育场馆经营产业大发展。

（二）拓展新的服务模块

网球场馆的经营可以很好地通过互联网深耕。除了球场预定之外，可以拓展新的服务模块，包括球场、教练、咨询、商城、球友社区等。通过给消费者提供更多的资讯，使其更易接受并有意愿预定此类场馆。另外，可以选择最佳时期通过组织约球等各种活动和业余赛事，为场馆拉赞助实现盈利。

（三）成立健身俱乐部

基于各项目场馆、场地成立俱乐部。健身俱乐部是体育产业的核心组成部分，应用互联网技术，改造当前俱乐部运营模式，应用运动健身产业O2O服务平台，该平台由商城、运动社区、健身管理App系统等组成，服务内容包括运动用品、明星教练、场馆介绍、课程预约和健身分享等，从而实现对消费者的一站式服务，满足消费者的个性化需求。通过此平台，可以开拓会员宣传渠道、打造智能会员管理系统、降低会所运营成本。

（四）场馆、场地冠名

给各运动项目场馆、场地冠以赞助商名称，对于场馆、场地经营者来说，没有任何成本支出。而带有赞助商名称的场馆、场地，通过在互联网O2O体育公共服务平台中的传播，必将为赞助商带来宣传收益。

（五）场馆、场地广告

传统的运动场馆、场地广告大多以电视转播的形式展现，随着"互联网+"对传统观念的改造，利用O2O体育公共服务平台来展示每个场馆、场地的硬件条件、附属配置、专业系数、可承接的项目及之前开展过的活动等内容，可较大程度地宣传推广每一个场地、场馆，提高使用效率。

"互联网+"对传统行业的改造升级已逐步显现。体育产业中的各个领域离不开互联网，秦皇岛训练基地创新场馆经营模式离不开互联网O2O体育公共服务平台。在国家日益重视体育产业、体育消费和互联网技术与体育行业迅速融合的背景下，我单位必须把握机遇，提早谋划，在这场大的变革中顺势而上，才能始终立于不败之地。

国家体育总局主管的体育社会组织分类改革试点研究

国家体育总局人事司　王赟

摘要： 党的十八大和十八届二中、三中全会均提出改革社会组织管理制度，以加快建立政社分开、权责明确、依法自治的现代社会组织体制和激发社会组织活力的要求。体育行业项目中心与协会特殊管理体制下的体育社会组织，在现行管理方式上存在政社不分、职责定位不清晰、协会管理不规范、市场化社会化程度不高等突出问题。

按照国家社会组织管理制度改革要求，国家体育总局（以下简称"总局"）从2014年3月开始开展了推进单项体育协会改革试点工作，印发了《以运动项目管理中心和单项体育协会改革为突破口，深化体育管理体制改革的方案》。把个别奥运和非奥运项目单项体育协会作为综合改革试点，把部分单项体育协会作为管办分离、功能优化改革试点，把非体育项目协会和行业协会作为脱钩改革试点，并辅之以一系列配套的政策措施。

从中央对社会组织改革发展的总体要求来看，国家体育总局实施的体育社会组织改革试点工作还需进一步深化。要紧紧抓住历史机遇，继续积极稳慎地推进体育社会组织改革；要不断优化市场环境，充分调动体育社会组织的积极性；要推行依法管理，不断完善体育社会组织的法律体系。研究总局主管的体育社会组织的改革发展对全国体育社会组织的改革具有引领示范作用。

关键词： 体育社会组织；分类改革试点；对策研究

体育社会组织是我国体育管理体制的重要组成部分。伴随着我国体育管理体制的改革发展，我国体育社会组织也经历了长期的、曲折的变化，在组织结构调整、政府体育职能转变、实体化探索等方面做出了巨大成绩，为不同时期适应我国体育事业快速发展做出了巨大贡献。但长期以来，体育领域还是习惯于用行政的手段管体育、办体育，应该由市场主导的工作总是寻求特殊性并长期依赖政府，造成行业社会化、市场化程度不高；应该由政府主导的工作又存在资源不足、投入不够的问题。建立起与市场经济体制相适应的有中国特色的体育管理体制和运行机制，是深化体育改革的重中之重。体育社会组织的发展壮大，是调整体育政府部门权力高度集中的有效力量。

党的十八大以来，总局按照国家对行业协会商会与行政机关脱钩的政策要求，进行了统筹推进体育社会组织分类改革试点工作。如何准确把握好中央对社会组织改革的一系列新思想、新要求，紧密结合近年来社会组织改革发展实践，结合体育事业发展实际，在国家治理的框架下，集中做好总局体育社会组织改革发展的顶层设计，着力构建现代社会组织体制下的法规制度①，是有效转变体育发展方式，实现体育事业从大国迈向强国目标的重要内容。如何在稳慎推进改革的进程中，做好体育社会组织人员调整、资产分配、职责任务界定等一系列配套制度建设，是摆在总局职能部门面前的重要课题。

一、体育社会组织情况

（一）我国现行社会组织管理方式及存在的问题

1. 我国社会组织基本情况

目前，我国的社会组织主要包括社会团体、民办非企业单位、基金会三种形式。截至2013年底，全国共有体育类社会组织2.83万个，约占社会组织总数（54.7万个）的5.2%。其中，社会团体17869个，民办非企业单位10353个，基金会约80个。

---

① 史康成. 全国性体育社团从"同构"到"脱钩"改革的路径选择 [J]. 北京体育大学学报，2013，36（12）：2-5.

2. 我国社会组织管理方式

我国现行社会组织管理体制以三部条例，即1998年10月的《社会团体登记管理条例》《民办非企业单位登记管理暂行条例》及2004年6月起施行的《基金会管理条例》为基本框架，同时与其他法律法规相辅相成。按照上述法律体系规定，国家对社会组织实行"归口登记""双重负责""分级管理"的双重管理体制。双重管理即是对社会组织实行登记管理和业务管理双重管理体制。民政部门为登记管理机关，相关业务部门和组织是业务主管单位。业务主管单位的主要职责之一，是负责社会组织筹备申请、成立登记、变更登记、注销登记前的审查[①]。总局是全国性体育社会组织的业务主管单位。

3. 我国社会组织管理存在的问题

随着我国社会多元化发展格局的形成及社会管理工作的深入推进，社会组织发展和管理出现了许多新情况，登记难、管理弱的问题日益突出，现行条例已经无法适应现实工作需要，双重管理体制迫切需要改革。同时，由于思想认识不到位，法律法规不健全，导致管理体制不完善，社会组织还存在政社不分、服务能力不强、作用不明显等问题，迫切需要通过加快推进现代组织体制建设加以解决[②]。

（二）体育社会组织现行管理方式

截至2014年底，总局主管的体育社会组织有106个，包括社会团体104个（其中，运动项目类协会82个，综合类协会2个，人群类协会3个，行业体育协会类9个，学会研究会2个，其他类6个），基金会2个；有6个挂靠在总局机关，88个挂靠在总局事业单位，1个挂靠在地方体育部门（东北朝鲜族足球联谊会挂靠在延边州体育局），1个挂靠在总局所属企业（中华名人垂钓俱乐部挂靠在体育报业总社），10个挂靠在其他部委或单位；有6个涉外社会组织（国际武术联合会、国际风筝联合会、亚洲排球联合会、国际排球联合会联络办、国际健身气功联合会、萨马兰奇体育基金会）。

———————

① 包颖. 用国家治理理念谋划社会组织改革发展——专访民政部民间组织管理局局长王建军 [J]. 中国社会组织，2013（12）：10-14.

② 包颖. 用国家治理理念谋划社会组织改革发展——专访民政部民间组织管理局局长王建军 [J]. 中国社会组织，2013（12）：10-14.

根据国务院2009年批准的国家体育总局"三定"方案，总局承担中华全国体育总会和中国奥委会的日常工作。目前，中华全国体育总会没有专职工作人员（或者说都是专职人员），总局各司局同时是中华全国体育总会的各办事机构，例如，人事司作为人事部，政法司作为法律事务部。这点与许多省市不同，有些省市体育总会核定了行政编制或事业编制，在事业单位分类时被省编办建议转为社团。

总局2001年9月印发了《全国性体育社会团体管理暂行办法》，进一步规范了对全国性体育社团的业务指导和管理。规定主要管理方式为：总局依法负责社团筹备申请、成立登记、变更登记、注销登记前的业务审查，对社团负责人进行任职审核，协助民政部等部门进行社团年检、指导社团清算工作。依法对社团业务活动、组织建设等事项进行监督管理。总局各厅、司、局、直属机关党委是社团相关业务管理的职能部门；社团所在单位是受总局委托负责对社团进行日常管理的挂靠单位；总局管理的社团与省、自治区、直辖市同类体育社团的关系是业务指导关系。人事司负责对社团成立、机构的设置和变更的审查，以及社团负责人的资格审查；体育经济司负责对社团的财务制度、经费使用、审计及经营监督等方面的管理；对外联络司负责社团的外事管理工作；机关党委负责社团的党务党建工作；监察局负责协助民政部门、司法机关对社团的违纪违法予以监督查处。其他有关业务厅、司、局按其主管业务对社团分别实行相应的归口管理与监督。

（三）体育社会组织管理存在的主要问题

目前，在总局主管的106个全国性体育社会组织中，火车头体育协会等9个行业性协会，其日常管理总局基本不参与，仅按民政部规定在程序上履行换届、年检等前置审核职责。其他协会的管理工作，由于其发起成立单位是总局机关相关部门或直属单位，其日常管理包括人员调整等基本与事业单位管理方式类似。随着国家对社会组织管理越来越规范，项目中心与单项体育协会等特殊管理体制下的体育社会组织，特别是单项体育协会在管理上出现了一些突出问题，主要表现在：

1. 项目中心与单项体育协会的关系定位不清晰

按项目管理体制改革的设计，项目中心是协会的办事机构，但实际运行中，由于项目中心是事业单位，单项体育协会是社会组织，两个都是独立法人，都具有项目管理职责，在具体职责上难以清晰划分，导致突出了项目中心、弱化了单项体育协会，单项体育协会反而成为名义上的机构，主要对外使用，对内则主要用于市场开发、职业联赛等方面。

2. 单项体育协会无独立账号

民政部要求社会组织为独立法人，在人、财、物方面相对独立。2001年以前，单项体育协会有独立银行账号，随着财政部对银行账号管理的力度加强，单项体育协会账号陆续取消，且财政部认为项目中心与单项体育协会属于一个机构两块牌子，只能有中心账号，不能有协会账号。年检过程中，每年都需要单独协调争取才能勉强维持"基本合格"的结果。按照民政部要求，连续两年"基本合格"之后年检结果将定为"不合格"，连续两年"不合格"后将被注销。

3. 单项体育协会内部管理不规范

随着国家对社会组织管理不断加强，单项体育协会内部管理与对社会组织规范管理的要求有很大差距，突出表现在：不按章程办事，很多协会将章程视为形式上的东西，章程内容也未能根据项目发展变化与时俱进地进行修改完善；内部制度不完善，任职人员管理不规范，组织结构不健全；法律意识不足，在使用社会组织名义对外开展工作时，有时并没有按照协会章程或相关规定办事；法人意识不到位，协会任职人员名义上多，但有名无实，以协会名义开展活动未能履行相关程序。

4. 总局对全国性体育社会组织的微观管理过细

目前，总局对社会组织负责人任职的管理，从数量、级别等方面都有严格要求，在审批程序上要求较高，按照程序，秘书长以上人选，原则上须经党组会审批。这一点与其他部委存在较大区别。其他部委在社会组织人员任职方面管理相对比较松散，一般是按干部管理权限审批本单位干部在社会组织中的任职，社会组织其他任职人员原则上按章程规定和社会组织管理有关政策执行。①

二、中央关于社会组织管理制度改革的有关部署

（一）中央有关要求

1. 党的十八大要求

转变政府职能，改善和加强政府管理，创新行政管理方式，增强政府治理能力，健全公共服务体系，提高政府效能，建设现代政府，是党的十八大对社会管理提出的新要求。通过职能转变，解决好政府与市场、政府与社会的关系问题，通过简政放权，进一步发挥市场在资源配置中的基础性作用，激发市场主体的创造活力，增强经济发展的内生动力。

2. 党的十八届二中全会要求

党的十八届二中全会和十二届全国人大一次会议审议通过了《国务院机构改革和职能转变方案》，提出从三个方面改革社会组织管理制度。

（1）逐步推进行业协会商会与行政机关脱钩，引入竞争机制，探索一业多会，以改变行业协会商会行政化倾向，增强其自主性和活力。

（2）重点培育、优先发展行业协会商会类、科技类、公益慈善类、城乡社区服务类社会组织。成立这些社会组织，直接向民政部门依法申请登记，不再需要业务主管单位审查同意。

（3）坚持一手抓积极引导发展、一手抓严格依法管理，建立健全统一登记、各司其职、协调配合、分级负责、依法监管的社会组织管理体制，健全管理制度，推动社会组织完善内部治理结构，促进社会组织健康有序发展。

3. 党的十八届三中全会要求

党的十八届三中全会通过《中共中央关于全面深化改革若干重大问题的决定》（以下简称《决定》），《决定》明确指出，要"激发社会组织活力，正确处理政府和社会关系，加快政社分开，推进社会组织明确责权、依法自治、发挥作用"，这是对社会组织改革发展的总要求、总基调、总目

---

① 史康成.全国性体育社团从"同构"到"脱钩"改革的路径选择 [J]. 北京体育大学学报，2013，36（12）：2-5.

标。主要内容包括：

在公共服务上，"适合由社会组织提供的公共服务和解决的事项，交由社会组织承担"，"推进有条件的事业单位转为企业或社会组织"，与转变职能、下放权力的行政体制改革重点相呼应，明确社会组织在承接政府转移职能、参与社会事务管理、提供公共服务中的优势地位。

在经济建设上，强调市场的决定性作用，注重行业协会商会在建立开放型市场体系中的地位，发挥社会组织在社会主义新农村建设中的积极作用。

在民主政治建设上，强调人民主体地位，要求拓宽包括社会组织在内的协商民主渠道。

在社会建设上，强调重视社会力量，要求"完善慈善捐助减免税制度，支持慈善事业发挥扶贫济困积极作用"，要求"支持和发展志愿服务组织"，积极支持社会组织发挥在教育评估和社会办学办医等方面的作用。

在文化建设上，强调文化开放水平，通过培育发展非营利组织，发挥其在中外文化交流中的特殊作用。

在党的建设中，"要坚持党的群众路线，建立社会参与机制"，"完善并严格执行领导干部亲属担任社会组织职务"等相关制度规定。

《决定》对社会组织的重视程度前所未有。其深刻表明，社会组织已成为国家治理的重要主体。推进国家治理体系和治理能力现代化，创新社会治理体制，改进社会治理方式，建立现代社会治理模式，社会组织不可或缺[①]。

（二）社会组织改革主要内容

中央正在从全局上对社会组织改革发展进行顶层设计，对社会组织改革发展实践进行积极引导，努力做到法治化管理、系统性规划、综合性治理[②]。

1. 顶层设计

发改委、民政部与有关部门共同拟定国家层面的改革社会组织一揽子政策意见。主要包括出台《行业协会商会与行政机关脱钩总体方案》《关于

---

① 中国共产党第十八届中央委员会第三次全体会议公报（十八届三中全会公报）[M].北京：人民出版社，2013.
② 包颖.用国家治理理念谋划社会组织改革发展——专访民政部民间组织管理局局长王建军[J].中国社会组织，2013（12）：10-14.

加快推进现代社会组织体制建设的意见》；修订《社会团体登记管理条例》《基金会管理条例》《民办非企业单位登记管理暂行条例》，研究拟定社会组织建立企业年金制度、政府向社会组织购买服务、非营利性社会组织的税收减免、社会组织专职人员人才队伍建设问题、社会组织党建问题、规范党政干部在社会组织任职兼职、登记管理机关职能调整、四类社会组织直接登记办法等规定[①]。

其中，《行业协会商会与行政机关脱钩总体方案》已于2015年7月印发。《关于鼓励社会团体、基金会和民办非企业单位建立企业年金有关问题的通知》已于2013年7月印发。《关于贯彻落实国务院取消全国性社会团体分支机构、代表机构登记行政审批项目的决定有关问题的通知》已于2014年2月下发。《关于政府向社会力量购买服务的指导意见》已于2014年10月以国务院办公厅名义下发。

2. 脱钩管理

对行业协会商会类社会组织，坚持社会化、市场化，理顺政府与协会关系，完善配套政策体系，实行脱钩管理。

（1）行业协会商会与行政机关分离，理顺和规范行政委托、监管关系。取消行政机关（包括下属单位）与行业协会商会的主办、联系、挂靠关系，政府部门依据职能对协会提供公开、公平的服务和监督。行业协会作为独立法人，依法直接登记、独立运行。行政机关或事业单位与行业协会商会合署办公的，逐步将职能、人员和资产分开；如不能分开的，只保留一块牌子、一种性质。

（2）职能与行政机关分离，理顺和规范职能分工关系。剥离行业协会商会现有行政职能，行政机关通过规范移交等方式，将适合行业协会商会承担的事项，交由协会商会承担，并制定监管措施。

（3）资产财务与行政机关分离，理顺和规范产权关系。行业协会商会实行民间非营利性组织会计制度，单独建账、独立核算。自2018年起，取消全国性行业协会商会的财政直接拨款，通过政府购买服务等方式支持其发展。

---

① 包颖. 用国家治理理念谋划社会组织改革发展——专访民政部民间组织管理局局长王建军 [J]. 中国社会组织，2013（12）：10-14.

行业协会商会使用的国有资产（包括无形资产），按照所有权、使用权相分离的原则，由财政部门制定使用管理办法，自2018年起执行。

（4）人员管理与行政机关分离，理顺和规范用人关系。行业协会商会依照章程自主选人、用人，行政机关不得推荐、安排，协会商会中现有事业编制人员按照国家最新出台的机关事业单位养老保险改革有关规定执行，已有兼职的公务员、事业单位人员自愿选择去留，并进行一次性清理。

（5）党建、外事等服务事项与行政机关分离，理顺和规范各项指导、管理、服务关系。行业协会商会的党建、外事、人力资源服务与原主管单位脱钩，原则上实行属地化管理，由行业协会商会所住地有关部门按职能分工承担。

（三）相关配套措施

1. 探索一业多会

引入竞争机制，探索一业多会，按国民经济行业分类的标准设立行业协会，允许同一行业协会按产业链各个环节、经营方式和服务类型设立行业协会。

2. 规范内部治理

改革后将通过修改完善法律法规，促进社会组织完善内部治理机制，健全组织机构，实行民主管理，同时还进一步明确社会组织的组织机构和相关职权。

3. 坚持培育发展

改革后国家将制定扶持鼓励措施，采取财政资助、购买服务、加强人才培养、税收优惠和表彰奖励等方式，支持社会组织参与社会管理和社会服务。

4. 强化法律责任

改革后将进一步明确社会组织违法的种类和情形，完善登记管理机关的执法手段，增加处罚种类，将境外登记的社会组织纳入监管范围，填补监管空白[①]。

---

① 包颖.用国家治理理念谋划社会组织改革发展——专访民政部民间组织管理局局长王建军 [J]. 中国社会组织，2013（12）：10~14.

三、国家体育总局应对社会组织改革开展的相关工作

党的十八大以来，根据中央有关部署和文件精神，为进一步推进体育社会组织改革和发展，总局围绕体育社会组织改革开展了大量工作。

（一）国家体育总局主管体育社会组织分类改革试点工作

为应对国家社会组织管理制度改革要求，总局从2014年3月开始开展了推进单项体育协会改革试点工作，就总局主管的体育社会组织（体育社团、基金会、民办非企业单位）有关情况进行了认真梳理，并就社会组织管理制度改革对总局工作的影响进行了分析研究。

2014年12月，总局党组印发《以运动项目管理中心和单项体育协会改革为突破口，深化体育管理体制改革的方案》。该方案指出，20世纪90年代进行运动项目体制改革以来，体育行业形成了运动项目管理中心与全国性单项体育协会"两块牌子、一套人马"的管理体制，有力地推动了运动项目的发展，是我国体育事业近些年来取得长足发展的重要体制保障，至今仍发挥着重要作用。但是由于运动项目中心和全国性单项体育协会定位不明确，职责不清晰，分工不合理，运行不透明，造成项目中心职能被强化、协会职能被弱化或替代。中央巡视组在向总局反馈工作意见时指出，总局下属各运动项目管理中心与全国性单项体育协会"两块牌子、一套人马"，政事社企"四位一体"的管理体制形成高度集中的行政管理权和行业垄断权，管办不分、政企不分，"大政府、小社会"现象突出，存在体育社会化水平不高等问题。

行政、事业、社团、企业"四位一体"是体育行业深化改革面临的焦点和关键问题。总局对此问题组织进行了深入调研，明确了统筹考虑、试点先行、分类推进、分步实施的改革思路，加强改革的顶层设计，以问题为导向，制定了改革方案[①]。

1. 把足球改革作为体育管理体制机制改革的突破口、先行者和排头兵，确定中国足球协会为单项体育协会综合改革试点

（1）明确定位和职能。2015年3月，国务院办公厅下发的《中国足球改

---

① 以运动项目管理中心和单项体育协会改革为突破口，深化体育管理体制改革的方案 [Z].2014.

革发展总体方案》中明确：中国足球协会作为具有公益性和广泛代表性、专业性、权威性的全国足球运动领域的社团法人，是代表我国参加国际足球组织的唯一合法机构，主要负责团结联系全国足球力量，推广足球运动，培养足球人才，制定行业标准，发展完善职业联赛体系，建设管理国家足球队。

（2）调整组建中国足球协会。按照政社分开、权责明确、依法自治的原则调整组建中国足球协会，改变中国足球协会与国家体育总局足球运动管理中心"两块牌子、一套人马"的组织构架。中国足球协会与总局脱钩，在内部机构设置、工作计划制订、财务和薪酬管理、人事管理、国际专业交流等方面拥有自主权[①]。

（3）优化领导机构。中国足球协会不设行政级别，其领导机构的组成应当体现广泛代表性和专业性，应由国务院体育行政部门代表、地方及行业足球协会代表、职业联赛组织代表、知名足球专业人士、社会人士和专家代表等组成。

（4）健全内部管理机制。完善中国足球协会内部治理结构、权力运行程序和工作规则，建立决策权、执行权、监督权既相互制约又相互协调的机制。加强自身建设，广纳贤才，吸收足球、体育管理、经济、法律、国际专业交流等领域优秀人才充实工作队伍，提高人员素质；加强行业自律，着力解决足球领域存在的问题；增强服务意识，克服行政化倾向。中国足球协会按照社团法人机制运行，实行财务公开，接受审计和监督。

（5）健全协会管理体系。中国足球协会会员应当体现地域覆盖性和行业广泛性。地方、行业足球协会参照中国足球协会管理体制调整组建，按照协会章程以会员名义加入中国足球协会，接受中国足球协会行业指导和管理。地方、行业足球协会担负本地区、本行业的会员组织建设、竞赛、培训、各类足球活动开展、宣传等职责。经过努力，逐步形成覆盖全国、组织完备、管理高效、协作有力、适应现代足球管理运营需要的协会管理体系。

（6）加强党的领导。健全各级足球协会党的组织机构，按照党管干部原则和人才政策，加强协会思想政治工作和干部日常管理。中国足球协会设立

---

① 中国足球改革发展总体方案 [Z].2015.

党委，由总局党组领导。中国足球协会领导机构则由总局党组商协会和有关方面考察提名建议人选，按程序审核报批后，根据章程进行提名和选举。中国足球协会主要负责人由总局按照干部管理权限管理。

（7）建立足球改革发展部级联席会议制度。

2. 确定中国汽车运动联合会、中国摩托车运动协会为非奥运会项目单项体育协会综合改革试点[①]

（1）相关项目中心原有职能原则上全部交给改革后的试点协会承担，转为按社会组织运行机制开展工作。原则上只使用试点协会名义开展工作，但允许在交通、安保等与各级政府部门联络工作或处理特殊工作需要时使用相关项目中心名义。

（2）不核销项目中心的机构、名称和事业编制，项目中心原事业编制内人员成建制转入试点协会工作。

（3）改革后，试点协会可自行设置办事机构（即内设机构）。

（4）改革后，试点协会可自主确定用人规模。按照"老人老办法、新人新办法"的原则对试点协会各类工作人员进行管理，新增工作人员（新人）一律以试点协会名义进行招聘，不再以事业单位名义进行招聘，新招聘人员一律签订劳动合同，缴纳社会保险。试点协会新聘人员和原项目中心编制内人员平等参加试点协会内设机构负责人和相关职位竞聘。试点协会新招聘人员和原项目中心编制内人员在试点协会工作中同工同酬。

（5）对于试点协会领导层要逐步过渡到总局只管试点协会主席、秘书长等重要岗位任职人选，试点协会要进一步优化领导层结构，通过试点协会换届或调整，增加社会人员的任职比例，捐资个人、企业代表和专业人士可担任试点协会副主席或相应职务。

3. 确定中国龙狮运动协会、中国健美协会、中国台球协会为单项体育协会管办分离，以体育社团机制运行的改革试点

（1）试点期间，项目中心凡可以交由试点协会承担的事务完全交给试点协会。明确项目中心和试点协会的工作划分，其中项目中心主要负责项目规

---

① 以运动项目管理中心和单项体育协会改革为突破口，深化体育管理体制改革的方案
　　[Z].2014.

划、宏观指导、财务管理、购买公共服务等事项，对试点协会的重大赛事活动、重大财务事项等承担监管职责；试点协会承担全部业务工作。

（2）对项目体制不做大的变化，重点转变运行机制，逐步探索管办分离的运行模式，通过简政放权，推进非奥运会项目中心（包括有非奥运会项目的奥运会项目中心）的非奥运会项目单项体育协会以社会组织的方式运行，做大做强项目单项体育协会。

（3）保持社体中心、小球中心机构名称不变，事业编制不变。

（4）充实试点协会专职工作人员，项目中心原编制内人员可以参与试点协会工作，也要招聘部分人员参与试点协会工作。采取"老人老办法，新人新办法"的原则，具体措施比照单项体育协会综合改革试点协会相关规定。

（5）试点协会要进一步优化领导层结构，通过试点协会换届或调整，增加社会人员的任职比例，捐资个人、企业代表和专业人士可担任试点协会副主席或相应职务。

4. 选择10个奥运会项目协会（游泳协会、滑雪协会、滑冰协会、冰壶协会、冰球协会、铁人三项协会、击剑协会、自行车协会、马术协会、高尔夫球协会）进行单项体育协会功能优化改革试点

（1）优化项目中心内部运行结构，进一步增强试点协会群体工作的计划性、组织性，明确目标要求。

（2）探索、强化、扩充奥运会项目单项体育协会的群体功能和体育文化功能、机制，并更多地以试点协会的名义开展工作，充分发挥人才、场馆和专业技术优势，扩大试点协会在群众体育工作中的影响力，更好地发挥试点协会推动群众体育工作的功能。坚持和完善奥运项目竞技体育"举国体制"，继续保证为完成竞技体育争金夺银、为国争光任务所需的机构、人员、编制等不受影响。

（3）3个项目中心在现有负责群众体育活动的部室或项目部的基础上，拓展功能，扩充试点协会工作人员，扩大有关项目群体活动的规模和影响。

国家体育总局冬季运动管理中心要与申办冬奥会、大力开展群众性冰雪运动紧密结合起来，拓展现有大众冰雪部或项目部群众体育工作职能。

国家体育总局游泳运动管理中心要在现有社会活动部的基础上拓展功能，

进一步增加游泳群体活动的次数和影响力，并主要以中国游泳协会的名义开展此项工作。

国家体育总局自行车击剑运动管理中心对现有铁人三项、自行车、击剑3个项目部进行充实调整，拓展群体职能。

（4）采取"老人老办法、新人新办法"的原则，在现有负责群众体育活动的部室或项目部的基础上以协会名义招聘部分管理人员和项目专业人员，从事试点协会新拓展业务和其他有关工作。

（5）试点协会要进一步优化领导层结构，通过试点协会换届或调整，增加社会人员的任职比例，捐资个人、企业代表和专业人士可担任试点协会副主席或相应职务。

根据试点协会积累的经验，将逐步全面推开全国性单项体育协会改革，并调整事业单位的设置，进行必要的整合，最终建立起政府监管有力、市场配置资源合理、社会体育组织蓬勃发展的现代体育制度和高效科学的体育管理运行机制。

（二）落实国家关于行业协会商会脱钩工作

在上述分类改革试点基础上，总局将2个非奥运会项目单项体育协会（风筝协会、信鸽协会）、7个非体育项目协会（中国体育用品业联合会、中国体育集邮与收藏协会、中国体育场馆协会、中国老年人体育协会、中国体育新闻工作者协会、东北朝鲜族足球联谊会、中国企业体育协会）和9个行业协会（如火车头体育协会体协）共18个协会，参照国家关于行业协会与行政机关脱钩的要求，进行单项体育协会脱钩改革试点。脱钩后，总局对这18个试点协会不再具有业务主管关系，试点协会与机关或有关单位不再保留合署办公关系。

（三）规范党政领导干部社团兼职

严格规范总局系统处级以上领导干部社团兼职行为。机关司局处级干部原则上不再新任社会团体领导职务，因特殊情况确需兼任社会团体领导职务的，必须按照干部管理权限严格审批，且最多兼任一职；现有兼职已超过一职的，待任期届满后不再提名。事业单位各级领导干部兼任社会团体职务从实际工作需要出发，严格按照本人主管业务和专业特长，按少量、从严掌握的原则，对社团兼职数量进行控制，不兼任与分管工作无直接关系的体育社团职务，包括本单位非分管领导和非挂靠单位领导。兼任国际体育组织职务可以不作为社团兼职。兼任国际体育组织职务，有利于扩大我国在国际体育组织的话语权，扩大我国体育的影响力，有一定的特殊性。

按照中央要求，总局已完成离退休领导干部社团兼职清理规范工作。

四、体育社会组织改革下一步工作的对策和建议

综合目前体育社会组织改革试点情况、现行体育管理体制机制、国家对行业协会商会脱钩要求和体育事业发展实际，特别是《关于行业协会商会与行政机关脱钩总体方案》的要求，总局开展的社会组织改革试点工作还需进一步深化。在深化体育社会组织改革进程中，建议应注重以下几个方面的工作。

（一）抓住历史机遇，统筹推进体育社会组织改革

体育社会组织改革必然会涉及利益调整和与固有体制机制的冲突，体育社会组织摊子大、人员多、参与国际活动多、受政治因素影响较大，情况复杂。因此，要抓住中央推进社会组织改革的历史性机遇，对体育社会组织的改革既要胆子大又要步子稳。宏观而言，总局在推进过程中既要坚持顶层设计和问题导向，又要考虑体育社会组织目前承担的任务情况和改革后自我发展能力等因素，借鉴我国其他行业社会组织改革的成功经验，坚持试点先行、分类推进、分步实施。

1. 统筹解决体育社会组织改革发展中的主要问题

（1）明确体育社会组织的定位、功能、作用，要围绕社会组织是国家治理体系治理能力现代化的重要内容去理解、去认识，要把握好新形势下推进体育社会组织改革发展的重大意义。

（2）明确体育社会组织改革的时间表、路线图和具体实施措施，要围绕建立现代体育社会组织管理体制和运行机制的目标，整合相关职能部门，制

定和完善一系列配套制度。

（3）明确体育社会组织与总局、中国奥委会、中华全国体育总会的关系问题，明确全国性协会与地方协会、地方政府的关系问题，紧紧抓住政府职能转变、社会组织改革的历史机遇，引入市场机制，努力在体育行业形成政社分开、权责明确、依法自治的现代体育社会组织管理体制。

2. 稳慎推进体育社会组织的改革发展

（1）分类实施。要区分体育行业中项目协会和非项目协会情况；项目协会中要区分奥运会项目单项体育协会和非奥运会项目单项体育协会情况，要区分市场化程度高低、社会普及程度高低、自我发展能力强弱等情况，分类进行改革推进工作。

（2）分步实施。在体育社会组织改革推进过程中，要设计好时间表、路线图，理顺机关事业单位和协会的人员、资产、职能等关系。

（3）分层实施。在中央的统一部署下，先以总局进行试点改革为突破，各省区市体育局结合本地区实际情况，参照实施不同层级的体育社会组织改革。

（二）优化市场环境，对体育社会组织应给予充分的信任和支持

结合体育社会组织改革，要充分调动体育社会组织的积极性，其管理体制要逐步向社会化、市场化、职业化转变。

1. 逐步推广体育行政部门向体育社会组织购买服务

总局和地方各级政府及体育部门向体育社会组织购买服务是体育社会组织发展的重要源泉，是资助体育社会组织的重要方式，也是构建新型政社关系，引导体育社会组织按照政府意愿、社会需求开展活动的重要手段。

2. 健全完善体育社会组织税收优惠政策

税收政策是促进体育社会组织蓬勃发展的有效途径，也是体育行政部门引导、调节和规范体育社会组织的重要手段，应逐步完善体育社会组织的税收法规，积极鼓励民间资本投入体育行业。

3. 优化体育社会组织发展环境

为更好地发挥体育社会组织的作用，要解决认识偏差和体育社会组织初

始阶段资金、资源、人才匮乏等问题，在全社会营造发展体育社会组织的良好氛围，实现体制内外政策、资源、人才等各方面无缝衔接，为深入推进体育事业发展社会化、市场化、职业化做好组织基础工作。尤其要做好当前试点过程中体制内和体制外的政策衔接，如教练员资格准入职务等级评定、高水平运动员从俱乐部选拔到专业队、和行政部门协调承办赛事标准、扩大职业体育社会指导员覆盖范围等一系列的对接机制。

（三）推行依法管理，建立和完善体育社会组织的法律体系

1. 完善体育社会组织法律法规

完善体育社会组织法律法规是政府部门对体育社会组织更高层面的支持和培育。通过法律明确体育社会组织的地位问题，特别是在《体育法》的修改中要有所体现。只有把体育社会组织全面纳入法制化轨道，政府的支持政策才有法可依，加强监管才有章可循，体育社会组织才能在改革进程中良性运行。

2. 建立健全体育社会组织内部治理结构

建立和完善以体育社会组织章程为核心的内部管理制度，完善体育社会组织法人治理结构，有效发挥权力机构、执行机构和监督机构的职能作用，健全民主选举、民主决策、民主管理、民主监督运行机制，增强独立性和自主性，建立体育社会组织诚信体系，丰富和完善我国体育社会组织的自律方式和途径。

3. 强化对体育社会组织的资质认证和有效监管

改革对体育社会组织的双重管理、多头管理，设置准入门槛，加强监管力量，对体育社会组织辅之以资质认证和业务指导，完善政府职能部门和体育社会组织无任何利益纠葛的监管和服务保障机制。

4. 对体育社会组织实行信息公开和评估制度

公益性体育社会组织即承担了政府职能、接受政府采购和享受税收优惠的体育社会组织，应当向社会公开信息，包括年度工作报告、政府支持资金的使用情况、公益项目实施情况等。同时推行体育社会组织评估制度，评估甄别体育社会组织的优劣情况，将这些情况作为社会参与和政府支持的重要

参考依据。

参考文献

[1] 史康成．全国性体育社团从"同构"到"脱钩"改革的路径选择 [J]．北京体育大学学报，2013，36（12）：1–5.

[2] 包颖．用国家治理理念谋划社会组织改革发展——专访民政部民间组织管理局局长王建军 [J]．中国社会组织，2013（12）：10–14.

[3] 伍绍祖．中华人民共和国体育史（1949—1998）综合卷 [M]．北京：中国书籍出版社，1999.

[4] 焦素花．从发达国家体育公共服务社会化改革看我国体育公共服务发展 [J]．吉林省教育学院学报（上旬），2012，28（2）：131–132

我国航空体育产业发展的对策研究

国家体育总局航空无线电模型运动管理中心　李德利

摘要： 党的十八大以来，习近平总书记曾多次就我国体育事业发表重要论述。与此同时，2014年底，国务院又印发了《关于加快发展体育产业促进体育消费的若干意见》，为我国体育事业发展提出了明确要求、指明了前进方向。近年来，航空体育由于其广泛的群众性和社会性，已经成为通用航空事业发展的基石，其产业发展潜力正逐步被释放出来。随着航空体育事业不断发展，产业价值不断提升，航空体育正逐步受到地方政府、商家和广大航空爱好者的追逐。

然而，与欧美发达国家相比，我国航空体育事业的整体发展尚处于较低的水平。根据世界航空发达国家发展的一般规律，2014年，我国体育娱乐类飞行即将进入爆发式增长阶段，然而，诸多不利因素也随之而来，正困扰着航空体育产业的快速发展。有鉴于此，本文以"我国航空体育产业发展的对策研究"为题，通过对照国外发达国家航空体育产业的发展现状，找出我国航空体育产业现阶段所存在的主要问题，最终提出我国航空体育产业发展的对策与建议。希望本篇论文能为我国航空体育产业发展提供一定的借鉴。

关键词： 航空体育；体育产业；体育消费；通用航空

航空体育是指人们驾驶、操纵航空器或航空运动器材，在空间、模拟空间范围内开展航空知识普及及教育、航空运动技能培训、竞赛、表演、健身与休闲娱乐等活动的总称。根据国家体育总局《关于重新公布我国正式开展的体育运动项目的通知》，我国正式开展的航空体育项目有气球、运动飞机、飞机跳伞、滑翔、航空模型五大类共26个项目。

根据国家统计局2015年8月27日发布的《国家体育产业统计分类》，体育产业分体育管理活动、体育竞赛表演活动、体育传媒与信息服务等十一大类。而航空体育作为一项相对高端且跨界的体育项目，具有极大的市场价值和极长的产业链条，几乎涵盖了我国体育产业的十一大类。

航空体育作为通用航空的重要组成部分，由于其广泛的群众性和社会功能，已经成为通用航空事业发展的基石，也是我国通用航空发展的最大受益者和低空空域的最大用户。鉴于通用航空产业与航空体育产业具有几乎相同的产业属性，故本文中引用的一些关于通用航空的政策、数据对于航空体育来说具有通用性或重要参考价值。

一、国外航空体育产业发展的现状与规律

（一）国外航空体育产业发展的现状

根据通用航空制造商协会（GAMA）的数据，2014年，全球通用航空飞行器为36.2万架，其中美国拥有22.4万架通用飞机，美国的通用航空飞行员达63万人以上，通用航空机场约2万个。2014年，美国通用航空创造2190亿美元的产值，提供110万个就业岗位。美国的航空科技发达，不仅源于拥有大量可供飞行的基础设施及空域，更重要的是拥有大量的热爱飞行的群众作为航空基础。

（二）国外航空体育典型案例介绍

在全球通用航空领域，美国的飞来者大会（EAA）是世界上规模最大、活动最多元化、参与人数最多的通用航空盛会，也是美国航空爱好者自发的、群众性的飞行大会。该活动的举办地——美国威斯康星州奥什科什（Oshkosh，Wisconsin）也因此成为全球通用航空领域的"圣地麦加"。飞来者大会对当地的经济带动作用巨大。飞来者大会在举办的一周时间内，能接待50多万游客，有近万架飞机进行动态或静态展示，给当地带来超过1亿美元的财政收入。每年举办的飞来者大会还为当地及周边众多地区创造1700多个工作岗位，并由此产生劳动收入近3900万美元。

二、我国航空体育产业发展的机遇

（一）经济发展机遇

根据世界航空发达国家发展的一般规律，当人均GDP达到4000美元时，国民对通用航空的需求就开始明显爆发，这时公务飞行和私人飞行将逐步进入快速增长阶段，通用航空产业也将进入快速发展通道；当人均GDP达到8000美元时，体育娱乐类飞行将占到通用航空产业的60%以上，由此进入爆发式增长期。

改革开放以来，我国经济社会快速发展。根据国际货币基金组织（IMF）公布的数据，2010年，我国人均GDP已经达到4382美元，按照航空发达国家发展规律，我国通用航空产业进入快速发展期。

（二）政策发展机遇

2010年，国务院、中央军委下发了《关于深化我国低空空域管理改革的意见》，我国"低空开放"迈出了实质性的步伐；2012年7月，国务院下发了《关于促进民航业发展的若干意见》，提出大力发展通用航空，加快把通用航空培育成新的经济增长点；2014年10月，国务院下发了《关于加快发展体育产业促进体育消费的若干意见》，提出加快发展体育产业，丰富市场供给，积极发展航空体育等群众喜闻乐见和有发展空间的项目；2015年11月国务院印发的《关于积极发挥新消费引领作用加快培育形成新供给新动力的指导意见》中，指出了我国消费升级的重点领域和方向，要求积极引导通用航空等成为消费新时尚，加快"低空开放"的进程。

这一系列关于深化低空空域改革、加快通用航空和体育产业发展等文件的出台，在政策环境上释放出了非常强烈的信号，伴随着低空空域的逐步开放和国家经济战略转型，航空体育产业的发展遇到了前所未有的机遇。

综上所述，在经济发展机遇和政策发展机遇的双重催生下，私人飞机、私人飞行、运动娱乐飞行及相关产品和服务正在成为消费新热点，我国航空体育产业的快速发展已经在路上。"十二五"以来，2015年我国通用航空企业数量、机队规模、飞行小时三大指标复合增长率分别达到21.0%、18.3%、

14.6%，领先于国民经济和航空运输业的增速。从增量市场来看，我国交付的通用航空器数量占全球市场的比重由十年前的0.7%提高到2014年的10.4%。我国航空体育俱乐部、航空运动赛事活动、航空运动从业人员、航空器及航空运动器材等的数量都呈现高速增长态势。

三、我国航空体育产业发展的问题

目前，我国航空体育的发展仍处于初级阶段。面对新形势新要求，航空体育发展的整体质量、体量和水平还不够高，与人民群众日益增长的休闲运动消费需求还存在较大差距。简单地用八个字概括影响航空体育发展的原因，即在硬件环境方面是天、地、人、机，在软件环境方面是法、政、制、观。

（一）硬件环境方面

天，是指低空空域。空域是指可供航空器运行的空间，低空空域通常是指真高1000米（含）以下的空间范围，这是通用航空和航空体育的主要活动范围。近年来，我国通用航空和航空体育对低空空域的使用需求日益提高，低空空域资源的管理已逐渐成为通用航空和航空体育发展的"瓶颈"。按照目前的管理办法，飞行报批手续复杂，周期长、成本高、效率低。为此，加快推进低空空域管理改革，切实提高飞行的便利性已经迫在眉睫。

地，主要指通用航空机场。许多飞行爱好者在取得飞行执照之后，经常面临无处可飞的尴尬境地。通用航空机场的规模已经远远滞后于航空体育发展的需求。

人，即航空专业人员和爱好者。要发展航空体育产业，培养从业人员、发展消费人群至关重要。截至2014年底，我国通用航空飞行员共0.6万人。与拥有63万通用航空飞行员的美国相比，我国通用航空飞行员数量还不到美国的零头。我国开展较好的航空体育项目——跳伞，尽管曾有100多人次获得百余项世界冠军，但是我国跳伞运动员也仅有200余人，民间的跳伞爱好者则不到百人。

机，即航空器和航空运动器材。截至2014年底，我国通用航空飞机适航在册总数为1987架，与美国的约22.4万架通用航空飞机相比，我国的飞行器数量依然不到美国的零头。而其中归属于体育系统的飞机，除国家体育总局航空无线电模型运动管理中心最近几年规划更新采购的35架飞机外，包括"运五""初教六"和滑翔机在内的大部分航空器都由于机龄时间过长、维修保养不到位而濒临淘汰。

（二）软件环境方面

法，即航空体育适用的通用航空法规体系。应该说，我国通用航空法规体系已经初步形成，但是由于民航部门在立法的观点上主要是基于民航运输平台的标准和体系，导致通用航空运营单位资质、飞行员执照、飞行场地标准、航空器适航管理等相关法规门槛过高。通用航空相关法律法规在很多方面不完善甚至脱节，在一定程度上制约了通用航空和航空体育的发展。例如，国内广泛开展的热气球项目，目前仍然没有一家热气球俱乐部能够通过民航局的91部运行审定。

政，即政策环境。虽然国家一系列促进"低空开放"、鼓励通用航空发展和体育产业发展的利好政策密集出台，但由于低空改革进程异常缓慢，多项政策红利预期减弱，甚至有些政策资源还远远没有真正落到实处，所以也没有充分发挥效率。尤其是目前正处于国家深化改革、转变政府职能的关键转型期，许多管理还比较模糊，有些配套的政策措施的缺失造成原本利好的政策环境大打折扣。

制，即制度。航空体育既有体育的属性，又有航空的属性。管理体系方面，在行政上，受国家体育总局的直接管理；在业务上，又受到国家体育总局、军方和民航部门等多方行业管理和指导。航空体育管理职能交叉和政策缺位，飞行审批体制机制不合理，空域管理体制改革一直是"只听雷声不见雨下"，这些都使得项目发展受到严重制约。

观，就是观念。各省航空运动主管部门（包括各省航管中心、航空运动学校、航空运动协会）作为各地航空体育的管理机构，在观念上，除个别省份紧跟时代潮流，将本省的航空体育开展得有声有色外，还有很大一部分管理人员观念陈旧，仍单纯以竞技训练、参赛办赛等传统观念意识为主，缺乏开拓创新意识，没有更新经营观念，缺乏广阔视野。甚至有些航空运动学校守着金饭碗，却由于任由人才流失或断层、机场被占用、老旧飞机不修不换、发展乏力等原因面临关停的困境。

四、我国航空体育产业发展的路径选择

2015年10月，时任国家体育总局副局长的冯建中在介绍《关于加快发展体育产业促进体育消费的若干意见》发布一周年体育产业的发展情况时表示，国家体育总局目前正在抓紧编制4个专项规划，其中航空科技体育运动专项规划成为亮点。今后十年将是大力推进航空体育事业产业发展的关键时期，必须组织开展航空体育产业顶层设计研究和"十三五"规划研究，突破障碍、加强统筹协调、完善管理机制、健全落实措施，确保主要目标和指标体系落到实处，为后续工作谋划布局。

（一）促进体制创新，建立适应市场经济规律的体育产业管理体制

党的十八届三中全会提出，要"处理好政府和市场的关系，使市场在资源配置中起决定性作用和更好发挥政府作用"。在全面深化改革，政府职能转变的背景下，我国体育发展方式也将迎来重大转变，即从行政主导向行政服务和市场推动相结合转变、从政府办体育向扶持引导社会办体育转变、从体育部门主管向多部门联动转变，这将有力地繁荣体育消费，促进体育产业发展。发展航空体育产业，必须要进行体制机制创新，深化航空体育管理方式方法改革，转变体育行政部门职能，完善社会组织在航空运动及相关行业中的管理和服务职能。全面加强航空体育相关协会建设，明确定位和职能，健全组织体系，形成专业高效、系统完备、市场开放、法制健全、保障有力的体制机制。

（二）坚持以人为本，加快人才队伍培养，扩大国内消费人群

体育活动的主体和对象都是人，体育产业不同于其他产业的最大特点是"以人为本"。为此，发展航空体育产业，加快专业人才队伍建设，培养消费人群是首要任务。加强人才队伍建设，提升管理人员、飞行人员、维修人

员资质能力，实现航空器安全、高效、优质运行。结合飞行营地规划和6大区飞行职业学院规划，科学引导，合理布局飞行及维修人员培训单位、执照理论考点和技能考点。培育健康的消费理念和充满活力的航空体育消费市场，激发全民参与航空体育活动的热情，使航空体育发展成果惠及民生。

（三）积极拓展发展空间，发挥航空体育社会价值

航空体育作为跨越体育产业和通用航空产业的项目，可以广泛渗透到通用航空领域各个方面（见表1），未来发展必将成为市场关注的焦点。发展航空体育产业，必须要解放思想、与时俱进，突破体育系统原有的以竞赛、竞技、运动员等为工作重心的传统观念，转变发展思路，抓住其兼具体育产业和通用航空产业的双重特性，积极挖掘航空体育资源，拓展航空体育生存空间，充分释放航空体育的社会价值。

表1　航空体育服务类别

序号	航空服务类别	航空服务内容
1	飞行培训类	初级飞机、自转旋翼机、滑翔机、热气球、飞艇、直升机、悬挂滑翔、飞机跳伞、滑翔伞等航空运动飞行培训
2	航空表演、赛事类	组织、参与不同规模和级别的航空表演、体育赛事活动、展会等
3	航空广告类	提供企业形象宣传、机身广告、热气球和动力伞载体公告等服务
4	航空旅游类	提供设施、场地租借，开展空中及地域周边景区的体验式飞行、航空游览观光服务等
5	通用航空服务类	人工降雨、航空摄影、气象探测、医疗救护、科学实验、空中巡查、空中施肥、空中除草、草原灭鼠、空中喷洒、航空护林、空中拍照等
6	航空器制造、维修、保障类	航空器制造、维修、贸易、租赁等

（四）坚持改革创新，调整办赛思路

在国家全面推进体育赛事审批制度改革，取消"商业性和群众性体育赛事"审批的大背景下，由于航空体育涉及空防安全等特殊性原因，在《体育总局关于推进体育赛事审批制度改革的若干意见》中保留了举办国际性或全国性航空体育竞赛活动审批。尽管如此，航空体育赛事更需坚持深化改革，调整办赛思路，改进办赛模式。要丰富航空体育赛事活动，以竞赛表演业为重点，大力发展多层次、多样化的各类航空体育赛事活动。加强与国际航空运动联合会合作，将世界飞行者大会品牌落户武汉，打造国际一流航空体育精品赛事。将通用航空以技能竞技的形式融入体育竞赛，举办中国通航技能大赛，为通用航空的发展培养人才，增添活力、促进行业交流和发展。

（五）加快推进航空飞行营地建设，解决飞行场地不足的问题

《关于加快发展体育产业促进体育消费的若干意见》中明确提出，要积极拓展业态，促进融合发展，在有条件的地方制定专项规划，引导"航空飞行营地"等设施建设发展。建设航空飞行营地，是针对我国目前通用航空机场和临时起降点明显不足的情况，根据航空体育运动项目特点，由国家层面提出以满足飞行需求，解决飞行场地不足问题的重要举措。

航空飞行营地不仅是一片能够供大家参与体育飞行的场地，更重要的是在场地基础上建立起来的航空体育消费体系，它融合了航空科技体育知识普及、航空体育飞行活动体验、航空体育飞行技能培训及开展航空体育交流活动等功能，为大众提供航空消费、飞行员和机务人员培训、飞行器维护保养、空中旅游、航拍航测、通用航空作业等航空体育产品和服务，同时可以承接国际国内航空综合赛事和飞行表演等，拉动航空飞行营地临空经济发展和产业链建设，满足大众航空体育消费需求。

五、结　语

在我国加快体育产业发展、促进体育消费、深化低空空域改革和加快通用航空发展的多重背景下，航空体育产业机遇与挑战同在。今后十年将是大力推进航空体育事业产业发展的关键时期，必须加强在当前全面深化改革背

景下对体育产业发展和改革问题的思考和研究，突破障碍、加强统筹协调、完善体制机制、深化改革创新，不断挖掘和充分展现航空体育的产业价值和社会价值，为实现航空飞天梦和体育强国梦做出贡献。

参考文献

[1] 康永，周建民.通用航空发展现状、趋势和对策分析[J].现代导航,2012,3(5)：360-367.

[2] 赵金岭，张淑香.关于发展我国航空体育产业的深度思考[J].体育研究与教育，2013，28（5）：9-12.

[3] 赵怡雯，陈锡尧.我国航空体育产业发展探讨[J].体育文化导刊，2011（1）：77-81.

我国青少年体育俱乐部现状与发展思路

国家体育总局青少年体育司　朱英

摘要：以我国青少年体育俱乐部为研究对象，运用文献资料法、专家访谈法、实地考察法等主要研究方法对我国青少年体育俱乐部发展现状与实践意义进行分析，梳理出我国青少年俱乐部存在的主要问题与面临的主要困境，进而提出今后青少年体育俱乐部发展的思路，旨在为我国青少年体育工作进一步改革创新提供参考资料。

关键词：青少年体育俱乐部；发展与现状；问题与困境；思路与对策

在"全民健身国家战略"的新背景下，我国青少年的体质健康水平受到党和国家及社会各界的高度关注。如何有效地提高青少年体育活动的参与水平并通过体育活动参与促进青少年身心健康、体魄强健，已成为当前需要破解的重要热点与难点问题。

从理论方面来讲，本文以我国青少年体育俱乐部工作现状与发展思路为研究主题，将从国家层面对青少年体育俱乐部依法治理、共同治理、协调发展与创新发展等方面进行全面研究，有利于提升青少年体育俱乐部理论研究的高度。本文重点结合党的十八届三中全会以来提出的新理论新论断，为我国青少年体育俱乐部工作深化改革与顶层设计提出发展思路，有利于本领域理论研究的创新。从实践方面来讲，本文重点针对我国青少年体育俱乐部发展实际，发现问题，提出对策，并且将研究成果直接应用于青少年体育俱乐部的宏观管理与实践。

一、我国青少年体育俱乐部的发展与现状

（一）我国青少年体育俱乐部的内涵界定

本研究所指的青少年体育俱乐部是指在特定的历史条件下，由体育彩票公益金扶持创建的服务于广大青少年群体的公益性体育社会组织。

青少年体育俱乐部的内涵包括如下内容：第一，其性质为民办非企业单位，即公益性体育社会组织；第二，其服务群体包括中国广大的青少年群体；第三，其发展依托包括学校、社区、街道、场馆、体育协会及其他形式的组织等；第四，其资助资金来源是体育彩票公益金；第五，其命名单位是国家体育行政部门；第六，其开展的服务内容包括体育技能培训、日常场馆的开放、组织体育活动、开展体育竞赛、开展体育交流等；第七，其最终发展目标是提高青少年体质水平，促进青少年身心健康、体魄强健。

（二）我国青少年体育俱乐部的发展现状

自2000年国家体育总局在全国推动俱乐部建设工作起，我国青少年体育社会组织呈现快速发展的趋势。

从地区布局方面看，截至2013年底已经实现了青少年体育俱乐部在31个省、自治区、直辖市和新疆生产建设兵团的全面覆盖，全国共有5360个国家级青少年体育俱乐部，平均每个省、自治区、直辖市168个。其中20个省、自治区、直辖市拥有青少年体育俱乐部的数量已经超过了100所，有12个省、自治区、直辖市的数量在百所以下。就东、中、西部的青少年体育俱乐部总量而言，东部地区有2562个，占全国的48%；而中、西部则各占28%和24%。这一结果在一定程度上反映出西部地区在青少年体育俱乐部创建工作中与其他地区存在着差距。

二、我国青少年体育俱乐部的作用

（一）青少年体育俱乐部能给学生提供健康的活动场所

生命在于运动，在运动中增进健康已经成为家长与学校的共识，但是

苦于没有合适的体育活动场所，这种共识难以实现。可以说青少年体育俱乐部的创办刚好符合了人们的需要。随着青少年体育俱乐部数量的不断增加和其自身业务能力的不断成长，受益青少年的数量在不断增加，范围也不断扩大。从数量方面看，自2000年体育彩票公益金开始资助创建青少年体育俱乐部至2013年底的14年中，共资助创建包括国家级、省级、地市级和县级在内的青少年体育俱乐部6330个。

（二）青少年体育俱乐部提高了青少年体育事业的社会化水平

青少年体育俱乐部作为面向青少年儿童的体育类民办非企业组织，在向青少年提供体育服务的过程中，在客观上也成为与青少年相关的家庭、学校、政府、社会及企业等多方主体沟通、交流与协作的平台。青少年体育俱乐部是靠社会参与和利益协调的机制提供公共服务的社会组织形式，在青少年体育需求不断高涨的形势下，成为弥补青少年体育公共服务不足的重要组织载体。通过为青少年提供体育服务，在一定程度上实现着家庭和学校在孩子体育参与方面的期望，反映着家庭与学校的相应需求。作为社会组织的重要成员，青少年体育俱乐部承担着社会运作的职能，是社会治理的有机组成部分。

（三）青少年体育俱乐部是培养竞技体育后备人才的重要基地

目前，尽管我国国家级青少年体育俱乐部之间在规模、人财物资源、软环境及会员数量方面存在差异性，但是当前发展情况较好的俱乐部已经具备了为我国竞技体育培养后备人才的重要功能，在丰富青少年体育生活的同时，实际上成为体育后备人才培养的基地和发现竞技体育后备人才的重要途径。特别是依托学校的青少年体育俱乐部占俱乐部总数的比例较高，俱乐部在培养高水平体育后备人才方面的作用愈加明显。总之，随着青少年体育俱乐部的规模不断增大，在普及青少年体育运动技能的同时，青少年体育参与的便利性与及时性将得到保障，培养竞技体育人才的俱乐部已成为青少年进行业余训练的一个很好的平台。

（四）青少年体育俱乐部具有重要的产业价值

随着青少年体育俱乐部数量的持续增加和业务工作的不断开展，作为消费主体的会员数量也将不断增加。特别是在未来一段时期内社会组织数量将出现大幅度增长的预期下，青少年体育俱乐部通过培养、造就体育消费主体，促进体育消费、带动体育市场的效果将会愈发明显。在这一过程中，青少年不但是体育的参与者，也是稳定的体育消费者。这一数量不断增长的人群会对体育产业甚至国民经济发展产生不可低估的作用，从而使青少年体育俱乐部具有重要的产业价值。

（五）青少年体育俱乐部扩大了体育人才的需求，发挥了体育人才的作用

青少年体育俱乐部开展业务工作必然需要一定数量的教练员、管理人员、财务人员等多个工种从业人员。从2013年全国国家级青少年体育俱乐部中教练和指导教师的数量情况看，平均每个俱乐部教练和指导教师的数量分别为3.3个和3.1个，全国范围内的总量也分别达到了17688人和16616人。如果算上其他工种人员，就业于青少年体育俱乐部的人数会更高。这些教练和指导教师一般以专职或兼职的身份就职于青少年体育俱乐部。

三、青少年体育俱乐部面临的问题与困境

客观来看，青少年体育俱乐部仍处在探索发展阶段，各项工作远没有达到成熟程度。从总体来看，通过推动青少年体育俱乐部的创建，青少年体育社会组织建设迈出了决定性的一大步，取得的成绩是第一位的。同时，受所处社会发展的阶段性条件的制约，青少年体育俱乐部工作必然也会面临着一些困难和问题。

（一）青少年体育俱乐部工作的外部环境不太完善

作为社会组织类型，青少年体育俱乐部的发展及其存在的问题无不打上时代的烙印，受到来自时代环境方方面面的影响。这些外部环境既包括青少年体育俱乐部赖以开展工作的各类资源条件，也包括从宏观到微观的各种体制、机制与政策环境，还包括与各类相关组织之间的密切关系等。

（二）青少年体育俱乐部的自身治理能力尚待进一步提高

青少年体育俱乐部发展的大环境艰难，使其面临诸多困难与问题，青少年体育俱乐部的生存能力和工作绩效等问题则是由其内部治理能力带来的现实问题。总体来看，青少年体育俱乐部的内部治理能力不足、不均衡是一个基本特点。

青少年体育俱乐部的创建及其业务的展开依托和依赖于富有资源的学校、体校、体育场馆等单位。这些单位的场馆设施基本上属于国有资产，国有资产如何开发利用，依托单位的工作人员能否参与俱乐部的管理与业务指导、能否参与俱乐部的工作、能否从中赚取报酬等方面存在诸多政策疑问和操作上的顾虑。政策执行相关问题比较突出地集中在收费问题、兼职人员报酬问题、多部门合作问题等方面。

（三）青少年体育俱乐部的绩效水平不尽理想

青少年体育俱乐部在开展业务服务工作取得明显效果的同时，在服务能力与水平等方面也反映出一些不足，还有改进与提高的巨大空间。如同能力建设一样，青少年体育俱乐部绩效水平总体不高，且俱乐部之间存在较大差距。

根据现有青少年体育俱乐部的数量情况，在校生拥有俱乐部的比例约为0.28%。按照每个俱乐部会员在千人左右的规模计算，全国5360个国家级青少年体育俱乐部的受益青少年数量在536万人左右，每个俱乐部的平均受益学生数量在35973人左右，这也正是传统体育项目学校所面临的困难之一。

另外，从人员配备来看，青少年体育俱乐部由于特殊的创建方式，即依托一定的单位，俱乐部的人员构成上兼职人员的比例非常高。兼职人员和专职人员的学历基本相同，和专职人员的来源基本相同，多数来自依托单位。因此，兼职人员与专职人员都表现出较高的学历水平。

四、我国青少年体育俱乐部发展思路与对策

（一）统筹规划与布局，完善青少年体育俱乐部的顶层设计

俱乐部发展目标的完成应是一个循序渐进的过程，这一过程不仅包括时

间上的推移，还包括俱乐部在发展内涵（质量）上的演变。据此，未来5~10年，我们分别从时间维度和质量维度两个层面对青少年体育俱乐部的推进进程做一个预测，这一步骤可以概括为两个阶段、三个台阶。两个阶段是以国家"十三五"（2016—2020年）、"十四五"（2021—2025年）为参照，分别经历两个五年的发展阶段。三个台阶：一是俱乐部外部治理环境不断改进，内部治理结构初步形成；二是俱乐部外部治理环境基本具备，内部治理能力显著提高；三是俱乐部内外部善治局面基本形成。

（二）加强相关法规体系建设，促进青少年体育俱乐部规范发展

在顶层设计的基础上，不断完善青少年体育俱乐部的规范化体系建设，重点解决俱乐部的资助、注册及税收优惠等制度问题，应从国家战略的层面上，为青少年体育社会组织制定专门的制度支撑体系，不断优化青少年体育俱乐部的外部发展环境，按照俱乐部应该享受的政策优惠严格执行，并对政策执行情况进行公示、反馈，对执行不力的相关部门要给予问责。可参考英国青少年体育俱乐部相关税收支持与减免等政策对我国青少年体育俱乐部的制度体系进行完善。针对俱乐部对外开放及标准化建设的相关问题也应制定更明确的鼓励和规范条例及工作指导手册等。

（三）推进政府购买服务，促进青少年体育俱乐部提供优质服务

党的十八届三中全会审议通过的《中共中央关于全面深化改革若干重大问题的决定》首次提出了全面深化改革的总目标——完善和发展中国特色社会主义制度，推进国家治理体系和治理能力现代化。在治理现代化的新时期，政府购买公共服务已成为政府转型及提升政府治理能力的手段与工具之一。国务院办公厅2013年9月26日发布的《国务院办公厅关于政府向社会力量购买服务的指导意见》为推进俱乐部服务的政府购买提供了政策依据。据此，要结合政策意见，积极研究俱乐部服务的内容、方式、细则及评估等问题，以使政府购买俱乐部服务早日实现常态化。

（四）规范俱乐部发展，形成青少年体育俱乐部的现代化治理结构

落实《青少年体育俱乐部中长期发展规划（2015—2020）》，盘活存量、优化增量、提升质量，完善资助方式，健全培育孵化、监管评估、购买服务和激励保障等方面的政策，重点推动地方各级开展创建活动，鼓励社会资本参与青少年体育事业的发展，探索实施国家级青少年体育俱乐部的星级评价制度。

要通过创建与扶持，不断优化青少年体育俱乐部的治理结构，促使青少年体育俱乐部发展成符合现代法人治理特征并且具有自身发展能力的社会组织，最终形成俱乐部内部管理人员责、权、利对等的决策机制、组织机制以及充满发展活力的青少年体育社会组织。

（五）创建青少年体育俱乐部联合会，促进枢纽型青少年体育社会组织发展

以各级青少年体育俱乐部联合会为主体，构建我国枢纽型青少年体育组织。通过俱乐部的行业自律与自我治理，开展经验总结、交流，使俱乐部的管理更具科学性、规范性与社会性。青少年体育俱乐部联合会的发展定位是：联系体育行政部门和青少年体育俱乐部的中介性组织；承接我国体育行政部门对青少年体育俱乐部培训、考核、资格认定与评估的相关职责。联合会可利用年会、会刊等交流形式，让各地青少年体育俱乐部交流成功经验与遇到的问题。利用"十三五"建设周期，逐步推动各省、自治区、直辖市的青少年体育俱乐部的创建，最终形成中国青少年体育俱乐部联合会与各地青少年体育俱乐部的"金字塔"式治理格局。

五、结 语

少年强，则国强。青少年是构建中国梦的新生力量，作为青少年体育工作者，应该深刻认识到当前实现中华民族伟大复兴"中国梦"的大好形势，主动适应经济社会发展的新常态，准确把握青少年体育工作新定位，迎接新挑战，承担新使命。我们要振奋精神，昂扬斗志，深入贯彻落实习近平总书

记系列重要讲话和对青少年体育工作的重要指示精神。以改革创新为动力，全力以赴做好各项工作，全面实现我国青少年体育事业发展，为实现我国"两个一百年"的奋斗目标及中华民族伟大复兴的"中国梦"提供基础支撑！

参考文献

[1] 霍兴彦，唐立慧，肖林鹏. 我国青少年体育俱乐部管理绩效问题研究——一个理论框架的假设及诠释 [J]. 西安体育学院学报，2011，28（1）：40–44，68.

[2] 方港，朱琳，杨胜峰. 国家青少年体育俱乐部引入市场经营管理模式研究——以广州体育学院青少年体育俱乐部为例 [J]. 广州体育学院学报，2010，30（5）：124–128.

[3] 辛耀翔，林庆. 广西青少年体育俱乐部经营现状的调查与分析 [J]. 网络财富，2010（13）：189–190.

[4] 招惠芬. 中日青少年体育俱乐部运行方式的比较研究 [J]. 资治文摘（管理版），2010（5）：172–173.

[5] 周建辉，霍兴彦. 青少年体育俱乐部发展制约因素研究 [J]. 人民论坛：中旬刊，2010（8）：139–140.

[6] 李献青，赵晓玲，赵通足. 我国青少年体育俱乐部的发展现状及策略研究 [J]. 科技信息，2009，（25）：169–170.

[7] 刘波. 德国体育俱乐部体制与群众体育关系的研究 [J]. 体育与科学，2009，30（1）：64–68.

[8] 蔡端伟. 影响我国青少年体育俱乐部可持续发展的障碍因素分析 [J]. 山西师大体育学院学报，2007，22（2）：41–42.

新形势下奥体中心人才队伍建设的策略研究

国家体育总局国家奥林匹克体育中心　　陈申

摘要： 本文以文献资料法、走访调查法、逻辑分析法等研究方法，对国家奥林匹克体育中心（下文简称"奥体中心"或"中心"）人才队伍建设的现状、十八大以来的主要做法和经验、存在的问题和原因及下一步的对策建议进行综合分析研究，得出奥体中心人才队伍建设存在人才总量不足、人才队伍的结构性矛盾突出、人才作用发挥不充分、工勤人才队伍整体素质偏低等问题 的结论。提出在新形势下应大力推进观念创新，进一步提高人才队伍建设在中心事业发展中的战略地位，继续调整场馆管理岗位人员年龄结构和知识结构，优化干部梯队建设，努力提高专业技术人员比例，鼓励工勤技能人员加强学习，建立健全长效人才激励机制，完善人才需求预测和信息发布机制等。

关键词： 奥体中心；人才队伍建设；策略

党的十八大以来，党中央国务院新出台的一系列路线、方针、政策，对在新形势、新常态下深化体育事业改革、建设体育强国提出了更高的要求。特别是习近平总书记对发展体育事业的系列重要讲话，运用辩证唯物主义和历史唯物主义世界观、方法论，对体育在实现"两个一百年"奋斗目标，在实现中华民族伟大复兴"中国梦"道路上的重大作用做了全面的阐述。讲话贯穿了科学的思想方法和工作方法，对做好新时期体育工作具有重要的指导意义。

党的十八届三中全会提出，要建立集聚人才体制机制，择天下英才而用之。只有把引进好、培养好、使用好人才作为人才工作的中心环节，坚决破除束缚人才队伍建设与发展的观念和体制机制障碍，才能最大限度地激发人才的创造活力，使人才队伍建设工作适应新形势新发展的要求。

一、人才队伍现状

我们以问卷调查、座谈、走访等形式，对奥体中心人才队伍建设的现状、存在的问题和原因以及下一步的对策做了深入的调查研究。中心共有339名职工参与此次人才分类调查，占中心正式职工数（369人）的91.9%。人才分类具体情况如下。

（一）人才类别

（1）行政管理人才，指现从事或曾从事机关行政管理工作，具有一定的文化水平，具备一定的行政管理能力和综合素质，熟悉机关行政管理工作程序的人员。符合此类人才标准的共107人，占参与调查职工总数的31.6%（见图1）。

（2）体育赛事组织人才，指具有大型体育赛事组织、管理工作经历和经验，以及现从事或曾经从事体育俱乐部管理、裁判员和教练员工作的人员。符合此类人才标准的共77人，占参与调查职工总数的22.7%。

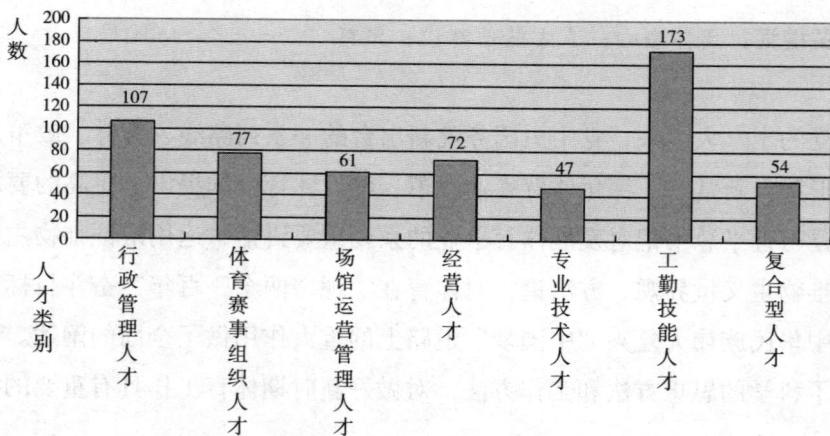

图1　人才类别构成图

（3）场馆运营管理人才，指现从事或曾从事体育场馆运营管理工作，了解和掌握国家对大型体育场馆运营工作要求，具备一定体育场馆建设与发展的创新思维和场馆运营管理知识，具有场馆运营管理的实践经验，具备较强的管理能力和执行能力的人员。符合此类人才标准的共61人，占参与调查职工总数的18%。

（4）经营人才，指现在或曾在中心经营部门从事经营工作的人员，熟悉国家、国家体育总局和中心经营工作政策和相关规定，了解中心经营工作内容，具有经营工作经验或具有工商管理、市场营销、经济学等相关专业全日制本科及以上学历。符合此类人才标准的共72人，占参与调查职工总数的21.2%。

（5）专业技术人才，指现在或曾在专业技术岗位工作的人员，具有一定的专业技术知识并获得相应的专业技术资格，具备一定的专业技术工作水平及业务工作经验。符合此类人才标准的共47人，占参与调查职工总数的13.9%。

（6）工勤技能人才，指现在或曾在工勤技能岗位工作，并考取工勤技能等级证书，或在工勤技能岗位工作满10年的人员，具备一定的业务技能和工作能力，具备爱岗敬业、勤奋努力的综合素质。符合此类人才标准的共173人，占参与调查职工总数的51%。

（7）复合型人才，指符合上述三个及以上标准的人员。符合此类人才标准的共54人，占参与调查职工总数的16%。

（二）性别构成

中心人才队伍中，男性216人，占参与调查职工总数的63.7%；女性123人，占36.3%（见图2）。

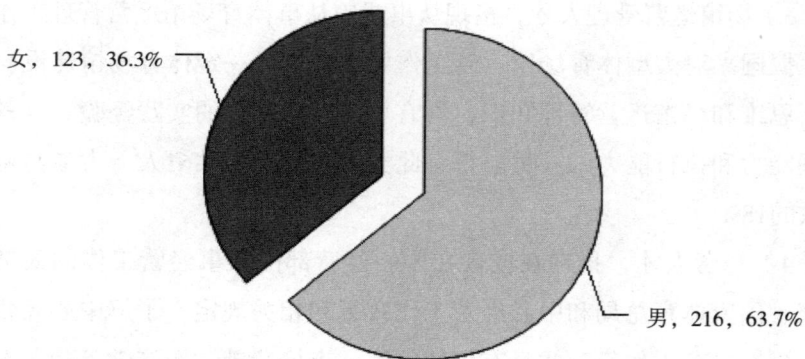

女，123，36.3%

男，216，63.7%

图2　人才性别构成图

（三）年龄构成

中心人才平均年龄47.2岁，其中35岁以下36人，占参与调查职工总数的10.6%；36~40岁6人，占1.8%；41~45岁65人，占19.2%；46~50岁133人，占39.2%；51~55岁62人，占18.3%；56岁及以上37人，占10.9%（见图3）。

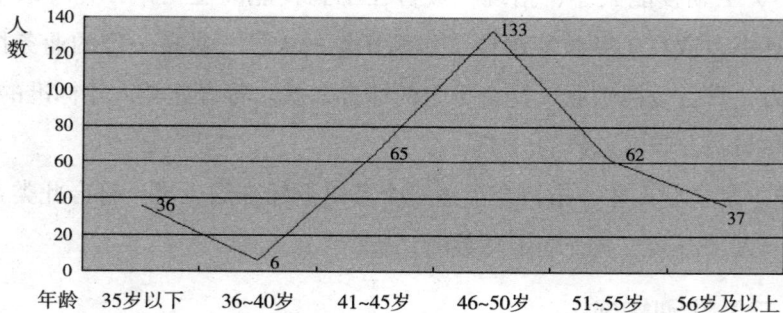

图3　人才年龄构成图

（四）学历构成

中心人才的学历水平，研究生15人，占参与调查职工总数的4.4%；大学本科99人，占29.2%；大学专科48人，占14.2%；中专6人，占1.8%；高中53人，占15.6%；高中以下118人，占34.8%（见图4）。

研究生，15，4.4%

高中以下，118，34.8%

本科，99，29.2%

大专，48，14.2%

高中，53，15.6%

中专，6，1.8%

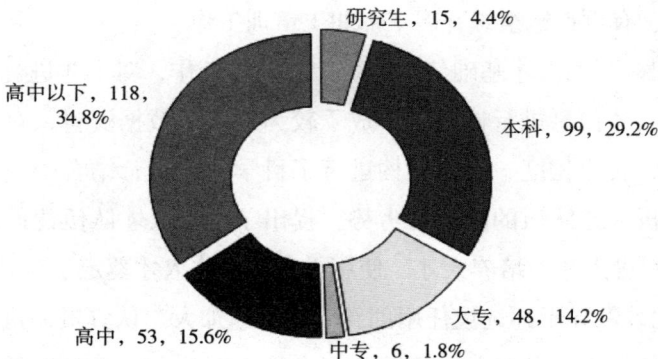

图4　人才学历构成图

二、主要做法和经验

奥体中心自1989年成立以来，在党和国家的亲切关怀下，在国家体育总局的正确领导下，在几代奥林匹克体育人的辛勤耕耘下，不断发展壮大，取得了令人瞩目的成就，见证了中国体育事业的振兴与辉煌。2012年，奥体中心以中国特色社会主义理论为指导，以将奥体中心建设成一个集驻训保障、全民健身、竞赛服务、场馆经营、文化休闲于一体，环境优美、生态均衡、功能齐全、内容丰富、国家充分重视、社会普遍关注、人民喜闻乐见、体育公共服务、自身精神饱满的体育公园为目标，制定了八年（2013—2020年）事业发展规划。

党的十八大以来，奥体中心坚持"以人为本"的思想，采取了一系列人才引进、培养和使用的措施，初步形成了具有一定规模和质量的人才队伍，并为今后的快速、长远、可持续发展奠定了良好基础。主要做法如下：

（1）高度重视人才工作，把实施人才战略、加强人才队伍建设摆到突出的位置。2012年，下发了《国家奥林匹克体育中心干部职工队伍建设的实施意见》，对中心人员规模数量、平均年龄、学历结构等方面提出了具体的要求，为稳步建设干部职工队伍、培养符合事业发展要求的人才明确了方向；坚持公开、公正、择优的原则，开展公开招聘工作，加大人才引进力度，把素质好、能力强、思想品德正、有发展潜力的人才吸收到中心来工作；以中心统一培训、部门自主培训、职工学堂、专业技术培训、工勤技能培训等形式，分层次、有重点地组织开展干部职工培训工作。

（2）积极开展人才基础信息的统计、分析工作，对人才进行科学分类。将中心所有人才信息进行梳理，形成了较为翔实的数据资料，对人才队伍的年龄、性别、文化程度、专业结构进行了科学的分析；结合中心面临的机遇与挑战，分析人才队伍的优势与劣势，提出了中心人才队伍建设的意见和建议，为中心引进人才、培养人才、使用人才和留住人才奠定了基础。

（3）党政领导干部选拔任用创新力度不断加大。认真贯彻执行《党政领导干部选拔任用工作条例》，不断改进党管干部的方法，做好干部培养、推荐、选拔任用和管理工作，推进中心人才队伍年龄、性别、知识等结构的优化。创新干部人事管理工作，加快了干部人事制度改革的步伐。

一是以公开选拔为突破口，多层次引入竞争择优机制。根据国家体育总局公开选聘事业单位中层领导有关规定，2014年，奥体中心拿出3个副处长岗位参与国家体育总局系统内开展的公开选聘工作。综合笔试、面试成绩，经民主测评、考察谈话等程序后，根据各项考试考察的结果，中心主任办公会集体研究确定了2个岗位的拟聘人选，经公示无异议后正式聘用。2014年，奥体中心共提拔任用中层领导干部17人，上一聘期聘任的中层干部在新的聘任中低聘或未被聘任的有6人，真正做到了中层领导干部能上能下。

二是普遍推行全员竞争上岗机制。经国家体育总局批准，2014年2月13日至4月8日，在中心全体在编在岗职工中，按照规定的程序，开展相关聘用工作。按照"精简机关、充实场馆、做强物业"的原则，根据机构的变更、职责的调整，中心重新核定了各处室、场馆的岗位和编制。机关工作人员由上一聘期的158人，缩减至67人，减少了58%；生产经营一线干部职工队伍由217人，增加至245人。

三是加大对干部的监督力度，增强各级干部的工作责任心。全面实施党政领导干部离任经济责任审计，对调离工作岗位的领导干部全部进行离任审计。在干部工作中广泛听取群众意见，注重群众意见的查证和运用，使得群众监督干部的积极性大大提高。

（4）注重青年后备干部队伍的建设，突出了人才梯队建设的重要性。在工作中充分意识到年轻干部培养和后备干部队伍建设是一项战略性任务，关系到奥体中心事业薪火相传，决定着中心长远发展。2014年，第一次在7个场馆设置了大学生副场馆长职务，为年轻干部的成长、成才提供平台。通过2014年人员聘用工作的开展，场馆正职领导干部7人，平均年龄为42.1岁，较上一聘期下降4.76岁，其中2名馆长年龄小于35岁；场馆副职领导干部18人，平均年龄为38.7岁，较上一聘期下降3.61岁。其中一半副职领导年龄小于30岁。

（5）创新渠道，组织科级以上领导干部集中培训。为深入学习贯彻习近平总书记系列重要讲话精神，在建设体育强国的新形势下，加强领导干部的培养，加强干部思想政治建设和党性锻炼，中心于2014年9月1日至6日、9月15日至20日分两批举办"奥体中心科级以上领导干部培训班"，共有86人参加了培训。这种培训形式还是第一次，大家对中心的这次工作安排非常认可，希望中心今后能够扩大培训范围，多组织一些有助于提高干部能力和素质的培训，达到开阔眼界、拓宽思维、提高能力的目的。

三、存在的主要问题及原因分析

几年来，奥体中心的人才队伍建设取得了长足的进步，但从总体上来看，人才队伍现状同新形势、新任务和八年发展规划的要求还不相适应，主要有以下几个方面。

（一）人才总量不足

从人才分布上看，高学历、具有专业技术的年轻人才大多分布在中层机构，场馆一线人才稀疏。从调研情况看，生产经营一线部门人才需求主要存在以下几个方面的问题：

（1）专业管理干部缺乏。一线部门普遍反映有经验、懂业务的年轻管理干部缺乏。有5个一线部门提出公开招聘专业管理干部的要求。

（2）专业技术人才缺乏。运动员医疗康复服务中心急需有处方权的医生1人。体育场、体育馆因设备复杂，提出在编制范围内，设置专业技术岗位的要求。

（3）年富力强的工勤（服务）人才缺乏。中心目前在编工勤技能人员平均年龄50岁，高于中心在职职工平均年龄2岁，远远不能满足各项事业发展对人才的需求。工勤人员属于保障中心场馆良好运营的主要力量，但目前工勤人员普遍学历偏低，专业技术人员比例低，年龄偏大，较难提高整体服务水平，不利于场馆运营的可持续发展。

（二）人才队伍的结构性矛盾突出

（1）从分布上看，虽然2014年大幅度减少了机关人员，缩减了58%之多，但是生产经营一线部门仍然普遍缺乏人才。

（2）从学历结构上看，整体学历水平仍需提高。中心近些年通过公开招聘大学生、接受军转干部等方式不断引进优秀的年轻人才，对改善中心职工的年龄和知识结构起到了一定作用，但由于每年进入中心人员数量有限，整体水平未得到明显提高。截至2014年4月，中心本科及以上学历人员仅占在职人员总数的三分之一，远低于社会就业市场整体学历平均水平。

（3）从专业结构来看，传统事业型人才较多，与知识经济、运动训练、体育产业相关的专业人才稀缺。

（4）从年龄结构上看，由于中心历史原因，老龄化人员所占比例过高，中心面临人才队伍日趋老化的问题。目前，中心人才年龄多数集中在41岁至55岁，平均年龄达到48岁，仍处于整体老龄化阶段。

（三）人才作用发挥不充分

一是人才的潜能发挥不足；二是对人才缺乏系统有效的培训，导致人才层次提高慢；三是"专才不专"，许多专业技术人员担任行政工作，专业技术不能得到应有的发挥。

（四）工勤人才队伍整体素质偏低

一是由于历史特殊安置政策，中心于1986年接收了634名农转职工，他们没有经过系统培训，相关知识与工作技能相对缺乏。二是事业单位管理体制上的限制，导致外面的优秀人才难以进入，造成创新意识和实际工作能力不够。

引起上述问题的原因很多，既有客观原因，又有主观原因，归纳起来有以下几个方面：

（1）管理理念创新意识不够，对人才队伍建设的思路、方法和认识不到位、不明确。人才队伍建设管理理念较为传统，人事管理主要以事或任务为中心，要求人去适应事或任务，过分强调个人服从组织，没有把人才作为单位事业发展的第一资源摆在主要的位置。在人才的分配和使用过程中，仍然将人当作一种工具，注重的仅仅是对事或任务的投入成本及完成的时限，对人才更多考虑的是使用和控制。过分集权和只注重主观意识而缺乏沟通的人才管理思想，阻碍了人才队伍的合理配置，在一定程度上限制了事业的创新发展。

（2）政策机制不够完善。人才激励机制不够健全，人才评价体系尚未构建，还没有真正形成靠科学合理的分配政策来调动人才积极性和创造性的意识，普遍采用大平均、小差距的分配制度，知识、技术、管理等要素参与分配的权利没有得到很好的体现。

（3）人才自我提高意识不强。计划经济的影响还未根除，人才对单位、组织的依赖性较高，自我学习、自我培训和自我提高的主动性不够，导致素质和能力提高不快，适应不了当今经济和社会发展的要求。

（4）对人才的培养、引进和使用的统筹性、针对性和前瞻性较差。全社会尚未真正形成尊重劳动、尊重人才、尊重知识、尊重创造的良好氛围；用人机制不活，择优使用、绩能考核等仍停留在理论或筹备中；存在"官本位"和"论资排辈"等现象；另外，对人才的投资明显不足，多元化的人才投资机制尚未形成，人才创业环境还比较欠缺。

四、创新人才队伍建设的策略建议

中心八年事业发展规划明确了"六个基地、两个中心、一个公园"的工作目标，目标的实现需要中心有一支学习型、创新型、实干型的人才队伍，事业发展对人才的需求为人才自身发展提供了机遇和舞台，也给中心人才队伍建设带来了契机。

（1）继续大力推进观念创新，进一步提高人才队伍建设在中心事业发展中的战略地位。中心未来五年仍需开展形式多样的宣传教育，广泛在干部职工特别是各级领导干部中树立科学的人才观,深入挖掘人才,努力培养人才,牢固树立"人人皆是人才、人人皆可成才"的理念,鼓励职工充分发挥自身优势,在工作中勇于开拓创新,积极建言献策;逐步拓宽员工晋升途径,削弱年龄、学历、性别限制,大胆提拔有能力、有胆识、有作为的员工。把人才队伍建设纳入工作的总体布局,通盘考虑,适时出台有利于人才队伍建设发展的管理办法,并要真正落实到位。各级各部门领导班子要在工作中为各类人才搭建一个让他们能够施展才华的平台,做到用事业凝聚人才,用精神鼓励人才,用感情关心人才,用待遇留住人才。

(2)继续调整场馆管理岗位人员年龄结构和知识结构,优化干部梯队建设。中心各项工作全部依托场馆开展,场馆人才队伍建设是中心事业发展的重要力量。未来,在编制限额内,中心仍将持续通过公开招聘和公开选聘使相应专业的高校毕业生或紧缺的人才到中心工作,对中心人才队伍进行补充,为奥体中心发展补充新鲜血液,进一步完善各室、处、部、场馆人才梯队建设,特别是尽快解决场馆人才后备力量不足、体育专业和复合型人才匮乏的问题;提高中心人员准入门槛,从而促进人才队伍结构的不断合理化,增强人才队伍的活力。力争将干部职工平均年龄由48岁降为45岁左右,使中心干部队伍年龄和知识结构逐步优化,形成一支充满朝气和活力的人才队伍。

(3)努力提高专业技术人员比例,鼓励工勤技能人员加强学习,提高业务水平。为了加强中心一线保障岗位的技术力量,提高中心工勤技能人员学习技术、提高业务能力的积极性,中心应加强各场馆一线岗位人员专业培训,丰富培训形式,组织场馆间互动学习交流,有效传播经验。制定相关培训管理办法,鼓励专业技术人员和工勤人员参加继续教育,提高学历或专业技术等级。根据目前人员需求,合理制订未来五年招聘计划,按需补充,缓解未来五年人员退休可能带来的缺口(见表1)。

表1　2014—2020年中心职工退休情况统计表

年份(年)	2014	2015	2016	2017	2018	2019	2020	总计
干部(人)	12	10	10	3	9	10	12	66
工人(人)	14	15	14	10	18	11	8	90
合计(人)	26	25	24	13	27	21	20	156

（4）建立健全长效人才激励机制，促进人才队伍建设。建立良好的人才激励机制，满足员工多样化的需求，是中心发展的动力。人才队伍建设的根本目的是激发人的潜能，最大限度地发挥人的主观能动性和创造力，促进组织目标和个人目标的实现，推动中心事业发展进步。而开发、利用好人才资源，就必须坚持以人为本，建立良好的人才激励机制。设法了解并满足员工多元化的个人心理需求，采取多种形式的激励手段，充分激发员工潜能，确保激励机制的合理性和实效性。

在事业单位薪酬管理允许范围内，增加弹性奖励制度，按需适时给予表现突出、贡献较大的人员不同形式的口头、书面、实物、奖金奖励，及时鼓励优秀人员发挥更大的作用，从而带动其他员工提高工作积极性，改善事业单位长久以来工作沉闷拖沓的风气，搞活经营，创新服务。同时，通过提高中心各项福利待遇，逐步引进高素质人才，留住现有优秀人才，激发更多潜在人才。

（5）完善人才需求预测和信息发布机制。定期开展人才队伍状况和人才需求情况调查统计，引导调整人才流量和流向，为各类人才的引进及流动提供清晰的导向，提高人才引进培养的有效性和针对性。人事处应定期走访各室、处、部、场馆，深入调研，及时掌握人才现状及需求，综合分析，制订有效的人员调整和招聘计划。

参考文献

[1] 习近平在同外国专家座谈时强调：中国要永远做一个学习大国 [N]. 人民日报，2014-05-24.

[2] 中国共产党第十八届中央委员会第三次全体会议公报（第十八届三中全会公报）[M]. 北京：人民出版社，2013.

[3] 中共中央组织部干部监督局. 干部选拔任用与监督工作政策法规选编 [M]. 北京：党建读物出版社，2014：6.

体育文化、教育
建设研究

北京体育大学表演专业实践教学管理研究

北京体育大学　许寿生

摘要： 实践教学是人才培养的重要环节，也是教育必须与生产劳动相结合、与人民群众相结合的必然要求。北京体育大学表演专业现行培养方案具有非常好的育人成效，为社会输送了大批舞蹈表演、教学、训练及编排工作的复合型人才，科学引领大众的艺术参与、艺术欣赏和全民健身实践向更高水平发展，但是，作为实践教学组成部分的社会实践、创新实践的教学组织和学分评定还存在一些问题，对实践教学效果有较大影响。本研究采用文献资料法、访谈法、案例分析法等方法对表演专业实践教学和管理状况进行研究，从现行的课程分类及学分设置、实践教学开展状况、提高表演专业实践教学效果的组织管理问题、提高实践教学效果的管理设计深入探讨，提出切实可行的每学期实践教学1学分制的方案和执行流程、质量控制和配套措施，具有必要性和可行性，对于提高实践教学的效果具有重要参考意义。

关键词： 实践教学；学分；管理；质量

一、前　言

（一）研究背景

实践教学是人才培养的重要环节，也是教育必须与生产劳动相结合、与人民群众相结合的必然要求。1942年，毛泽东在延安文艺座谈会上提出了"我们的文艺是为什么人"的问题，指出"我们还要有文化的军队，这是团结自己、战胜敌人必不可少的一支军队""使文艺很好地成为整个革命机器的一个组成部分，作为团结人民、教育人民、打击敌人、消灭敌人的有力武器，帮助人民同心同德地和敌人作斗争"。改革开放以来，我国文艺事业在快速发展的同时也出现了一些怪现状，习近平总书记2014年10月在全国文艺工作座谈会的讲话中严厉批评了几种主要现象，其中包括"有的胡编乱写、粗制滥造、牵强附会，制造了一些文化'垃圾'""还有的热衷于所谓'为艺术而艺术'，只写一己悲欢、杯水风波，脱离大众、脱离现实"等。在当前社会风气的影响下，许多学生面临着"学习动力不足的危险、能力不足的危险"，存在着"脱离群众的思想倾向、脱离生产劳动的思想倾向"的问题，为了保障培养合格的中国特色社会主义文艺事业的建设者和接班人，我们必须既重视课堂的业务教学，又狠抓实践教学。学校应该为学生的实践创造条件并且提出明确的要求，鼓励和引导学生更多地与人民群众密切接触，更多地从群众生活和生产实践中获取滋养，发现、挖掘、整理人民群众中的素材和事迹，用艺术的形式进行记录、呈现、宣扬，用高尚的精神塑造人、用优秀的作品鼓舞人，逐步地成长为德艺双馨的"人民艺术家"。现在的在校生二三十年后正是我们社会主义文艺的主力军，一定程度上说，他们的思想境界、作风、水平也关系着我们文艺事业的繁荣和发展。"十年树木，百年树人"，人才规划，我们应该着眼于长远，对学生加强实践教学工作。今日之艺术专业学子、明日之艺术工作者，从学校的教育开始就必须加强实践教育。艺术创作要常下基层，常在基层接受引导和熏陶。按照学分制的要求做好"实践教学"环节的设计和服务，使学生按照培养方案认真修读、历练、提高。

（二）研究目的

2012年以来，我国本科教育按照国家导向加大课外实践教育改革力度。我校的表演专业培养方案几经研讨也做出了相应调整，旨在培养出更高质量、更具实践创新能力的，胜任舞蹈表演、教学、训练及编排工作的复合型表演人才，以适应人民大众和社会对高层次艺术人才的需求，科学引领大众的艺术参与、艺术欣赏和全民健身实践向更高水平发展。三年来该培养方案显示出积极作用，但是作为实践教学组成部分的社会实践、创新实践的教学组织和学分评定还存在一些问题，对实践教学效果有较大影响，本研究拟从组织管理的角度探讨改善实践教学效果的方法。

二、研究对象

北京体育大学表演专业社会实践教学现象和管理过程。

三、研究方法

文献资料法、访谈法、案例分析法、录像分析法。

四、研究内容

（一）北京体育大学表演专业实践教学工作现状及组织管理

1. 现行的课程分类及学分设置

根据北京体育大学相关规定，学生在校修满140学分是毕业标准之一，包括公共必修课、学科基础课、专业必修课、选修课和课外实践，课外实践包括毕业论文/设计、专业实习、社会实践（3学分）和创新实践（3学分）四个方面，其中社会实践、创新实践目前缺乏量化的标准和固定的指导老师，实际开展中的弹性较大，需要加强监管，促进学生成长成才。本论文中的"实践教学"特指"社会实践"和"创新实践"所涉及的内容。

学分是学生成功完成某项科目所获得的分值单位，表明了学生获得某种证书、文凭或达到某个级别所需要的学习量。学分代表的学习量，各国都有不同的规定。学分制源于美国，1894年哈佛大学医学院首先在选课制的基础上创建了学分制。学分制是一种以学分为单位计算学生学习量，并以修满规定的下限学分为学生获得毕业资格的基本条件的课程管理制度。它以量化的分值方式，通过学分来记录学生在相应的课程领域的成长经历以及发展程度。在实践教学管理方面，应该切实发挥学分的引导作用，学生用自己"在相应课程领域的成长经历"的证明来申请学分——获得的学分就证实了学生的"成长经历和发展程度"。

2. 实践教学开展状况

总体上讲，表演专业学生的实践教学开展得丰富多彩，颇受好评。北京作为国家的政治中心、文化中心，为表演专业学生的实践提供了宽广的舞台，同时，每年的暑假、寒假我校还以团队及单兵的形式开展"送文化下乡"活动，尤其是在革命老区开展艺术采风，加强国情教育。近年来，为适应孔子学院在全球传播中华传统优秀文化的形势，我校表演系应国家有关部委号召多次组团赴美国、韩国、日本及欧洲、非洲的某些国家开展文化交流，体现文化自信，增强民族自豪感。

除了课堂学习，学生们还会在业余时间参加公益的文艺排练和演出、志愿者服务活动、社会考察、艺术采风、义务劳动、社会工作、学术活动、竞赛组织、专项竞技比赛，以及专业之外的比赛等，承担大学生创新创业项目，担任社会体育指导，出任礼仪，创编作品，担任晚会的 MV、CD 编制，还有的学生选修书法、柔力球等民族传统项目。学生们充分利用北京体育大学的平台和北京的优质文化资源，汲取营养、服务社会、增长才干，尤其是承担并完成重大社会公益项目，为学校赢得了良好的社会声誉，展示了北京体育大学学子良好的精神风貌。例如，2015 年第十四届世界田径锦标赛、2009 年国庆 60 周年群众游行"青春中国"方阵及晚间在天安门广场的演出、历年的安踏年度体坛风云人物颁奖盛典、中央国家机关运动会等大型活动的志愿者服务和技术支持工作。学生们不怕苦不怕累，克服困难，圆满完成任务，交上一份份令人满意的答卷！在活动期间，业务课指导老师和辅导员领队老师关心学生，处处显现爱心和责任心。良好的社会声誉，优质的互动，几年来表演专业学生有了越来越多的实践教学展示和历练平台。分散在每个学期和假期的实践教学活动，是"学生主体"的教学过程，但是，学分的评定不及时，要到第四学年最后才能"落定"，这样的方式不能强化学生积极参加社会实践活动的动机，影响了学生在业余时间实践学习的积极性。

（二）提高表演专业实践教学效果的组织管理问题分析

我校在多年的教学培养过程中，摸索、制定了适合本校表演专业学生特点的培养方案和教学质量控制标准，对课程、专业实习、毕业论文（设计）

的执行都有明确的要求、确定的教师，保障了培养质量。技术课的学分，学生要刻苦训练，默契配合，精心准备考试，方可获得；理论课的学分，学生要认真研读，悉心领会，又记又背，方可获得；实践教学的学分，由于实践教学环节的评分标准不统一，客观上，不同的学生、不同的实践内容也不能有一个统一的评分标准，但是"不确定的考核标准"未能引起学生的重视，结果把许多课余时间"滑溜"过去了、把课外实践"糊弄"过去了。学生在一年级的时候还积极参加各种训练、活动、公益，而到了高年级之后，虽然大多数学生不坠高远志向，日日努力，但是仍有少部分学生训练懈怠、懒散，浑浑噩噩不思进取，最后也"混"到了学分，这样不但会败坏学风，还会让不良风气影响低年级学生，这是管理方面的疏漏和责任。我们可以从管理设计上要"生产力"和效益。

社会需求是多样的，在时间、空间、层次上都参差不齐，导致学生们参加的实践教学活动零散、不系统。每个年级大概有180名学生，有组织的实践活动、单兵的实践活动，涉及方方面面。在课程安排中，有审定了的教学大纲，有固定的教师、训练场地和教室，规范的校历和教学进度，教师备课有教案、课件，学校有明确的考试要求；实践教学活动，多者需要七八十人甚至百余人，少者需要十几个人，对外提供公益演出服务，需求单位可能会要求健美操、啦啦操、艺术体操、体育舞蹈等不同的项目，导致选择合适的指导教师很困难；而平时大规模的义务劳动、学校常规的重大活动礼仪服务主要由辅导员老师亲自布置协办，所以，想把学生完成的实践教学活动学分及时评定落实，确实有些难度。

（三）提高表演专业实践教学效果的管理设计

纵然任务来源的不确定性、指导教师人选的多变性、实践内容方式的多样性给学分评定带来困难，但是，细细研究这些困难的主要方面，还是可以找到解决办法的。

学生必须要拿到实践教学的6个学分。借鉴北京舞蹈学院等国内艺术类院校培养的成功经验，我们的培养方案将实践教学分为社会实践（含艺术采风、社会调查、艺术实践、公益会演、志愿者服务、义务劳动、社会工作）

和创新实践（含竞赛组织、专项竞技比赛、创新创业教育、学术活动、专业之外的比赛）等方面，学生从这几个方面去努力、去历练、去奉献，就可以获得这些学分。经过认真分析和深入调研，对给实践教学的学分评定规则进行了论证和设计。

1. 化整为零，执行学期实践教学1学分制

经表演系教学指导委员会讨论后，计划将社会实践和创新实践的6个学分给前三学年的每个学期各分配1个学分，这1个学分再细分为若干个0.1学分或0.2学分，实行学期实践教学1学分制。学生在某学期中参加并圆满完成某项训练或任务后，可以将活动的书面总结让负责老师的签名认证，然后申请获得0.1或0.2学分，完成越多就获得越多，每学期的得分累积计算，1分封顶。多劳多得，不劳不得。公益演出、志愿者服务的每项任务按照活动的规模、工作量、工作质量来计算，可以有20%~30%的学生优秀率，经老师认定，可以获得本次活动标准学分值的1.5倍学分。学期结束、学年结束，优劣得所，泾渭分明。此风一开，学子竞秀，百舸争流。师生共同谨记陶渊明说的："勤学如春起之苗，不见其增，日有所长；辍学如磨刀之石，不见其损，日有所亏。"

2. 规范申请学分流程和标准，明确认证责权

如果一个事情的责任主体不明确，就很难有人来担当。既往实践教学的学分给予总是在第四学年一揽子解决，三年漫长的延续削弱了或缓冲了"求得学分"对学生的压力和动力，导致学生自我积极锻炼的主观能动性不足，学生才能的展示机会不够。毕业年级阶段的评分，往往由于关系重大，齐抓共管，实际上往往"三个和尚没水喝"，推来推去，最后由某位老师来补救。没有切实的学习训练，学生的知识能力就不会获得"最大发展区"的长进，而获得的学分也没有真实的内涵和外延。因为前期的学分管理要求不明确，最后只能"和稀泥"，"没犯什么错，没出什么格儿"就"大家都好"。行之日久，学风损害，学生斗志颓靡，大一时期有公益心、有热情、想奉献的学生得不到肯定或者表彰，积极性就会慢慢下滑；另有一些想投机取巧的学生正好"悟到有机可乘"，这样一方面导致学生虚度了练习专项的时间，另一方面导致集体荣誉的教育、公德公益的教育无从加强。从善如

登，从恶如崩。怎样才能使学生在四年中不忘初心，在课程之外也能只争朝夕、奋发有为呢？联合国教科文组织前总干事皮亚杰先生曾指出，教师应该成为一个良好的辅导者，激发学生的首创性和探索性。只有学生到了人民群众中间、到了生产劳动第一线，身临其境，耳濡目染，他们才能真正地有所感、所悟，才能有探索、有首创。如果没有生活，文艺创作就是无源之水、无本之木，就不会有接地气的优秀作品。不管入学时候学生的基础如何，只要方向正确、方法适当，每一份努力都会缩短与目标的距离。营造这样的学习氛围，需要做的事情非常多，至少从实践教学的学分评定方面我们可以做出更好的设计和努力。这样的设计和落实，能够缓解学生们课余时间学习、训练"动力不足的恐慌、自强不知始于何处的迷茫和恐慌"。

在每学期的学分评定工作中，首先，要求学生在完成某项实践任务后进行书面总结，并交给业务指导老师审批签字；如果学生担任学生干部、承担社会工作、参加有组织的义务劳动等，其参与情况由学生本人总结，报请辅导员老师审批签订。然后，学生将该事项填在专门设计的"艺术实践教学学分申请表"中，这个表格学生每人每学年一张，累进式登记学生参加实践活动、申请学分的情况。该登记表写清楚时间、实践内容、任务来源、完成情况、业务指导老师证明人、辅导员证明人、赋予的学分数等，以便期末总计。总计工作按学生组长、班级学习委员、年级学习部长、教务实习生、教务员和辅导员的流程接力完成。

需要说明的是，学生的总结要求手写，防止"复制""粘贴"，例如学生把艺术采风的心得亲手抄写一遍，也是学习和提炼的过程，是一个"静"的过程。另外，各班学习委员负责登记表和附件证明材料的收发，最后协助系教务员审查归档入库。这样也能发挥大学生自我管理、自我服务的作用。

3. 加强宣传引导工作

制定《实践教学学分量化管理实施细则》，加强宣传教育，使学生接受实践教学学分要分在六个学期，让学生从开始就明白从哪些方面努力可以获得学分、通过如何的申请流程可以落实学分。同时，尊重学生的个性，特别突出的才艺训练和贡献可以作为申请特例在系学术委员会上讨论，尊重学生的首创精神和积极性，这样才更能让学生信服，不使学生感到压抑。在实践中完善制度，使同学们信服管理工作的宗旨是促其更好成才，要让学生在获得0.1学分的同时，也感触到自己技术的进步和心灵的喜悦。

管理也是生产力，执行有效的管理制度可以把人的主观能动性切实地调动起来。有了目标，就有了动力，就如高中生考学前的努力状态。学生不认真行动起来参加实践活动，这0.1学分、这一个学期的1学分，就无法获得。压力会激发出动力，持之以恒刻苦努力，天道酬勤自有因果。这样，除了我们优质的课堂教学外，还有与之相得益彰的课外修读评价体系和激励机制，行之日久，学生素质就会越来越高，越来越能为国家、为社会做更大的贡献，学生就会有更好的就业机会和发展平台。

4. 多措并举，互相促进

在实际工作中，我们要把学生的实践教学活动与学校二级单位主办的活动紧密结合起来，例如外语系举办的外语演讲比赛、现代技术教育中心举办的flash及微视频比赛、团委图书馆主办的书法比赛等，学生每参加一次这样的比赛活动都会提早下很多的功夫，都是对学生素质的提升，对学生能力的促进。这些都可以据实总结，按照申请流程，分项评分。这样，使各项工作互相促进，形成全员育人的良好氛围。

积极向上的校园氛围对学生艺术人格的塑造、良好品质的形成具有潜移默化的作用，艺术实践教学还要同大学生社团活动更紧密地结合起来，表演专业和其他专业学生在第二课堂结合起来，开展丰富多彩的文体活动和有特色的学术活动，取长补短，共同提升素质。

对于在实践教学工作中成绩突出的学生和指导教师，应该进行适当的奖励。通过评比，发掘优秀事迹，举办表演系实践教学报告会，采取物质奖励和精神奖励相结合的办法，设立表演系"艺术实践奖"、颁发表演系"艺术实践杯"，在表演系网站宣传，树立典型；精选相应的图文资料印制年度实践教学画册，积累资料，同时从精神上鼓励师生奋发有为，再创新高。

五、结论与建议

为了更好地促进表演专业学生重视实践教学、落实实践教学，更多地贴近人民大众、贴近生产劳动，促进学生抓紧每个学期的课余时间发奋图强，实行学期实践教学1学分制具有必要性和可行性，尝试执行具有重要的意义。建议对教师、学生进行全面的动员，齐心协力，尽早落实。

参考文献

[1] 李秉德. 教学论 [M]. 北京：人民教育出版社，2001：151.

[2] 潘懋元. 高等教育质量与大学教师发展 [J]. 高等教育研究，2015，36（1）：48.

[3] 郭磊. 北京舞蹈学院"学年学分制"教育改革的探索与思考 [J]. 北京舞蹈学院学报，2012（4）：1-8.

[4] 孙贵磊. 高等教育中理论教学与实践教学的现状与对策研究 [J]. 中国科技信息，2011（17）：183.

[5] 北京舞蹈学院教务处. 拓展实践教学平台培养学生创新能力——举办首届北京艺术院校舞蹈节暨第四届"学院奖"舞蹈比赛 [J]. 北京教育（高教），2011（10）：44－45.

[6] 王翠萍. 构建实践教学体系的必要性和措施 [J]. 才智，2012（4）：278.

国家羽毛球队文化建设研究

国家体育总局乒乓球羽毛球运动管理中心　　成小学

摘要： 目前我国体育文化建设工作与体育事业发展的要求还不相适应，与人民群众日益增长的体育文化需求还有较大差距，与我国国际体育地位和影响力还不相称。国家羽毛球队从成立至今，取得了优异成绩和无数荣誉，但在发展过程中遇到了诸如运动员荣誉感下降、个人利益和集体利益冲突、凝聚力下降等现象，需要从球队文化层面加以解决，但目前对国家羽毛球队文化建设系统的研究较少，这影响了球队全面、协调、可持续发展。

本文以此问题为导向，以文化结构学说为理论依据，采用文献资料法、专家访谈法、逻辑归纳法对国家羽毛球队文化建设进行三层结构分析。研究表明，国家羽毛球队文化建设物质层面承担载体少，形式单一；制度层面需要进一步丰富完善，特别是创新制度；在价值观层面，要进一步强化贯彻"爱国、团结、拼搏、创新、公益"的价值观，只有对以上文化建设三个层面进行不断的改进完善，才能提高国家羽毛球队文化建设的水平，促进其全面、协调、可持续发展。

关键词： 国家羽毛球队；文化建设；文化结构；建议

2011年中共中央审议通过了《中共中央关于深化文化体制改革推动社会主义文化大发展大繁荣若干重大问题的决定》，进一步掀起了社会主义文化建设的新高潮。2013年习近平总书记在中央政治局集体学习时指出："提高国家文化软实力，关系'两个一百年'奋斗目标和中华民族伟大复兴中国梦的实现"。国家体育总局2012年4月下发了《关于加强体育文化工作的通知》，2015年11月下发了《关于进一步做好运动项目文化建设的通知》。以上领导指示和文件从不同层次表明了国家对开展文化建设、开展体育文化建设的重视，并指明了体育文化建设的重要意义——弘扬中华体育精神，提升中国体育文化软实力，促进体育事业全面、协调、可持续发展，推动我国从体育大国向体育强国迈进。综上所述，可以看到当下提升中国文化软实力的重要性，体育文化在社会主义文化强国建设中的重要性。

国家羽毛球队作为我国体育战线的一面旗帜，在赛场内取得了优异的成绩，赢得了无数荣誉，也激励了更多中华儿女投身羽毛球事业。但现在国家羽毛球队也遇到了诸如运动员为国争光荣誉感下降，强调物质主义、个人主义等现象，这些需要从队伍文化层面来加以解决，但目前对国家羽毛球队文化建设系统的研究较少，这制约了球队进一步全面、协调、可持续发展。有鉴于此，本文从物质文化、制度文化、精神文化三个层面对国家羽毛球队文化建设的现状、影响因素进行调查、研究，并由此得出结论，提出初步建议和对策。

一、国家羽毛球队文化建设的意义

（一）文化、体育文化、文化建设的定义

有关文化的定义十分广泛，本文主要引用王玉德在《文化学》一书中的定义：文化指语言、信仰、道德、法律、组织结构、生存方式、规范和准则、社会意识形态、价值观等人类创造的物质财富和精神财富的总和。

冯胜刚在《对"文化"和"体育文化"定义的求索》一文中，对体育文化的概念做出总结："体育文化"就是人类在所有的体育现象及促进体育发展的活动中，在价值观念、精神状态、情感倾向等层面，在理论认识、方法手段、技能技术等层面表现出来的思维方式，与在有意识的实践活动中表现出来的行为方式的总和。

文化建设就是发展教育、科学、文学艺术、新闻出版、广播电视、卫生体育、图书馆、博物馆等各项文化事业的活动。它既是建设物质文明的重要条件，也是提高人民思想觉悟和道德水平的重要条件。

（二）体育文化建设的意义

体育文化作为我国社会主义文化的重要组成部分，它是人类社会实践过程中所创造的体育物质财富与精神财富的总和，是人类社会发展和文明进步的重要标志，是综合国力、文化软实力和社会文明程度的重要体现。体育文化在弘扬中华体育精神，建设社会主义文化强国中的重要作用不可低估，在促进体育产业全面、协调、可持续发展，促进我国由体育大国向体育强国迈进具有重要作用，对于推动社会主义文化大发展、大繁荣具有重要意义。

当前我国发展正处在一个新的历史交汇点，我们实现第一个百年奋斗目标，全面建成小康社会，向着第二个百年奋斗目标迈进，开启全面建设社会主义现代化国家新征程。在这个重要时间节点，更要提升国家的文化实力，积极主动践行社会主义核心价值观。而目前我国体育文化建设工作与体育事业发展的要求还不相适应，与人民群众日益增长的体育文化需求还有较大差距，与我国国际体育地位和影响力还不相称，因此加强体育文化建设是我国社会主义建设的必然要求。

国家羽毛球队作为中国体育战线的一面旗帜，作为呈现中国体育文化的重要载体，承担着为国争光、提升国民凝聚力的重要使命，队伍中的明星教练员和运动员，对我国广大人民群众和青少年更是具有独特的影响。但随着社会的发展，体育所处环境的变化，国家羽毛球队的发展也面临新的形势和要求，对内有"举国体制"难以为继、价值多元化等冲击，对外面临着项目市场化、职业化等冲击，这就更需要从文化层面来加强球队建设。通过制度约束、形象统一，形成文化认同，从而成为队伍建设发展的内在动力源泉，因此做好队伍文化建设具有十分重要的意义。

二、国家羽毛球队文化建设的现状

文化建设是形成运动队发展战略的过程，是在相当长时期队伍建设的指导力，是球队健康、可持续发展，立于不败之地的根基，是队伍管理的核心和生存的灵魂，应该受到运动队管理者的高度重视。运动队文化来自运动队，反过来会对运动队产生巨大的能动作用，它对项目的发展有引领和制约的双重作用。

2007年国家羽毛球队曾请专业咨询策划公司对自身的公众形象和价值理念做过调查分析，经过反复讨论确立了队伍的价值观（当时叫"核心竞争力"）和标识设计。其价值观归纳起来是爱国、团结、拼搏、创新、公益，其他如管理体制（主要是领导制度、管理规章制度等）和人员展示、相关产品（服务、实体产品）等都要围绕这个核心理念来制定。

本文以结构主义学派的文化结构学说为理论依据，一是可感知的实物，也就是物质文化层；二是行为规范、生活方式等，也就是制度文化层；三是世界观、价值观、道德观，也就是精神文化层。本文所展开的国家羽毛球队文化建设研究也是基于这三个层面。

（一）在物质文化层面

物质文化是由自然创造的各类器物构成整个文化创造的基础，因为文化建设都是精神层面的东西，必须要在物质层面打好基础，更好地展现出来。

（1）通过调查，我们发现国家羽毛球队主要通过场馆、基地等训练、比赛载体，服装、球拍、器材等装备载体，手提袋、信封、邮册等生活类载体来展示球队文化，表现出集体和个人风格的统一，历史和现代的统一。且随着体育所处环境的发展变化，球队也在共性的基础上展示个性，如在保持全队服装、球拍等基本一致的前提下，开始制作个性化球拍、球服等，这说明国家羽毛球队在物质文化层面建设相对完备。

（2）在调查访谈过程中，我们也发现受观念、体制、发展阶段等影响，国家羽毛球队物质文化建设层面也存在载体太少、形式单一、特色产品少等问题，很多产品只是停留在表面，缺乏深层次挖掘等。

（二）在制度文化层面

作为文化建设的中间层面，制度文化反映和维系文化的物质层面和精神层面构成的整体，在国家羽毛球队主要体现为管理体制、规章制度等，它也经历了一个逐步发展、完善的过程。

（1）队伍管理体制从时间上主要分为三个阶段。1985年前一般实行领队负责制，1985年后多数实行的是主（总）教练负责制，从2005年开始实行队委会领导下的总教练负责制度。三种管理模式都有明显的时代特征。第一种强调领队的领导作用，第二种突出主教练业务上的全面指挥权，第三种队委会领导下的总教练负责制度更重视充分发挥集体的作用，调动各方面积极性，最大限度地整合全队资源，一方面保证总教练业务权威，另一方面通过队委会机制弥补个人力量的不足。运动员管理则从实施半军事化管理逐步转换为制度化管理和人性化管理相结合。此外，还有国家羽毛球队组建管理办法、工作人员管理办法等规章制度，在外部运行机制上，党支部作为队伍管理的重要形式也发挥了巨大的作用，这些管理体制和规章制度为球队的良好运转打下了制度基础。

（2）通过访谈我们也发现，目前影响国家羽毛球队制度化建设的主要因素有以下两点：

①现有管理体制虽然有各种配套规章制度，但是比较分散，各自发挥作用，没有形成有机整体，从而影响了这些制度贯彻执行的效果。

②随着体育对外交流、市场化形势的加快，国家队事务种类也逐步增多，但相应的制度建设落后，特别是与市场接轨的制度建设落后，科技创新的制度建设落后，影响了球队制度建设的发展。

（三）在精神文化层面

精神文化层面（价值观）是文化建设的核心，队伍的共同方向意识、日常行为规范都是由此引申出来的，国家羽毛球队的价值观建设也随着中国体育发展阶段的不同而发展。

从国家羽毛球队组队到在1993年原国家体委（国家体育总局前身）出台《关于深化体育改革的意见》之前，有近40年的时间，体育行业实行的是政府主导下的带有强烈计划经济色彩的传统体育体制，国家队主要由归国华侨王文教、陈福寿等（时任总教练、副总教练）带领队伍进行训练、比赛，在这样的时代大背景下，球队的价值观主要表现为服务国家和体育这个层面，强调的是"无私奉献、为国争光"等。对此原国家体委副主任刘吉在《弘扬中华体育精神为精神文明建设做贡献》一文中对此有深刻的概括，就是"祖国至上、团结拼搏、敬业奉献、科学求实、艰苦奋斗"。队伍日常训练用的宣传标语、口号多为"团结拼搏""祖国利益高于一切"。

在1993年开始实施《关于深化体育改革的意见》文件后，根据实施意见，要构建符合现代体育发展规律、国家调控、依托社会、自我发展、充满生机与活力的体育体制和良性循环的运行机制，体育要体现政府、市场、社会等多元价值。据此精神，国家体育总局对机构管理实施了改革，改革对项目带来的直接影响就是一批"少帅"开始走向前台。从1993年李永波开始担任国家羽毛球队总教练至2017年卸任，在这20多年的发展过程中，球队除了继承了传统价值观之外，也与时俱进，加入时代发展的特征，融入了新的内容——创新、公益等。把"创新"作为球队保持长盛不衰的源泉，主要表现是开始重视科研活动，羽毛球理论文章逐年增多，创新层次从技战术到体制制度再到思想都有了极大的发展。此外，球队开始体现"公益性"，树立了回报祖国、回报社会的责任意识，主要表现为参加公益活动增多，如汶川、玉树地震捐款，举办义赛，走进智障儿童院，关注儿童安全步行等。这些都是在继承原有价值观的基础上，增添的新价值理念，目前的主要问题是这些新产生的价值理念——"创新、公益"在理解、执行上还不够深入，创新的层次较低，公益的形式比较单一。

2014年，国家体育总局再次出台改革文件《以运动项目管理中心和单项体育协会改革为突破口，深化体育管理体制改革的方案》，相信随着此次改革的进行、社会的发展，会有新的价值理念出现，需要及时归纳提炼这些价值理念。

根据资料整理，1993年之前国家羽毛球队出访基本保持在每年10站至15站，且以比赛为主，其他文化交流少。1993年以后，国家羽毛球队每年参加比赛达到20站至30站，且每站比赛要在外待近一个星期，在此过程中队伍人员受到国外体育市场化、职业化发展的影响较多。积极的一面是可以吸收借鉴现代体育文明精神，如更快、更高、更强的奥林匹克精神以及追求平等、公平、正义的价值观。消极的一面如强调物质利益多、精神追求少，强调个人主义多、集体主义少，"祖国利益高于一切、团结拼搏、为国争光"等原有价值观开始受到冲击，出现了诸如运动员从国家队退役去国外打球、运动员离开国家队"单飞"等现象。这些现象说明国家羽毛球队在"爱国、团结"等价值观层面宣传引导得不够，没有在羽毛球界、在国家队全体人员中形成文化认同，没有很好地宣传、发挥核心人物的模范带头作用。

三、国家羽毛球队文化建设的建议

根据上述现状和分析，可得出如下结论：国家羽毛球队文化建设从精神、制度、物质文化三个层面来看有基本成果，但需要进行系统提炼、丰富，形成互相作用的体系。

基于国家羽毛球队文化建设的要求和现状，提出相应的建议如下：

（1）要在物质层面不断丰富国家羽毛球队文化建设的载体和形式，要加大这方面的建设，多提供风格统一、能够体现羽毛球队核心价值观的产品。如建设各类体育博物馆、体育名人堂，充分利用文艺作品等作为物质文化建设层面的载体。

（2）要在制度层面制定适应国家羽毛球队文化建设的整套制度。要结合时代的发展，制定、完善国家羽毛球队各项制度，形成系统的制度体系，特别要重视"创新"制度和与市场对接制度的构建，用制度去约束人员的语言和行为，用制度去体现文化建设内涵。

（3）国家羽毛球队文化建设受精神、制度、物质等多重因素影响，但重点是"精神层面"，也就是价值观，因此，国家羽毛球队文化建设的核心是培育"价值观"，这是提高球队竞争力和影响力，保持球队可持续发展，提升球队形象和软实力的关键因素。在此过程中要用发展的眼光看问题，要在继承国家羽毛球队既往"价值观"的基础上，大胆融入社会和体育的新特征，不断丰富文化建设的内涵和内容，及时归纳新的"价值观"，再把这些"价值观"进行大力宣传，通过制度和物质很好地展现出来，从而对项目的发展起到推动作用。此外要重视领导者、核心人物价值观的培养，因为球队核心和领导者的观念对一个球队的影响是长远的、巨大的。

参考文献

[1] 蔡鹏. 山东省优秀运动队文化建设与管理的探究 [D]. 济南：山东体育学院，2013.

[2] 成嬛娣. 我国举重运动团队文化建设研究——以国家举重团队文化建设为研究个案 [D]. 济南：山东体育学院，2011.

[3] 方萍. 关于运动队文化建设的若干思考 [J]. 科技资讯，2007（14）：187.

[4] 文红为，俞继英，陈晓. 我国优秀运动队文化形成的影响因素及发展措施 [J]. 上海体育学院学报，2006（30）：24-27.

加强高校管理制度执行力的研究

北京体育大学　白洁

摘要： "没有规矩，不成方圆"，党的十八大明确强调"要把制度建设摆在突出位置"。习近平总书记十八大后发表的一系列重要讲话中也包含不少直接关于制度建设的重要论述。当前，在全面深化改革和全面推进依法治国的大背景下，教育行政主管部门和省政府正推动各高校以制定大学章程为龙头，建立中国特色现代大学制度。建设世界一流大学，不但要有一流的管理制度，还要让这些制度真正发挥作用。因此，在制度越来越完善的同时，制度执行力成为关键中的关键。然而当前却缺乏对制度执行情况的关注和评估，各高校普遍存在重视制度数量，轻视制度质量；重视制度制定，轻视制度执行；"有令不行、有禁不止""上有政策、下有对策""约束有效、监督乏力"等制度执行不力的问题。

本文通过文献资料法等研究方法，分析了高校管理制度执行不力的原因，并运用科学发展观、马克思主义政绩观等理论，提出从完善制度体系建设、提高制度执行主体素质和建立监督问责机制等方面加强高校管理制度执行力。

关键词： 高校管理制度；执行力

随着深化改革和依法治国的推进，教育领域的综合改革不断深化，迫切需要全面推进依法治校、加快建设现代学校制度。2010年颁布的《国家中长期教育改革和发展规划纲要（2010—2020年）》明确提出完善中国特色现代大学制度的目标。随后国务院办公厅印发了《关于开展国家教育体制改革试点的通知》，将现代大学制度作为一项改革试点。按照通知要求和国家教育体制改革领导小组办公室的具体部署，教育部负责牵头组织实施。2010年6月7日，教育部、财政部联合发布的《关于加快推进世界一流大学和高水平大学建设的意见》明确提出要"以改革创新精神建立适应世界一流大学和高水平大学发展的制度"；2012年11月22日，《全面推进依法治校实施纲要》发布，其中指出"要以提高学校章程及制度建设质量、规范和制约管理权力运行、推动基层民主建设、健全权利保障和救济机制为着力点，增强运用法治思维和法律手段解决学校改革发展中突出矛盾和问题的能力，全面提高学校依法管理的能力和水平"。随着制度的不断完善，提高制度执行力显得尤为重要。

一、加强制度执行力的必要性

党的十八大以来，以习近平同志为核心的党中央高度重视"制度治党"，大力加强包括党章党纪、法律法规等在内的制度建设，增强制度执行力，坚决维护制度的严肃性和权威性。习近平总书记多次发表重要讲话，强调加强制度执行，他在党的群众路线教育实践活动总结大会上指出"坚持制度面前人人平等、执行制度没有例外，不留'暗门'、不开'天窗'，坚决维护制度的严肃性和权威性，坚持纠正有令不行、有禁不止的行为，使制度成为硬约束而不是橡皮筋"。"空谈误国，实干兴邦"，习近平同志在中央党校2011年春季学期开学典礼上发表了《关键在于落实》的重要讲话指出"如果落实工作抓得不好，再好的方针、政策、措施也会落空，再伟大的目标任务也实现不了"。

"执行力"可以理解为组织或个人完成目标或任务的实际程度，是一个以"结果"为导向的概念。制度执行力则指的是制度执行的强制力、效力、执行力度等，直白地说就是对制度的贯彻能力、照办能力和落实能力。"天下之难，不难于立法，而难于立法之必行。"任何一项法规，其效用最终体现在执行上，而执行力的强弱，直接决定执行的效果。所以说制度的生命在于执行，制度的力量在于执行，制度的实效更在于执行，再完善的制度，如果不去执行或执行不力，只能是"镜中花、水中月"，不但流于形式，成为摆设，还会反过来败坏作风、影响形象，有制度不执行，比没有制度的危害还要大。

　　建设世界一流的大学，除了要有一流的管理制度，还必须让这些制度真正发挥作用，制度的执行力直接决定高校各项工作的质量和效率。教育部在《关于加快推进高等学校章程制定、核准与实施工作的通知》中专门指出，"章程的生命力在于执行。各地、各高校要高度重视章程核准后的执行机制建设，保障章程在高校管理和办学实践中真正发挥作用"，对各高校增强章程及配套制度的执行力提出了明确要求，如何加强高校管理制度的执行力是当前我们必须认真思考的问题。

二、高校管理制度执行不力的原因分析

　　高校规章制度是我国教育法律法规体系的重要补充，规章制度体系的完善是法律法规在高校统一实施的保障。近些年来，各高校都十分重视规章制度建设工作，特别是对学生教育、教师管理等方面的规章制度不断完善，然而，重视制度的数量，容易轻视制度的质量；重视制度的制定，又往往轻视了制度的执行，普遍存在"有令不行，有禁不止""上有政策，下有对策""约束有效，监督乏力"等制度执行不力的问题，使得很多制度没有起到应该具有的管理作用，究其原因主要有以下几个方面。

（一）制度自身的问题

　　制度本身是否合法、合规、合理，制定过程是否符合程序、是否具有可操作性，对制度执行力有着决定性影响。比如，那些与上位法相冲突的制度；没有与时俱进、与学校改革发展实践不相适应的制度；不按正常程序，拍脑袋、拍大腿制定出来的制度；不考虑可操作性，为了应付上级检查，或以制度落实制度，为制定而制定的制度，这些制度有先天不足，从一开始就成了写在纸上的文件、贴在墙上的口号，执行力根本无从谈起。

（二）执行主体的问题

　　由于执行主体自身素质和对制度的理解不同，往往会出现从自身利益出发将制度束之高阁，或者在执行时采取双重标准，选择执行对自身有利的部

分，而拒不执行对自身不利的部分等现象。这严重损害了制度的权威性和公信力。最终的结果是执行主体逐渐对制度缺乏应有的敬畏、信心和尊重，而习惯于寻求制度以外的途径解决问题，导致制度执行力不断下降。

（三）监督问责机制的问题

出现上述问题的根本原因是缺乏监督问责机制，对制度制定的质量和执行情况不监督、不评估、不问责，制度也就成了"不带电的高压线"。无论是制度的制定还是执行，都离不开人的行为活动，而人性本身总是期望自身受到最小的约束而获取最大的利益，因此，无论是制度的制定者还是执行者，总是在与公共利益相博弈，总是在试探或者观望制度执行的底线。所谓法不责众，一旦缺失了对制度监督问责的约束机制，必将导致有法不依、执法不严、违法不究的严重后果。

三、加强高校管理制度执行力的对策

针对上述影响高校管理制度执行力的因素，本文将尝试运用在干部进修班所学的理论，寻求加强高校管理制度执行力的对策。

（一）用科学发展观指导制度建设

科学发展观是中国特色社会主义理论的重要组成部分，也是新时期指导我国社会主义事业的理论旗帜和思想武器。新时期我国高等教育的改革发展，必须在科学发展观的指导下，更加注重内涵发展，更加注重提高质量，走科学发展的道路。表现在制度建设上就是要以科学发展观为指导，建设完善科学合理的制度体系。

（1）统筹兼顾，完善制度体系。教育部和省级教育行政部门已基本完成全部"985工程""211工程"建设高校章程的核准工作，并于2015年12月31日前完成所有高校章程的核准工作。大学章程是现代大学制度的基本要素，既是高等学校的"宪法"，也是界定政府、学校、社会之间关系的契约。接下来，各高校要以章程为准则，系统整合完善自主招生、资产财务、人事管理等配套制度，形成以章程为核心的层次清晰、内容规范、完整有效的内部治理制度体系（见图1）。

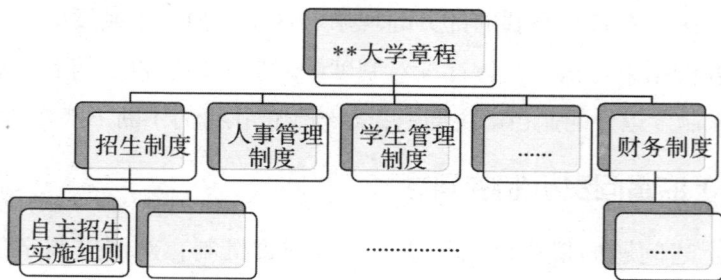

图1　**大学内部治理制度体系结构图

（2）与时俱进，做好规章制度清理工作。在实际工作中，很多制度因超期已无法执行。因此，各高校都应定期对现有的规章制度进行清理，同时清理的重点应不在于摸清家底，而在于寻根溯源，即厘清每一项规章制度制定的依据（上位法）是否已发生变化；在于体现发展要义，即该制度是否与学校的发展方向相一致；在于与时俱进，即分析在当前形势下，该制度是否还有存在的必要，如制度的适用范围、对象是否已发生变化。大学章程已通过核准的高校，更要以章程为准则，全面清理学校的各项规章制度，对不符合章程、在章程中没有依据的，不适应学校改革发展实践要求的，要及时予以废止或者修改，对于需要增补的也要及时增补。

（3）全面协调，履行规章制度制定程序。规章制度存在先天缺陷，很大程度上是因为在制定过程中没有履行好程序。一项制度要不要制定，如何制定，首先要全面考虑其合法性，现在很多高校都设有专职的法律专业人员或者聘请了法律顾问，这是非常有必要的；其次要考虑其在整个制度体系中如何协调各方关系，各制度之间也不能"打架"；再次要经过征求意见、校内公开等环节，根据实际需要，还应增加前期调研、论证，教代会、学代会讨论，党委常委会、校长办公会审议等环节。总之，一项好的制度绝不是起草者闭门造车或照搬上级及其他高校有关制度起草出来的。

（4）以人为本，加强制度的合理性和可操作性。制度不仅是用来约束人的，还是为了维护大多数人的权利与利益。特别是高校，因其培养人才、科学研究、服务社会、文化传承与创新的功能决定了其内部成员的特殊性。高校教师是知识分子，教师是年轻一代的培养者，是科学文化、意识形态的传递者，是未来社会人才的生产者，他们的工作具有创新性。而大学生群体，则是充满生机和理想，具有较强的主体意识、求学成才欲望的年轻人。内部成员的特殊性决定了高校管理工作的独特性，无论是对教师还是对学生的管理制度，都应体现出以人为本，对师生员工的身心发展给予更多关注。因此，高校制定制度的出发点和落脚点都应是更好地服务于师生，以此加强制度的合理性和可操作性，同时在制定的过程中要增加科学性和透明度，建立并疏通执行者参与制度制定过程的渠道，增强其对制度的心理认同和价值共识，减小制度的执行阻力。

（5）可持续，根据制度运行情况对制度设计进行追踪评估、检查反思。一项好的规章制度绝不是朝令夕改的，而应是具有稳定性和持续性的。要做到这一点，除了在制定制度时要遵循上述4点，还应在制度运行一段时间后进行追踪评估，可以由制度执行者和决策方共同检查反思，并将结果运用到未来对制度的调整、修订和制定新的规章制度上。

（二）以马克思主义政绩观提高制度执行主体的素质

制度离不开执行主体的制定和执行，这既包括高层领导者对制度的充分重视和率先垂范，也包括基层执行者对制度的坚决贯彻和依法执行，因此，以马克思主义政绩观提高执行主体的素质是提高制度执行力的有效途径之一。所谓政绩观，是干部对如何履行职责、追求何种政绩的根本认识和态度，对干部如何从政、如何施政具有导向作用，是领导干部人生观、价值观和世界观的根本体现。特别是制度执行主体中的高层领导者，既是制度的执行者，也很有可能是制度的制定者之一，只有坚持用马克思主义的立场、观点和方法全面准确地把握政绩观的科学内涵，才能在制定和执行制度时率先垂范，经得起群众、实践和历史的检验。同时会对基层执行者产生表率和榜样作用，对基层人员的执行力起到积极的影响。

（三）建立监督问责机制

制度执行难还难在法不责众，没有针对制度执行的监督问责机制。习近平总书记在人民月报《专家学者对遏制公款吃喝的分析和建议》等材料上的批示中强调，要"努力建立健全立体式、全方位的制度体系，以刚性的制度约束、严格的制度执行、强有力的监督检查、严厉的惩戒机制，切实遏制公款消费中的各种违规违纪违法现象"。公款消费只是规章制度约束的行为之一，习近平总书记提出的上述论断实际上是对制度体系建设和执行的总体要求。高校要加强制度执行力也应结合以下几个方面建立监督问责机制：

（1）将制度执行情况与述职工作相结合。特别是在领导干部的年终述职中增加对制度制定及执行情况的内容要求。

（2）将监督与考核、晋升工作有机结合。针对制度执行情况，完善领导干部、教职员工考核、晋升制度，将其作为评分项。

（3）拓宽监督渠道，将决策权、执行权、监督权分开，同时将师生监督、舆论监督、社会监督等有机结合起来，形成监督合力。

（4）建立问责制度。完善各种奖惩制度，加大违反规章制度的成本，对"有令不行，有禁不止"的行为要严厉惩处，绝不姑息。

世界一流的大学不仅有建筑、设备和人才等硬实力，还有制度、文化和氛围等软实力。当前我国在建设现代大学制度方面正在有序推进，笔者认为加强制度的执行力同等重要。如何加强，我们没有经验可依，也没有老路可走，不仅需要认真思考研究，也需要不断探索实践。因此，仅以本文抛砖引玉，希望能引起大家在重视制度建设的同时，同样重视对加强制度执行力的思考。由于篇幅和能力有限，对于本文中的不足之处，也希望得到老师和同学们的批评指正。

参考文献

[1] 孙宵兵. 中国特色现代大学制度建设研究 [M]. 北京：教育科学出版社，2014：4.

[2] 教育部政策法规司，教育部高等教育司. 中国特色现代大学制度文件辑要 [M]. 北京：教育科学出版社，2013：8.

[3] 麻宝斌，段易含. 再论制度执行力 [J]. 理论探讨，2013，（2）：140–144.

[4] 项金枝. 高校教学管理执行力的缺失与建议 [J]. 教育探索，2008，（1）：72–73.

[5] 石连海. 国外大学章程执行力的模式、运行机制与启示 [J]. 教育研究，2014，（1）：132–137.

[6] 别敦荣. 论办好中国的世界一流大学——学习习近平总书记在北京大学师生座谈会上讲话的体会 [J]. 中国高教研究，2014（9）：1–5.

浅析中国特色世界一流体育大学的基本特征与战略重点

北京体育大学　朱晗

摘要： 教育是国家发展和民族振兴的基石，是最根本的战略性事业。党和国家始终高度重视高等教育工作，历任党和国家领导人均从战略高度对社会主义中国办什么样的高等教育多次提出明确要求。特别是党的十八大以来，习近平总书记多次提出要建设中国特色、世界一流的社会主义大学。高等体育院校作为中国特色高等教育体系中的重要组成部分，也应以中国特色、世界一流为目标，发挥作用、办出特色、争创一流。为此，本文运用马克思列宁主义原理着重分析了中国特色、世界一流体育大学的基本特征，并在总结世界一流大学的历史经验、现状特征和发展趋势的基础上，明确了建设中国特色、世界一流体育大学的战略重点，以期为推进我国高等体育院校发展提供借鉴。

关键词： 中国特色；世界一流；体育大学；基本特征；战略重点

教育是国家发展和民族振兴的基石，是国家和民族最根本的战略性事业。党和国家始终高度重视教育事业的发展，并在党的十六大报告中，首次确立了教育在国家战略中的优先发展地位。高等教育是科技第一生产力与人才第一资源的重要结合点，承担着人才培养、科技创新、社会服务和文化传承创新的重要职责，作为知识传授和学术研究的重要场所，作为增强国家创新能力和提高国民素质的重要基地，作为服务社会和推进发展的重要力量，在推进强国建设中具有基础性、先导性和全局性的重要作用。

　　党和国家始终高度重视高等教育工作，历任党和国家领导人均从战略高度对社会主义中国办什么样的高等教育多次提出明确要求。胡锦涛同志在庆祝清华大学建校100周年大会上的讲话中强调，要坚持"中国特色，世界一流"的发展道路，加快建设世界一流大学。习近平总书记在2013年、2014年教师节两次提出"发展具有中国特色、世界水平的现代教育"的重要理念，并进一步指出办好中国的世界一流大学，必须有中国特色。2014年12月，在第二十三次全国高校党建工作会议上，习近平总书记指出，高校建设的根本目标是办好中国特色社会主义大学。这些指示和要求，为新形势下办大学提供了根本遵循，指明了前进方向。

　　体育院校作为中国特色高等教育体系中的重要组成部分，在国家建设高等教育强国、体育强国的战略任务中，也应以中国特色、世界一流为目标，发挥作用、办出特色、争创一流。

一、中国特色、世界一流体育大学的基本特征

（一）中国特色、世界一流体育大学必须坚持走中国特色社会主义道路

　　在任何社会中，高等教育机构都是一面鲜明反映该国历史与民族性格的镜子。任何一种社会制度都需要以它的意识形态和道德准则来影响和教育学生，这就决定了每个国家和民族因历史传统、基本国情不同，其高等教育的发展也必然有自身的鲜明特色。毛泽东同志曾指出"就教育史的主要侧面说来，几千年来的教育，确是剥削阶级手中的工具，而社会主义教育乃是工人阶级手中的工具"。我国是社会主义国家，这就决定了我国的高等教育是社会主义性质的，我国高校的根本属性是中国特色社会主义大学。这是规定我国高等院校根本性质的核心概念，也是我们把握大学办学方向的第一要求。

　　坚持中国共产党的领导，坚持社会主义办学方向，既是我国高校办学最基本的要求和最重要的前提，也是我国高校最重要的政治优势。改革开放40多年来，中国特色社会主义取得了持续快速发展，中国道路以辉煌的成就向

世界彰显了中国特色社会主义制度的优越性，也为我们办好中国高等教育带来了坚定的自信和独特的优势。"中国特色"的核心思想，就是要在选择性地学习发达国家成功经验的基础上，紧密结合我国的基本国情和发展实际，进行创新与实践。因此，办好中国特色社会主义大学，必须植根于中国的政治、经济、文化、历史"土壤"，把坚定正确的政治方向放在首位；必须切实加强党对高校的领导，旗帜鲜明地坚持姓"社"的本色，坚定不移地走具有中国特色的高等教育发展道路。

（二）中国特色、世界一流体育大学，必须服务于中国特色社会主义现代化建设

大学的精髓在于具有对国家高度负责的价值观。坚持为国家建设服务，为社会发展服务，是大学存在和发展的基础。世界历史表明，强国的崛起和世界经济中心、文化中心、科技中心的转移，都与高等教育的发展相伴相承，"教育发展——知识进步——经济发展"三者的内在逻辑决定了高等教育是一项具有全局性的战略事业，也充分证实了高等教育对强国的重要支撑作用。哈佛大学前校长博克指出"大学的职能是为养育自己的社会服务的"。纵观世界一流大学，均以促进国家富强为己任。剑桥大学提出"通过追求国际最高水平的、优秀的教育、知识和研究，为社会做出贡献"；牛津大学坚持以"通过大学的研究成果和毕业生的技能，使世界、国家和地方社会富饶起来"为目标；麻省理工学院指出"学校要致力于发展知识，培养学生在科学、技术及其他方面的学识，最好地为国家、为世界服务"。这些著名高校，在推动国家走向强大的过程中，体现了价值，创造了辉煌。

高等教育是科技第一生产力与人才第一资源的重要结合点，承担着人才培养、科学研究、社会服务和文化传承创新的重要职责，在支撑国家发展中承载着重要的使命与责任。我国的高等教育作为社会主义现代化建设的重要内容，必须符合社会主义现代化建设的需要。当前，我国已经进入全面深化改革、创新驱动发展、全面建成小康社会的新阶段，比以往任何时期都更需要高等教育的支撑和引领。我们必须进一步加强中国特色社会主义大学建设，增强国家责任感和使命感，融入我国社会主义现代化建设，担负起解决

中国发展问题的使命，为实现"两个一百年"的宏伟大业提供高端智力支持和高级人才保障。

与此同时，高等体育院校作为回应国家和社会发展需求而创建的行业特点较强的专门院校，从创办之初，就在促进国家昌盛、民族强大、社会和谐、人民幸福等方面承载着光荣的历史使命，并在推动国家体育事业创新与发展中发挥了重要作用。当前，中国的体育如同中国的社会，也进入改革的攻坚期和深水区。在转变体育发展方式的关键阶段，面对"协会实体化"的换挡加速，面对足球改革的深入探索，中国体育有众多难题亟待破解，这些具有鲜明中国特色的本土化问题绝不可能依靠其他国家的世界一流大学来解决。在推进我国从体育大国向体育强国迈进的历史进程中，面对体育事业发展的需求，中国特色、世界一流体育大学也必将体现更重要的价值，发挥更重要的作用。

（三）中国特色、世界一流体育大学必须具有国际视野和国际领先水平，引领世界高等体育教育发展

中国特色、世界一流体育大学是中国的，更应是世界的，不仅要有鲜明的中国情怀，还要有广阔的国际视野。习近平总书记指出"中国特色、世界水平的现代教育必须具有国际视野，以宽广的胸怀、平等包容互鉴的态度对待其他国家教育，通过交流沟通、学习借鉴不断提升水平，通过国际合作解决面临的共同问题，推动人类文明进步"。中国特色、世界一流体育大学既要善于吸收、借鉴其他国家世界一流大学创造的文化科技最新成果，更应该放眼世界，瞄准世界体育发展的前沿需求，加强原创性研究，使中国理论、中国模式、中国共识成为世界体育的共同财富。

中国特色、世界一流体育大学理应是高等体育院校中的佼佼者，要在发展状况上体现国际领先水平。就如哈佛大学之于美国那样，用先进的教育理念和模式引领国家高等体育教育的发展潮流；就如科隆体育学院之于德国体育那样，能以世界杯赛上的"莱曼小纸条"成为德国点球大战阿根廷的制胜法宝，并以高水平的科学研究、高效益的成果转化成为推动德国体育发展的重要力量。

中国特色、世界一流体育大学要有示范辐射效应，应当在高等体育院校的改革与发展中发挥风向标的作用，出人才、出经验、出模式、出成果，以优异的办学成绩引领世界高等体育教育的发展。

二、建设中国特色、世界一流体育大学中的"国际视野"与"中国视角"

我们建设中国特色、世界一流的体育大学，必须从中国实际出发，处理好"国际视野"与"中国视角"的关系。一方面，我们要广泛吸收借鉴世界一切优秀的人类文明成果和高等教育发展的有益经验，做到"洋为中用"；另一方面，要扎根中国大地办大学，传承和发扬中国特色高等教育发展的优良传统，做到"古为今用"，使之成为推动我国世界一流体育大学建设的强大动力。

在建设世界一流大学中，往往存在一个逻辑上的颠倒，就是认为应先界定世界一流大学是什么样的，然后再对照标准按照"缺什么，补什么"的原则进行针对性的建设。但人们常常是在没有明确衡量标准的情况下就已经在心目中认定了一批世界一流大学。这些公认的世界一流大学虽不尽相同，但都是历经岁月洗礼、历史积淀、改革创新而形成的，都是伴随着世界科技中心、经济中心的转移而形成的，都是在服务国家乃至世界发展中体现了重要价值而被广泛认可的。于是，人们开始研究这些大学，力图找出它们的共性特征，形成衡量一流大学的指标体系。从而造成了一种倾向：一些大学在进行国际比较、寻找差距、力求赶超的过程中，更多地追求某些可视的量化指标和表象特征，而忽略了在战略层面寻找世界一流大学引领发展的本质根源，出现了急功近利、重标轻本的问题。对此，务必要有清醒的认识。我们所强调的国际视野，不应仅仅局限于世界一流大学的"国际标准"，更应从战略和战术层面认真吸收世界上先进的办学治学经验，助力中国的世界一流大学建设。

在创建中国特色、世界一流体育大学的进程中，学习借鉴国际经验是必要的，但如何让它打上中国烙印，成为中国特色的世界一流大学，是我们必须重视和研究的问题。2014年习近平总书记在北京大学师生座谈会上的讲话中强调：没有特色，跟在他人后面亦步亦趋，依样画葫芦，是不能办成功的。并指出要认真吸收借鉴世界上先进的办学经验，更要遵循教育规律，扎根中国大地办大学。我们应清醒地认识到，任何两所世界一流大学的办学模式都不尽相同，一些著名大学之所以成为世界一流大学，并非照搬他国模式建成的，而是各具特色、各领风骚，其根源就在于充分体现了国家特色、民族特点和文化自信。为此，我们必须强化"中国视角"，传承中华文化的优良传统，努力探索出一条具有中国特色、遵循教育规律、符合学校发展特点的世界一流体育大学建设道路。

三、建设中国特色、世界一流体育大学的战略重点

中国古代哲学中的一个重要思想是"取势、明道、优术"，提示我们在开展中国特色、世界一流体育大学的建设中，不仅要重视分析世界一流大学的历史经验、现状特征，更要有发展的眼光和战略思维，及时了解并掌握世界高等院校的改革发展趋势，并在此基础上明确战略战术，顺势而为，大有所为。

回顾过去，无论是被誉为"现代大学之母"的德国洪堡大学，颠覆关于世界一流大学"高"（研究高深）、"老"（历史悠久）、"大"（规模巨大）、"全"（学科齐全）传统观念的常春藤盟校普林斯顿大学，还是起源于近代中国的京师大学堂、清华学堂，其历史中实现的飞速发展都源自先进办学理念和思想指导下的改革与创新。

立足当前，公认的世界一流大学具备的基本特征是不仅要在国际可比的关键指标上进入世界前列，还应具有明确的发展定位、先进的办学理念、鲜明的办学特色；拥有卓越的师资队伍，能吸引世界各国一流的生源并能培养出一流的人才；具有现代大学制度和科学规范的管理运行机制；拥有世界领先水平的优势学科和专业，能产生具有国际领先水平的创新研究成果；具有较高的国际化程度和一定比例的国际教师与学生；服务于国家发展战略，并在推动经济社会发展中发挥重大作用。

展望未来，联合国教科文组织总干事费德里克·马约尔曾指出，全世界大部分国家的高等教育都处于危机之中，都亟待变革。面对国际经济社会发

展的需求和特点，世界高等教育的发展呈现以下特点与趋势：一是知识经济发展趋势使现代大学更加注重引领社会，成为社会服务的主要提供机构和社会变革的引领力量，成为现代知识经济社会的中心。二是国际一体化使现代大学更加注重国际化开放，立足于成为世界学术分享和文化交流的中心，成为全球合作的桥梁。三是高等教育大众化使现代大学更加注重品牌效益和人才培养质量，以提升大学的竞争力、影响力。四是科技发展综合化使现代大学更加注重学科交叉与融合，通过多学科交叉融合、协同创新产生原创性的成果，从而解决重大科技、社会问题。五是信息时代的到来使现代大学更加注重教育现代化与信息化。

这些特点和趋势在一定程度上反映了建设世界一流大学的战略重点和基本要求。高等体育院校作为中国高等教育体系的重要组成部分，既要顺应国际高等教育的发展趋势，又要始终服务于国家体育事业发展的重大战略需求，勇担历史使命和时代责任，借鉴国内外一流大学的发展经验，走出一条中国特色、世界一流体育院校的发展道路。重点应做好以下几个方面。

（一）确立大学的核心文化，搭建中国特色、世界一流大学发展的思想平台

大学是一种精神组织，它承载了人类的精神成果，也担负着影响、塑造人的精神世界，传播社会价值理念的使命。世界一流大学因其独特的地位和功能，更应成为社会的精神堡垒。一所大学的核心文化，包括大学精神、理念与使命、战略与思想路线的选择等，是高校建设发展理念体系中的核心范畴，也是发展观层面的问题。有什么样的发展观，相应就会有什么样的发展道路、发展战略及发展定位，并对发展的实践产生根本性、全局性的重大影响。综观世界发展史，众多强国的崛起都充分证明，战略与思想路线的合理选择会使国家由弱变强，而战略与路线的偏差与谬误则会导致国力衰弱乃至国家的倾覆。思想和理念的重要性对于一个国家的强盛如此，对于一所大学的发展亦如此。在世界高等教育发展历史上，世界一流大学不仅出拔尖的优秀人才，杰出的甚至原创性的科研成果，为国家经济社会做出重大贡献，更重要的是为国家高等教育甚至世界高等教育产生出具有影响力的办学思想、

办学理念。如欧洲中世纪的大学提倡学术自由的思想，牛津大学、剑桥大学倡导的导师制，哈佛大学开展的学分制，洪堡大学提出的教学与科研相结合，主张大学要直接为社会服务的威斯康星思想，以及当前正在兴起的创业型大学的理念和模式等，都在一定程度上促进并引领了世界高等教育的发展。我国在建设中国特色、世界一流体育大学的进程中，也应坚持把中国传统教育思想与世界高等教育发展趋势相结合，把学校的历史传统与新时期国家战略需求相结合，总结和凝练出具有普遍意义的共性规律，最终形成影响世界高等教育发展的创新理念和创新模式，引领高等体育院校的建设发展。

（二）坚持特色和优势取胜，实现从支撑到引领的跨越

办学特色是大学生存与发展之本。体育院校作为行业院校，必须将科学定位、凝练特色作为出奇制胜的突破口，在现代高等教育的激烈竞争中占据有利地位。普林斯顿大学以"求精不求大、重质不重量"为精英培育法则，创办出了自己的特色，并成功跻身世界顶尖大学之列，也是代表美国大学教育和科研最高水平的"常春藤联盟"三巨头之一。普林斯顿只是中小规模的学校，然而，规模不大、学科不全、人数不多恰恰造就了普林斯顿的优势和特色。正因为不需要什么都做，所以才能够集中所有精力和资源做两件事情：一是严格的本科生教育，二是非常学术化的研究生教育。并将这两件事都做到了极致。普林斯顿能够从一间小小的乡间学馆发展成世界著名的高等学府，其重要的原因就是能够认识到大学理应"有所为、有所不为"，能够坚持自身优势，寻求特色发展。高等体育院校在创建世界一流体育大学的进程中，要充分学习借鉴普林斯顿等国外一流院校的发展路径，充分考虑国情和学校实际情况，根据国家的、社会的、市场的需要，遵循科学发展的规律，坚持有所为、有所不为，找准定位、凸显特色和优势。办学特色具体表现在四个方面：一是办学传统的特色，即各个学校因具有不同的办学理念、办学精神、发展轨迹和历史积淀而形成的特色。二是社会服务的地域和行业特色，即各个学校由于办学历史和学科特点不同，其人才培养的走向和社会服务的面向会因空间、地域和行业不同而形成各自的特色。三是学科结构和人才培养模式特色，这是一所大学形成办学特色的最基本、最突出、最直接的因素，决

定着学校的发展水平和人才培养质量。四是校园文化的特色，包括各个学校呈现的学风、教风、校风等软环境特点及校园建筑、风格等硬件条件特色等。

我国高等体育院校在50多年的办学历程中，形成了鲜明的办学特色，并在教学、训练、科研、社会服务、校园文化等方面形成了独特的优势。在建设中国特色、世界一流体育大学的进程中，体育院校应充分发挥多年行业办学和服务中积累的优势，不断强化办学特色，聚焦学科发展前沿，全面提升发展水平，实现从支撑体育事业发展到引领体育事业创新的跨越。

（三）坚持开放办学，不断提升国际影响力和社会贡献力

在经济全球化和全球一体化的背景下，加强教育的国际交流与合作，走国际化办学道路成为众多大学争创一流的必然选择。以麻省理工学院为例，其未来发展战略主要包括：一是吸引全球的优秀师资和优质生源。二是致力于开展基础科学研究，提倡探究、批判和创新，目标是解决世界的主要问题。三是以服务国家为首要任务，但须建立在全球性的参与、合作和竞争基础上。四是开拓财政来源，争取多方支持。五是在国际范围内积极寻求科研领域的合作伙伴。从中可以看出战略的重点在于推进教育的国际化。对高等体育院校的发展而言，建设中国特色、世界一流体育大学务必以全球观点和国际视野融入世界高水平大学办学体系，以开放促改革、促发展，参与国际合作与竞争，并在此过程中不断提升核心竞争力。

同时，在建设中国特色、世界一流体育大学的进程中，应积极探索和建立具有自身特色、适应中国国情、面向区域和全国的社会服务与合作体系，坚持以国家战略需求为导向，加强高校与高校之间、高校与科研机构之间、高校与行业企业之间、高校与政府组织之间以及国际间的科学研究和高等教育合作，建立多学科交叉融合、多团队协同攻关、多技术集成发展的重大研发与应用平台，形成政、产、学、研、用有机融合的技术转移模式和协同创新体系，提高对社会的贡献力和对体育事业发展的支撑力。

在开放办学、加强合作中，要重点实现三大转变：从数量扩张向数量与质量并重，以质量提升为重点转变；从项目合作为主向项目合作与战略合作相结合，以长期战略合作为重点转变；从个体自发合作的方式向自发与组织

相结合，以有组织合作为重点转变；进一步提升高等体育院校在国内外高等教育体系中的影响力、竞争力和话语权。

（四）深化综合改革，推进内部治理体系与治理能力现代化

党的十八届三中全会提出，全面深化改革的总目标是完善和发展中国特色社会主义制度，推进国家治理体系和治理能力现代化。对于高等院校的发展来说，全面深化综合改革，强化内部治理体系建设也是建设中国特色、世界一流大学的题中之义。

治理体系和治理能力是高等院校内部治理的两个主要构成要素，二者相辅相成。高等院校内部治理的主要任务是健全和完善高校的内部治理结构，健全党委领导、校长负责、教授治学、民主管理的体制机制，使高等院校内部利益相关各方的利益得以保障和实现。其中，治理体系建设包括思想引领、组织建立、制度建设等，是内部管理体制改革的核心任务。治理能力则是内部治理主体即组织及相关人员开展治理活动、实现治理目标的能力。

大学内部治理体系建设是实现大学善治、法治、自治的基础和前提。完善中国特色的现代大学治理体系，必须与我国的基本政治制度、社会制度、教育制度相适应，首先就是要贯彻执行好党委领导下的校长负责制，这也是完善中国特色现代大学治理体系的核心要义。党委领导下的校长负责制是党领导高校的根本制度，是中国特色社会主义大学的基本管理体制，也是中国特色现代大学制度建设的核心内容。实践证明，这一体制符合我国基本国情和高等教育发展规律，必须毫不动摇，长期坚持。

强化内部治理体系建设的关键是构建多主体良性互动的治理结构。具体到高校内部，就是要坚持以大学章程为基础，以党委领导下的校长负责制为核心，不断加强制度建设，规范党政分工，进一步厘清大学内部各治理主体的权责、运转机制和程序，建立和完善高校内部中层、基层和师生充分参与的治校和治学组织及其体系，解决好各司其职、各负其责、各行其轨的问题，从而形成党委、校长、学术组织、师生自治组织权责明晰、运转高效、自我约束、自我规范的内部治理体系，推动制度治党和依法治校的有机结合。

强化内部治理体系建设的重点是建立系统完备、科学规范、运行有效的

制度体系。党的十八届三中全会在提出国家治理体系和治理能力现代化时，要求在国家治理体系中"把制度建设摆在突出位置"。在加强大学内部治理体系建设的过程中，同样要把制度建设摆在突出位置，不断提升制度的执行力，坚持以制度管权、管人、管事，建立健全决策权、执行权和监督权既相互制约又相互协调的权力结构和运行机制，切实以制度为准绳开展内部治理活动，以制度理性弥补人性及人的能力的局限与不足，以制度力量为科学发展提供坚强保障。

要全面深化教育领域的综合改革，加快完善中国特色现代大学制度，深入推进人事制度改革，大力创新人才培养模式，健全学科发展机制和科技创新体系，改革社会服务体制机制，推进资源管理和配置模式改革，进一步深化行政管理体制改革，在改革与创新中推进内部治理体系与治理能力现代化。

（五）妥善处理改革发展中的重大关系，提升世界一流体育大学建设的科学性和实效性

科学发展观是中国共产党的指导思想之一，其根本方法是统筹兼顾。用统筹兼顾的方法审视世界一流体育大学的建设，重点是要在妥善处理改革发展中的重大关系上下功夫。一是要统筹处理好规模、结构、质量、效益的辩证关系，既要保持适当规模，又要优化结构；既要讲求发展速度，又要重视发展质量和效益，努力实现规模、结构、质量、效益的协调统一，增强发展的可持续性。二是要统筹处理好改革、发展、稳定的关系。改革是动力，发展是目的，稳定是前提，要坚持以改革的办法处理发展中的难题，在稳定中推进学校的改革与发展。三是要统筹处理好当前和长远的关系。不谋全局者不足以谋一域，不谋长远者不足以谋一时，在建设中国特色、世界一流体育大学的进程中，既要立足当前，又要面向长远，确立学校的近期、中期和长期目标并明确战略举措，促进学校的又好又快发展。

综上所述，建设中国特色、世界一流体育大学是回应党和国家对高等院校建设发展要求的战略选择，也是高等体育院校提升水平、加快发展的内在需求。中国特色、世界一流体育大学，必须坚持走中国特色社会主义道路，必须服务于中国特色社会主义现代化建设，必须具有国际视野和国际领先水

平，引领世界高等体育教育发展。建设中国特色、世界一流体育大学，既要有国际视野，又要扎根中国大地，体现中国视角；既要重视分析世界一流大学的历史经验、现状特征，又要有发展的眼光和战略的思维，及时了解并掌握世界高等院校的改革发展趋势，并在此基础上明确战略重点，走出一条中国特色、世界一流体育院校发展道路。建设中国特色、世界一流体育大学，要重视确立大学的核心文化，搭建中国特色、世界一流大学发展的思想平台；坚持以特色和优势取胜，实现从支撑到引领的跨越；坚持开放办学，不断提升国际影响力和社会贡献力；深化综合改革，推进内部治理体系与治理能力现代化；妥善处理改革发展中的重大关系，提升世界一流体育大学建设的科学性和实效性。

参考文献

[1] 毛泽东 . 毛泽东文集 [M]. 北京：人民出版社，1999.

[2] 马德秀 . 在服务社会中实现我国高校的超常规发展 [J]. 清华大学教育研究，2004，25（5）：73-79.

[3] 杨桦 . 贯彻落实科学发展观以改革创新精神推进世界一流体育大学建设进程——北京体育大学创建世界一流体育大学的探索与实践 [J]. 北京体育大学学报，2008（1）：6-9.

[4] 习近平 . 关于教育工作的重要论述 [N]. 人民日报，2014-09-10.

[5] 刘念才 . 世界一流大学：战略·创新·改革 [M]. 上海：上海交通大学出版社，2009.

[6] 谢和平 . 高等教育的发展趋势与当代高水平大学的使命 [J]. 中国大学教学，2008（5）：2，6-10.

[7] 乌兰 . 坚持科学发展观推进社会全面进步 [J]. 实践（思想理论版），2004（6）：46-47.

[8] 王庚华，王君，邱岩 . 落实教育规划纲要 建设高等教育强国 [J]. 中国冶金教育，2011（2）：8.

[9] 董维国 . 加强产学研结合 提高自主创新能力 [J]. 中国科技产业，2008（8）：40-44.

[10] 中共中央关于全面深化改革若干重大问题的决定 [M]. 北京：人民出版社，2013.

[11] 别敦荣 . 治理体系和治理能力现代化与高等教育现代化的关系 [J]. 中国高教

研究，2015（1）：29-33.

[12] 张喜红，罗志强.论现代国家治理体系的协同性[J].湖北社会科学,2014(11)：30-35.

[13] 建设中国特色现代大学制度课题组.建设中国特色现代大学制度的四个问题[J].中国高等教育，2014（20）：4-7.

体育报业总社改革发展中加强思想政治工作的几点思考

中国体育报业总社　熊春红

摘要： 本文认真分析了思想政治工作在中国体育报业总社（以下简称"总社"）改革发展中的地位和作用，就如何确立"以人为本"的思想政治工作方针、树立新时期职工群众正确的价值取向，以及维护职工利益对提高凝聚力的重要作用进行了论述。此外，作者认真剖析了理想信念是共产党人精神之"钙"的真正含义，总结提出了以创新为主导，一切从实际出发，以实事求是为基本原则，注重激励和发挥人的潜能和精神力量，将思想政治工作渗透到总社各项业务中。同时，要具体问题具体分析，把握精神与物质的辩证关系，将思想政治工作潜移默化地融入总社企业文化，在新媒体时代开辟思想政治工作的新天地。本文提出了要以制度为保障，加强思想政治工作在总社改革发展中的落实，并从组织建设、人才队伍建设和建立有效的激励机制三个方面进行了论述。

关键词： 改革发展；思想政治工作；创新；保障

机构不断调整和变革的同时，也造成了历史遗留问题多、各种矛盾错综复杂的局面，并且，给总社在组织机制、工作机制、保障机制以及人才机制等方面的改革也带来了挑战。因此，总社的改革和发展，既要靠整体经济实力的提高，更要靠艰苦细致的思想政治工作来促进。

一、以党性为原则，正确认识思想政治工作在总社改革发展中的地位和作用

转企改制后的总社，机遇与挑战并存，领导班子正在努力打造中国体育文化产业领军企业——中国体育文化传媒集团。面对发展，要兼顾经济和社

会的协调发展，必须加强思想政治工作，促使职工树立正确的价值观、利益观，这是总社改革发展不可或缺的思想保证。

（一）新时期党中央的治国理政思路为加强思想政治工作提供了可靠保障

党的十八大以来，以习近平同志为核心的在治国理政中持续推进理论创新和实践创新，党和国家各项工作不断呈现新局面、新气象。"四个全面"的提出，标志着我们党治国理政总体框架更加完整、更加系统。"全面建成小康社会、全面深化改革、全面依法治国、全面从严治党"，渐次展开、相互配合、形成合力，展现治国理政的系统逻辑和主线轨迹。

打铁还需自身硬。党中央以作风建设为突破口，坚持从严治党管党，持之以恒纠正"四风"，不断增加惩治腐败力度，深入开展党的群众路线教育实践活动，不断强化对党员干部的纪律约束，初步形成了全面从严治党的态势，开创了党的建设的新局面。特别是面对新形势和新任务，习近平同志多次强调，各级领导干部要严以修身、严以用权、严以律己，谋事要实、创业要实、做人要实。"三严三实"贯穿着马克思主义政党建设的基本原则和内在要求，体现着共产党人的价值追求和政治品格，明确了领导干部的修身之术、为政之道、成事之要，丰富和发展了党的建设理论，为加强新形势下党的思想政治建设和作风建设提供了重要遵循。

（二）习近平同志提出新形势下宣传思想工作的新要求

在2013年8月21日全国宣传思想工作会议上，习近平总书记强调了经济建设是党的中心工作，意识形态工作是党的一项极端重要的工作。宣传思想工作一定要把围绕中心、服务大局作为基本职责，胸怀大局、把握大势、着眼大事，找准工作切入点和着力点，做到因势而谋、应势而动、顺势而为。只有物质文明建设和精神文明建设都搞好，国家物质力量和精神力量都增强，全国各族人民物质生活和精神生活都改善，中国特色社会主义事业才能顺利向前推进。同时，习近平总书记还指出，宣传思想工作要实现理念创新、手段创新、基层工作创新。习近平总书记的重要讲话为改进思想政治工作明确了方向目标、重点任务和基本原则。

（三）总社的改革发展需要强有力的思想政治工作做保证

在以经济建设为中心的时代，思想政治工作对于企业的可持续发展显得尤为重要，总社管理者应把思想政治工作作为改革和发展的前提和重点，自觉把思想政治工作全天候、全方位地渗透到各项工作的全过程。作为企业化的体育新闻出版单位，离开了思想政治工作，总社的科学发展就失去了魂，总社的综合效益就失去了根。《中共中央关于加强和改进思想政治工作若干意见》中指出，加强和改进思想政治工作，必须坚持从实际出发，增强针对性和实效性。思想政治工作的作用是客观的、具体的，更是不容忽视的，实效性是思想政治工作的核心。为此，要把思想政治工作和其他业务工作同部署、同督促、同考核、同奖惩，充分发挥思想政治工作在总社改革发展中的重要作用。

（四）开展思想政治工作是总社管理者的必备职责

《中共中央关于加强和改进思想政治工作的若干意见》中对加强思想政治工作提出了要求，即越是深化改革、扩大开放、发展社会主义市场经济，越要重视思想政治工作。各级党委（党组）必须提高认识，坚决纠正和防止忽视思想政治工作的错误倾向，把这项工作摆上重要议事日程，经常研究，加强检查。同时，中央要求各级领导干部要认真履行"一岗双责"，这也是我党注重开展思想政治工作的重要体现。因此，总社各级管理者在做好行政管理工作、履行行政工作职责的同时，还要承担起做好职工思想政治工作的责任。

总社的发展，提高职工的凝聚力是关键，思想政治工作则是重要抓手。管理者必须意识到，在总社改革发展的关键时期，必须掌握思想政治工作的基本要领，建立健全思想政治工作责任制，把解决思想问题和解决实际问题有机结合，才能凝聚人的力量，充分激发职工的积极性、创造性，最大限度地开发人的潜能，从而使总社的各项工作得以按既定目标实施。

同时，党委一把手负起第一责任人的职责，其他领导成员也要明确任务，不断增强政治意识、大局意识、责任意识，带头做好思想政治工作，要把工作的成效作为考核领导班子、领导干部的一个重要依据。

二、以思想政治教育为依托，全面把握思想政治工作在总社改革发展中的方针和原则

作为自收自支、企业化的体育新闻出版单位，总社改革发展处于攻坚阶段，必须以科学发展观为指导，紧密结合实际，遵循科学发展规律，在不断提高经营效益的同时，努力掌握新时期思想政治工作的方针和原则，为总社改革发展提供思想保证。

（一）树立新时期职工群众正确的价值取向

随着市场经济的发展，总社作为国家体育总局的宣传出版单位，又是完全企业化经营的管理模式，面临着越来越多的严峻挑战。新形势下，面对激烈的市场竞争，完善的激励机制是企业成功的重要手段，提高和加强思想政治工作是其中的重要组成部分。换句话说，没有个体积极性的充分调动，社会主义市场经济是发展不起来的。如何正确引导总社职工的价值取向，是思想政治工作的首要任务。为此，一要加强总社企业文化建设，增强职工的企业认同感和团队意识；二要承认职工追求个人利益的合理性，同时强调任何人在追求个人利益时，不能损害他人的利益；三是只有在照顾到他人利益的前提下，才能获得正当合理的个人利益。切合实际，尊重客观历史阶段的价值取向，行之有效地开展思想政治工作。把思想政治工作融入职工的价值追求、利益诉求和发展需求，依靠职工搞改革，不断提高广大职工的整体素质。

（二）以人为本是思想政治工作的根本方针

思想政治工作就是做人的工作，是一个容易"叫得响"，但不容易"做得好"的重要工作。总社各级领导者和各级党委充分意识到，要以关心人、爱护人、激励人、塑造人，充分调动人的积极性和创造性为目标，贴近总社实际，把握总社职工的思想脉搏，有针对性地开展工作。

实际工作中，总社领导既讲顾全大局的道理，又解决职工的实际困难，在办实事中贯穿思想教育，在解决实际问题中解决思想问题。近六年来，总

社积极开展送温暖活动，共计慰问困难和患病职工近百人次；累计向职工发放困难补助资金共计20余万元。特别是2014年春节期间，在上级主管部门的大力支持下，总社为特殊困难职工发放一次性补助金、慰问金共计9.7万元，使职工群众切身感受到组织的关怀和温暖。

（三）维护职工利益是思想政治工作的基本原则

习近平总书记指出，人民群众是我们力量的源泉，人民对美好生活的向往，就是我们的奋斗目标。思想政治工作不是叫群众放弃利益，而是要最大限度地实现和发展群众的根本利益。因此，必须把依靠职工与关心职工结合起来，多做得人心、暖人心、稳人心的工作，努力为职工办实事、谋福利。六年来，总社为确保聚人心、促和谐，组织职工年度休假以及各类文娱、福利活动等共计支付200余万元，工会支付78万元，用于改善广大职工群众的福利待遇。2011年，总社职工利益协调小组对涉及职工利益的11个热点、难点问题进行了全面梳理，先后召开5次职工利益协调小组全体会议，直接听取职工诉求，较为妥善地解决了一些多年来困扰总社、干扰正常工作的难点问题。同时，还先后对近20人次的职工住房、岗位工资和福利待遇等问题，进行反复沟通、耐心解释和情况说明，使一些问题得到解决和梳理，引导职工群众通过正确渠道，以合法的方式维护自己的正当权益，收到了较好的效果。

（四）理想信念是思想政治工作的"灵魂"和基础

理想信念问题关系到党的前途和命运，是我们党带领全国人民团结奋斗的思想基础。如果放松了理想信念教育，人们就会在根本信仰上产生动摇，没有思想基础，没有理想信念，就会在复杂纷繁的形势面前迷失方向，就会成为各种错误思潮的俘虏。管理界有句名言，即"人的知识不如人的智力，人的智力不如人的素质，人的素质不如人的觉悟。"理想信念是共产党人的精神之"钙"，必须加强思想政治建设，解决好世界观、人生观、价值观这个"总开关"问题。加强和改进作风建设是保持党同人民群众血肉联系的有效途径，必须聚焦解决群众反映强烈的突出问题，以作风建设新成效汇聚起推动改革发展的正能量。总社的思想政治工作必须着重于对职工的理想信念教育，提高职工的整体素质，使职工爱岗敬业，爱社如家，为实现"中国梦、总社梦"而努力奋斗。

在竞争激烈的市场经济大潮中，形形色色的社会思潮必然涉及各个阶层，也必然会影响广大职工的思想，在一定程度上会造成困惑。因此，要加强理想信念教育，引导广大职工坚持用马克思主义的立场、观点、方法来认识世界。思想政治工作只能加强，不能削弱，必须严格落实从严治党要求，不断增强拒腐防变的能力，为推动"四个全面"的开展凝神聚力。

思想是行动的先导。通过不断学习，总社全体党员用实际行动践行社会主义理想信念。2008年"5·12汶川大地震"，总社广大职工奉献爱心，体现真情，仅几天时间内，就为原《中国足球报》记者捐款51215元。2010年玉树地震后，在总社党委的号召下，总社39个部门、411人纷纷伸出援助之手，为灾区捐款共计63614元。

三、以创新为主导，积极探索思想政治工作在总社改革发展中的规律和办法

在新的历史时期，思想政治工作的环境、任务、内容、渠道和对象都发生了很大变化，要求更高，任务更重，难度更大，涉及面更广，要坚决反对和防范形式主义，始终保持思想政治工作的生机和活力，以创新意识为主导，解放思想、实事求是，深入总社实际，研究新形势下思想政治工作的特点和规律，探索新规律、新方法。

（一）提高创新意识、激励和发挥人的潜能和精神力量

创新意识就是人的一种态度，总社的改革发展呼唤职工的创新意识，需要职工对现有的管理体制机制、经营管理模式、成本结算方式和发展规划思路进行全方位的思考，加速科学管理和民主管理进程，融入社会主义市场经济的大潮。创新意识是决定总社创新能力最直接的精神力量，是总社改革发展能力大小最客观和最重要的标志。创新意识可以解放思想，有利于形成开拓意识、领先意识等先进观念，创新意识能促成总社人才素质结构的变化，提升干部队伍的综合素质。总社需要充满生机和活力、有开拓精神、有新思

想和现代科学文化素质的领导干部。

（二）一切从实际出发、实事求是是思想政治工作的基本规律

一切从实际出发，按客观规律办事，是辩证唯物主义的基本观点。加强和改进新时期的思想政治工作，使之形成特色、形成威力，也必须坚持科学态度，尊重客观规律。

（1）思想政治工作要发挥持久、有效的作用，不是仅靠一时一事能做出来的，而必须是"一以贯之"才能抓出来。思想政治工作不为个人意志所左右，不因领导变换而变化，不为社会错误思潮所迷惑，必须走上科学化、制度化、规范化的轨道。

（2）思想政治工作的着力点，要从注重道义上的说教，转到注重人文关怀上来，要尊重人、关心人、理解人，从关注员工的个体需求入手，按照科学的规律，调动他们参与总社改革发展的主动性和积极性。

（3）思想政治工作的对象，要从抽象的人转到具体的人，从关注职工思想道德的心理基础开始，以科学发展观为指导，使思想政治工作更加贴近实际、贴近生活、贴近群众。

（4）要正确处理过程与效果的关系，重在讲究实效。过程产生效果，但是，过程与效果不成正比。过程越长不见得效果越好，而同样的效果可以有不同的过程。因此，思想政治工作要发扬实事求是的精神，坚持过程围绕效果转，努力增强实效。

（5）要正确处理防范与疏导的关系，重在进行疏导。在工作中，既要坚持预防为主，把问题控制在最低程度，又要坚持疏导为重，增强透明度，及时消除职工的思想疙瘩，争取工作主动权。要激发职工的主体性、能动性、创造性，从而使职工自身的内涵获得极大丰富和扩展。

（三）积极探索新时期思想政治工作的新办法

高度重视思想政治工作，是我们党的优良传统和政治优势。思想政治工作，是经济工作和其他一切工作的生命线。要充分体现时代性、把握规律性、富于创造性，思想政治工作要贴近实际、贴近生活、贴近群众。

（1）新时期思想政治工作必须贴近实际。就是要服务改革发展稳定的实际，把回答和解决总社改革中的现实问题作为中心任务，从实际出发部署工作，按实际需要推进工作，以实际效果检验工作，使工作内容更加充实，从而树立思想政治工作的权威，促进总社各项事业不断发展。

（2）新时期思想政治工作必须贴近生活。就是要深入生产经营第一线，反映总社改革发展中心工作的真实情景，从职工中汲取新鲜营养，满足职工精神文化需求，使工作重心下移，内容更具鲜活性，脚踏实地地开展思想政治工作。

（3）新时期思想政治工作必须贴近群众。要增强服务意识，把握职工的思想脉搏，以职工情绪为第一信号，以职工愿望为第一需求，以职工意志为第一因素，说职工想说的话，讲职工能懂的话，从而改变思想政治工作空对空的形象，增强实效性。

（四）在实际工作中进一步完善思想政治工作的新途径

思想政治工作的方法必须与时俱进，不断更新，以适应变化发展形势的需要。要深入调查了解新情况、新问题，认真研究新形势下思想政治工作的特点和规律，积极开辟新途径，探索新办法，创造新经验。

（1）思想政治工作要渗透到总社各项业务工作的各个环节中去，及时把握群众的思想脉搏，避免流于形式或空谈。这就要求思想政治工作者要熟悉总社的经营业务工作，了解职工思想和工作情况，把提高广大群众的积极性、主动性、创造性，把促进总社改革发展，作为思想政治工作的出发点和落脚点。

（2）掌握具体问题具体分析的方法，对不同的人及其发展变化着的思想，必须做深入细致的调查研究，做到具体问题具体分析，有针对性地解决群众中的各种思想问题，努力使思想政治工作收到实效。

（3）把握精神与物质的辩证关系，切实关心和保护职工的物质利益。总社实际工作案例证明，许多思想问题的解决，有待于物质利益问题的解决。但是，不能过分夸大物质利益的作用，不能用资产阶级的利益观取代社会主义的利益观。在思想政治工作中必须把物质奖励同精神鼓励结合起来，把解决实际问题同解决思想问题结合起来，才能收到较好的效果，达到预期的目的。

（4）思想政治工作的功能在于"潜移默化"，打造总社的企业文化，这是创新思想政治工作的必然举措。要铸造开发总社的企业文化精神，创造企业文化经典，提升文化内涵、文化品位，增强思想政治工作渗透力。

（5）新媒体时代开辟了思想政治工作的新天地，要充分利用现有优势，通过总社局域网等形式，建立总社的"红色网站"；按照健康有益的原则，积极开展网上教育活动；及时消除有害信息；建立网络政工队伍；掌控网上工作技能，增强网上信息调控力。

四、以制度为保障，加强思想政治工作在总社改革发展中的落实

思想政治工作保障机制的建立要用系统工程的办法谋划党建和思想政治工作，以改革创新精神推进党建和思想政治工作。要做好总社的思想政治工作，必须加强领导和基础工作的落实，坚持"两手抓、两手都要硬"的原则，以党委统一领导，职能部门与业务部门各负其责、共同协作的方式，建立并完善覆盖全社的思想政治工作领导体制和工作机制，努力形成一流的管理理念、构建一流的体制机制、塑造一流的企业文化、建设一流的员工队伍，从而为推动总社的体育文化产业科学发展提供坚强的政治保证、思想保证和组织保证。

（1）健全和加强总社党组织建设，认真履行"一岗双责"制度，强化主体责任，实行党政领导交叉任职制，切实完善总社的思想政治工作机构设置，建立专兼结合的思想政治工作队伍。将思想政治工作列入年终考评标准，逐步推行思想政治工作目标管理制度。

（2）根据总社发展目标，不断加强编辑业务人员的专业素养、强化行政管理人员从事思想教育工作的基本技能，有效确保总社人才队伍保障体系的建设和完善。

（3）建立有效的激励机制，正确评价思想政治工作人员的劳动成果，注意选拔高素质、年龄适当的人员充实队伍，按照公正公平的原则落实待遇、

评聘职称、学习培训制度，创造良好的工作氛围。

　　以上是我通过学习，结合自身工作经验，对总社改革发展中加强思想政治工作的几点思考。通过这次学习，我结合本职工作，写出了自己的认识和思考。我要感谢单位给我这次学习的机会，感谢国家体育总局干部培训中心老师辛勤的付出，感谢党的培养教育，感谢全体同学在共同学习、共同讨论、共同生活的日子里给予的帮助和支持。

　　在回到工作岗位后，我会坚持努力学习，在新形势下跟上时代步伐，增强创新意识，实事求是地按照客观规律办事。以科学发展观为指导，改变工作思路，适应改革发展要求；改进工作方法，更新工作方式，为总社的发展贡献力量！

参考文献

[1] 国务院新闻办公室. 习近平谈治国理政 [M]. 北京：外文出版社，2014.

体育市场经济条件下运动员思想政治工作研究

北京体育大学　　陈中

摘要：《关于加快发展体育产业促进体育消费的若意见》指出"拓宽职业体育发展渠道，鼓励具备条件的运动项目走职业化道路，支持教练员、运动员职业化发展"，文件给体育本身带来了无限的生机和新的机遇。然而，体育市场经济在体育发展过程中容易使运动员功利心加重，把高收入、高奖金作为运动和比赛的目的，过多地看重物质奖励而忽视个人成长，甚至形成拜金主义。在这种思想的影响下，运动员极有可能做出违规比赛、滥用违禁药物等违背体育精神和竞赛精神的不良行为。规范运动员行为，加强创新运动员思想政治教育，提出体育市场化新形势下思想政治教育的对策，从思想上、根本上对运动员进行管理和教育，成为问题的重要解决途径和方法。

关键词：体育市场经济；职业化运动员；思想政治教育

一、我国体育市场经济发展现状及形势

（一）体育市场经济的概况

体育市场经济是适应体育市场化、社会化、国际化的需要，以体育市场为导向的体育经济运行形态，是一种体育经济管理体制。其本质是通过体育市场机制作为配置体育资源起基础性作用的体育经济运行方式，是体育社会化、市场化、产权化发展的产物。

体育市场经济诞生于改革开放初期。1978年中共十一届三中全会之后，我国决定进行改革开放，经济体制由计划经济转为市场经济。在这一背景下，体育市场得到新的发展，体育市场经济便在此时萌芽，并伴随着市场经济的发展不断成长。

（二）我国体育市场经济发展现状及形势

2008年北京奥运会之后，全中国刮起一股体育热，越来越多的人开始热爱体育、投身体育，体育市场经济发展呈现一片蓬勃之势。2014年《关于加快发展体育产业促进体育消费的若干意见》中强调，推进职业体育改革。拓宽职业体育发展渠道，鼓励具备条件的运动项目走职业化道路，支持教练员、运动员职业化发展。这将促进体育市场经济更加全面、协调、可持续发展。推动体育市场经济运作给体育本身带来了无限的生机和新的机遇，因此，我国体育市场经济发展前景十分广阔。

二、我国体育市场经济发展对运动员的影响

我国体育市场经济迅速发展并逐渐繁荣对运动员影响显著，既有正面影响也有负面影响。从正面影响来说，体育市场经济迅速发展，带动体育产业的繁荣，越来越多的人开始关注体育，支持体育事业的发展，运动员可以得到更好的训练环境，他们的付出可以得到更丰厚的回报，他们能更全身心、更积极地投身到体育活动中。并且，随着体育市场经济的蓬勃发展，我国的联赛制度也愈加完善，运动员可以得到更多的比赛机会。负面影响主要有以下几个方面：（1）商业活动增多，影响训练。随着体育市场的繁荣，运动员的明星效应也愈加明显，拍广告、做代言、出席商业活动，运动员不得不从事一些他们运动员身份之外的工作。每位运动员都有一套科学的、持续的训练体系，过多地参加商业活动，会打乱运动员的训练节奏，影响训练效果，甚至会影响运动成绩。（2）体育市场经济的繁荣，使运动队的物质条件有了很大提升，在重奖之下，运动员容易以高收入、高奖金为比赛目的，而不再追求更高、更快、更强，不再以超越自己为目标，产生拜金主义，形成不正确的思想导向和错误的价值观，从而不能很好地掌控自己的训练和比赛，甚

至是自己的人生方向。（3）在面对巨大的物质吸引和金钱诱惑之时，运动员可能无法坚定自己，出现打假球、消极比赛、服用兴奋剂等不良的体育舞弊行为，从而使体育失去了最纯粹的魅力，也断送了自己的运动生涯。

三、体育市场经济背景下思想政治工作对运动员的重要性

运动员是运动队的主体，是一支运动队发展的核心力量。运动员是国家重要的人才资源，是国家的人力财富，他们肩负着为国争光、服务社会的责任，因此，运动员具有正确的思想、端正的品行及科学的价值观十分重要。尤其是在体育市场经济迅速发展的今天，运动员面临着越来越多的形式各异的诱惑和不安因素，面对体育市场经济高速发展对运动员产生的负面影响，运动员必须有坚定的思想和政治觉悟才能更好地接受训练，完成祖国交给他们的任务。

（一）身处困境时，坚定的政治立场和端正的思想态度可以帮助运动员更好地渡过难关

运动员不同于其他的职业，他们必须从小面对常人难以接受的严酷训练。高强度、长时间、不间断的重复训练乏味辛苦。他们把自己交给训练场，挥洒汗水；他们必须向别人挑战，又要挑战自己、挑战极限。走出训练场，走进赛场，每一位运动员都希望争金夺银，取得佳绩，为自己交上一份满意的成绩单。然而，冠军只有一个，并不是每个结果都能尽如人意，面对赛场的失利，运动员会陷入深深的彷徨和痛苦之中，他们可能会对自我产生怀疑，会动摇坚持下去的决心。面对日复一日枯燥无味的训练及因训练导致的伤痛甚至伤病，面对不尽如人意的运动成绩，运动员必须拥有强大的内心、过硬的承受能力、坚定的意志品质、执着的追求、坚韧不拔和吃苦耐劳的精神。

（二）成绩辉煌、处在巅峰时，坚定的政治立场和端正的思想态度可使运动员尽快沉淀

体育市场经济繁荣发展使体育与越来越多的产业结合起来。当运动员

取得成绩后，他们所得到的各式各样的奖励也越来越多。房产、汽车、赞助商奖金，极大的物质奖励向运动员"扑"来。面对如此大的金钱诱惑，运动员必须拥有坚定的内心，才能不被物质左右，排除干扰，按部就班地完成训练内容和比赛任务。此外，过多的物质奖励，会使运动员迅速膨胀，忘乎所以，产生飘飘然的情绪，产生个人英雄主义，认为是自己的能力换来的这一切，从而忘记身后庞大的团队、敬业的教练、陪伴的队友及国家的培养。加强运动员思想政治教育，对集体主义、爱国主义的教育，可以使运动员树立坚定的团队意识，在认可自己的同时，更能看到来自团队的支持和国家的力量，培养运动员的感恩意识，从而端正态度，更好地为国效力，达到连续取得优秀成绩，实现多连冠的目标。

（三）运动员不仅是运动成绩的缔造者，更是运动精神的传播者

体育是社会文化的重要组成部分，是精神文化的窗口。现如今，体育更成为普通老百姓精神文化活动的重要内容之一。运动员作为展示这种文化的载体，他们便拥有了多重的身份和责任。运动员不仅是优秀运动成绩的缔造者，同时也是体育精神的传播者、体育真谛的诠释者、社会文明的弘扬者、体育文化的展示者和道德风范的演绎者。运动员不仅承担着争金夺银、创造佳绩、为国争光的竞赛责任，同时也肩负着推动社会主义精神传播的责任。这无疑就对运动员提出了更高的要求。这要求他们既要有精湛的竞技本领，又要有较好的思想素质、道德修养和文化底蕴。那么作为运动员，只有加强思想政治学习，结合自身优势，不断地提高个人思想政治素质，才能更好地承担起这一责任。

四、我国运动员接受思想政治教育现状

运动员从小进入专业队接受严格的、高强度的体育训练，他们不同于一般人的成长轨迹，大多数的专业运动员没有接受过系统的学校教育，没有经历过小学思想品德课、中学政治课及大学思想政治基础学科的教育。从小脱离父母跟队训练，他们当中不少人甚至受家庭教育的影响都很小。他们世界观、价值观的确立，思想品质和道德素养的形成大多来自运动队，来源于教

练的教育和领队的培养。为此，笔者调查了3支国家队的24名运动员，以此来了解我国运动队思想政治教育状况及运动员接受思想政治教育的现状。

（一）运动员对思想政治教育的重要性意识不够

在笔者调查的24名运动员中，有37.5%的运动员在国家队是否有必要进行思想政治教育的问题上选择了"说不清楚"的选项。运动员没有接受过系统的学校教育，更没有全面地了解过什么是思想政治教育，思想政治教育有什么好处，为什么一定要进行思想政治教育。思想政治教育这一概念对他们来说是模糊的，它并不像训练方法一样与运动员的竞技生活息息相关，也不像英语、数学等其他科学知识一样具象，运动员在生活中不需要使用思想政治的内容，这使得他们对接受思想政治教育没有迫切的渴望，认为这是无足轻重的东西。这样的认识误区是阻碍运动队思想政治教育发展的重要因素。

（二）运动队思想政治教育工作队伍构成简单

思想政治教育工作队伍，是思想政治教育工作的主体。他们承担着对受教育者进行及时有效、形式各异的思想政治教育的责任。他们工作的方式方法是否有效，是否为受教育者所接受，直接影响着教育效果。

在对运动队思想政治教育工作的调查中，大多数的被调查对象都表示他们接受的思想政治教育主要是来自教练，只有少数人选择了领队和队友。这样"一边倒"的数据揭露出运动队思想政治教育工作队伍的构成单一，完全依靠教练的力量进行思想政治教育是远远不够的。教练的主要工作是掌握队员的训练情况并在技战术方面予以指导，思想政治教育工作只是他对运动员进行的辅助教育，那么这样的情况下，运动员接受的思想政治教育的广度和深度便远远不够。

（三）运动队思想政治教育工作形式单一

思想政治教育的工作形式是否富于变化、存在新意，能否易被受教育者接受是思想政治教育工作的关键。运动队由于特殊的人员构成和不规律的日常活动，其思想政治教育的工作形式单一。运动队主要由教练员、领队、队医、体能师和运动员构成，这样的人员配备中，并没有专门进行思想政治教育工作的教师或者咨询师，运动员也因此无法接受专业系统的思想政治教育。由调查可知，在运动队中，教练承担了主要的思想政治教育工作。而由于教练工作形式的局限性，思想政治教育工作的形式便被局限于交流谈心这一方式上。通过这一方式进行的思想政治教育内容比较单一，主要集中在如何解决运动员在生活和训练中遇到的问题和困难，并不能使运动员全面了解思想政治教育内容。

再加上运动队经常外出比赛，运动员接受思想政治教育的时间不固定，这也影响了运动队思想政治教育的效果。

五、体育市场经济化背景下运动员思想政治教育工作的创新途径和应对措施

（一）发挥思想政治理论课主渠道，教师下队授课

思想政治教育最基础途径是通过思想政治理论课对受教育者进行教育。运动队不同于学校，没有现成的思想政治教育资源，这就要求运动队动用合理的方式方法使运动员接受思想政治理论课。思想政治教育教师进入运动队，定期为运动员进行全面的、系统的思想政治教育就是解决这一问题的有效方法。通过思想政治教育专业教师进队对运动员的教育，运动员可以全面地了解和认识思想政治教育，并结合自身情况，从中选取精华，进而指导自己的训练和生活。

（二）丰富训练之余的生活，多渠道进行思想政治教育

运动员的生活是枯燥的，每天绝大多数的时间都在训练中度过，训练之余的时间则多是和队友聊天及上网。运动队应当充分利用空闲时间，开展思想政治教育主题活动。比如观看红色电影，听取党的十八大报告、政府工作报告等领导人讲话内容，举办训练、生活经验交流会，从别人的经验中吸取教训，互相切磋交流，共同提高。甚至可以举办主题演讲比赛，从演讲内容中了解运动员对某一事物的看法和观点，从而还可以检验思想政治教育的成效。

（三）适当开展社会实践活动，在实践中学习

运动队由于经常需要去不同的地方进行比赛，在空间上具有分散性，比赛的时间也都不固定，因此运动队具有时间、空间双重的不确定性，这使得运动队很难开展除了比赛和训练之外的其他集体活动。但这些活动是必需的，是塑造完整的运动员性格和全面的社会认知所不能缺少的。因此，运动队可以在休赛期，组织运动员进行多样的社会实践活动。如参观国家博物馆，到抗日战争旧址感受历史的分量，从中学习爱国主义精神；还可以组织一些志愿和公益活动，如到敬老院陪伴孤独的老人，去山村小学教孩子运动。通过形式多样的志愿活动，不但可以丰富运动员自身的人生阅历，接触更多不同的人，了解更多的人生故事，提高精神层次，更可以培养运动员无私奉献、吃苦耐劳的精神，消灭潜在的拜金主义和享乐主义。

参考文献

[1] 楼丽琴. 论体育市场经济系统特征及其趋势 [J]. 广州体育学院学报，2003，23（2）：15-16.

[2] 程亮亮. 关于加强运动员思想政治教育的思考 [J]. 安徽体育科技，2010，31（6）：15-17.

[3] 邰德法. 新时期优秀运动员思想政治工作的思考 [J]. 南京体育学院学报（自然科学版），2007，6（3）：89-90，98.

[4] 红伟. 优秀运动员思想政治工作的对策 [J]. 中国体育教练员，2008，16（1）：42-43.

[5] 汤言. 从运动员的职业特征看加强思想政治教育的重要性和必要性 [J]. 南京体育学院学报（自然科学版），2005：4（1）：6-8.

我国射击射箭项目文化建设
初步研究

国家体育总局射击射箭运动管理中心　王树宁

摘要： 本研究是在全面加强体育强国和文化强国建设，实现中华民族伟大复兴"中国梦"的时代背景下，从我国射击射箭项目文化特点和内涵入手，重点分析射击射箭项目文化建设在传承发展我国优秀传统文化，助力提升我国文化软实力，促进人的身心发展、人类文明进步和社会发展，以及促进项目发展提质升级等方面的重要作用，并以问题为导向，对现状和问题进行了深入分析，提出了相关对策和建议。

关键词： 射击；射箭；体育文化；文化建设

体育文化是我国社会主义文化的重要组成部分，是人类社会发展和文明进步的重要标志，是综合国力、文化软实力和社会文明程度的重要体现。作为我国体育文化的重要组成部分，我国射击射箭项目的文化可谓历史悠久、博大精深。中华民族传统文化中与"射"相关的文化内涵丰富，具有独特的历史文化价值。中华人民共和国成立以来，射击射箭项目不断传承发展，特别是从1984年许海峰为中国夺得奥运历史上首枚金牌以来，射击射箭项目的运动员们在奥运赛场上创造了优异成绩，用自己独特的方式书写了许多生动的"中国故事"，成为激励几代中国人的宝贵精神财富，也积淀了特色鲜明的项目文化。在新的历史时期，加强对射击射箭项目文化及其价值的研究，对于提高我国射击射箭项目发展水平，促进体育强国和文化强国建设，提升我国文化软实力，助力实现中华民族伟大复兴"中国梦"，具有十分重要的历史意义和现实意义。

一、相关概念梳理

　　研究射击射箭项目文化的内涵，首先要对其上位概念"体育文化"及其母体——"文化"的概念加以认识。"文化"一词由来已久，我国的《周易》中就有"观乎人文，以化成天下"的表述，有人文感化、人文化育之意。文化一词在西方来源于拉丁文 cultural，原意是农耕及对植物的培育，后来被引申为对人的品德和能力的培养。对于文化，学术界一直没有统一定义。美国文化人类学家 A. L. 克罗伯和 K. 科拉克洪认为：文化存在于各种内隐的和外显的模式之中，借助符号的运用得以学习与传播，并构成人类群体的特殊成就，这些成就包括他们制造物品的各种具体式样。文化的基本要素是传统（通过历史衍生和由选择得到的）思想观念和价值，其中以价值观最重要。因此，一般认为，在文化的组成要素中，精神要素，即精神文化，是最有活力的部分，是人类创造活动的动力。这一定义为现代许多学者所接受。因此，本研究也是在此定义基础上展开的。

　　体育文化是文化概念下的一个子集。郝勤教授认为，体育文化其实就是以体育运动为表现形式的文化形态或文化建设工作。卢元镇教授将体育文化定义为"关于人类体育运动的物质、制度和精神文化的总和"，其内容应该涵盖体育道德、体育理想、体育价值、体育认识、体育制度和体育物质条件。他认为，没有文化的体育是野蛮的，有缺陷的，甚至是危险的。国家体育总局局长刘鹏也曾指出，体育文化不发达的国家不可能是体育强国，衡量体育发达国家的标准，不仅要看到物质条件和基础，更要看其是否具有丰富的文化内涵。体育文化被视为体育的 DNA。射击射箭项目作为体育项目的组成部分，其项目文化自然包含在体育文化范畴内，具备文化的属性。射击射箭项目中蕴含的道德、理想、价值、认识、制度和物质条件等构成了射击射箭项目文化的重要内容。其中，道德、理想、价值等精神文化是最重要的内容，而射击射箭项目所体现的价值观念又是其文化的核心。

　　本研究就是从射击射箭项目文化特点和内涵入手，重点分析射击射箭项目文化建设在传承发展我国优秀传统文化，助力提升我国文化软实力，促进人的身心发展、人类文明进步和社会发展，以及促进项目发展提质升级等方面的重要作用，并以问题为导向，对现状和问题进行分析，提出相关对策建议。

二、射击射箭项目文化特点和内涵

（一）射击射箭历史文化悠久

射箭的渊源可追溯到大约公元前5万年，远在1万年前的中石器时代，人类就发明了弓箭来狩猎捕鱼，之后弓箭又是用于战争的武器之一。现代射箭运动最早出现在英国，1972年射箭运动正式进入奥运会。射击运动最早起源于狩猎和军事活动。15世纪，瑞士就曾经举办过火绳枪射击比赛。500多年前，斯堪的纳维亚半岛就兴起了跑鹿射击游戏活动。射击作为世界性的体育竞赛项目始于1896年的第一届奥运会，除了1904年第三届奥运会和1928年第九届奥运会外，射击都是奥运会正式比赛项目。

（二）我国射击射箭发展源远流长

在射击射箭历史上，我国对两个项目发展都做出过重要贡献。我国古代"四大发明"之一火药的诞生，为火枪的产生和射击项目的发展奠定了基础。射箭作为一项古老的技艺在我国有着十分悠久的历史，被专家称为中国古代体育项目的鼻祖。山西峙峪人文化遗址曾经出土了一件距今两万八千年的石箭头（石镞），表明当时人类已经在开始使用弓箭。

（三）我国射击射箭文化内涵深厚

1. 射击射箭项目文化理念与人类价值追求相契合

文化的核心要素是价值。射击射箭项目追求精益求精，自我超越，同时又强调动静结合，心身统一，平衡发展，崇尚"射以观德"。而且射击射箭项目靠环数决胜，体现公平竞争的社会规则，承载着中华民族最优秀的传统文化和道德追求，与人类追求的"自由、公平、和谐"核心价值理念完美契合。

2. 我国射击射箭项目历史文化博大精深

西周时期，射箭就成为重要的教育内容之一。男人自童年起即普遍习射，射也成了男子本领大小的象征，被称为"男子之事"。男子以不会射箭为耻，

"不能则辞以疾"。《礼记·射义》记载，周代家中生了男孩，则要"桑弧蓬矢六、射天地四方"。《礼记·射义》强调射箭要"内志正，体外直，然后持弓矢省固；持弓矢省固，然后可以言中""其容体比于礼，其节比于乐"，说明射箭除了强身健体、增强武艺外，还是培养人品质和素质的良好手段。西周的学校以"六艺"（礼、乐、射、御、书、数）为教学内容。春秋时期，我国著名教育家孔子特别推崇射箭，他本人也常习射，据《礼记》记载，"孔子射于矍相之圃，盖观者如堵墙"，意思是说他射箭时能引来粉丝层层围观。因为当时没有奥运会，我们只大概知道他的水平冠绝齐鲁。不过，孔子为射箭做的最重要的事是把射箭列入了"君子六艺"（诗、书、礼、乐、射、御）之中，与传统的西周时期的"六艺"教育大体相同，孔子认为射箭具有静心养性、修身正己的作用，要求知识分子必须习射。他教导学生，比射箭既要争胜利，又要讲究礼让——"君子无所争，必也射乎？揖让而升，下而饮，其争也君子"（《论语·八佾》）。

到了战国时期，赵武灵王曾经提倡"胡服骑射"，把少数民族的射箭技术引入内地，同内地传统的射箭结合起来，把射箭推向了一个高潮。在火药发明以前的冷兵器时代，弓箭在战争中发挥了极大的作用，因此骑射也就成了军事训练的基本科目。在我国许多文学和传说中，弓箭的技能也一再被渲染，如远古的"羿射九日"，春秋时代养由基的"百步穿杨"，汉代飞将军李广的"中石没镞"，三国时吕布的"辕门射戟"等。随着火器时代的到来，箭镞一类的武器逐渐在战争中降低了它的作用。但作为一种强身健体和培养意志的基本训练，射箭一直在历朝的宫廷、军旅乃至民间经久流传。弯弓射箭已经成了习武的象征。

3. 我国射击射箭项目形成了具有重要时代价值的独特文化

截至2015年，射击射箭项目先后培养了许海峰、李玉伟、吴小旋、王义夫、张山、杨凌、李对红、陶璐娜、蔡亚林、杜丽、朱启南、贾占波、庞伟、张娟娟、郭文珺、陈颖、邱健、易思玲共18位奥运冠军，为国家夺得22枚奥运金牌。在已参加的8届奥运会中7届夺得奥运金牌，其中4届为中国奥运军团夺取"首金"，成为中国奥运军团名副其实的"开路先锋"。射击射箭项目经过不断传承与发展，积淀了特色鲜明的项目文化，创造了许多传奇神话，用自己独特的方式书写了许多生动的"中国故事"，成为激励几代中国人的宝贵精神财富。1984年射击项目为中国夺得奥运历史上首枚金牌，击碎了"东亚病夫"这顶扣在中国人头上多年的帽子；1992年张山在奥运赛场上创造了"巾帼胜须眉"的历史佳话；2008年张娟娟一剑封喉，终结韩国射箭不败"神话"……这些都是中华民族体育精神的集中体现，具有很强的社会正能量。

（四）射击射箭项目具有良好的发展基础和广阔的发展空间

射击射箭被列入奥运项目后，在世界各国广泛开展。随着经济社会的发展，射击射箭运动在世界各地得到不同程度的发展。射击运动作为一项高端、刺激、时尚的体育活动，在欧美等发达国家深受人们喜爱。射箭运动在韩国、日本、蒙古等国家被赋予了很强的国民教育与文化传承功能。在韩国，射箭被当成国粹来发展，从小学到大学都开设射箭必修课，是升学必考科目，从事射箭运动的有几十万人，全民参与给韩国射箭项目提供了强大的群众基础，韩国射箭竞技实力也长期处于世界领先水平。在"举国体制"下，我国射击射箭项目开展较好，射箭作为民族传统项目在一些少数民族地区广泛开展。2014年，国务院《关于加快发展体育产业促进体育消费的若干意见》将射击射箭列为大力支持发展的群众喜闻乐见和有发展空间的项目，射击射箭项目未来的发展空间更为广阔。

三、射击射箭项目文化建设现状与问题

（一）现状分析

1. 长期以来国家体育总局项目管理中心层面十分重视文化建设，取得一系列成果

国家体育总局射击射箭运动管理中心作为我国射击射箭项目管理机构，长期以来一直坚持传承创新、全面育人等理念，高度重视国家队运动员文化素质教育和射击射箭项目文化挖掘推广，也成为国家体育总局系统内唯一获得"全国先进基层党组织""全国文明单位""全国精神文明建设先进单位"3个国家级荣誉称号的单位。近年来，为贯彻落实《体育总局办公厅关于

进一步做好体育文化工作的通知》等文件精神，射击射箭运动管理中心成立了文化建设工作小组，加强了体育文化工作的领导，并抽调专门力量落实文化建设工作任务。中心还策划推出完成了《瞄准·梦想》射击射箭文化宣传画册、宣传片、展室、文化长廊等文化建设成果，开展了全国射击射箭文化展示和中国"箭王"争霸赛等文化推广活动，并依托协会优势开展了一系列射击射箭文化挖掘推广工作，较好地提高了射击射箭项目的影响力，在促进项目可持续发展方面进行了有益的探索。

2. 射击射箭项目文化推广工作在地方受到不同程度的重视，上海经验值得总结推广

随着我国体育事业改革发展不断引向深入，地方体育管理部门也都在积极思考体育项目改革发展问题。上海作为我国射击射箭项目发展较好的地区，近年来，以射箭项目为重点，借助多年承办射箭世界杯赛（上海站）的机会和上海市政府购买体育服务的平台，在射箭运动文化推广上深耕细作，举办市民射箭联赛，推进射箭运动进学校，射箭文化进社区、进楼宇，大力扶持射箭俱乐部的发展，向广大市民大力推广射箭运动。上海市教委将射艺（传统射箭）列为"传统体育文化进校园"首选项目。上海体育、教育部门的做法，得到了人民群众的广泛赞誉和业界的高度好评。上海有20余家射箭俱乐部，成为射箭运动推广普及和产业培育工作做得最好的地区。

3. 社会参与射击射箭文化挖掘推广工作日趋广泛，呈现良好发展势态

作为人类社会重要的文化符号，射击射箭文化研究工作一直受到学术界的关注，近年来又呈现持续深入的状态。中国射箭协会通过传统弓分会，加强对我国传统射箭文化的挖掘和推广。秦州"李广杯"国际传统射箭邀请赛、青海国际民族传统射箭精英赛等活动陆续举办。在射箭文化研究方面，清华大学国家社科基金重大项目"《仪礼》复原与当代日常礼仪重建研究"将古代乡射礼作为重要研究内容，取得了丰硕成果，礼射文化已经在清华大学生根发芽，并有力辐射全国。2015年秋季学期开始，清华大学已正式开设射箭课程。2015年上海对外经贸大学又领全国高校之先，牵头成立了上海市大学生体育协会射箭分会，举办了全国大学生射箭（射艺）邀请赛和全国射艺师资培训班。全国几十所高校都有大学生射艺社团组织及相关课程。射箭运动的魅力正在被越来越多地发现，各地俱乐部之间每年开展的赛事活动已经颇具规模，射箭运动的文化价值和产业价值正在初步显现。

（二）问题分析

1. 对射击射箭项目重要的文化价值尚未有统一认识

认识是行动的先导。总体来看，行业内外对射击射箭项目所蕴含的文化价值的认识还不到位，对推进射击射箭文化工作的认识还未真正统一，对做好射击射箭文化工作的目标、路径还不够清晰。

2. 射击射箭项目文化建设的有效机制尚未形成

在体育行业内部，从全国来看，受传统发展模式的影响，还存在文化建设机制不全、投入不够、抓手不强、效果不佳等问题。

3. 射击射箭项目文化挖掘研究工作尚待进一步加强

当前，射击射箭项目文化研究呈现分散、自发、不成体系、不深入、不全面的态势，缺少系统规划、有效引导和有力扶持。

4. 射击射箭项目文化推广工作尚未与社会资源实现有效对接

当前射击射箭项目主要还是依赖"举国体制"和各级体校"一条龙"的发展模式，与教育体系还未进行很好的对接，参与射击射箭项目的青少年升学渠道不畅通。没有与媒体、社会资本等社会资源实现有效对接。

5. 工作理念、方法手段尚不能满足社会发展需要

总体来说，射击射箭文化建设活动组织相对简单，文化附加值偏低，传播手段比较单一，影响力还不足，技术相对落后，与国际化、社会化、数字化、网络化等时代发展要求不相适应。

四、加强我国射击射箭项目文化建设的对策与建议

（一）充分认识射击射箭项目的文化价值和加强文化建设的意义

1. 从传承发展我国优秀传统文化，助力提升我国文化软实力的高度加以认识

习近平总书记指出，中华民族伟大崛起首先是文化、精神在世界上的认

可、追随和崛起。中华优秀传统文化是中华民族的突出优势，是我们最深厚的文化软实力。软实力的核心要素是文化。中国传统射箭文化曾经承载了教育、军事、文化等多重功能，具有十分重要的文化价值，是中华民族灿烂文化中一颗耀眼的珍珠。从西周、春秋战国，到强汉、盛唐时代，在中华民族最值得骄傲的时代，无不伴随着体育的繁荣，射箭与蹴鞠、马球、武术等代表世界最高水准。但是，我们也看到，由于历史的原因，中国传统射箭文化也曾一度失去昔日的辉煌与价值。另外，射箭是在少数民族地区广泛开展的体育文化活动。因此，做好我国射箭项目文化传承发展工作，对于传承发展我国优秀传统文化，提高国家文化软实力，传播当代中国价值观念，展示中华文化独特魅力，塑造良好的国家形象，增强中华民族凝聚力，助力实现中华民族伟大复兴，具有十分重要的意义。

2. 从促进人的身心发展、人类文明进步和社会发展的角度加以对待

射击射箭运动对于人的身心发展具有重要的促进作用。澳大利亚有人以射箭做研究，发现其动静结合的运动方式，对治疗抑郁症有很大帮助。射击射箭项目文化理念与人类追求的"自由、公平、和谐"核心价值理念完美契合，加强射击射箭项目文化发展和交流，有利于促进人类文明的交流互鉴，促进人类社会的发展进步。我国在射击射箭运动项目上不断突破，有助于激发我们的爱国热情，坚定全体人民振兴中华，实现"中国梦"的信心和决心。

3. 从促进项目发展提质升级的高度加以重视

加强体育文化建设是体育强国的内在要求。中国体育事业要想可持续发展，必须有强有力的体育文化作为核心支撑。我国体育从单纯地追求竞技金牌，逐步转变为集艺术、教育、影视、传媒、会展、外交、国际传播于一体的体育文化。因此，体育文化被提到了一个新的高度，与群众体育、竞技体育、体育产业一起构成我国体育工作的全新体系。所以，要从促进我国射击射箭项目发展方式升级、提高项目发展质量、推动项目可持续发展的高度，认识射击射箭项目文化建设工作，将体育文化工作作为一项重要的基础性工作，纳入推动项目发展新常态常抓不懈，夯实项目发展基础，也使项目的发展得到更多的社会认同。

（二）加强顶层设计，建立有利于进一步做好射击射箭项目文化工作的工作机制

做好射击射箭项目的文化建设工作，必须有行之有效的工作机制作为保障。一是建立科学的决策机制，要发挥体育管理部门和协会的主体作用，加强对文化建设工作的领导，使竞技体育、群众体育、体育产业与体育文化"四位一体"，协调推进。二是健全任务责任机制，明确责任部门和工作任务。三是健全服务保障体系，加大公共投入和服务项目发展力度。四是健全社会参与机制，调动各方面力量来共同推进文化建设，鼓励社会力量积极参与文化建设。五是健全监督考核机制，建立科学的绩效考核体系。

（三）把握项目文化特色，推动项目可持续发展

既要把握射击射箭项目文化共性，又要区分其差异，根据项目文化特点和规律，优化项目发展路径，从而更好地推动项目发展。射箭项目文化根植于中华民族传统文化，应注重充分发挥其文化凝聚力、吸引力、融合力和影响力，项目发展和文化推广应侧重走"大众普及"的路线，让更多人民大众参与射箭，实现射箭教育价值的回归。

中华人民共和国射击项目创造了比射箭项目更加辉煌的成绩，作为中国奥运军团的"开路先锋"，射击项目在竞技方面所创造的精益求精、自我超越的开创精神，在项目发展和文化推广方面应侧重走"精英集约"的路线，强调开创精神对人们的精神激励作用。这样，射击项目在发展中才能得到社会更多的文化认同。

（四）加强射击射箭项目文化挖掘研究，将优秀射击射箭文化发扬光大

要加强顶层规划设计，多渠道加强对射击射箭项目文化挖掘研究工作的政策支持和资金投入，特别是注重对中华传统文化的挖掘整理，使之形成体系。在射箭项目方面实施"国粹"战略，要在文化挖掘上多出成果，努力将射箭真正打造成我国的"国粹"项目。树立精品意识，通过打造品牌赛事活动，引领射箭文化的推广。要有"造星意识"和实施"造星行动"，加强运

动员、运动队形象建设，多树立"励志榜样"，更好地发挥射击射箭明星运动员和国家队在社会中的榜样作用。要改变现在项目文化研究"重射箭，轻射击""重历史，轻当代"的不良倾向，扭转射击项目竞技实力与文化研究不匹配的问题。

（五）融合教育、整合媒体、对接资本，做好射击射箭项目文化推广工作

教育是体育的本质属性，学校是体育文化工作的主阵地。要充分挖掘和利用射击射箭项目的教育功能，大力推进射击射箭进学校，与教育体系充分融合，更大地发挥其文化的张力，更好地实现文化的传承和彰显。

加强与媒体的有效互动，加强对射击射箭项目的包装和推广。要整合社会资源，将中国传统射箭文化、神话传说、历史典故和中国射击射箭项目的励志故事，转化成深受大众喜爱的动漫作品和影视作品，推出更多比《许海峰的枪》等更优秀的作品，让射击射箭项目的"中国故事"讲得更加生动多彩。这方面，韩国请偶像明星拍摄射箭题材的影视大片推广射箭文化，吸引青少年参与射箭运动就是成功案例。

要制定政策，积极吸引社会资本参与项目文化建设和项目发展，促进俱乐部发展壮大和体育产业发展。

（六）坚持创新发展，让射击射箭项目更好地走近大众

在信息技术时代，需要树立互联网思维，建设项目文化宣传推广网络平台，加强项目文化的网络宣传，让人民群众特别是广大青少年更多地了解项目。加强安全管理技术的创新研发，利用新的科学技术和手段，提高射击运动的安全管理水平，解决制约射击运动发展的"瓶颈"问题。

（七）加强文化交流互鉴，服务国家发展战略

利用射击射箭项目核心价值理念与人类价值追求相契合的优势，积极通过射击射箭国际赛事、文化交流、人才交流等方式和渠道，加强与世界各国的人文交流，积极推动中华传统文化的国际传播，为中华文化"走出去"以及"一带一路"倡议服务，为实现与各国政治互信、经济融合、文化包容做

贡献。同时，要认真学习借鉴世界各国优秀成果，做到中西合璧、融会贯通。

参考文献

[1] 卢元镇 . 体育社会学 [M]. 北京：高等教育出版社，2010.

[2] 彭林 . 中国古代礼仪文明 [M]. 北京：中华书局，2004.

[3] 冯建中 . 中国射箭运动史 [M]. 武汉：武汉出版社，2006.

[4] 王智慧 . 体育强国战略背景下体育文化实力的维度解析与提升路径研究 [J]. 体育与科学，2011，32（4）：24-28.

[5] 陈晓峰 . 多维视角下体育文化的内涵、价值与建设 [J]. 上海体育学院学报，2012，36（2）：21-24.

[6] 郝勤 . 论体育与体育文化 [J]. 上海体育学院学报，2012，36（3）：3-6.

我国体育赛事新闻宣传组织管理
研究

国家体育总局宣传司　田彤桂

摘要： 在全面深化改革和赛事改革的大背景下，本研究运用文献资料法、专家访谈法和实地考察法等方法，对我国体育赛事新闻宣传的组织管理进行了分析探讨。结果表明，当前我国大型综合性运动会组织管理更加系统化、职业联赛组织管理更加专业化、单项体育赛事组织管理更加多样化，但还存在对赛事新闻宣传工作的重视程度不够，专业人员缺乏，社会力量参与不足，且规范性、专业化程度不高等问题。面对新时期建设体育强国、政府职能转变和培育社会机构等诸多新机遇和挑战，以上海"3+X"办赛模式中新闻宣传工作为例进行探讨，认为科学高效地开展赛事新闻宣传工作，需要政府部门和专业机构参与配合；体育主管部门和全国单项体育协会需加强对赛事的指导和监督，并做好规则和标准的制定工作；综合性运动会、职业联赛和单项体育赛事应根据各自赛事和举办地特点，采取适当的组织管理方式。

关键词： 体育赛事；新闻宣传；组织管理

党的十八届三中全会提出了全面深化改革的要求，2014年国务院制定并下发了《关于加快发展体育产业促进体育消费的若干意见》，指出要取消商业性和群众性体育赛事活动审批，加快全国综合性和单项体育赛事管理制度改革，通过市场机制积极引入社会资本承办赛事，有关政府部门要积极为各类赛事活动举办提供服务。2014年底，国家体育总局出台了《关于推进体育赛事审批制度改革的若干指导意见》，提出了推进体育赛事改革的工作要求和方向。北京奥运会后，我国举办的体育赛事日益增多，赛事的规模、性质和组织方式日益多样化。在赛事改革的大背景下，体育部门如何发挥作用、参与体育赛事组织成为一个重要的课题。

新闻宣传工作是体育赛事组织工作中不可或缺的部分，直接影响公众和媒体对赛事的评价。科学高效的组织管理是高水平完成赛事新闻宣传工作的关键。目前，我国体育赛事的新闻宣传工作尚未得到充分重视，体育部门和社会机构在组织工作中的角色和作用不明确，相关的规范和标准不完善，专业人员和机构严重缺乏，无法适应新时期体育事业持续健康发展的需要。

本文所指的赛事新闻宣传工作包括新闻宣传和媒体运行两大部分。与国际惯例不同，我国绝大多数赛事将这两部分工作交由同一个职能部门完成，故本文在研究国内体育赛事时用"新闻宣传工作"概括。

本文作者收集了与体育赛事新闻宣传工作有关的书籍、报纸、期刊和杂志；在参与我国举办的各项大型体育赛事新闻宣传组织工作中收集了大量第一手材料；参加了国家体育总局（下文简称"体育总局"或"总局"）宣传司组织的赛事新闻宣传和媒体服务专题调研，与地方体育部门、职业俱乐部和赛事公司有关人员交流座谈，进行了问卷调查，获取了真实的资料。

一、我国体育赛事新闻宣传组织管理工作的现状

近年来，我国举办的国内外体育赛事日益增多，赛事类型的多样化和承办主体的多元化趋势日益明显，新闻宣传组织工作也出现一些新情况、新问题。

（一）大型综合性运动会组织管理更加系统化

2008年后，我国相继举办了广州亚运会、南京青奥会等一系列大型综合性运动会。这些赛事涉及政治、经济、社会各个方面，其组织工作的复杂性和我国现有的国情制度，决定了赛事组委会由地方政府牵头组建，并设立了比较系统完善的新闻宣传工作机构和工作团队。2009年在山东省举行的全运会，新闻宣传工作的组织管理借鉴了北京奥运会的经验，同时也根据全运会和山东省的特点做出安排。组委会新闻宣传部负责新闻宣传、社会宣传、记

者接待、新闻中心等相关工作，各赛区、各竞赛场馆和媒体村组建了新闻宣传工作团队。此外，中宣部和省委宣传部积极参与，与组委会形成合力，在整合媒体资源、扩大赛事影响等方面发挥了重要作用。

（二）职业联赛组织管理更加专业化

中超联赛和CBA联赛是目前国内水平最高的职业体育赛事，关注度高，影响力大。近年来，中超联赛和CBA联赛的新闻宣传工作逐步与国际接轨，规范化和专业化程度不断提高。与一般赛事不同，中超联赛的新闻宣传工作是由中超公司、各赛区和各俱乐部合作完成的（见图1）。赛区的宣传工作多在地方体育部门的协助下完成，俱乐部的宣传工作主要依靠内部人员。中国足球协会每年组织中超、中甲俱乐部和各赛区相关人员参加媒体服务和新闻发布方面的培训，并对联赛的宣传工作提出工作规范和具体要求。2011年以来，在亚足联的督促和支持下，中超联赛的媒体设施和媒体服务水平有了比较明显的提升。

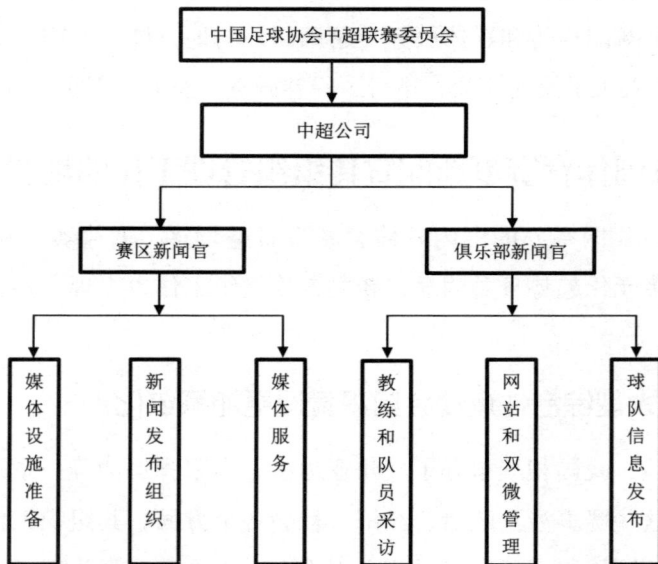

图1　中超联赛新闻宣传组织构架图

（三）单项体育赛事组织管理更加多样化

我国举办的还有众多不同性质和规模的单项体育赛事，其组织管理呈现多样化趋势。主要有三种情况：一是由国际体育组织主办的国际单项比赛，如北京田径世锦赛、上海游泳世锦赛、南宁体操世锦赛。由于赛事的重要性，宣传工作多是由举办地政府牵头，体育部门和相关机构参与；二是全国性单项体育协会（国家体育总局项目管理中心）主办的全国性比赛，这类赛事的宣传工作通常由举办地体育部门牵头，赛事公司参与；三是商业赛事和群众性赛事，这种比赛的宣传工作主要是由赛事公司或社会机构（包括媒体机构）负责。随着赛事改革的推进，政府对单项比赛的参与度越来越低，新闻宣传和媒体服务的具体业务更多依靠社会力量和专业机构完成。

（四）国内体育赛事新闻宣传组织工作存在的问题

（1）体育部门在赛事组织工作中的功能定位不明确，体育部门和其他政府部门、组委会的职责界限不清晰，相关部门之间的协调机制不完善，"大包大揽"和"放任不管"两种极端情况经常出现。

（2）社会力量参与办赛的动力不足、机会不够，缺乏体制机制保障，社会机构和人员的专业化程度不高，尤其缺乏体育项目和赛事运行相关的专业知识和操作经验。

（3）全国性单项体育协会（国家体育总局项目管理中心）对新闻宣传工作重视不够，缺乏专业新闻宣传人员，无法对赛事的新闻宣传工作给予应有的指导和协调。

（4）国内各类体育赛事新闻宣传工作相关的规范性、指导性文件缺乏，相关理论研究比较薄弱，单项体育赛事新闻宣传工作系统化、规范化、专业化程度不高。

二、新时期体育赛事新闻宣传工作面临的机遇和挑战

2014年出台的《体育总局关于推进体育赛事审批制度改革的若干意见》是体育系统深化改革迈出的第一步，为体育事业全面、协调、可持续发展提供了新的契机。在新的发展形势下，体育赛事的新闻宣传工作面临新的机遇

和挑战。

（一）体育强国与办赛强国建设

胡锦涛同志在北京奥运会、残奥会总结表彰大会上提出，推动我国由体育大国向体育强国迈进的奋斗目标。站在全面建成小康社会、实现中华民族伟大复兴的战略高度和视角去解读"体育强国"的内涵，办赛强国应该是体育强国建设的重要内容。从国际上看，美、日等体育强国无一不是办赛强国，都有一套发达的体育赛事体系。所谓办赛强国，是从举办赛事的数量和质量两个方面来衡量的。目前，我国承办的赛事数量不断增加，赛事的规模和层级不断提高，但办赛的水平与强国还存在很大的差距，市场化、专业化、规范化程度比较低。新闻宣传工作中，不符合国际惯例、不遵循新闻规律的情况经常出现，严重影响赛事的形象和品牌树立。因此，应从建设办赛强国的目标出发，加强赛事新闻宣传组织管理工作。

（二）体育部门"从办到管"的转变

目前，体育部门仍掌握着大量的赛事资源，依旧是赛事组织的主要力量。因此，推动赛事改革的前提是体育部门完成"从办到管"的转变。要顺应改革的潮流，鼓励社会力量参与体育事业，充分调动社会各方面组织承办体育赛事的积极性，进一步简政放权。体育部门转变职能应该首先从解放思想、转变观念开始，要"开门办赛事"，把权力放给社会和基层，顺应社会分工精细化、专业化的趋势，把技术性工作交给专业的机构和人员完成。体育部门应把工作重心放到指导监督和服务规范上，加强事中事后监管。新闻宣传工作方面，要改变体育宣传干部"包打天下"的局面，鼓励和支持专业赛事公司和媒体机构参与组织工作，争取地方宣传部门的支持和协助，形成多方参与的立体化工作体系，形成宣传工作合力。

（三）培育和扶植社会机构

目前，很多体育部门意识到了社会力量参与赛事组织的必要性，但苦于找不到合适的机构和人员，同时现行的体制机制也限制了社会力量参与赛事。因此，推进赛事改革的关键是体育部门要培育和扶植社会机构，主动为自己找帮手，支持各类市场主体依法组织、承办体育赛事。体育部门一方面要优化市场环境，完善政策措施，积极引导规范各类体育赛事的市场化运作，为多元主体参与赛事组织创造良好的条件和环境。另一方面要积极培育和扶植相关的社会机构，指导他们熟悉赛事运作和新闻规律，掌握相关的专业知识和操作方法，满足组织工作的需要。只有参与赛事的社会力量多了，才能形成竞争市场，促使整个行业的水平不断提高。公关、咨询类公司和媒体机构是新闻宣传工作主要依靠的力量。

（四）加强规范和标准的制定

目前，工作规范和标准的制定是我国体育赛事组织工作的一个"短板"。当前，借着赛事改革的东风，体育部门应该将研究制定办赛规范和标准作为推进赛事改革的重要工作内容，认真总结以往赛事经验，积极借鉴国际组织成功做法，满足赛事发展的形势要求。作为当今世界上最成功的体育赛事，奥运会有一套系统全面的规则体系，便于承办机构参照操作，也利于工作评估和监督。国际奥委会通过主办城市合同和媒体技术手册等详尽、专业的文件，对组织工作进行全程指导和规范。相比之下，我国在赛事规范和标准的制定上还很不完善，全国性综合赛事和单项赛事缺乏完整、成熟的办赛规则，对举办地和组委会的工作缺乏有效的指导和约束，增加了组织工作的难度。很多参与过赛事组织工作的人都有这样的共识：赛事的工作规范和标准越详细、越准确，办赛越容易。因为规则不明确，国内赛事有时比国际赛事还难办。

三、体育赛事新闻宣传组织管理的对策建议

（一）上海"3+X"办赛新模式

上海作为中国的"赛事之都"，从2008年开始，逐渐形成高级别体育赛事集群，每年举办的国内外体育赛事基本保持在100次以上（2014年达到150次），其中国际性体育赛事约占40%，所举办的各级赛事总数已经超过纽约、伦敦等著名国际体育赛事城市。体育部门被办赛牵扯大量精力、办赛质

量不高等问题，成为困扰体育竞赛工作发展的"瓶颈"和"软肋"。为此，2014年，上海市体育局拿出优质赛事资源，支持社会力量办赛，形成上海体育竞赛"3+X"办赛新模式（见图2、表1）。

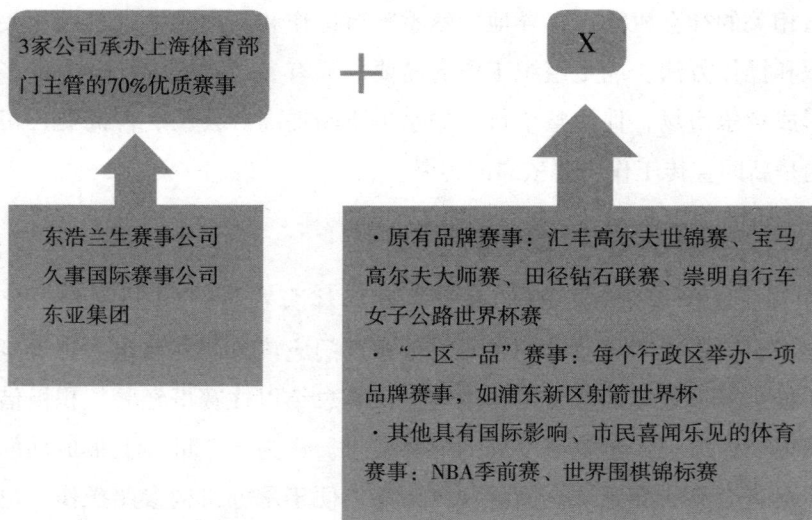

图2 上海"3+X"办赛模式示意图

表1 三大赛事公司运营品牌赛事情况

赛事公司	品牌赛事	其他业务
东浩兰生赛事管理有限公司	上海国际马拉松赛	路跑等国际国内商业赛事
久事国际赛事管理有限公司	F1中国大奖赛 上海ATP1000网球大师赛 上海环球马术冠军赛	上海国际赛车场运行和管理
东亚集团	世界斯诺克上海大师赛 短道速滑世界杯 国际泳联跳水世界杯	城市定向挑战赛

1. "3+X"模式下的体育赛事新闻宣传组织管理

办赛新模式带来的最大变化就是专业赛事公司承担赛事运作和推广，政府部门退到后台，主要发挥协调和监督作用。2002年起，久事国际赛事公司承担上海ATP1000网球大师赛的运作和推广。组委会按照国际赛事规范成立专业的媒体公关部门，将新闻中心运行工作外包给专业团队，通过明确分工和有效配合，保障媒体服务的平稳有序。上海市体育局对大师赛新闻宣传工作的协调主要体现在两个方面：协助申请社会资源和应对重要舆情事件。大师赛需要众多的社会资源和公共服务，在现有体制下需要体育部门协调市政府相关职能部门提供支持和协助。大师赛期间，上海市体育局密切跟踪舆情动态，遇有重大突发情况，及时与组委会沟通，并协调有关部门进行研究处理，及时以组委会名义对外表态，政府和组委会之间有清晰的职能划分。

2. "3+X" 办赛模式的启示

"3+X" 模式是上海市体育局在体育赛事深化改革方面迈出的重要一步，也是上海体育赛事发展的新起点。就此，上海形成了"大赛靠专业公司，小赛靠体育协会"的赛事组织格局，市体育局把工作重点放在指导支持和服务保障上，积极扶持骨干机构，培育赛事市场，"让专业的人干专业的事"，提升赛事组织管理水平。面对赛事改革的新形势，上海市体育局指导各办赛主体积极与专业机构进行合作，依靠和协助他们完成具体业务工作。上海市体育局的宣传部门最初带领区县、协会和公司一起办赛，后来逐渐放手，只做必要的指导和监督。目前，上海逐步培养出一批专业的办赛队伍，体育部门可以从繁重的办赛任务中抽出身来，专心做好指导、协调、培训、监督的工作，这为实现建设全球著名体育城市的目标打下了坚实的基础。

（二）影响组织管理方式的因素

实践经验证明，没有一种组织管理方式是"放之四海而皆准"的。一项体育赛事，新闻宣传工作到底应该采取什么样的组织管理方式，要统筹考虑以下三个方面：一是赛事自身的特点，如规模、性质、层级；二是赛事举办地的情况，如社会经济发展水平、体制机制和政策保障情况；三是体育组织的相关规则和赛事惯例。此外，赛事商业化和互联网发展对新闻宣传组织管理提出了新的要求，同时提供了新的平台和手段。在充分研究分析上述因素的基础上，采取符合赛事特点和时代要求的组织管理方式。考虑到上述因素，上海的思路和做法值得各地学习借鉴，但在全国范围内推广上海模式还存在一定难度。

（三）体育部门的角色和作用

在全面深化改革的形势下，体育部门要学习借鉴上海的做法，转变观念，完善制度，通过创新转型，整合社会资源，突破传统办赛格局，激发赛事市场活力，集中精力做好政策制定、标准提供、工作指导和人员培训四个方面的工作，切实完成"从办到管"的转变。

体育主管部门（国家体育总局和地方体育主管部门）要发挥好指导和协调的作用，成为赛事组委会和相关政府部门之间的纽带。积极协调政府的宣传、外事、安保、市政等部门为赛事组织提供必要的服务和支持，做好政策保障和资源提供。

全国性单项体育协会（总局项目管理中心）要对重要赛事组织工作提供必要的业务指导，制定本项目赛事的规范和标准。重要的国际比赛，协会要发挥桥梁作用，协助组委会与国际体育组织进行沟通协调。协会还要注重培养自己的新闻官、组建自己的新闻委员会，并指导其在赛事组织中发挥应有的作用。

（四）各类赛事的组织管理建议

1. 综合性运动会，政府参与并发挥主导作用

大型综合性运动会的新闻宣传工作任务重、要求高、涉及面广、组织难度大，考虑到我国现有的国情制度，还是应该由举办地政府牵头组织工作，体育部门和宣传部门深度参与。组委会应设立功能齐全、分工细化的新闻宣传职能部门，并组建相应的场馆运行团队。组委会可根据实际情况，将一些技术性业务外包，交给有资质的社会机构完成。这样做，既可精简组织机构，又可提升服务专业水平。北京奥运会、广州亚运会、深圳大运会和南京青奥会四大国际比赛，在国家层面组建了由中宣部牵头的新闻宣传工作协调小组，成员包括外交部、国务院新闻办公室、国家体育总局等政府部门的工作人员。协调小组的职责是指导、协调组委会和地方宣传部门开展工作，包括重要活动的宣传组织、舆情监测和研判、突发事件应急处理、境外媒体的管理协调等。尽管不直接参与组委会工作，协调小组还是为赛事的新闻宣传工作提供了强有力的政策保障和制度支持。随着国家对舆论宣传的重视程度

不断加强，未来举办的北京冬奥会、杭州亚运会等重大赛事还会采用"协调小组+地方宣传部门+组委会"的组织方式，形成国家、地方、赛事三个层面的工作联动。

2. 单项体育赛事，积极发挥社会力量的作用

单项体育赛事的情况虽然比较复杂，但总体方向是一致的，就是要逐步推进市场化运作，加大社会力量参与赛事组织的力度。重要赛事（世锦赛、世界杯、亚锦赛等）地方体育部门和宣传部门要参与组织工作，重要的专业岗位（新闻经理、摄影经理）可推荐有经验的媒体人员担任。商业性和群众性赛事要以赛事公司和媒体机构为主要办赛力量，体育部门要积极鼓励和支持，多从技术和规则上给予指导。2011年游泳世锦赛和2015年花样滑冰世锦赛，举办地上海采取了政府主导的组织方式，由政府相关职能部门组成组委会，体育局深度参与赛事的新闻宣传工作。考虑到赛事的重要性，体育局推荐了曾经参与北京奥运会媒体运行工作的专业媒体人员担任比赛的新闻经理和摄影经理，市领导出面协调从相关单位抽调使用。

3. 职业联赛，强化职业联盟和俱乐部的作用

进一步完善现有的足球和篮球职业联赛组织方式，后续发展的职业联赛可参照中国足球协会超级联赛、中国足球协会甲级联赛和中国男子篮球联赛的成功做法。体育协会要强化职业联盟对联赛新闻宣传工作的指导和监督功能，鼓励社会机构参与职业联赛新闻宣传组织工作。全国性单项体育协会要指导职业联盟做好相关工作规范和服务标准的制定和修改，协调赛区和俱乐部做好执行和落实，协助培养专业新闻官和工作团队。地方协会要加强与地方政府部门的沟通协调，遇到重大、突发事件时，争取相关部门的支持和配合。

四、结 论

随着体育改革的深化和赛事的发展，体育赛事新闻宣传工作发生了很大的变化，特别是组织管理方式日益多样化、复杂化，越来越多的社会力量参与其中，并发挥重要的作用。体育赛事的新闻宣传是一项专业性很强的工作，要求工作团队熟悉赛事运行和新闻传播的规律，需要专业人员和机构来

完成。在这种情况下，体育部门要发挥专业优势，强化指导协调和规范服务的功能，鼓励和支持社会力量参与组织工作，协调相关政府部门做好服务和保障，各方共同努力做好赛事的新闻宣传工作。

参考文献

[1] 张俐俐，张文敏. 论大型体育赛事中的政府主导作用——以广州2010亚运会为例 [J]. 体育文化导刊，2006（6）：8-10.

[2] 胡智巍. 中超联赛媒体运行研究 [D]. 成都：成都体育学院，2014.

[3] 李坤. 上海网球大师赛媒介公关服务研究 [D]. 上海：上海体育学院，2013.

小　组
课题成果

政府购买青少年公共体育服务研究

执笔人：武文强、姜红

成员：朱英、张俊昌、田园、孙静、李德利、王树宁

摘要： 我国建设服务型政府的基本理念，要求政府重视提高公共服务的质量，要求政府具备提供高质量公共服务的能力。

论文主要采用了文献资料法、实地考察法和专家访谈法及个案调查法对政府购买公共服务、政府购买体育公共服务和政府购买青少年体育公共服务进行了初步理论研究，并结合青少年体育工作实际，对购买青少年体育公共服务提出了建议和对策。结论和建议如下。

（1）我国政府购买公共体育服务需要社会多元组织的参与，有利于提高服务的质量与效益，有利于促进公共财政体系建设，有利于促进政府转型，有利于促进社会组织成长。

（2）政府购买公共体育服务的方式：通过政府购买契约式公共服务；财政资金在体育公共服务领域普遍建立购买机制；地方政府作为体育公共服务的主要承担者，中央政府起转移支付的作用；健全公开透明的公共体育服务购买流程，发展多元化的购买机制；促进非营利组织发展，为其发展提供政策环境。

（3）政府购买公共体育服务的内容主要在以下领域：公益性文化体育产品的创作与传播；公益性文化体育活动的组织与承办；中华优秀传统文化与民族民间传统体育的保护、传承与展示；公共文化体育设施的运营和管理；民办文化体育机构提供的免费或低收费服务。

（4）各级政府购买青少年公共体育服务各具特色，已经取得了良好的社会效益，仍需推广和加强。

建议：明确政府购买公共体育服务的范围；明确政府财政对公共体育服务购买责任；研究制定政府购买体育服务的法规或规章，将政府购买服务纳入法治轨道加以规范和管理；建议第三方对公共体育服务购买绩效进行评估；健全法律法规，要充分认识公共服务及政府购买公共服务的特殊性，进一步细化管理流程和运作机制，并有序推动公共服务购买工作逐步开展。

关键词：公共服务；公共体育服务；青少年；"高参小"

一、选题依据

党的十六大以来，我国政府从全面建设小康社会的角度，提出加强服务型政府建设的目标。根据我国建设服务型政府的基本理念，建设服务型政府不仅要求政府重视提高公共服务的质量，还要求政府具备提供高质量公共服务的能力。我国的公共需求正处于由消费型向发展型升级的关键时期，而现行的政府模式很难与这一趋势相适应。

政府购买体育服务是政府转变财政资金投入方式、提高政府公共服务能力的重要措施。近年来，我国政府不断深化机构改革，转变政府职能。国务院总理李克强在国务院机构职能转变动员会议上强调"要加快事业单位改革步伐，提供更多更有效的服务。大力引入社会资本，增加竞争，满足多样化需求。即使是基本公共服务，也要深化改革、利用市场机制、创新供给方式，更多地利用社会力量，加大购买基本公共服务的力度，要加快制定出台政府向社会组织购买服务的指导意见"。

虽然政府购买社会公共服务已在我国逐步展开，并且财政部、民政部已联合出台指导意见，但是政府购买公共体育服务在我国起步较晚。有些地区进行了探索，但是在公共体育服务的理论和实践方面，缺少科学的理论支撑与实践经验。因此，本文拟以国家体育总局和教育部拟推广和开展的青少年体育工作为例，对政府购买公共体育服务内容、形式、效果等理论和实践问题展开深入研究，以期为进一步完善政府购买公共体育服务提供理论参考和经验借鉴。

二、研究现状

关于体育公共服务体系的研究。肖林鹏等提出完善的体育公共服务体系包括"体育公共服务主体、体育公共服务设施、体育公共服务平台、体育公共服务产品、体育公共服务信息、体育公共服务便利、体育遗产保护、体育公共服务机制、体育公共绩效评估及体育公共服务的资金、人才、政策法规保障"等内容。

曹可强等以区域性公共体育服务体系建设经验为依托提出"政府是体育公共服务的责任主体，市场与非营利体育组织是体育公共服务的实施主体。建设公共体育服务体系过程中，要充分利用市场和非营利体育组织的作用"。

关于体育公共服务发展取向的研究，一种是以效率至上的公共体育服务市场化改革，另一种则是以公平至上的公共体育服务均等化改革。黄恒学提出中国现行体育事业管理体制改革应该在重新界定、调整和收缩国家体育事业职能范围的基础上，确保社会公共体育事业、学校体育事业等的优先发展。大众体育产品的生产和供给采取公共生产和免费供给的方式效果更好。同时在破除政府公共体育服务垄断带来的配置成本高的条件下，在供给公共体育服务方面，提供主体和生产主体可以适当分离，构建政府、市场、第三部门的多元生产趋势等。

对于政府购买公共体育服务的相关研究，在对相关文献进行研究后发现，在体育服务领域引用"政府购买"的供给方式目前在国内研究得还比较少。

三、研究对象与研究方法

（一）研究对象

政府购买公共青少年体育服务的理论与实践。

（二）研究方法

1. 文献资料法

通过查阅中国知网、北京体育大学图书馆整理的政府购买公共服务的相关文献、资料、书籍，为本研究提供了理论参考。

2. 实地考察及访谈法

由国家体育总局青少年体育司朱英处长负责，整合了天津体育学院、广州体育学院等多所院校的体育管理方面的专家学者，在2014年3月至5月与江苏省体育局、广东省体育局等就政府购买相关问题进行了专家访谈和实地调研，课题组走访了江苏省常州市武进区、徐州市和广东省佛山市，收集了较为丰富的个案材料。

武文强等实地考察北京体育大学"高参小"学校——北京农业大学附属小学，就北京市教委购买北京体育大学体育服务开展情况进行了访谈和调研。

两次调研对我国后续政府公共体育服务工作的开展，政府职能转变和公共体育服务供给质量的提升均具有重要的指导意义。

3. 案例分析法

课题组在江苏省常州市武进区、徐州市和广东省佛山市，搜集了较为丰富的个案材料；以北京体育大学参与北京市教委的"高参小"的政府购买服务为个案进行研究，揭示政府购买服务中存在的问题和将来的发展方向。

四、研究结果与分析

（一）政府购买公共服务的理论基础

随着社会主义市场经济的高速发展，加快转变政府职能、创新社会管理、提高政府效率成为政府改革的迫切任务，提高公共服务是政府的重要职能之一。政府通过使用财政资金向社会力量购买的方式提供公共服务，是公共服务供给方式的重要创新。它不仅减轻了政府负担、提高了政府工作效率和财政资金的使用效率，也通过引入社会和市场的力量，为政府管理提供了新机制和新活力。

20世纪80年代，在新公共管理运动的背景下政府购买公共服务首先由西方国家提出来。主张管理就是服务，政府的存在是为了满足社会的需求，政府应该尽可能地为社会提供满意的公共物品，服务型政府的建设需要政府主导、公民和社会广泛参与。政府购买服务，通过将原来由它提供的公共服务转交给有资质的社会组织来完成，使社会组织有机会参与到公共服务的供给中来，这不仅提高了供给效率，满足了公众的多元化需求，而且为社会组织的发展与壮大提供了更广阔的空间，很好地诠释了服务型政府的理念。

我国的政府购买公共服务大约开始于20世纪90年代，经过十多年的探索，购买领域多样化、购买范围不断扩大、购买流程不断规范化。广东省作为改革的前沿，政府购买公共服务工作呈现出广泛性、系统性、规范性、强化绩效导向等特点。

虽然现在各国都非常重视公共服务的政府购买，但是政府直接提供公共服务依然是最主要的公共服务提供方式。政府购买公共服务的推动需要政府的内在动力和外在推力共同作用，领导的高度重视或许是更快地推进政府购买公共服务的最好动因。

1. 公共服务的概念及特性

公共服务是指具有公共性或准公共性，用于支撑经济社会正常运转、直接满足全部或部分公民生活和发展的共同基本需求的服务项目及提供服务的过程。提供公共服务是政府的主要职能之一。公共服务与一般公共品不同，它不仅表现为最后呈现出一些物质形态的结果，更表现为一个提供服务的过程，这个过程是持续性的。

公共服务的特性：具有公共性；受益者是社会公众；以公共需求为导向；公共服务是一个活动过程；政府是公共服务最主要的提供主体。

公共服务是在现代公共政府理念下产生，体现了公民与国家之间的关系。

2. 政府购买公共服务的概念及组成要素

政府购买公共服务，是指政府为了更有效地满足社会公共服务需求，以建立契约关系的方式，利用财政资金向社会力量（营利部门、非营利组织及个人）购买，由承购方具体运作从而向公民提供公共服务的一系列活动。

政府购买公共服务不仅是具体的公共服务购买过程，还是公共服务的购买政策、购买程序、购买过程及购买管理的总称，包括对购买公共服务进行管理的制度体系建设。

公共服务的购买主体：政府，是指依法承担政府行政管理职能，经费由财政预算全额保障的行政机关、事业单位和群团组织。

公共服务的承购方：承接主体，主要包括非财政全额保障的事业单位、社会组织、企业和个人。

公共服务的使用方：也是公共服务的最终需求者，为政府部门、社区居民等。

政府购买公共服务有利于降低政府成本，提高公共服务质量；政府购买公共服务对培育社会组织、推动社会建设具有重要意义。

3. 政府购买公共服务的内容

政府的职能决定了政府应该提供的公共服务内容包括行政区划内的经济、教育、科学、文化、卫生、体育事业、城乡建设事业的管理，以及财政、民政、公安、民族事务、司法、监察、计划生育等管理工作。

党的十八届三中全会要求，推广政府购买服务，凡事务性管理服务，原则上都要向社会购买。按照此要求，凡是明确规定禁止之外的公共服务，包括政府事务性管理事项和公共服务事项，原则上都应该纳入政府购买服务的范畴。

4. 政府向社会力量购买公共服务的推进途径

2013年9月出台的《国务院办公厅关于政府向社会力量购买服务的指导意见》明确指出，政府向社会购买的公共服务应当是"适合采取市场化方式提供、社会力量能够承担的公共服务，推出公共性和公益性"。同时又将公共服务分为基本公共服务领域和非基本公共服务领域，指出"教育、就业、社保、医疗卫生、住房保障、文化体育及残疾人服务等基本公共服务领域，要逐步加大政府向社会力量购买服务的力度"。

按照《指导意见》要求，应该逐步扩大基本公共服务的购买范围，而非基本公共服务应尽可能地向社会力量购买。整体上看，政府向社会力量购买公共服务，应该按照先非基本公共服务后基本公共事务、先易后难的原则，渐进有序地开展。大致可以遵循以下路径。

首先是非基本公共服务，应该尽快、尽量采取向社会力量购买的方式来提供。

其次是原来由事业单位和社会组织提供的基本公共服务，伴随着事业单位改革和社会组织与政府的脱钩，以前主要由事业单位和社会组织提供的公共服务可以首先实现政府购买，例如教育、医疗、科技服务等。

再次比较容易推行的是一定区域、范围内的公共服务，例如，社区服务、青少年服务、残疾人服务等。由于服务的范围较小，服务对象比较明确、具体，服务针对性比较强，这样的公共服务比较容易明确，购买的难度相对较小。这类服务通过划分区域范围的方式来向不同的社会力量购买，由不同的社会或机构提供具体服务，既能够方便公共服务购买工作的开展，也有利于服务效率的提高和竞争性的提高。这一部分公共服务也是当前政府推行购买公共服务的重点之一。

最后是越贴近民生的服务，向社会力量购买的进程越应当加快。

5. 政府购买公共服务的方式

按照政府购买公共服务中购买关系形成的方式，政府购买公共服务的方式可以分为直接购买和间接购买。直接购买主要包括合同制、直接资助制和项目申请制；间接购买主要是凭单制。

合同制是政府购买公共服务常见的方式，购买者与承购者双方按照合同进行合作，关系比较对等。

直接资助制是指政府通过直接拨款、物资资助、政策优惠等形式将资金下拨给承担公共服务职能的企事业单位、民办机构和社会组织，由他们根据自身职能、专业及人员特色，提供相应的公共服务。

项目申请制是指社会组织根据民众需求，向政府有关部门提出项目申请，政府以立项的方式予以资金支持。

凭单制是政府与具备资质的机构达成协议，由政府给消费者发放公共服务消费凭单，由消费者自行选择向不同机构购买相应的公共服务。它强化了消费者的主体作用，更进一步地扩大了公共服务供给来源，在一些直接面向公众个人的社会学公共服务方面具有比较明显的优势。

（二）我国政府购买公共体育服务的必要性

1. 政府自身公共体育服务需要社会多元组织的参与

公共体育服务政府购买的实施，推动了我国体育行政部门的转型。在计划经济体制下，几乎所有属于公共体育的服务都由政府承担，政府无所不包的管理模式排除了专业组织存在的必要性，导致这一时期公共体育服务停滞不前。而新形势下，我国政府采购公共体育服务，将政府不具有生产优势的公共体育服务向社会组织采购，不仅实现了政府供给公共体育服务的基本职责，而且将政府从公共体育服务的微观生产领域解脱出来，逐步实现政府从"无限政府"向"有限政府"的转变，实现体育作为公益性事业存在的合法性，保障公民的体育权利。

政府购买公共体育服务的实践，对营造政府、市场组织和非营利组织的共赢局面具有重要意义。政府购买行为使政府从公共体育服务生产者的角色中解放出来，减轻了政府的负担，降低了社会风险，使政府可以集中精力完成本职工作，有效防止政府在公共体育服务供给中的"越位"和"缺位"行为。其次，政府购买有利于形成竞争的格局。长期以来，公共体育服务的定向生产和供应压缩了市场组织和非营利组织的生产积极性，而政府购买可以形成市场组织内部、非营利组织内部和市场组织与非营利组织之间的多元竞争格局，从而有效降低公共体育服务的生产成本。最后，政府购买公共体育服务为生产公共体育服务的市场组织和非营利组织提供了广阔的发展领域和利润空间，为形成我国公共体育服务的"政府组织—市场组织—非营利组织"之间的共赢局面创造了条件。

2. 政府购买公共体育服务有利于提高服务的质量与效益

我国传统的公共体育服务体制基本上是"一元"体制。政府综合消费者的偏好，组织和实现公共体育服务的生产和供给，作为垄断的提供者向公众提供公共体育服务。我国公共体育服务供给在很大程度上取决于政府的偏好，政府官员根据政绩和利益决定公共体育服务的内容、数量和质量。由于体育行政部门把竞技体育成绩作为体育工作的重要考核标准，形成了竞技体育产品在非自愿选择下的过分供给，其他公共体育服务项目的供给就显得力不从心。综合而言，我国传统的公共体育服务效率较低，表现为产品数量较少、质量不高，还存在供求严重失衡问题。

政府购买公共体育服务是实现服务提供者在生产主体之间选择低成本、高效率的主体予以合作的模式。公共体育服务的多个生产主体将利用现代化的生产手段和工艺不断提高服务质量，以赢得政府订单，从多方面提高公共体育服务的效率。

3. 政府购买公共体育服务有利于促进公共财政体系建设，促进政府转型

长期以来，我国政府公共体育经费投入形式单一，相关补偿机制不健全，缺乏竞争性及费用制约机制，使绝大部分体育经费都流入机构编制，真正涉及更多人利益的公共体育服务项目开展较少，导致公众对公共体育服务的积极性降低。

政府购买的方式是把公共体育服务经费直接向需求方投入，改革了政府公共体育经费的发放程序，降低了经费在动作过程中的消耗，使同等数量的公共体育经费获得更高的效益。

政府购买的经费投入方式和传统公共体育服务计划供给方式相比，政府采购公共体育服务是事后行为，不需要对生产方预先投入，从而可以大大降低财政成本和风险成本；政府采购可以在多元经济体制的供给方中进行选择，供给行为向多元制转变。

4. 政府购买公共体育服务有利于促进社会组织成长

将原来由政府直接承担的一些服务职能和事项，以政府购买服务的方式转移到社会组织身上，是当前政府职能转变和社会组织发育发展的一个大趋势。温家宝在第十三次全国民政会议上提出，政府的事务性管理工作、适合通过市场和社会提供的公共服务，可以以适当的方式交给社会组织、中介机构、社区等基层组织承担，降低服务成本，提高服务效率和质量。这是中央首次提出政府将部分职能让位给社会组织。从全国范围看，政府向社会组织购买服务，在不少地方已有初步探索，广东出台政府规章，明确政府购买服务和社会组织提供服务的范围、内容及操作规范，表明在条件相对成熟的地方，政府向社会组织购买服务，已经可以进入全面实施的阶段。

政府职能和服务事项交由社会组织承担，政府在社会组织管理方式上有重大转变，希望把社会组织打造成与政府分担社会服务职能、共担社会治理责任的得力助手。江苏省体育局、省财政厅联合印发《江苏省本级向社会组织购买公共体育服务暂行办法》，规定承接主体应依法登记、具有独立法人资格，能独立承担民事责任，评估等级3A以上优先；具有完善的内部管理制度；独立建账，有规范的会计制度和资产管理制度；在参加竞争前三年内没有重大违法记录，社会信誉及运作状况良好；能够提供公共体育服务所必需

的场所、设备，拥有一支能够熟练掌握和灵活运用社会体育工作知识、方法和技能的专业团队，有较强的体育公益项目运营管理经验；具备购买主体提出的其他专业方面资质要求。

（三）政府购买公共体育服务的内容

近年来，我国体育公共服务供给方式的改革取得了很大进展，已经开始打破"政府垄断"的局面，向着多主体共同参与的"多元化"供给方式转变。但上述改革和取得的成绩仅仅是初步的，各方面存在的问题仍然相当多，主要表现：体育公共服务供给的主体一直是体育行政部门；供给的对象有限；供给的总量不足；供给的结构失衡；供给的方式简单；供给的制度缺位。要解决以上问题，关键在于加强对公共体育服务的财政支持。

2015年5月5日国务院办公厅转发文化部等部门《关于做好政府向社会力量购买公共文化服务工作意见》的通知中，列举了"政府向社会力量购买公共文化服务指导性目录"：

一、公益性文化体育产品的创作与传播

（一）全民健身和公益性运动训练竞赛的宣传与推广

（二）面向特殊群体的公益性文化体育产品的创作与传播

（三）其他公益性文化体育产品的创作与传播

二、公益性文化体育活动的组织与承办

（一）公益性体育竞赛活动的组织与承办

（二）全民健身活动的组织与承办

（三）公益性体育培训、健身指导、国民体质监测与体育锻炼标准测验达标活动的组织与承办

（四）公益性青少年体育活动的组织与承办

（五）面向特殊群体的公益性文化体育活动的组织与承办

（六）其他公益性文化体育活动的组织与承办

三、中华优秀传统文化与民族民间传统体育的保护、传承与展示

（一）民族民间传统体育项目的保护、传承与展示

（二）其他优秀传统文化和传统体育的保护、传承与展示

四、公共文化体育设施的运营和管理

（一）公共体育设施、户外营地的运营和管理

（二）公共体育健身器材的维修维护和监管

（三）其他公共文化体育设施的运营和管理

五、民办文化体育机构提供的免费或低收费服务

（一）民办体育场馆设施、民办健身机构面向社会提供的免费或低收费服务

（二）其他民办文化体育机构面向社会提供的免费或低收费服务

1. 政府购买公共体育服务的内容

当前，我国进入发展型新阶段，尤其在全面深化改革的背景下，政府购买公共服务的主要特点是公共服务的契约化、社会化、市场化，目的是实现公共服务公开化、公正化和效益最大化。我国自2003年开始推行政府购买公共服务，十多年来取得重要进展，尤其是《国务院办公厅关于政府向社会力量购买服务的指导意见》出台以来，各地地方政府结合以前的实践，对公共服务的政府购买进行了深入探索，并结合地方实践，出现了针对公共体育服务的内容。

在政府购买公共体育服务过程中，彰显了我国公共治理方式的嬗变过程，也对我国政府治理体系和治理现代化具有重要的推动意义，一定程度上彰显了我国体育治理向现代化转变的过程。

2. 现代政府治理能力与购买公共服务

党的十八届三中全会审议通过的《关于全面深化改革若干重大问题的决定》首次提出了全面深化改革的总目标——完善和发展中国特色社会主义制度，推进国家治理体系和治理能力现代化。国家治理体系和治理能力是一个国家的制度建设和制度执行力的集中体现。国家治理体系是一套相互衔接、相互联系的制度体系，主要指党领导人民治理国家的制度体系，包括各个领域的体制机制和法律法规安排。国家治理能力指运用制度体系管理国家和社会各方面事务，使之相互协调、共同发展的能力，包括治党治国治军、促进改革发展、维护国家安全利益、应对重大突发事件、处理各种复杂国际事务等各个方面的治理能力。

　　推进我国现代政府治理能力的提升，对政府购买公共服务提出了新的要求。在强调治理的新时代，合同外包、结成公私伙伴关系、第三部门服务供给、政府购买服务及其他形式的合作等新的治理方式将被大量采用，民主式、参与式、互动式的多元主体治理的发起问题、可持续问题、绩效问题、责任控制问题都将出现。面对这些新问题、新情况，政府单一主体管理时代自上而下的科层制组织与控制方式，将不足以应对。正因为如此，党的十八届三中全会才提出了"治理能力现代化"的新命题、新要求。在政府的层面，治理能力毫无疑问会延续管理时代对政府能力的关注，但更会强调政府在治理背景下新的能力要求。

　　政府购买公共服务业已成为政府转型、回应多元需求、提升政府治理能力的手段与工具之一。

　　政府购买体育公共服务的现实意义。将市场机制引入体育公共服务领域，降低服务成本，提高服务质量；节省政府的管理成本，缩小政府规模；体育服务供给灵活，适应不同群体的体育服务需求。

　　政府购买体育公共服务有利于构建社会主义和谐社会，是贯彻落实科学发展观、构建社会主义和谐社会的要求，是满足人民群众日益增长的精神文化需要的重要途径；政府购买体育公共服务有利于加速政府职能转变和提高管理水平。政府购买体育公共服务有利于缓解政府公共财政压力；有利于实现全面建成小康社会的奋斗目标。

（四）政府购买公共体育服务的方式

　　政府为了履行服务社会公众的职责，通过政府财政向各类社会体育服务机构支付费用，用以购买其以契约方式提供的、由政府界定种类和品质的全部或部分体育公共产品和服务，是一种"政府出资、定向购买、契约管理、评估兑现"的体育公共服务的供给方式。

　　"政府购买服务"作为政府提供公共服务的一种新理念、新机制和新方法，近年来被中国各级地方政府日益广泛实践于社会公共服务的多个领域，逐渐成为政府提高公共服务水平的重要途径。政府购买公共体育服务是政府采购由过去的物品采购向服务采购转移的形式。

1. 通过政府购买契约式公共服务

契约式公共服务行为已成为政府充分调动企业、中介组织、社区、公民等各方面的社会力量来共同承担公共事务、提高公共管理效能、实现行政民主、完善公共服务的日趋普遍的管理手段。

根据契约式供给公共体育服务的要求，建立体育健身指导、体育设施维护和体育组织建设等契约合同，政府通过制度建设完善契约式公共体育服务供给的可能性，确保合同等得到有效执行，并逐步提高契约式公共体育服务购买的绩效。

2. 利用财政资金在体育公共服务领域普遍建立购买机制

利用公共财政支持政府购买公共体育服务，并确保公共财政在政府购买中的比重。同时积极利用体育彩票公益金等资金，形成多元资金共同发挥作用的格局。

3. 健全公开透明的公共体育服务购买流程，发展多元化的购买机制

根据政府购买公共体育服务项目的特点和要求，选择不同的购买方式，主要包括政府采购制、直接资助制和项目申请制。

第一，政府采购制。凡是符合政府采购条件的购买公共体育服务项目，均应纳入政府采购的范畴，严格按照《政府采购法》及相关法律法规组织采购。

第二，直接资助制。由购买主体根据国家相关的文件政策规定，对具有一定资质能够提供公共体育服务的青少年体育俱乐部，按照提供服务的数量、质量、补贴标准及绩效评价结果支付补助资金。主要是有定额补助和凭单结算。

定额补助：根据青少年体育俱乐部提供特定公共体育服务的数量和质量，按一定标准给予补贴，从而促进和鼓励青少年体育俱乐部提供公共体育服务。

凭单结算：向符合规定条件的公共体育服务对象发放凭单，由公共体育服务的消费者选择服务提供方，并向服务提供方交付凭单，服务提供方持凭单向体育主管部门结算兑现资金。

第三，项目申请制。按照《关于印发〈政府购买公共服务操作流程〉的

通知》要求操作，包括项目公布、项目申报、项目初审、项目论证（项目评审）、项目公示、项目签约、项目实施。

4. 建立多元化的监督机制，保证公共财政的合法支出，监督管理是购买公共体育服务的制度保证

严格的评估监督机制不仅包括对民间组织服务质量的评估和监督，同时也包括对政府的监督。作为购买协议的双方，权利和义务都是对等的，政府不能利用强大的行政力量规避自身的法律责任和接受监督的义务。只有真正建立了一套严格和完善的评估监督机制，政府与民间组织的合作关系才能持久，因为双方都有稳定的预期，都能在可预知的制度环境和秩序中决定自身行为。否则，对任何一方评估的缺失都破坏了持续的购买关系，也是对公众不负责任的表现。

5. 尽快转变观念，确立公共体育服务购买机制，在公共财政中健全公共体育服务购买流程

第一个阶段，即契约设定阶段，政府要评估一项具体的公共服务是否适合从外部购买，以及是否存在可以提供这项公共服务的非政府供应者。第二个阶段是契约制定阶段。在这个阶段，政府需要具体处理公开招标供应者、与供应者协商并确定契约条款等事务。第三个阶段是契约执行阶段。在此阶段，政府的主要工作是督促供应者按照契约规定生产和输送公共服务。在最后的绩效评估阶段，政府将监督和评估供应者的绩效，以确定供应者是否真正履行了契约中规定的所有职责。

6. 促进非营利组织发展，为其发展提供政策环境

政府购买服务为社会组织开放了广阔的发展空间，有助于推动社会组织强化自我管理、完善治理结构、提高竞争能力，形成政府、社会组织和公共利益多赢的局面。

建立社会组织分类管理制度。根据社会组织的不同种类、不同特点和不同作用，围绕人民群众的需要和经济社会发展现状，帮助社会组织设立导向目录，实行分类指导和管理，对重点发展领域加大扶持力度。

（五）公共服务体育政府购买的主要对象

公共体育服务属于政府购买整体公共服务范畴，很多地方政府做出了积极探索。就国外实践而言，早在1992年欧盟就颁布了《公共服务采购指令》，将包括休闲、文化及体育等在内的27类公共服务全部纳入向政府购买的范围。国内将公共体育服务纳入政府采购，逐渐纳入制度化、规范化范畴。《江苏省2014年度政府购买公共服务集中采购指导目录（暂行）》中将体育纳入文化体育服务范畴，涉及体育的主要有以下三个方面：体育活动和体育场馆服务；居民休闲健身服务；其他文体娱乐服务。江苏省财政厅和体育局在《江苏省本级向社会组织购买公共体育服务暂行办法》中规定购买内容包括开展群众体育活动和青少年体育活动，组织运动员、教练员、裁判员和社会体育指导员等培训，国民体质检测与健身指导，体育公益宣传，其他适宜由社会组织承担的公共体育服务事项。2012年，广东省政府办公厅印发实施《政府向社会组织购买服务暂行办法》，省财政厅印发了《省级政府向社会组织购买服务目录（第一批）》和竞争性选择供应方相关规程，指导和督促各地各单位有序开展此项工作。2014年，政府购买公共服务制度进一步调整：《政府向社会力量购买服务暂行办法》（以下简称《办法》）7月8日在广东省政府网站上公布并实施。按照《办法》，今后，承接政府购买服务的主体将不仅限于社会组织，还包括社会组织、企业、公益类事业单位和其他机构。

根据很多地方的实践，按照受益广泛、群众急需、保障基本的原则，结合江苏省常州市、广东省佛山市等地的案例，本研究认为，政府公共体育服务购买应该突出公益性、普惠性，重点购买各类公共体育服务。

按照政府财权与事权的分配原则和状况，本研究认为应该从中央政府（国家体育总局为主要代表）和地方政府（各级体育行政部门为主要代表），不同层级负责相关行政管理权限内的公共体育服务购买。

国家层面，指的是国家体育总局相关司局和中央部委针对体育服务的购买实践，主要包括以下方面：

（1）国家级体育活动。

（2）国家级体育赛事。

（3）国际体育俱乐部交流。

（4）体育俱乐部管理人员、领队培训。

（5）国家体育俱乐部信息平台。

（6）国家体育俱乐部宣传推广。

（7）国家体育俱乐部评估。

（8）国家体育俱乐部政策制定与行业咨询。

地方层面，主要指地方政府为供给公共体育服务的购买实践，整体性的公共体育服务政府购买有北京市体育局、常州市体育局等，针对单项体育服务的有武汉市体育局、长沙市体育局在暑假期间的游泳购买服务，主要包括以下方面：

（1）承办县、市、省和全国等级别的各类体育赛事（活动）。

（2）组队参加县、市、省和全国等级别各类体育赛事（活动）。

（3）业余训练等项目的培训。

（4）社会体育指导员等的教育培训。

（5）体育运动员、教练员、科研人员和管理人员的教育培训。

（6）学校等企事业单位的体育设施向社会开放服务。

（7）体育场馆的经营管理。

（8）全民健身活动站（点）的管理。

（9）国民体质测试。

（10）体育中介服务。

（11）公共体育服务的其他项目。

（六）各级政府购买青少年公共体育服务的现状

1. 国家体育总局购买青少年公共体育服务状况分析

青少年公共体育服务体系建设成效显著。2013年国务院办公厅颁布了《关于政府向社会力量购买公共服务的意见》，民政部和财政部等部门相继出台了相关配套措施。《国家基本公共服务体系"十二五"规划》提出创新供给模式，在坚持以政府为主导的前提下，充分发挥市场机制的作用，推动青少年公共体育服务提供方式多元化。在各级部门的推动下，青少年公共体育服务包含的体育场地设施、信息、指导、培训、竞赛、活动、体质测试等服务内容，逐步向着多元供给的方向发展，向体育社会组织购买青少年公共体育服务的方式发展迅速，多元化的青少年公共服务体系正在逐步建立。

构建青少年体育组织体系，促使政府、社会组织与市场，学校、社区与家庭形成有效的连接，强化各自在发展青少年体育中的地位、作用和职责。继续开展青少年校外体育活动中心创建工作，完善体育传统项目学校及青少年体育俱乐部管理办法，继续开展国家和地方传统体育项目学校命名工作，开展国家示范性青少年俱乐部创建命名工作。建设高素质、专业化的管理及指导人员骨干队伍，发展青少年社会体育指导员和志愿者队伍。

国家体育总局青少年体育司是主管全国青少年体育的领导机构，主要职责有：①指导和推进青少年体育工作，拟订青少年体育工作的有关政策、规章、制度和发展规划草案；②指导和监督学生体育健康标准的实施和学生体质监测；③指导和推动青少年体育服务体系建设；④组织开展青少年体育工作检查监督和评估表彰；⑤指导竞技体育高水平后备人才培养工作；⑥拟订青少年业余训练管理制度，完善青少年业余训练体系，指导全国各级各类体育运动学校、体育传统项目学校、青少年体育俱乐部、各运动项目后备人才基地建设和有关学生文化教育工作；⑦参与指导全国青少年体育竞赛工作，参与审核全国青少年比赛计划和竞赛规程，参与指导青少年运动员注册和运动技术等级管理；⑧组织协调重大综合性青少年体育比赛和体育交流活动；⑨指导开展青少年体育工作研究和相关培训；⑩承办国家体育总局交办的其他事项。

国家体育总局青少年体育司购买青少年体育公共服务内容如下。

（1）国内赛事：

阳光体育大会。2015年，推动职能转变，由国家体育总局青少年体育司和教育部体育卫生艺术教育司联合下发赛事计划。夏季阳光体育大会设立主会场和分会场，在14个省市区开展了丰富多彩的活动和比赛，共吸引了15000名青少年参加，全国形成了阳光体育大会的浓厚氛围。冬季阳光体育大会由冬运中心联合省市体育局和人民政府举办，内容包括体育比赛、阳光体育活动展示、冬季奥林匹克交流活动、青少年爱国主义教育和文娱活动，2015年参与人数1175人。

全国体育传统项目学校联赛（篮球、排球、田径、游泳、武术），每年经费60万~90万元，2015年共有185支队伍2963名运动员参加，赛事的成绩全部纳入运动员技术等级标准。

全国青少年俱乐部联赛（击剑、乒乓球、羽毛球），依托社会力量和项目中心承办，2015年吸引了全国67支队伍约940名青少年学生的热情参与。

（2）青少年体育活动：

阳光体育系列活动，打造"夏令营、冬令营、特色活动"等品牌，开展世界雪日暨国际儿童滑雪节、科学健身校园行、百万青少年上冰雪、户外营地和各项目协会夏（冬）令营等活动。

科学健身校园行，2015年有100多所学校参加，全国参与人数达到10万人以上；青少年户外营地夏、冬令营10个；继续资助24个项目中心及有关单位开展64个运动项目夏（冬）令营；百万青少年上冰雪，给冬运中心拨付1000万元，在北京、河北、辽宁、吉林、黑龙江、新疆和内蒙古共7个省、自治区、直辖市开展活动。

（3）各类培训：

按照《体育传统项目学校体育教师培训3年计划》的目标，采取国家统一培训、西部分片培训、中东部自主培训的方式，以提高传统校体育教师课余训练专项的水平和能力为目标，围绕田径、篮球、排球、乒乓球、游泳、武术等项目开展培训，累计培训体育教师4600余人，同时培训校长227人。

青少年社会体育指导员培训。2015年累计培训教师，教练员，退役运动员，俱乐部、营地、校外活动中心、青少年宫等辅导人员600余人。

（4）体育场地设施建设：

青少年校外体育活动中心和青少年户外体育活动营地。创建扶持了20个国家级青少年户外体育活动营地；2015年在北京、湖南、吉林和江苏4省市继续创建青少年校外体育活动中心。

（5）工作研究：

按照"十二五"规划任务，围绕年度工作目标和职责，研制《青少年体育活动促进计划》《社会体育指导员（青少年）培训大纲》，编写《中国青少年体育发展报告（2015）》《体育传统项目学校"十三五"规划》等工作。

购买公共体育服务的形式是国家体育总局青少年体育司与承办单位以协议书的形式明确资助标准和监管职责，评估效果与下一年度活动的经费安排挂钩。

2. 国家教育部门购买青少年公共体育服务状况分析

青少年大部分时间在学校，青少年体育的发展离不开教育系统。因此，在教育部、各省市教委、区县教育主管部门管辖范围内，学校体育工作中也通过向体育社会组织购买青少年公共体育服务的方式来完成。

（1）教育部项目：

教育部制定的2015年工作要点，重点围绕校园足球和推进学生体育课及课外锻炼的制定政策、调研等工作性研究，具体包括：①扎实推进青少年校园足球工作。研究制定青少年校园足球"十三五"发展规划，研究制定校园足球中长期发展规划，研究制定中小学足球教学指南和运动技能标准。组织校园足球管理干部、校长、体育教师、教练员国家级培训。建立校园足球管理工作网络信息平台。开展校园足球宣传，交流各地经验做法。召开全国校园足球工作总结、推进现场会。②强化体育课和课外锻炼。深化学校体育教学改革。研究制定青少年身心健康促进"十三五"规划。研究制定篮球、排球等项目教学指南和学生运动技能标准。深入总结初中毕业升学体育考试经验，研究提出体育中考制度改革的意见。继续推进实施《国家学生体质健康标准》，重点加强标准测试、数据上报、逐级审核、抽查复核工作。继续开展学校体育工作等级评估和推动各地完善学校体育年度工作报告制度。制定学生体育竞赛管理办法。组织学校体育、体育教师、体育场馆向社会开放工作调研，研究制定相关制度、措施。启动学校体育工作条例修订立项调研。

（2）高校参与小学体育发展工作项目：

为贯彻党的十八届三中全会精神，解决好人民最关心、最直接、最现实的利益问题，努力为社会提供多样化服务，逐步缩小区域、城乡、校级差距。通过高校自身优势对义务教育阶段办学相对薄弱的小学体育、美育工作的支持和帮扶，使学校办学有特色、学生学有所长、提升学校整体办学水平，增强吸引力和影响力，逐步缓解择校矛盾，破解择校难题。同时，高校通过对国民教育的全民参与，进一步强化人才培育、科学研究、社会服务、文化传承的办学宗旨，以及履行创新型国家建设赋予高等学校的重要使命。

为提升普通高校办学水平，北京市教委通过《关于高等院校、社会力量参与中小学体育、美育特色发展工作的通知》（简称"高参小"），以及按照"北京市教委高等学校、社会力量参与小学体育、美育特色发展工作方案"的要求，打破高校与小学"关门办学"的"高墙"，协助提升小学教育质量，加强小学生素质教育。目前，已有100多所小学与高校、艺术院团和艺术机构、体育俱乐部等结成"对子"，在融合教学、课外活动、互动教研等方面取得了初步成效。

"高参小"的核心是利用高校在体育、美育等方面的专业素质、社会力量的优势资源，在小学、课外活动、校园文化建设中提供专业支持。小学可以通过与高校的合作，获得更多办学资源与理念。高校和小学完全可以在北京市教委统筹资源、优势互补，使素质教育多一个抓手，也能从根本上盘活教育均衡这盘大棋。

北京体育大学参与北京农业大学附属小学体育特色发展工作方案

一、总目标

北京体育大学帮助北京农业大学附属小学（以下简称"农大附小"）提高学生体育综合素质，增强小学的吸引力和影响力。让学生享受到优质的体育教育、感受到浓郁的体育文化氛围。

通过六年一贯制分阶段的学习，使学生的体育素质得到提升，个性得到发展，具备一定的体育自主学习的能力。形成广泛的兴趣和爱好，基本掌握一项至两项体育技能。

二、实施内容

（一）学校体育文化建设

1.目标与任务

对小学体育文化建设进行整体规划、系统设计、合理安排，利用广播、校园网络、宣传橱窗等方式深度、立体开展体育相关宣传，营造凸显特色、浓郁的体育文化环境。结合小学体育特色建设适应的硬件环境。

2. 具体措施

（1）在小学的广播、宣传橱窗中以声音、文字、图片、视频的形式宣传大学参与小学体育特色发展项目的各个过程和宣传小学的特色体育项目。

（2）每年组织一次世界冠军、奥运冠军进校园活动，通过讲座、体育社团辅导的形式开展励志教育。

（3）每年组织一次至两次针对全体小学教师的体质健康讲座或体质健康测试，并有针对性地提供运动健康处方，帮助提高小学教师体质健康水平。

（4）根据小学现有体育设施，结合小学体育特色发展提出需要建设完善的相关硬件设施。

（5）为小学提供校本课程及体育社团活动所涉及体育项目的教学、训练方面的图文影像资料、教材、教学训练文件等。

（二）体育教学

1. 目标与任务

开发并实施有用、有效的体育校本课程，打造小学体育教学新模式。在确保原有课时的基础上，将体育课与农大附小课外活动计划相结合，上课18周，使每周体育活动总课时量达到10课时以上，确保特色发展。

2. 具体措施

①在一至二年级开发每周四节课，每节课40分钟的"趣味田径""快乐体操"校本课程，培养小学生的基本跑、跳、投能力和基本支撑、悬垂、滚翻能力；②在三至六年级开发每周三节课，每节课40分钟的篮球、毽球和健美操校本课程，各年级教学内容采用分级制，让学生由低级到高级逐渐掌握上述体育项目技术；③将徒手练习和器械练习相结合，加入体操、武术、球类运动元素，为一年级学生开发新课间操；④帮助小学修改并完善现有"书法健身操"和"武术操"；⑤开发适合在室内开展的体育活动，以应对雨雪、雾霾、沙尘等极端天气。

（三）社团

1. 目标与任务

在小学建立丰富多彩的体育社团，满足学生的课外运动需求。对体育社团开展辅导和训练，使学生掌握一定的体育技能，为学生终身体育发展打好基础，为体育社团开展体育实践活动提供多样的平台。

2.具体措施

①组织篮球、毽球、健美操体育社团，安排专项师资开展辅导训练；②每年组织一次体育节；③每学期安排小学学生观摩大学组织的相关项目体育表演或体育竞赛活动一次至两次，开拓学生体育视野，增强体育兴趣。

（四）师资

1.目标与任务

大学选派专、兼职体育教师、专家教授、研究生和本科生助教与小学现有体育教师共同形成一支新型的体育教师队伍。对小学体育教师通过加大专项培训，开展教学实践等形式，不断更新其教学观念，使其尽快掌握相关教学方法。

2.具体措施

①组织专、兼职体育教师、专家教授、研究生和本科生参与小学一年级"趣味田径"和"快乐体操"体育校本课程教学工作及新课间操教学辅导工作；②为小学体育教师组织"趣味田径"和"快乐体操"课程及新课间操教法培训班；③每年为小学举办一次体育教师专业培训，通过开设教育学、教育心理学、青少年体质健康教育方面的课程，帮助小学体育教师掌握相关知识；④组织有需求的小学体育教师旁听大学本科生、研究生课程。通过在职进修提高小学体育教师知识储备，为今后继续深造打基础。

三、体育活动时间安排

（一）体育教学

一至六年级安排每周四节体育课，按行政班组织上课。

（二）课间活动

大课间活动安排在每周一至周五上午第二节课后，共30分钟，5分钟入场，25分钟活动，内容为特色课间操和广播操、素质练习和集体跑步等。

（三）课后活动

每周两次，15点30分至17点安排全校性体育活动，开展提高身体素质的各项练习。练习内容包括体育游戏、毽球、健美操、篮球、攀岩或蹦床。

（四）体育社团

各体育社团活动安排在每周五15点30分至17点，按体育项目分别组织开展活动。由体育社团优秀学生组成的小学代表队训练时间可适当延长。

四、保障

①大学成立"北京体育大学参与北京市小学体育特色发展项目领导小组",负责开展本项目。领导小组下设办公室,具体负责工作的监督检查、贯彻落实及组织协调;②大学确定教育学院为对接单位,与小学共同成立"北京体育大学北京农业大学附属小学体育特色发展工作组",由教育学院任命一名教师担任小学的兼职校长,具体负责对接小学开展工作,承担项目联络沟通、组织实施、检查督促工作,小学相关体育资源积极协助兼职校长开展体育特色发展工作。

经费由北京市教委根据计划进行拨付,2015年北京体育大学高参小经费共计1010万元,支出主要为咨询培训费660万元,包括专家咨询费、会议费、培训费、劳务费等;学校文化建设费100万元,用于委托外单位进行环境景观设计、宣传橱窗设计、学校整体文化形象设计、学生文艺演出创编等;学生活动费125万元,用于组织学生演出活动场租、教学实践活动服装的购置、辅助教学出版物购置、体育课教学材料购置等;交通及出版费100万元;其他费用25万元。

3. 其他政府部门购买青少年公共体育服务状况分析

完全由政府向公众提供体育产品和服务的单一供给体制,已无法满足多样化的公共体育需求。尤其是在体育公共服务供给政府失灵和非营利组织失灵的情况下,政府采取购买服务的方式来提供体育公共服务。

立足地方实践,在建立契约、引入竞争、改善程序等不同层次上推进体育公共服务的购买模式。

我国各级部分地方政府实施的公共体育服务相关项目就做了很好的示范,北京、上海、深圳、佛山、徐州等已经开展了政府购买公共体育服务的实践。

广东省政府发布《政府向社会组织购买服务暂行办法》,规定教育、卫生、文化、体育、公共交通、公共就业等领域适宜由社会组织承担的部分基本公共服务事项,法律服务、课题研究、政策(立法)调研、决策(立法)论证、绩效评价等辅助性和技术性事务,以及其他按政府转移职能要求实行购买服务的事项,原则上通过政府购买服务的方式,逐步转由社会组织承担。

2009年,佛山为积极落实政府惠民工程,财政局主动配合区体育局,进一步深化改革公共体育服务的供给方式,由财政投入80万元,签约11家体育场馆，免费向市民和外来工作者开放公共体育服务（见表1）。

表1　佛山市禅城11个体育场馆免费开放表

场馆	开放时间	开放场台数	开放日期6~12月（星期日）
雄健羽毛球馆	12：00—18：00	18个场	6月份：7
友德挥羽毛球馆	12：00—20：00	21个场	7月份：5
华庆体育馆	12：00—22：00	羽毛球场：12个 篮球场：1个	8月份：8 9月份：6
佛山市体育馆溜冰场	9：00—17：30		10月份：1~6日（国庆节）
佛山市体育馆太白金星乒乓球馆	10：00—18：00	10张台	11月份：1 12月份：6
佛山市体育馆羽毛球场	12：00—18：00	12个场	注： ①如果开放单位遇到运动会租场日，由该单位告知变更日期，原则上每月第一个星期天都将免费开放。 ②市体育馆羽毛球馆6~12月每周六日有任务暂不开放。
岭南明珠体育馆乒乓球场	12：00—22：00	10张台	
岭南明珠体育馆健身广场	6：30—18：00	篮球场18个	
荣山中学	10：00—18：00	羽毛球场、篮球场	
华材中学	10：00—18：00	羽毛球场、篮球场	
惠景中学	10：00—18：00	篮球场、乒乓球场、羽毛球场	

资料来源：广州日报；时间：2009-04-30；作者：王鹏。

　　常州市在国家体育总局和江苏省人民政府共同签署《建设体育公共服务体系示范合作协议》的背景下，以合作共建的方式推进体育公共服务内涵提升，通过购买体育公共服务模式探索，丰富了体育公共服务多元化供给方式，具有积极的实践意义和理论价值（见表2）。

表2　常州市政府购买体育公共服务的具体内容

供给方式	购买具体内容
购买项目	承办市级以上各类体育赛事（活动）
	组队参加省级以上各类体育赛事（活动）
	业余训练等项目的培训
	社会体育指导员等的教育培训
	体育运动员、教练员、科研人员和管理人员的教育培训
	学校等企事业单位的体育设施向社会开放服务
	体育场馆的经营管理
	全民健身活动站（点）的管理
	国民体质测试
	体育中介服务
	体育公共服务的其他项目

　　江苏省常州市在2014年以体育活动的形式与18个协会签订了协议。在项目设置上，坚持问需于民。主要包括三类：一是国家主推的项目，如篮球、排球、足球、健身气功等；二是具有常州特色的项目，比如环太湖自行车骑行等；三是老百姓喜闻乐见的项目，如乒乓球、太极拳剑等。在项目评审上，实行第三方评估。市体育局成立了由政府部门人员、高校专家教授、社会组织代表及体育类企业代表组成的专家组，按照统一的标准对各申报单位进行评审，确定最终的承接单位和补贴经费，并向社会公示。在项目管理上，进行合同化管理。市体育局和项目承接单位签订项目合同书，明确双方的权利和义务。体育局先支付一半的费用，作为启动资金，项目实施完成后，体育局组织专家对项目实施情况进行评估，达到预定的社会效益，再支付另一半补贴费用。专家团队建议常州市继续加强公共体育服务购买的执行力度，形成典型个案，从而为其他地区所用。

（七）政府购买青少年公共体育服务的发展方向及对策

　　（1）明确政府购买公共体育服务的范围。正确认识政府购买公共服务与政府提供公共服务的不同。不同层级的政府承担的公共体育服务责任不同，所以不同层级政府购买公共体育服务的范围也各不相同。

（2）明确政府财政对公共体育服务的购买责任。政府购买公共体育服务，需要从财政预算内支付。建议在后续的公共体育服务供给过程中，按照全民健身"三纳入"的要求，政府购买公共体育服务的支出由地方公共财政扶持，建立公共财政支持下的政府购买形式。

根据政府购买服务的要求，其具体运作方式是由服务需求主管部门将政府所需购买的公共服务事项及具体要求向财政申报，以招标的方式确定服务供应方。服务供应方确定后，由服务需求主管部门与服务供应方签订正式合约。政府购买服务所需经费列入年度部门预算。也可考虑制定政府购买服务的范围和目录，向社会公布，形成规划，以达到政府精简机构及人员、培养社会中介力量，达到行政指导与市场运作有效配置的双赢局面。

（3）研究制定政府购买体育服务的法规或规章，将政府购买体育服务纳入法治轨道加以规范和管理。研究制定政府购买服务的法规和规章，把完善政府购买机制，深入研究和科学设置政府购买的决策、执行、代理、监管机构和职能，合理划分不同类别服务的购买业务分工。优化购买程序，完善效率评价和监管机制。开展有针对性的专项检查，督促其规范采购行为，加强内部管理，提高服务意识、服务质量和服务水平。

（4）由第三方对公共体育服务购买绩效进行评估。政府购买公共体育服务绩效评估建议由第三方负责，不再由体育行政部门自行提供。要运用科学、规范的体育服务绩效评价，对照统一的评价标准，按照绩效评价的内在原则，对政府购买公共体育服务的效果进行适当的评价，以绩效评价结果作为考核和发放购买服务专项资金的依据。

（5）健全法律法规，要充分认识公共服务及政府购买公共服务的特殊性，进一步细化管理流程和运作机制，并有序推动公共服务购买工作逐步开展。

五、结论与建议

（一）结 论

（1）我国政府购买公共体育服务的必要性：政府自身公共体育服务有局限，需要社会多元组织的参与；政府购买公共体育服务有利于提高服务的质量与效益；政府购买公共体育服务有利于促进公共财政体系建设，促进政府转型；政府购买公共体育服务有利于促进社会组织成长。

（2）政府购买公共体育服务的方式：通过政府购买契约式公共服务；利用财政资金在体育公共服务领域普遍建立购买机制；地方政府作为体育公共服务的主要承担者，中央政府起转移支付的作用；健全公开透明的公共体育服务购买流程，发展多元化的购买机制；建立多元化的监督机制，保证公共财政的合法支出，监督管理是购买公共体育服务的制度保证；尽快转变观念，确立公共体育服务购买机制，在公共财政中健全公共体育服务购买流程；立足地方实践，在建立契约、引入竞争、改善程序等不同层次上推进体育公共服务的购买模式；促进非营利组织发展，为其发展提供政策环境。

（3）政府购买公共体育服务的内容主要在以下领域：公益性文化体育产品的创作与传播；公益性文化体育活动的组织与承办；中华优秀传统文化与民族民间传统体育的保护、传承与展示；公共文化体育设施的运营和管理；民办文化体育机构提供的免费或低收费服务。

（4）各级政府购买青少年公共体育服务各具特色，已经取得了良好的社会效益，仍需推广和加强。

（二）建 议

（1）明确政府购买公共体育服务的范围。

（2）明确政府财政对公共体育服务的购买责任。

（3）研究制定政府购买体育服务的法规或规章，将政府购买服务纳入法治轨道加以规范和管理。

（4）建议第三方对公共体育服务购买绩效进行评估。

（5）健全法律法规，要充分认识公共服务及政府购买公共服务的特殊性，进一步细化管理流程和运作机制，并有序推动公共服务购买工作逐步开展。

参考文献

[1] 鲍明晓，李元伟. 转变我国竞技体育发展方式的对策研究 [J]. 北京体育大学学报，2014，37（1）：9-23.

[2] 谢正阳，汤际澜，刘红建. 政府购买体育公共服务模式的实践与探索——以常州为研究对象 [J]. 成都体育学院学报，2015，41（5）：29-33.

[3] 陈芳. 公共服务中的公民参与——基于多层次制度分析框架的检视 [M]. 北京：中国社会科学出版社，2011：18-19.

[4] 易剑东，郑志强. 公共治理理论视域下中国职业足球的危机及其应对 [J]. 北京体育大学学报，2011，34（12）：1-4.

[5] 高斌. 政府购买体育公共服务的可行性研究 [D]. 苏州：苏州大学，2010.

[6] 胡科，虞重干. 政府购买体育服务的个案考察与思考——以长沙市政府购买游泳服务为个案 [J]. 武汉体育学院学报，2012，46（1）：43-51.

[7] 朱毅然. 发达国家政府购买公共体育服务的经验及启示 [J]. 天津体育学院学报，2014，29（4）：20-25.

[8] 冯欣欣. 政府购买公共体育服务的模式研究 [J]. 体育与科学，2014，35（5）：44-48.

[9] 肖林鹏. 论我国公共体育服务供给的基本问题 [J]. 体育文化导刊，2008（1）：10-12.

体育对青少年人格养成的社会价值研究

执笔人：李春刚、刘君柱

成员：田彤桂、成小学、王敏、邱雪、赵焕刚、姜冠起

摘要： 本文采用文献资料法、访谈法、逻辑分析法等方法，通过对体育在教育、德育中的地位及体育在人的全面培养方面所起的作用、青少年时期是人格养成的关键时期等问题的探讨，进而详细论述了体育在公平竞争、规则意识、底线意识、竞争意识、尚武精神、创新意识、效率意识、机遇意识、正确面对成败、协同发展意识、诚信意识、人本意识、团队意识、责任意识、民主意识等人格养成等诸多方面具有独特价值和作用，并在此基础上提出了发展建议。

关键词： 体育；人格；社会价值

一、选题依据

（一）问题的提出

2013年8月31日，习近平总书记在沈阳接见全国体育系统先进集体和先进工作者代表时发表了重要讲话，系统、深刻地阐述了体育的作用，对体育在实现"两个一百年"奋斗目标、在实现中华民族伟大复兴"中国梦"征程中的重大作用做了全面论述，并要求体育界切实担当起政治使命和社会责任，正确认识体育工作的重要意义，不断发掘和充分展示体育的社会价值和综合作用，为实现中华民族伟大复兴做出应有的贡献。

国民健康人格的培养既是中华民族伟大复兴的重要内容之一，也是实现

民族复兴的基础条件之一。少年强则国强，青少年代表国家的未来和方向。许多人把体育训练和比赛的过程比作浓缩的人生，厚积薄发的体验、高潮与低谷的转换、顺境与逆境的跨越，可使人在短时间内体会人生百味。在教育者眼中，体育不仅可以强健身体，还能调感情、强意志，是人格教育的最好方式。尤其是在青少年人格养成方面，体育更是具有重要而独特的作用，因此本课题拟就体育在青少年人格养成方面所起的独特作用进行社会价值层面的分析讨论，并就当前学校体育发展提出建议。

（二）选题意义

体育"姓体，名育"。"体"是方式、方法、路径，是抓手，"育"是出发点和落脚点。体育既是身体的教育，也是精神的教育，包括了思维方式、行为方式、思想品德、人格养成等。体育对于人的全面发展非常重要。

但是，目前许多家长甚至不少教育工作者，对体育的理解还停留在"强身健体少得病"方面，未看到体育在德育、人格塑造方面的巨大作用。早在1919年，我国伟大的教育学家蔡元培先生就提出"完全人格，首在体育"的教育主张。体育激励全世界青年人参与到运动中，正是看中体育在促进人的全面发展上的重要作用。2014年南京青年奥运会期间，国际奥委会主席巴赫先生倡议：希望更多学校和家长能把体育看作教育不可分割的一部分。鼓励青少年将体育作为一种生活方式。

共产主义说到底就是实现人的自由发展，所谓的物质极大丰富也是物质基础和物质保证。人的自由发展本质就是提高人的生活质量。体育本身既是实现人的自由发展的组成部分，也是实现人的自由发展的方法和手段。尤其是在实现中华民族伟大复兴进程中，进一步发掘体育的社会价值，与时俱进地做好体育工作有着很现实的意义。

（三）文献综述

1. 体育是教育的组成部分，也是德育的重要手段

从教育发展的历史进程来看，"体育是教育的重要组成部分"的论断一直被人们认可，而且，在不同的历史时期，教育家们还围绕着"体育"提出

了自己的认识。

（1）在我国教育发展早期阶段，体育就被作为教育的重要内容。

早在夏朝，就出现了以军事格斗技术为主要内容的体育教育，如"序""庠"的教育内容，并产生了"武勇"的概念。我国历史上的著名教育家孔子，提出了以"礼、乐、射、御、书、数"为主要教育内容的"六艺"，其中，"射、御"就属于体育的内容。以现代角度来看，上述教育内容应属于军事体育范畴。虽然我国的古代体育与现代意义上的体育并不完全相符，但它却佐证了体育是我国早期教育的重要内容。

（2）在我国近现代时期，体育被认为是教育的重要组成部分。1840年的鸦片战争，近代社会精英们为救亡图存，在引进西方教育的同时也将西方体育引入我国，并提出了包括体育在内的现代教育观。如康有为提出大中小学校都应设体操课，对学生要进行"德教、体教、智教"的全面教育，并认为"体育是教育中不可缺少之物"。蔡元培提出培养健全人格的"五育并举"的教育方针。

（3）中华人民共和国成立后，党和政府也将体育作为教育的重要组成部分。一方面，中华人民共和国成立初期，党和国家领导人就将体育作为实现教育方针的重要手段。毛泽东同志在《关于正确处理人民内部矛盾的问题》一文中明确指出，我们的教育方针应该使受教育者在德育、智育、体育几方面都得到发展，成为有社会主义觉悟的、有文化的劳动者。另一方面，在我国所发布的相关法律法规中也可见体育在教育中具有重要地位。《中华人民共和国义务教育法》第三十四条规定：教育教学工作应当符合教育规律和学生身心发展特点，面向全体学生，教书育人，将德育、智育、体育、美育等有机统一在教育教学活动中，注重培养学生独立思考能力、创新能力和实践能力，促进学生全面发展。

（4）在国外教育发展史上，体育也属于教育的重要组成部分。

在古希腊时期，亚里士多德就认为，人的发展分为三阶段：先是身体发展阶段，继之情感或欲望处于显著发展阶段，最后为理性占支配地位阶段。即体育是人发展的第一个阶段。英国教育家洛克把教育明确分为德、智、体三方面，确立了体育在教育中的重要地位。瑞士著名教育家裴斯泰洛齐主张通过合理的教育，使人从动物的、感情的状态中解放出来，并强调人的全面发展，把智育、德育、体育视为一个不可分割的统一教育过程。

（5）体育也承担着德育的功能，能够塑造人的精神品质，改善人的精神面貌。

体育对人的精神品质的培养是多方面的。一是体育可以培养人的勇敢的品质。体育是一种教育，德行是一种行动，勇敢必然是行为中的品质而非"物自体"。冒险精神是人的一种主要精神品质，对人的发展具有重要作用。美国相关调查显示，有机会和同伴相处、结识新朋友、远离成人世界、远离学校、摆脱厌烦的情绪都是孩子参加体育的原因，除此之外，青少年好像喜欢体育活动或比赛带来的对身体的挑战。二是体育可以培养人的完美人格。体育是通过有意义的身体运动（身体练习）来培养人的身心全面、自由、和谐发展的教育，它对人格塑造的主要职能体现在通过身心的完整性与和谐性，作用于人格结构的知、情、意、行等各个方面，并最终促成人格的健全完善。体育对人格塑造最直接的方法是人们的意志在体育运动中得到了千锤百炼，从而使意志具有目的性、自主性、统一性和顽强性等特征，最终使意志具有上述特征的人在体育运动中表现出良好的自觉性、独立性、果断性及自制性等品质。体育因此而成为完美人格塑造最有效的手段之一。三是体育可以培养人的冒险精神。

（6）体育作为人参与社会交流的平台，能够促进人的社会化。研究者们认为，现代体育对人的社会化具有积极作用。每一个人都是社会中的一个成员，他从降生起就必须要不断地学习各种社会传统与文化，依从该社会所要遵循的道德、价值标准和言行规范，这就是人的社会化过程。体育运动对促进人的社会化具有载体的作用。它使人在体育活动的情境中，而不是在教室里讨论培养心理品质和学会遵守伦理道德原则。体育运动能够教会人们去理解和建立权利和义务、成功和失败、机会和风险均等的公平竞争的观念。人际交往与人合作，共同完成体育活动中的任务，既各司其职，又互相支持，默契配合，取得胜利，分享喜悦，是体育集体项目所必需和特有的属性，是培养和发展合作、协同意识的十分有效的方式与渠道。

2. 青少年阶段是人格养成的重要阶段

在人的成长和发展过程中，其生理和心理的变化是一个连续的过程。人的全面发展关键在于青少年时期，这不仅关系到个人的后续发展，而且关系着民族整体素质的提高。

人格是指那些在个体身上使人的行为比较稳定的，相对持久的特质、倾向或特性模式。著名人格心理学家阿尔伯特认为，健全的人格应该是各种心理机能和行为技能都比较完善的状况。对于青少年来讲，健全的人格表现应该体现在自己能够从内在感受和主观体验中得到愉快和满足，在现实学习、生活中能获得正面评价；面向未来时，能够充满信心，并给周围的人以希望。

人格教育是教育的基础和根本。我国传统教育更加偏重于对理论知识的传授，正所谓"传道授业解惑"，但是这种教育方式在一定程度上削弱了学生人格的健康发展，使"高智能、低素质"的现象屡屡出现。在以人为本、注重人的全面发展的前提下，加强青少年人格培养是我国实现可持续发展的关键。

青少年时期是形成健全人格的关键时期。一方面，青少年时期是人生的"黄金时期"，他们情感丰富、精力充沛、求知欲强、兴趣广泛，人格的可塑性很强。而在此阶段他们还未形成固定的世界观、人生观、价值观，个性尚未定型。如果得到良好的人格教育和正确的人生引导，就会为以后的成长奠定坚实的基础，反之就会出现较为严重的思想道德问题，轻则影响正常的生活、学习，重则做出违法行为，危害社会与他人的安危。国外的统计数字表明，13~15岁是出现品德不良行为和犯罪行为趋向的高峰年龄段，15~18岁是青少年犯罪的高峰年龄段，而这两个高峰期几乎贯穿人生的青春期。若是在人生的起步阶段就塑造良好的人格，那对于以后的学习、工作无疑具有很大的正面影响和助推作用。另一方面，由于青少年身体正在发育，内分泌生理改变突出，植物神经不稳定，情绪容易波动，身心健康均趋于定型阶段，这个阶段也是人一生中心理波动较大的时期。这些都决定了该时期是心理保健、素质培养的关键时期。

二、研究对象与研究方法

（一）研究对象

体育在青少年人格培养方面的作用、价值。

（二）研究方法

文献资料法、访谈法、逻辑分析法。

三、分析与讨论

我们发现：古今中外那些有雄才大略的著名领袖、将领往往是体育的爱好者、实践者。从逆向思维的角度分析，体育对于健全人格的塑造、领袖气质的培养也具有独特的作用。

大量的研究证明，体育是通过学习掌握不同种类的体育运动，不断努力来提高运动技能，通过比赛不断检验效果，并取得进步的过程，可以在潜移默化中培养人的优良品质。体育实际上还是德育的重要方式和手段，体育熏陶的方式非常符合青少年的生理、心理特点，可以达到事半功倍的效果。

（一）树立公平竞争意识

公平竞争既是体育竞赛的精髓、魅力所在，也是体育竞赛赖以存在的基础。体育从竞赛规则的制定到赛场违规行为的判罚，乃至最终成绩的认定，处处要求公平、公正。每一个参与其中的人都要恪守公平竞争的理念。更为重要的是，体育竞赛改变了人们从传统意义上所理解的平等的概念，它不是简单的平均主义，不是结果的平均，而是机会的均等；它不是终点上的平等，而是起跑线上的平等。这对于培养青少年科学的公平理念具有重要作用，这一点在当前建设社会主义公平正义方面也具有高度的现实意义。

（二）树立规则意识和底线意识

凡是体育运动就一定要有完备的竞赛规则，所有的训练、竞赛行为都必须在规则的框架内展开，而运动员、教练员、裁判员等所有的赛事参与者都必须尊重规则、遵守规则。这既是体育的一种自觉行为，也有一套完备的规则和处罚条例来保证规则的运行。这样青少年在参加体育训练和体育竞赛过程中就会在主观上重视和建立规则意识、底线意识，在客观上固化培养规则意识，否则参与者就会被处罚，甚至付出被淘汰出局的代价。在遵守规则的同时，青少年还可以在体育活动中获得充分利用规则，提升尝试制定规则的良好体验，从而学会利用规则，提升在规则的框架内解决问题的能力。规则意识的培养其实也是法治意识的启蒙和准备，懂得尊重规则也自然会对法律法规有着敬畏之心。

（三）培养竞争意识，树立尚武精神

体育比赛本身就是个人或者团队之间身体的对抗、意志的较量、技战术的比较、科研保障团队的对比，体育竞赛的冠军只有一个。体育由于其竞争性和对抗性的特点也被誉为"和平年代的战争"。青少年在进行体育训练时，需要在规则的框架下，通过制订科学的训练计划，并付诸刻苦努力的训练，从而不断取得运动技能的进步。体育训练全程都需要青少年克服自身思想上的怯懦、身体上的弱点，不断拼搏进取，积极改善。这些对青少年进取意识、尚武精神的培养大有裨益。

体育比赛中还经常会上演以弱胜强、以少胜多的大逆转，在弱势情况下赢得比赛，更加有助于青少年突破传统中庸思想的束缚，有助于培养和固化青少年不服输、敢胜利的竞争意识，让青少年勇于迎接挑战，更坚强。

（四）培养创新意识

奥林匹克运动的口号就是更快、更高、更强，体育是追求卓越的事业，体育要求参与者不断战胜自我、刷新纪录，创造极限。青少年在参与体育锻炼的过程中，自然而然就会产生不断提高竞技水平的要求，而这必然要求青少年在训练中不断分析总结自身存在的不足，从而想方设法在训练方法、训练理念、训练器材等方面进行创新。不断追求成绩突破的过程本身就是创新的过程，尤其是每一次创新都会很快体现在竞技能力的提高上，成绩的提高、创新红利的不断收获反过来会加强青少年对创新的渴望，以及创新意识和创新能力的培养。

（五）追求效率、讲究效益

青少年在进行体育训练时，由于受到体能、精力的限制，伤病的威胁，他们必须面对和解决的一个问题就是如何在单位时间内提高训练成效，同时尽可能地减少伤病的发生；同样在参加比赛时，因为受到时间、金钱、精力的限制，并尽可能地减少伤病的发生，青少年选手需要对赛事重要性、个人状态、比赛地点等诸多信息进行综合评估，筛选出最具实效的赛事选项，并在选定的赛事之前努力提高训练水平、训练效率，同时在比赛前做好各项参赛准备，努力提高参赛效益，争取好的成绩。

由此青少年在训练内容的开展、赛事的选择、赛前的准备、比赛过程的控制、比赛失误的避免、比赛结果的争取等方面都需要讲究效率，追求效益最大化，这在客观上可以帮助青少年树立追求效率、讲究效益的观念，并使他们在以后的学习、生活中受益。

（六）培养机遇意识，提高把握机遇的能力

我们在调研中发现参加过一段时间击剑训练后的青少年会比同龄的孩子更有主见，做选择时更加果断，也更容易把握机会实现自我价值。其实不只是击剑项目，在资料查阅中，我们发现这一现象非常普遍。

众所周知，体育比赛的特点与魅力之一就是比赛结果的不确定性。高水平的参赛已经成为一项系统工程，比赛结果是运动员生理准备、心理调节、技战术制定与临场发挥、对手的水平与表现、裁判、观众、天气、场地等诸多因素综合作用的结果。在重大比赛中，对于机遇的认识和把握是一个高水平运动员必须具备的素质，具备这一素质需要有三种能力：一是较强的观察力，二是快速分析判断的能力，三是果断的决策力。首先运动员的运动寿命是有限的，而竞技状态也是有所起伏的，这就需要运动员筛选出自己认为最重要的赛事，并提前做好各方面的准备；在比赛中，尤其是到关键局、关键分、关键球的时候，运动员往往需要在比赛中快速寻找到对手的破绽，及时把握机遇、扩大战果，赢得比赛。

（七）主动接受挫折教育，学会正确面对成败，培养坚强的毅力

常言道：胜败乃兵家常事。胜负在体育运动中更是司空见惯的现象，正确地面对成功和失败，也是每一个体育参与者必须并且始终需要面对的问题。

在体育竞赛中，运动员绕不开的一个功课就是正确面对成功和失败：胜不骄、败不馁，更重要的是必须在赛后及时反思和总结。成功了，看看哪些方面做得比较好，比赛中哪些环节把握住了，还有哪些方面存在继续提高的空间；失败了，总结训练中哪些方面重视不够，比赛中哪些环节有所失误，或者对手是否太过强大，超出了自己本阶段的能力等。总结和分析，不仅有助于平复参赛者的心态，也培养其分析总结的能力，更重要的是能够使其学会正确地面对竞争，正确地对待成功和失败，有目标地制订和实施下一阶段的工作计划。

成功和失败交替出现，以及不断地磨砺有助于青少年正确面对人生中的起伏，从而造就一个宽广的胸怀，培养坚强的毅力和不服输的意念。

（八）培养协同发展的理念

比赛结果的不确定性在于对阵双方实力均衡，胜负难料，这既是体育比赛的魅力所在，也是商业赛事的价值基础，更是吸引广大球迷的基础。试想一个提前多少轮就可以明确冠军的足球联赛，一次水平悬殊的NBA总决赛很难被称为一项成功的赛事，也绝不会赢得广大球迷的支持及赞助商的青睐。

由此可以看出，体育比赛就其本质来讲要求参赛者实现均衡发展，实现共同进步。只有这样才能使比赛结果更加难料，同时刺激运动员或者球队坚持刻苦训练、技术革新，以实现更快、更高、更强，参与的人、队伍才会越来越多，项目才能不断发展。而棋逢对手、将遇良才带来的心理满足，以及对手进步、队友进步后促使自己或本团队更加强大的客观效果也使运动员本人渴望与队友甚至对手一起进步，实现协同发展，并在发展中加强沟通、增进友谊。这也是"团结、友谊、进步"成为奥林匹克运动理想的缘由。人类举办和参加大型运动会，特别是奥运会的精神追求，体现了人们对团结、友谊、进步的渴望和追求。

青少年在参加体育训练或者体育比赛时，无论是队友还是对手基本上

都是同学、校友、同龄人，他们可以在参与过程中培养起协同发展的理念，相互促进、共同进步。这也将有助于他们成年后，更好地与人交往，建立团队，获得成功。

（九）树立诚信意识

体育运动的基础是诚实守信、公平竞争，这也是体育道德的核心内容。讲诚信既是对对手的尊重，也是对自己的尊重；既是参赛者的自觉行为，也是体育竞赛规范的客观要求。

如果参赛者在比赛中违背体育道德，如服用兴奋剂、篡改年龄、冒名顶替、贿赂裁判等，不光体育比赛本身会按照竞赛规则对其从严处罚直至终身禁赛，以此来维护信用和权威，确保比赛的公平正义，违规参赛者也会被对手甚至队友所鄙夷，输了比赛又输了人。反之就能赢得所有参与者的尊重、认可和信赖，建立优质的朋友圈，得道者多助。

因此，青少年参与体育活动的过程就是自觉树立和遵守诚信原则的过程，这点不仅对于青少年当前的学习、生活大有帮助，也能从源头上遏制社会上一些制假贩假、偷工减料等现象的蔓延。

（十）树立以人为本的理念

体育的塑造者和塑造对象都是人本身，而且塑造的对象不仅是人的身体，还包括人的精神。体育在开发人的身体潜能、塑造优美体形的同时也在塑造人的品格和精神。体育在塑造自身的同时，也在塑造对手和队友。体育强调人的自主、自强、自立、自尊，在尊重和保持自我独立人格的同时，也在关怀和尊重他人的权力、义务、自由。人们在崇尚胜利的时候，也尊重落后，赛场上的鲜花和掌声属于每一个参与者。可以说体育对人的重视不言而喻，以人为本的理念体现在体育活动的各个环节。

由此，青少年在参与体育活动时会自觉培养和树立以人为本的理念，尊重队友、尊重对手，尊重每一个个体的付出和努力，讲文明、懂礼貌，在面对分歧时能够采取合理方式进行化解，利己也利他。

（十一）培养团队意识、责任担当

在体育训练和参赛中，团队意识至关重要，运动员只有与教练员、队医、科研人员、工作人员团结协作，才有可能获得好成绩。尤其是在集体项目中，如果一支队伍在训练和比赛中都能保持团结协作、互相补台，那么不仅可以不断提高竞技水平，还可以充分发挥每个运动员的能力，并且赢得观众和裁判的支持，达到"整体大于局部之和"，有时甚至可以创造以弱胜强的奇迹。

这种团队意识不是简单地委曲求全，也不是要做老好人，而是每个人在团队中找准自己的位置，并把个人才能充分施展出来；而当团队遇到困难和挑战时，勇于承担责任、履行义务、有所担当；在遇到意见分歧时，敢于讲出自己的观点，对事不对人，心平气和地分析判断，寻求解决方案，一旦形成决定就义无反顾，拼尽全力。

（十二）培养民主意识

从西方体育史的角度来看，体育运动的兴起往往是一部分人在生产、生活中创造的用来消遣或者进行身体锻炼的游戏，之后本着分享的态度且在充分尊重别人意愿的基础上无偿向周边进行普及，慢慢形成一定规模的人群共同参与的局面。然后为了规范运动行为，同样本着民主协商的原则进行竞赛规则的制定、比赛的设立、项目的指导与发展，乃至各级协会的成立和壮大。可以说体育从诞生到壮大的全过程都贯穿着民主。

青少年在参加体育活动时，参不参与、练多练少、参不参赛、和谁搭档、目标设定、训练计划等均由个体决定，其他人无权也无法干涉。要想达到一种目标，只能尊重民意，并利用民主的方式介绍意图、解释缘由、思想动员，必要的时候民主投票。因此，青少年在参与过程中不仅可以感受到民主的氛围，也有机会进行民主决策，更有机会学习运用民主方式去解决问题，从而培养民主意识。

四、结论与建议

（一）结 论

体育是教育的重要组成部分，也是开展德育的重要方式和抓手。体育不仅是身体的锻炼，还在人的思想品德培养、思维方式的建立、人格的养成等方面具有重要的社会价值和作用。青少年时期由于生理发育和心理发育尚未健全，吸收能力强的青少年同时固化能力较差，处于人格养成的关键阶段。体育具有丰富的运动项目资源，提供室内户外、陆上水中诸多体验方式，尤其是其竞技特点和成功体验非常符合青少年的生理、心理发育特点，容易被接受和坚持，可以在提高身体素质的同时进行德育和思维能力的教育。

实践和研究均证明，体育在青少年人格养成方面具有独特优势，体育在培养青少年公平竞争、规则意识、底线意识、竞争意识、尚武精神、创新意识、效率意识、机遇意识、正确面对成败、协同发展意识、诚信意识、人本意识、团队意识、责任意识、民主意识等方面具有重要的社会价值。

（二）建 议

1. 建立体育智库，全面、深刻地认识体育的社会价值

体育主管部门，特别是体育院校、体育科研机构建立或者联合建立体育发展智库，全面挖掘体育在政治、经济、社会，特别是教育方面的价值和功能，让社会大众更加客观、全面、具体、多维地了解并重视体育在人的全面培养和社会发展方面所起的独特作用，为群众体育的落地、学校体育的兴起打好理论基础。

2. 体育回归教育本质，积极研究、不断创新体育教育内容、方法，"育教于体、育德于体"

体育教育学界积极扭转人们关于体育只是身体教育的褊狭观点，不断挖掘各种体育项目在青少年德育和思维方式教育等方面的价值和功能，不断丰富和创新运动项目教授方法，"育教于体、育德于体"。并根据不同的年龄段、不同的运动项目，针对性地进行体育教学大纲的修订。

体育院校应该把培养有能力"育教于体、育德于体"的高水平体育师资

作为重点工作来抓，同时针对目前在岗的体育师资进行业务培训。

3. 积极发挥学校体育的主战场作用

学校开展青少年体育教育具有集中、统一的特点，同时在时间保证和实际操作上具有不可比拟的优势，因此学校应该成为青少年开展体育教育，特别是人格培养的"主战场"。

各级学校应该充分重视学校体育的重要性，改变体育教学观念和方式，创新体育教学内容，拓宽体育教授方法，大幅度增加体育课时，并聘请有能力"育教于体、育德于体"的体育师资。

4. 各运动项目协会真正重视学校体育，建立层次齐全的青少年比赛体系

各运动项目协会在抓高水平的同时，应真正重视项目普及问题，积极开展学校体育，增强项目进中小学校园的力度，发挥运动项目资源优势，积极调动和支持社会力量，建立形式多样、层次齐全的青少年比赛体系。让孩子们有更多机会在比赛中检验自己、激励自己、改变自己。

参考文献

[1] 崔乐泉. 体育史话 [M]. 北京：社会科学文献出版社，2011.

[2] 谷世权. 中国体育史 [M]. 北京：北京体育大学出版社，2003.

[3] 顾民. 学校体育在教育中的地位与作用 [J]. 体育文化导刊，2008（7）：88–89.

[4] 吴式颖. 外国教育史教程（下）[M]. 北京：人民教育出版社，1999.

[5] 李力研. 体育"培养人的勇敢"——亚里士多德体育思想解析 [J]. 中国体育科技，2003（5）：2–6.

[6] 罗纳德·B·伍兹. 体育运动中的社会学问题 [M]. 田慧，等译. 北京：人民体育出版社，2011.

[7] 张志勇. 体育与人格教育刍议 [J]. 山东体育学院学报，2011，27（2）：33–36.

[8] 祝莉. 体育与人格塑造 [J]. 体育与科学，1992（2）：13–17.

[9] 费斯特. 人格理论 [M]. 李茹，译. 北京：人民卫生出版社，2005.

[10] 马鲁生，刘冰. 体育价值与体育功能的辨析 [J]. 科技创新导报，2009（3）：186.

[11] 胡玉华. 新时期我国体育功能的演变与发展 [J]. 武汉体育学院学报，2006，40（9）：17–19.

[12] 徐伟宏. 再次竞技体育价值功能 [J]. 科技创业月刊，2012（7）：167–168.

[13] 邵伟德，肖丽.体育精神之我见 [J].体育科研，2000（3）：48-50.

[14] 周文.奥林匹克教育对青少年人格塑造的作用 [J].北京体育大学学报，2007，30（5）：600-601，604.

[15] 于鹏.论高校体育中的人格教育 [J].吉林体育学院学报，2005，21（3）：83-84.

[16] 陈玉忠.论构建和谐社会与当代中国体育的价值目标 [J].体育科学，2005，25（9）：20-23.

[17] 李可兴.中西方体育价值取向比较 [J].体育学刊，2005（2）：37-39.

[18] 向家俊.中西文化差异与体育价值观 [J].体育文化导刊，2002（2）：32-33.

[19] 王东.论诚信观的培养 [D].大连：辽宁师范大学，2008.

[20] 黄珺，陈正富.对现代体育精神的诠释 [J].体育文化导刊，2005（6）：25-26.

[21] 黄莉.体育精神的文化内涵与价值建构 [J].体育科学，2007，27（6）：88-96.

[22] 孙勇.论奥林匹克教育与大学生的人格完善 [J].消费导刊，2008（12）：149.

[23] 刘丽.浅析体育锻炼对青少年学生人格的培养 [J].当代体育科技,2014,4（25）：108-109.

[24] 唐启进.体育精神与人格教育 [J].南京体育学院学报（社会科学版），2002，16（2）：63-64.

[25] 任海宾.诚信教育的反思与重构 [J].教学与管理，2003（7）：3-4.

[26] 柳忠友.试论现代体育的道德价值 [J].长江大学学报（社会科学版），2003，12（2）：91-94.

[27] 杨国庆.传统文化中的消极因素对当前体育观念的影响 [J].体育与科学，1988，9（4）：24-26.

[28] 郭建军，杨桦.中国青少年体育发展报告2015[M].北京：社会科学文献出版社，2015.

[29] 宋继新.竞技教育学 [M].北京：人民体育出版社，1999.

我国城市马拉松赛事定位研究

执笔人：石春健、郑振国
成员：钟民、李宝红、章朝霞、崔永胜、许寿生、周涛

摘要：城市马拉松赛事数量近几年呈现爆发式增长，马拉松运动成为城市名片和诠释运动健康生活理念的社会平台。本文通过访谈法、调查法、数理统计法、比较研究法等方法，对城市马拉松赛的影响力和功能、我国城市马拉松的发展现状、城市马拉松赛的相关方、中国跑者行为和中外不同类型城市马拉松赛事定位进行研究，提出我国城市马拉松赛事定位现存的问题及建议，以期为我国城市马拉松赛事定位提供借鉴。

一场成功的城市马拉松最终应造就一座马拉松城市，马拉松不只是一场赛事，它应成为一个平台，使得所有相关方被关联在一起，从而带动城市建设、经济发展、社会和谐、提升居民幸福指数。马拉松赛事的定位最终须着眼于自下而上的可持续性健康发展。

关键词：马拉松；赛事；定位

一、研究意义

城市马拉松赛事数量近几年呈现爆发式增长，大到几千万人口的省会城市，小到十几万人口的县级市，都在举办马拉松赛。不可否认，马拉松运动已经渗入我们的生活，成为城市名片和诠释运动健康生活理念的社会平台，但在消耗大量公共资源的同时，很多赛事却仅将赛事成绩、参与人数、提升赛事组织水平作为规划目标。

为了响应《国务院关于加快发展体育产业促进体育消费的若干意见》，

在科学发展观思想指导下，本着改革创新、市场主导、统筹协调、以人为本、全面协调可持续发展等基本原则，通过访谈、问卷调研、比较研究等方法，对中外不同类型城市马拉松赛事定位进行研究，对为什么办马拉松赛、马拉松赛为谁服务、如何真正自下而上地可持续发展、营造健康产业环境及马拉松文化等问题进行探讨，以期为我国城市马拉松赛事定位提供借鉴。

二、研究现状

"马拉松热"是近几年中国体育的关键词之一，马拉松赛事数量和参赛人数连年递增，研究马拉松的文献近几年亦呈显著增多趋势。但我国马拉松运动的研究起步较晚，研究主要集中在竞技训练理论、马拉松赛事组织、城市马拉松的社会效益和经济效益、马拉松市场开发等方面，在赛事定位、品牌塑造、马拉松生态系统建设等方面研究较少，而这也正是我国马拉松赛事可持续发展中面临的问题及亟待提高的方面。

（一）有关市场开发方面的研究

我国的城市马拉松赛事起步较晚，比赛的商业化运作水平较低，但也正是因为这样，城市马拉松市场运作和营销的发展空间很大。刘强的《西安国际城墙马拉松赛营销策略浅析》和史大军、过平江的《杭州国际马拉松赛事营销策略浅析》两篇文章中，前者对赛事的产品、价格、渠道、促销进行了深层次分析研究，后者从产品、分销和促销等方面进行分析，都提出了赛事营销的可行性对策和发展建议。

随着经济的发展，中国举办的城市马拉松赛事越来越多，马拉松赛也日渐成为"城市的盛会和人民的节日"。但同时伴随而来的是城市马拉松赛市场运作及策划中的一系列问题，即使是屡获"金牌赛事"之称的厦门国际马拉松也不例外，张守元在《厦门国际马拉松赛事商业化运作的存在问题》一文中就指出了厦门马拉松赛商业运作中存在的四大问题；另外，廖建媚的《厦门马拉松赛市场运营现状与对策》对厦门国际马拉松赛市场运作各方面现状进行了分析，并提出了相应的发展对策；而王联聪、谢军在《厦门国际马拉松赛风险调查及对策》一文中进一步分析了赛事的商业风险，同时也提出了相应的对策。

（二）城市马拉松对主办城市发展影响的研究

今天的马拉松赛不再是简单地为了"促进健康"，它越来越成为城市的一张名片，与人的发展、与社会的进步渐渐结合起来，其内涵早已超越了体育的范畴，极大地推动和促进了城市的发展。

刘雪丽、李鹏举等在《城市马拉松赛对城市综合水平的影响》一文中通过调查研究，得出城市马拉松赛事给举办城市带来的影响：提高城市知名度；促进体育产业的发展；改善城市基础建筑，特别是体育设施；提高城市居民素质，提升城市文化程度；促进经济发展，提高综合实力；促进全民健身快速发展，加快田径事业快速发展。

城市马拉松赛所带来的效益主要体现在对经济的拉动作用和对社会发展的促进作用，这些在石丽的《郑汴国际马拉松赛对河南经济社会发展的作用》，郭兵的《试论郑汴国际马拉松赛的高成长性及其经济社会价值》，林永明、胡婷婷的《拉动经济和社会发展的重要赛事——2006建发厦门国际马拉松调查报告》，徐卫华、赵克等的《竞赛表演市场对区域经济和社会发展作用的调查研究——以厦门国际马拉松赛为例》，赵跃、廖洪强的《对重庆马拉松赛社会效益的研究》及靳英华、原玉杰的《北京国际马拉松赛的社会效益和经济效益分析》，丁一的《上海国际马拉松赛市场化运作的现状与对策研究》，乐仁油、王丹虹的《厦门国际马拉松赛市场化运作现状与发展对策研究》等文中都进行了分析和论述。

（三）打造品牌马拉松及城市品牌方面研究

如何在众多的马拉松赛事中凸显优势、塑造品牌，以及城市马拉松如何帮助城市打造品牌方面的研究有张强的《郑开国际马拉松赛的品牌培育与发展研究》，林香菜的《厦门国际马拉松赛对提升厦门城市品牌价值的效果研究》，戴冬的《体育赛事传播与城市品牌塑造的关系研究——以厦门国际马拉松赛为例》和《刍议体育赛事的营销管理与城市品牌塑造——以厦门国际马拉松赛为例》，以及张守元的《提升厦门国际马拉松赛事品牌的对策研究》等文中分析了城市马拉松与城市品牌的诸多问题。

李刚在《对厦门马拉松赛成功打造城市名片的研究》中指出，创办于2003年的厦门马拉松赛已打造成中国著名赛事品牌，成为厦门名副其实的"城市金色名片"。他分析了原因并指出了体育赛事打造城市名片的注意事项，要尊重城市实际，以地域文化为主线，结合城市所在的民族、人文、历史、地理、经济等方面的个性与优势来塑造城市的鲜明个性。

（四）马拉松赛事组织管理及存在问题的研究

张雪在《北京马拉松赛事组织管理研究》中指出，北京马拉松的组织管理可被评价为一项全面成功的赛事，组织管理机构设置合理，组委会下设八个职能部门，各司其职。北京马拉松赛事推广日渐多样，收效明显。但北京马拉松还存在着组织机构任务划分不明确、沟通渠道不畅的问题。闫俊涛也在《对北京国际马拉松赛竞赛组织的现状分析与改革研究》中认为，北京国际马拉松赛机构设置遵循以竞赛为核心的原则，国内其他马拉松赛组委会下设的机构设置与北京大致相同，各职能部门的工作计划详细实用。北京马拉松裁判由北京体育局竞赛中心选派、培训及安排，已形成完善的固定模式。

杨乔栋在《马拉松繁华背后的矛盾》中指出，马拉松在中国迎来了"井喷式"发展，但其中隐藏着一些亟待解决的矛盾，如数量和质量的矛盾，参赛热情和安全的矛盾，竞技比赛和娱乐之间的矛盾等。

三、研究方法

（一）文献资料法

查阅中国知网、中国优秀博硕论文全文数据库中关键词为"马拉松赛事组织""马拉松社会效益""马拉松经济效益""马拉松赛事定位"等的文献资料。

（二）调查法

（1）访谈法：对中国城市马拉松赛事（20余场）、世界顶级马拉松赛（1场）、著名旅游城市马拉松赛（1场）、台湾乡村马拉松赛（2场）等赛事组织者进行访谈，了解赛事历史、文化及战略定位。

（2）问卷调查法：根据本课题研究需要，严格按照科学研究方法，设计中国跑步人群调查问卷，包括分析我国不同类型跑者分布情况、参赛考虑因素、对赛事组织的满意度、城市好感度的提升等。

本次调研采用了在线调研（中国马拉松微信）和问卷推送（中国马拉松信息平台注册用户邮件）的研究方式，数据收集时间为2015年11月19日至2015年12月2日，最后共收集有效样本量为3459份，涵盖了中国大陆31个省、直辖市、自治区。在跑步运动盛行的东部沿海地区，样本量占比较大，比如江浙、上海地区共1031个样本；福建、广东地区共679个样本；中部及西部地区跑步活动相对沿海地区没有那么盛行，样本量占比则较少。从不同城市级别来看，一线城市如北京、上海、广州共1243个样本，占比36%；其他样本则主要分布在各省市的省会城市及当地较大的地级市；三四线城市占比则相对较少。

本次调研根据跑者在过去三年内参与过的跑步赛事进行分类，将跑者分为核心跑者、休闲跑者、潜在跑者。最后共收集核心跑者1528份样本，休闲跑者889份样本，潜在跑者1042份样本。

本次研究采用随机抽样方法，对调查对象采用全方位、多层次的样本抽样，保障输出成果的全面性和有效性。本次定量调查样本量设计抽样误差在3%左右，置信度达到95%。

（三）数理统计法

（1）对中国马拉松信息平台收录的赛事数据和选手数据进行统计，分析我国赛事和跑者分布情况。

（2）对中国跑者调查问卷进行数理统计。

（四）比较研究法

对中外、不同规模城市马拉松赛的战略定位进行比较研究，得出结论，并提出建议。

四、研究结果

（一）城市马拉松赛的影响力和功能

与其他赛事相比，马拉松及跑步赛事独具特点：首先，它是少数业余选手能与专业运动员同场竞技的项目。此外，马拉松赛事是唯一以城市作为赛场的项目。独特的赛事特性与广泛的参与人群赋予了马拉松及跑步赛事更广泛的综合影响力，表现在四个层面上：

（1）马拉松及跑步赛事是全民健身、竞技体育和体育产业全面发展的完美结合。

（2）马拉松及跑步赛事对举办城市的经济、旅游具有较大的推动作用。

（3）马拉松及跑步赛事包容和谐、超越自我、健康向上等精神内涵不断丰富，引领健康生活方式。

（4）马拉松这项运动以社交媒体、新媒体为载体，以科学训练、团队建设、企业文化建设等为纽带，在构建和谐社会、促进城市精神文化建设方面起推动作用。

（二）我国城市马拉松的发展现状

1. 赛事和参赛人次数量

近年来，我国马拉松及跑步运动取得了长足发展。在中国田径协会注册的马拉松赛及相关运动赛事，2011年为22场，2012年为33场，2013年为39场，2014年达到了51场，2015年达到了134场，全国已有94%的省区市拥有1场或多场马拉松及路跑赛事。

2014年全年参加比赛的人次超过90万，2015年全年参加比赛的人次达到150万。

2. 发展趋势和特点

近几年，马拉松赛事及跑步活动的参与人数迅猛增长，赛事场次不断增加，赛事类型不断丰富，赛事报名一票难求，传播范围不断扩大，赛事组织水平和服务水平不断提升，城市举办热情和社会关注度空前提高，参与跑步运动、享受健康生活的理念愈发深入人心的态势。部分赛事呈现出政府投入经费逐年减少、市场化运营水平不断提高、赛事品牌价值不断提升的良好态势。

（三）城市马拉松赛的相关方

1. 赛事直接相关方

（1）赛事组织及保障相关方。

赛事组委会、政府部门、公安、交管、医疗、环卫、市政、通信、电视、气象、志愿服务等。

（2）赛事供应商相关方。

赞助商、搭建、设计（VI及其延展）、印刷（号码布、选手指南）、物流、媒体、博览会、信息技术（网站、App、报名、数据分析）、第三方调研、物资物料采购租用、礼仪、体育展示（主持、DJ）、计时等。

（3）参赛人群相关方。

各项目参赛选手。

保障人员：公安、医疗、安保、通信、环保。

服务人员：工作人员、裁判、志愿者。

其他：媒体、啦啦队、表演者等。

2. 赛事外部相关方

（1）外部相关人群。

市民、游客、选手家人和朋友、观众。

（2）运动产业相关方。

跑步装备、配件（腰包、水壶、手表、护具、眼镜）、营养保健（蛋白粉、能量胶、盐丸、肌效贴等）、训练课程、书籍、康复、App（记录里程、互动、社交、线上赛事）、网络平台、马拉松旅游、马拉松照片等。

（3）旅游业相关方。

餐饮、住宿、门票等。

（4）其他产业。

音乐、电影等。

（5）行业管理部门。

市政府、体育行业管理部门。

（四）中国跑者调查研究

1. 跑步人群分类及分布

核心跑步人群：跑步坚持3个月以上；跑步频率每周3次及以上；过去三年内，完成过半程或全程及以上赛事。

休闲跑步人群：跑步坚持3个月以上；跑步频率每周2次及以上；过去三年内，参与过10公里、5公里及以下赛事。

大众、潜在跑步人群：跑步坚持3个月以上；跑步频率每周1次以上；每周参加2次以上体育运动；没有参与过跑步赛事。

参与调研的核心跑步人群占比44%，休闲跑步人群占比26%，潜在跑步人群占比30%。

2. 核心跑者异地参赛情况

90%的核心跑者会去异地参赛，其中参赛1~3次占比60%，4~13次及以上占比40%；去邻近城市参赛占比59%，邻近区域占比45%，国内其他地区占比55%，国外占比9%。

3. 异地参赛考虑的因素

赛事知名度、距离、举办地吸引力、跑友口碑、赛事规模、结伴前往、赛事历史、比赛奖励。

4. 未来一年参赛的可能性

核心跑者为99%，休闲跑者为97%，潜在跑者为50%左右。核心跑者未来一年参赛的类型依次为全程、半程、10公里，休闲跑者和潜在跑者首选半程。

5. 参赛满意度

比较满意占比64%，非常满意占比16%，有些满意占比11%。其中最满意的方面为志愿者服务、比赛氛围、赛道补给，而得分相对低的三项为起终点交通、起终点服务和报名的便利性。

6. 赛事对城市好感的提升

29%的跑者认为非常有帮助，37%的跑者认为比较有帮助，22%的跑者认为有帮助。

（五）柏林、布拉格、中国台湾马拉松赛定位研究

1. 柏林马拉松赛事定位

（1）赛事设项和概况。

赛事当天有手摇轮椅、竞速轮椅和马拉松三个项目，赛前一天还有6公里早餐跑、轮滑、青少年4.2公里比赛，赛前的博览会上有1公里家庭跑。

（2）最看重的成功要素。

选手忠诚度，好的口碑，社区居民支持。

（3）实现方式。

①赛道途经城市核心路段：政府支持，赛道途经所有知名景点，且地上永久保留马拉松蓝线。柏林马拉松赛以平坦的快速赛道著称，在柏林马拉松赛上多次有选手创造世界最好成绩。

②工作人员组成：赛事公司50人；裁判20余人，主要工作为计时、录取赛会名次、德国本土选手名次等，业余选手不需要裁判；专业警察和保安700人左右；志愿者5500人。

2010年成立志愿者俱乐部，约5500名志愿者在赛前、赛中、赛后承担分发号码、卖场、问询、存取衣服等工作。

水站交由附近的社区、俱乐部甚至公司负责管理，有的社区、俱乐部、公司有10年甚至20年的相关经验。

③选手服务：约4万名全程选手，来自世界各地。柏林优先；其次是德国；再次是其他国家。25000~28000个名额进入抽签，外国选手比例约60%。柏林马拉松赛会与各国的旅行社签约，做一些旅游推广项目。2015年，中国参赛选手为700余人。

柏林马拉松赛自始至终给选手至高无上的荣誉感和极致的服务。如签名墙，代表身份的手环，地上永久保留的蓝线，丰盛的补给和热情的社区志愿者，承担赛后挂奖牌、刻奖牌、拍照服务的工作人员对选手无比尊敬，参赛

10年选手的特别颁奖，无缝隙对接的乐队和音乐，终点音乐和主持迎接每一位选手的到来，终点啤酒庆祝等。

④外部相关方服务：比赛当天百万名观众毫无保留地呐喊加油，平均每1米12名观众。为此，组委会在App里特别设置了观众观赛路线和GPS导航。

平均每500米一个乐队。在柏林马拉松的App里可以选择音乐的种类和聆听地点，俨然一场音乐会。

有专门的家人集结区，指示牌非常清晰，家人可以坐在大草坪上等候，也有观赛路线，家人可以乘地铁赶赴不同公里点观赛，赛事App可以追踪选手成绩，家人随时可以了解选手所处位置。终点有3个非常豪华的大看台，观众可以坐在看台上观赛，现场主持精心准备了音乐和互动环节，赞助商时不时地为观众送来苹果。比赛持续7个小时，观赛区很容易买到快餐。

⑤赛事运营：赛事收入90%用于赛事，赛事结余不到总收入的10%。总收入里50%来自报名费，15%来自特许商品，30%来自赞助商。

赛事最初由俱乐部发起，后来在俱乐部下成立了公司，由45名员工组成的赛事公司运营，全年运作6个赛事。赛事成本控制取决于需求，有需要就执行，逐年积累下来。App、IT、音响等都是外包服务。赛事的很多方面都很环保，比如：指示牌在多个比赛循环使用，水站的水全部来自市政用水，海绵块赛前发给选手，博览会现场打印号码布、制作芯片，避免浪费。

2. 布拉格马拉松赛事定位研究

（1）赛事设项和概况。

第21届比赛的设项：全程、大学生10公里接力、中学生4.2公里接力锦标赛、医生接力、企业跑、家庭亲子4.2公里。比赛前一天的博览会上有主人带着狗跑4公里的项目。赛事规模为1万人，其中51%来自欧洲和世界其他79个国家，并且呈攀升态势。赛事由俱乐部下属的赛事公司运营。

（2）赛事成功要素。

①包容性，满足多元化需求。不仅服务跑者、服务跑者的家人、朋友，不同年龄、不同需要的人群都能和赛事产生关联。

②竞技性。

③利用布拉格的自然资源，宣传城市、宣传国家，让城市和国家受益。

④选手永远是赛事的核心，不断思考怎样给选手提供更方便的参赛条件，让他们更舒适。

⑤回报赞助商。要创造各种各样的赞助商项目，为赞助商提供有创意的点子。

（3）开展的相关工作。

①选择城市最美、最核心的赛道，为此放弃扩大赛事规模。

②获得政府支持，比赛当天公交、环卫、医疗都免费；给从政人员提供一个关心民众的平台。请市长出席发布会，当水站志愿者。平时代表政府为学生、家庭、孩子做一些公益活动。

③关爱志愿者，激发他们的热情。志愿者大部分来自学校或社区。

④为了服务更多选手，培育潜在选手，在捷克还创办了6个赛事，即5个半程、1个10公里，都是国际田联金标赛事，每年8万人参加。7个赛事打通了赞助平台。

⑤成立俱乐部，开展训练，拉近与选手的距离。

⑥非常注重国际市场推广。在一些国家签约赛事推广咨询顾问，比如中国，2012年中国选手有3~5人，2015年有近200人。赛时邀请来自不同国家的专业媒体，如日本、意大利、波兰、法国、美国等，赛时VIP待遇，安排各类专访，市长宴请，赛后旅游局安排4天旅游。每年7个比赛有2.7万左右的人会因为马拉松赛来到布拉格，选手大约是1.2万人，还有1.5万人是选手的家人、朋友。每年布拉格马拉松赛会为这个城市和国家带来2500万欧元的收入。旅游局每年也会拿出部分经费支持赛事做公益活动。

3. 中国台湾柿红心动马拉松赛

（1）赛事概况。

赛事举办地点在台湾新竹县尖石乡，主办单位是十三知路跑协会。赛事设项：全程、超半程（28公里）、13公里。参赛人数总计1800人。赛事经费来源主要为报名费。

（2）赛事定位。

跑者服务跑者，靠赛事口碑树立路跑协会品牌。

（3）针对性做法。

①节约办赛资源，赛事经费全部源于报名费。

台湾的比赛申请到的路权只是使用权，极少数比赛封路。全程没有硬隔离，没有警戒带。尖石乡是台湾北部著名的山地乡，赛事选择了一条依山的、车流较少的赛道，环境很美。

跟台湾绝大多数比赛一样，不设奖金，奖品是当地盛产的柿子。没有奖金自然没有违规的人，也没有拼成绩的氛围，但有对"百马"选手的颁奖和绶带。

在赛事的背景板上，有"保护地球，无痕马拉松"的口号。办赛方和选手都非常重视环保，水站不提供纸杯，选手自带杯子，这在台湾的比赛中很常见。全程也没有海绵块，但会提供用来降温的山泉水，搁置在大盆里或桶里。补给站由跑步社团互助承包，跑者服务跑者，服务非常到位。在起终点设有计时毯，折返点发手环，终点回收。

台湾马拉松的报名费通常在160~200元人民币，大多数比赛除报名费没有其他经费来源。这点点滴滴的节省使得民间的马拉松赛遍地开花。

②跑团互助，提供人性化优质服务。

给每位选手提供邮寄参赛套包的服务，这种方式极大地方便了参赛频率很高的台湾跑马选手。补给站志愿者均为各跑团成员，补给站不仅有非常丰富的补给，如水果、点心、卤制品、烤红薯、啤酒、冰块等，还有跑团志愿者自备的大音响烘托气氛。没有豪华的起点门和主席台，但有持续进行的颁奖活动迎接所有抵达终点的选手，几位年迈的跑团志愿者为每位抵达终点的选手挂奖牌。尽管计时很简朴，但现场打印的成绩证书包含各种名次。终点更是有持续6小时的音乐和主持。

4. 中国台湾田中镇马拉松赛

（1）赛事概况。

赛事举办地点位于彰化县田中镇，人口仅4万余人。盛产农作物，有台湾米仓的美誉。2012年首办。

主办：田中镇政府。

设项：全程5000人、半程4000人、8公里4000人。

经费来源：报名费、少量赞助。

（2）赛事定位。

五星级流水席，最热情的田中人，透过马拉松赛宣传当地文化，促进旅游业发展。

（3）针对性做法。

①赛前踩街活动。比赛前一天，小镇中所有的机关、企业、学校、工厂、幼儿园等都参加踩街活动，各种装扮、道具、标语口号、表演，尽展特色，游街的终点位置是赛事的起终点，在搭建好的颁奖舞台上，每个游街单位要进行1分钟的展示。而作为背景的大屏幕上滚动播放着去年田中马拉松赛事集锦。通过这个活动，迅速拉近了市民和赛事的距离。赛前一天，田中镇已点燃了马拉松赛的激情。很多选手席地而坐看展示，感受着氛围。傍晚，在搭建好的终点大棚里，每位选手可以享受组委会提供的免费卤肉饭晚餐。

②镇政府开放了所有的学校礼堂、教堂等供选手住宿。比赛起点也设置了很大的停车场并放置了摆渡车，服务选手。

③服务跑团，增加交流的机会。报名大多以跑团为单位，在起终点区域为选手提供大型的集结大棚，增加选手之间的交流 的机会。

④特色乡村赛道。赛道途经小镇、稻田、山坡、河畔，展示小镇特色。

⑤五星级赛道流水席补给及热情的社区志愿者。补给有水果、饮料、田中特产、食品、冰品不下十种。补给站热情的志愿者全部来自社区。田中马拉松各社区展示的大舞台，每一位选手都是社区的客人。补给几乎递到选手手上。社区不仅服务于补给站，更有专门的队伍给选手加油，锣鼓、乐器、用矿泉水瓶自制的沙锤、锅碗瓢盆，全部是加油的道具。真心的笑容、热情的鼓励，展示在一张张在稻田里被风吹日晒得黝黑的脸上，朴实、感人。

⑥赛事经费完全服务普通跑者。比赛没有奖金，没有电视直播，赛事经费完全服务普通跑友。初马选手的纪念品、百马选手的表彰奖励、生日选手的特殊号码布、完赛选手丰富的土特产，无不展示着组织者的真心。

⑦全镇总动员。全镇的市民这一天全部都是志愿者，都在用心服务跑者。赛道两侧的洗车房及私家自制冲凉装备各式各样，比比皆是。田中热情在最后2公里更是演绎到极致，有数不尽的啦啦队，击不完的掌，大、小朋友

锣鼓夹道欢迎，前一天参加踩街游行的队伍全部着装站在两侧，重现前一天的特色展示，使劲为选手加油呐喊，直至最后一名选手通过。

台湾一年几百场马拉松赛，90%是社团发起主办，报名费是大多数比赛的唯一收入来源，都能有10%~20%的结余。

台湾的跑者很幸福，享受比赛。台湾的跑步社团也很幸福，不仅享受比赛，也享受办赛，不仅有跑步社团因举办比赛而出名，更有跑步社团因设计、制作、创意等而出名。赛事终点现场售卖跑步装备、能量产品等的企业大都是跑者创办的。

（六）国内马拉松赛事概况及规划研究

我们通过邮件访谈形式对国内马拉松的赛事规划进行了调研，汇总如下（见表1、表2）。

表1 国内一线、二线城市马拉松赛事概况和规划

赛事	年限（年）	设项	规模（人）	冠军奖金（美元）	主办	承办单位	五年规划
北京	35	全程	3万	4万	政府	公司	打造"国家马拉松"标杆赛事、提高赛事品牌价值和影响力、加入大满贯
厦门	13	全程半程	2.5万2万	4万	政府	体育局公司	最好成绩、提升服务、国内领先、国际一流、加强保障
兰州	5	全程半程5公里	50006000 2.6万	4万	政府	体育局	更好的成绩、提升选手服务、增强国际交流、提升品牌价值（招商）
郑州、开封	10	全程半程迷你	70008000 3.5万	2万	政府	公司	扩大规模、优化比例；提升服务和品牌；提高成绩；提升市场化水平；加强国际化交流和推广

赛事	年限（年）	设项	规模（人）	冠军奖金（美元）	主办	承办单位	五年规划
重庆	5	全程 半程 迷你	6000 5000 2.4万	4万	市政府	区政府 体育局	加强安保工作、提升赛事服务、加大宣传力度、争取大力支持，使各项工作得到进一步提升和完善
扬州	10	半程 10公里 迷你	1.8万 5000 1.2万	2万	市政府	体育局 竞赛 中心	国际田联金标赛事和中国田协金牌赛事；服务选手；加大相关设施和文化建设，提升国际影响力，加大市场开发
无锡	3	全程 半程 迷你	1.5万 1万 5000	1.3万	政府	公司	中国田协金牌赛事，国际田联银标赛事；吸引更多国际跑友；提升品牌价值和赛事体验
贵阳	2	全程 半程 3公里	3000 7000 1万	2万	市政府	体育局 旅游局	赛事水平再上一个台阶；打造夏季马拉松名城
大连	27	全程 接力 轮椅全程 半程 轮椅半程 10公里 迷你	3000 300 7 4564 24 2800 4200	3万	市政府	体育局 管委会	赛道移至主干线、加大市场开发力度

表2　国内其他城市马拉松赛事概况和规划

赛事	年限（年）	设项	规模（人）	冠军奖金（美元）	主办	承办单位	五年规划
宁波	1	全程 半程 4.5公里	2400 3400 3800	3.5万	政府	体育局 管委会	扩大举办规模、加强服务保障，积极打造银牌赛事
六盘水	4	全程 10公里 迷你 爱情跑 亲子跑	2000 2000 1.4万 1000 3000	3万	市政府	区政府 区体育局	促进省内外和国内外的文化交流、活跃群众体育、扩大规模，成为中国田协金牌赛事和国际田联银标赛事
水富	2	半程 迷你	1600 9000	1万	市政府	县政府 县体育局	提升水平，打造标杆赛事；充分发挥马拉松在全民健身活动中的凝聚效应和辐射作用；带动体育消费，拉动经济增长，培育体育产业
和龙	3	半程 10公里 5公里	2000 3000 5000	5000	州政府	州体育局	增加宣传力度，提升赛事知名度；多渠道筹措资金；规格更高，参赛人员更多；发展体育与文化旅游产业
东营	9	全程 半程 迷你	300 4000 2.5万	4万	政府	体育局	全国顶尖、国际田联金标、组织保障全国领先
衡水	4	全程 半程 迷你	3000 2000 1万	4万	政府	体育局	提升办赛水平，打造全国顶尖赛事，争国际田联标牌赛事

（七）我国城市马拉松赛事定位及其存在的问题分析

1. 赛事资源与跑者资源发展不同步

南部地区赛事增长数量远多于跑者增长数量；内陆地区和东部地区跑者增长数量则远多于赛事增长数量；北部地区和西部地区赛事数量和跑者数量的增长略微不平衡。

贵州、海南赛事数量占比远超过跑者数量占比；福建、河南、广东、湖南、山西、湖北、吉林、陕西、安徽、江西、天津赛事数量占比小于跑者数量占比，湖北、陕西、安徽尤为明显；北上广、江苏、浙江、四川赛事数量和跑者数量占比都较高，略微不平衡。

2. 赛事定位雷同

（1）赛事设项基本是全程、半程、10公里、迷你。

（2）比赛重视竞技性。不论是国内一线大城市、著名旅游城市，还是二线城市的马拉松赛，都设置了高额的奖金，意味着其将竞技性作为首要目标。为此，会削弱高水平业余选手参赛的积极性，以及减少服务业余选手的资源配置。同时过于追求竞技性，会减弱马拉松赛承载的其他功能。

（3）赛事目标规划过于雷同、宏观，未发挥马拉松赛的载体作用，未体现差异化。

无论是调研一线城市马拉松赛，还是二线城市马拉松赛，其规划目标基本雷同：国际田联和中国田协标牌赛事；扩大规模、提高成绩；提升组织水平；提升品牌价值；加大市场开发力度；推动全民健身，拉动经济。

柏林马拉松赛、布拉格马拉松赛、中国台湾柿红心动马拉松赛、中国台湾田中马拉松赛都有明确的目标：柏林马拉松赛已是世界六大马拉松赛之一，而其最看重的目标是选手忠诚度，好的口碑，社区人们支持；布拉格马拉松赛的目标包括包容性、竞技性、推动旅游、选手服务、赞助商服务；中国台湾柿红心动马拉松赛的目标是跑者服务跑者，通过赛事提升社团品牌；中国台湾田中马拉松赛的目标则是通过马拉松文化行销当地文化，促进旅游业发展。

3. 缺乏包容性，未兼顾地区存在的跑者类型差异

（1）赛事目标人群缺乏包容性，不能满足各类人员的需求，忽略潜在跑者的培养。国内马拉松基本服务于全程、半程、10公里及迷你选手，鲜有其他项目。一方面同质性太强，另一方面缺乏包容性。而柏林、布拉格马拉松赛当天虽然是全程马拉松赛事，但其还为学生、中学生、家庭亲子提供竞速轮椅、手摇轮椅、轮滑甚至是与宠物共同完成的各种配套活动。

（2）忽略本地区跑者的类型差异。不同地区、不同城市的跑者在核心跑者、休闲跑者、潜在跑者的数量差别较大，但比赛的设项忽略了这些人群的差异。

4. 本地区选手重视程度不够，未发挥体育的社区功能

虽然各城市马拉松赛报名陆续采取抽签方式，在将名额倾向高水平选手的同时，很少有赛事将名额倾向本地选手。而本地选手的参与度、满意度会直接影响赛事的满意度和本地潜在选手的发展。

志愿者未发挥社区作用。柏林马拉松将社区支持作为其重要的目标之一，而田中马拉松全镇皆志愿者迅速拉近了市民与赛事和选手的情感，市民的热情成为田中马拉松赛事的重要特色之一。

赛事中直接服务选手的是工作人员、裁判、志愿者。我国城市马拉松基本办赛模式都是主要岗位以裁判为主，裁判除计时计分等工作，承担了大量的服务工作。志愿者是从各学校抽调的学生，由裁判带领去服务选手。随着学生毕业，志愿者每年需要更新，且这种方式很难激发学生的服务热情。

从对国外赛事的调研来看，马拉松赛事流线长，某阶段工作量巨大，赛事90%的工作由志愿者承担，而好的选手服务和口碑建立，需要大量有激情、有经验的志愿者来实现，因此，社区志愿者是重要的渠道来源，一方面保证就近服务，长期积累经验；另一方面可以拉近市民与赛事的情感。

5. 忽略赛事外部人员的培育与服务

我们的城市马拉松的规划目标中，对选手服务比较重视，但未提及对外部人员的服务。如对选手家人、观众、市民、游客的服务。柏林马拉松赛事当天平均200万名观众观赛，平均每1米12人，其赛事App有专门针对选手家人、观众的服务信息。尽管选手的家人和朋友在世界各地，但都可以实时追

踪选手比赛的实况。

从马拉松服务促进社会和谐的功能看，这些外部人员的支持与对赛事的关注度是赛事成功的重要标志。

6. 赛事运营方式自上而下，缺乏可持续发展战略意识

（1）大多数赛事运营模式还是政府主导，市场为辅。

中国的城市马拉松赛基本上是由政府作为主办单位，一半以上的赛事由行政单位或所属行政单位的执行公司具体承办。由此会导致宣传、市场营销模式单一等问题。

柏林马拉松赛和布拉格马拉松赛最早是由俱乐部发起，最终由俱乐部成立公司运作，政府给予赛道、市政资源等的支持，但不干涉赛事运营。中国台湾90%的马拉松赛由跑步社团发起并实际组织。

（2）收入来源较大程度依靠财政资金。

国内只有极少数的城市马拉松未使用财政资金，其他的赛事不论新赛事还是近十年的赛事，基本都获得过财政拨款或福利彩票的资金支持。

国内马拉松对赞助商也较为依赖，一线城市相对二线城市较易获得市场支持，二线城市看似不低的市场赞助经费，相当程度是政府与本地企业的资源置换所得。随着赛事数量增多，赞助资源势必被稀释，赞助商将成为紧俏资源。

二线城市报名费是赛事收入的一部分，柏林马拉松报名费占赛事收入的50%，而中国台湾的马拉松报名费几乎是全部赛事经费。

过多依赖财政经费和市场赞助，将制约赛事的可持续发展。

（八）我国城市马拉松赛事定位的建议

1. 本着协调发展理念，赛事立项时充分考虑周边资源

赛事立项时要对本省、本地区、周边地区的选手数量和周边赛事数量进行分析。资源充沛、市场空间较大时赛事才有较大的发展空间。

2. 本着共享发展理念，增强赛事的包容性

潜在跑者、学生、儿童、轮椅选手等，都是赛事需要关注的人群，赛事可以通过赛前甚至全年开展的活动，吸引他们的关注和参与。

3. 本着创新发展的理念，定位时注重品牌差异性

（1）部分一线城市核心跑者资源丰富，城市影响力足够大，竞技性可以作为赛事重要目标之一。

（2）对休闲跑者占比较大的城市，其赛事不能只突出竞技性，要考虑多元化需求。

（3）旅游资源丰富的城市要在赛事宣传时开展针对性的推广宣传工作，90%的被调查选手会有异地参赛的经历。因此，时间、出行便利性、周边辐射的距离都是旅游城市的重要考虑因素。

（4）二线城市不易过度追求成绩、规模，要突出赛事的特色，做小而美的精品赛事。

4. 本着和谐发展理念，立足本地选手，重视马拉松的社区功能，发挥社区作用

赛事要长远发展，本地选手的支持、培育是基础。名额紧俏的赛事，在报名时对本地选手要有优先政策。

马拉松赛流线长，从优化志愿者资源、增加市民和赛事的关联性、发挥体育的社区作用的角度，重视调动社区的积极性，发挥社区作用。

5. 本着共享发展理念，重视对外部人员的服务

外部人员的满意度是赛事口碑的重要组成部分。赛事的高强度、挑战极限的特性决定了选手的家人、朋友会关注其参赛，同时选手比赛时也非常需要观众的鼓励和支持。

因此，在服务选手的同时，赛事要重视对选手家人、观众、市民的服务，比如制作观赛地图，搭建看台，给选手的家人、朋友发加油用的喇叭，在App、网站开通成绩实时追踪及增加终点现场与观众的互动等。

6. 本着绿色、可持续发展的理念，发挥内驱作用，立足可持续发展

在经历了政府主导、市场为辅的发展阶段后，马拉松赛都将构建自己的产业平台。应尽可能地减少财政投入，使马拉松比赛转变为市场主导运营，发挥其内驱作用，打造自下而上的产业链，促进行业健康持续发展。

一场成功的城市马拉松赛最终应造就一座马拉松城市。马拉松不只是一场赛事，它应成为一个平台使得所有相关方被关联在一起，赛事组织者要服务好所有相关方，使相关方觉得赛事和他们有关联，从而带动城市建设、经济发展、社会和谐，提升居民幸福指数。马拉松赛事的定位最终应着眼于自下而上的可持续健康发展。

参考文献

[1] 刘强.西安国际城墙马拉松赛营销策略浅析 [J].科技信息（科学教研），2008（20）：504，528.

[2] 丁一.上海国际马拉松赛市场化运作的现状与对策研究 [J].成都体育学院学报，2004，30（6）：19-21.

[3] 张守元.厦门国际马拉松赛事商业化运作的存在问题 [J].体育科学研究，2009，13（2）：8-10.

[4] 廖建娟.厦门马拉松赛市场运营现状与对策 [J].厦门理工学院学报，2009，17（1）：11-14.

[5] 李国民，过平江.杭州国际马拉松赛事 SWOT 分析 [J].内江科技,2009,30(3)：20-21.

[6] 王联聪，谢军.厦门国际马拉松赛风险调查及对策 [J].体育科学研究，2008，12（4）：20-23.

[7] 刘雪丽，李鹏举，黄可可，等.城市马拉松赛对城市综合水平的影响 [J].运动，2012（11）：32-33.

[8] 石丽.郑汴国际马拉松赛对河南经济社会发展的作用 [J].经济师，2007（7）：277-278.

[9] 郭兵.试论郑汴国际马拉松赛的高成长性及其经济社会价值 [J].河南教育学院学报（哲学社会科学版），2008，27（1）：114-116.

[10] 徐卫华，谢军.厦门国际马拉松赛风险管理研究 [J].北京体育大学学报，2010，33（2）：38-41.

[11] 张强.郑开国际马拉松赛的品牌培育与发展研究 [J].体育世界（学术版），2010（7）：19-20.

[12] 戴冬.刍议体育赛事的营销管理与城市品牌塑造——以厦门国际马拉松赛为例 [J].湖南工业职业技术学院学报，2010，10（6）：45-47.

[13] 廖建娟.中国马拉松举办城市的生态环境研究 [J].厦门理工学院学报，2008，16（1）：81-84.

[14] 张雪.北京马拉松赛事组织管理研究 [D].北京：北京体育大学，2012.

[15] 闫俊涛.对北京国际马拉松赛竞赛组织的现状分析与改革研究 [D].北京：北

京体育大学，2008.

[16] 李刚. 对厦门马拉松赛成功打造城市名片的研究 [J]. 三峡大学学报（人文社会科学版），2012，34（S1）：178-179.

[17] 杨乔栋. 马拉松繁华背后的矛盾 [N]. 人民日报（海外版），2014-01-04.